给以修改

进行渐来

贺教方印

科技问题目

成立之机

李鹏林

教育部哲学社會科學研究重大課題攻關項目

中国文化产业发展战略论

A THEORY ON CHINESE CULTURAL INDUSTRIES STRATEGY

胡惠林 著

经济科学出版社
Economic Science Press

图书在版编目（CIP）数据

中国文化产业发展战略论/胡惠林著．—北京：经济科学
出版社，2014.1
教育部哲学社会科学研究重大课题攻关项目：2010
ISBN 978 - 7 - 5141 - 4246 - 4

Ⅰ.①中⋯ Ⅱ.①胡⋯ Ⅲ.①文化产业 - 产业发展 -
研究 - 中国 - 2010 ~ 2020 Ⅳ.①G124

中国版本图书馆 CIP 数据核字（2014）第 010995 号

责任编辑：刘　茜　李　喆
责任校对：杨晓莹
责任印制：邱　天

中国文化产业发展战略论

胡惠林　著

经济科学出版社出版、发行　新华书店经销
社址：北京市海淀区阜成路甲 28 号　邮编：100142
总编部电话：010 - 88191217　发行部电话：010 - 88191522
网址：www. esp. com. cn
电子邮件：esp@ esp. com. cn
天猫网店：经济科学出版社旗舰店
网址：http://jjkxcbs. tmall. com
北京季蜂印刷有限公司印装
787 × 1092　16 开　25.25 印张　480000 字
2014 年 7 月第 1 版　2014 年 7 月第 1 次印刷
ISBN 978 - 7 - 5141 - 4246 - 4　定价：63.00 元

编审委员会成员

主　任　孔和平　罗志荣
委　员　郭兆旭　吕　萍　唐俊南　安　远
　　　　文远怀　张　虹　谢　锐　解　丹
　　　　刘　茜

总 序

哲学社会科学是人们认识世界、改造世界的重要工具，是推动历史发展和社会进步的重要力量。哲学社会科学的研究能力和成果，是综合国力的重要组成部分，哲学社会科学的发展水平，体现着一个国家和民族的思维能力、精神状态和文明素质。一个民族要屹立于世界民族之林，不能没有哲学社会科学的熏陶和滋养；一个国家要在国际综合国力竞争中赢得优势，不能没有包括哲学社会科学在内的"软实力"的强大和支撑。

近年来，党和国家高度重视哲学社会科学的繁荣发展。江泽民同志多次强调哲学社会科学在建设中国特色社会主义事业中的重要作用，提出哲学社会科学与自然科学"四个同样重要"、"五个高度重视"、"两个不可替代"等重要思想论断。党的十六大以来，以胡锦涛同志为总书记的党中央始终坚持把哲学社会科学放在十分重要的战略位置，就繁荣发展哲学社会科学做出了一系列重大部署，采取了一系列重大举措。2004 年，中共中央下发《关于进一步繁荣发展哲学社会科学的意见》，明确了新世纪繁荣发展哲学社会科学的指导方针、总体目标和主要任务。党的十七大报告明确指出："繁荣发展哲学社会科学，推进学科体系、学术观点、科研方法创新，鼓励哲学社会科学界为党和人民事业发挥思想库作用，推动我国哲学社会科学优秀成果和优秀人才走向世界。"这是党中央在新的历史时期、新的历史阶段为全面建设小康社会，加快推进社会主义现代化建设，实现中华民族伟大复兴提出的重大战略目标和任务，为进一步繁荣发展哲学社会科学指明了方向，提供了根本保证和强大动力。

　　高校是我国哲学社会科学事业的主力军。改革开放以来，在党中央的坚强领导下，高校哲学社会科学抓住前所未有的发展机遇，紧紧围绕党和国家工作大局，坚持正确的政治方向，贯彻"双百"方针，以发展为主题，以改革为动力，以理论创新为主导，以方法创新为突破口，发扬理论联系实际学风，弘扬求真务实精神，立足创新、提高质量，高校哲学社会科学事业实现了跨越式发展，呈现空前繁荣的发展局面。广大高校哲学社会科学工作者以饱满的热情积极参与马克思主义理论研究和建设工程，大力推进具有中国特色、中国风格、中国气派的哲学社会科学学科体系和教材体系建设，为推进马克思主义中国化，推动理论创新，服务党和国家的政策决策，为弘扬优秀传统文化，培育民族精神，为培养社会主义合格建设者和可靠接班人，做出了不可磨灭的重要贡献。

　　自 2003 年始，教育部正式启动了哲学社会科学研究重大课题攻关项目计划。这是教育部促进高校哲学社会科学繁荣发展的一项重大举措，也是教育部实施"高校哲学社会科学繁荣计划"的一项重要内容。重大攻关项目采取招投标的组织方式，按照"公平竞争，择优立项，严格管理，铸造精品"的要求进行，每年评审立项约 40 个项目，每个项目资助 30 万～80 万元。项目研究实行首席专家负责制，鼓励跨学科、跨学校、跨地区的联合研究，鼓励吸收国内外专家共同参加课题组研究工作。几年来，重大攻关项目以解决国家经济建设和社会发展过程中具有前瞻性、战略性、全局性的重大理论和实际问题为主攻方向，以提升为党和政府咨询决策服务能力和推动哲学社会科学发展为战略目标，集合高校优秀研究团队和顶尖人才，团结协作，联合攻关，产出了一批标志性研究成果，壮大了科研人才队伍，有效提升了高校哲学社会科学整体实力。国务委员刘延东同志为此做出重要批示，指出重大攻关项目有效调动各方面的积极性，产生了一批重要成果，影响广泛，成效显著；要总结经验，再接再厉，紧密服务国家需求，更好地优化资源，突出重点，多出精品，多出人才，为经济社会发展做出新的贡献。这个重要批示，既充分肯定了重大攻关项目取得的优异成绩，又对重大攻关项目提出了明确的指导意见和殷切希望。

　　作为教育部社科研究项目的重中之重，我们始终秉持以管理创新服务学术创新的理念，坚持科学管理、民主管理、依法管理，切实增强服务意识，不断创新管理模式，健全管理制度，加强对重大攻关项目的选题遴选、评审立项、组织开题、中期检查到最终成果鉴定的全过程管理，逐渐探索并形成一套成熟的、符合学术研究规律的管理办法，努力将重大攻关项目打造成学术精品工程。我们将项目最终成果汇编成"教育部哲学社会科学研究重大课题攻关项目成果文库"统一组织出版。经济科学出版社倾全社之力，精心组织编辑力量，努力铸造出版精品。国学大师季羡林先生欣然题词："经时济世　继往开来——贺教育部重大攻关项目成果出版"；欧阳中石先生题写了"教育部哲学社会科学研究重大课题攻关项目"的书名，充分体现了他们对繁荣发展高校哲学社会科学的深切勉励和由衷期望。

　　创新是哲学社会科学研究的灵魂，是推动高校哲学社会科学研究不断深化的不竭动力。我们正处在一个伟大的时代，建设有中国特色的哲学社会科学是历史的呼唤，时代的强音，是推进中国特色社会主义事业的迫切要求。我们要不断增强使命感和责任感，立足新实践，适应新要求，始终坚持以马克思主义为指导，深入贯彻落实科学发展观，以构建具有中国特色社会主义哲学社会科学为己任，振奋精神，开拓进取，以改革创新精神，大力推进高校哲学社会科学繁荣发展，为全面建设小康社会，构建社会主义和谐社会，促进社会主义文化大发展大繁荣贡献更大的力量。

教育部社会科学司

前 言

中国文化产业发展战略研究是从文化发展战略研究发展而来的。1985 年我国学术界在上海举行了首个文化发展战略研讨会，并就此在"经济发展战略"这一议题之后提出并形成了"文化发展战略"的议题，一度在全国形成了"文化发展战略"热，不少地方都举行了文化发展战略研讨会。不久，便沉寂了。这一议题的重新升温，已经临近 20 世纪末。亨廷顿"文明冲突论"的发表，促使中国学者重新开始思考中国文化发展战略问题。我在 1998 年发表在《学术月刊》（1998 年第 8 期）上的"世纪之交的中国文化发展战略"一文就是在这一背景下写成的。

与 1985 年关于"文化发展战略"的研讨相比，这一时期研究的立足视角已经从国内文化建设开始了从国际视野观照中国文化发展战略的转向。这一转向尚未来得及全面展开，中国便遭遇到如何应对加入世界贸易组织（WTO）给中国文化产业发展带来的挑战这一具体问题的研究。于是，"中国文化产业发展战略"或"中国文化产业发展战略"研究从 1999 年起便迅速占据了中国文化发展战略研究的舞台中央，从而开始并形成了自 1985 年之后我国文化发展战略研究持续时间最长、涉及领域最广、牵涉部门最多、参与人数最多、影响最深远的"中国文化产业发展战略研究思潮"。

围绕这一主题，国家社科规划部门先后立项了近 10 个国家级"重大课题"，这在我国国家社科规划研究中实属罕见，足见这一主题对于中国 21 世纪发展的重要性。本书作为教育部哲学社会科学研究重大课题攻关项目的研究成果，就是这些重大课题中的其中一个。作为国家人文社科一般项目以及地方立项的同类主题的规划项目就更多了，不仅如此，自主开展对这一问题的研究并发表论文的，以及由此而形成的对具体文化产业和问题的战略研究（如文化产业走出去战略研究、文化产业品牌战略研究等等），更是汗牛充栋，不计其数，蔚为壮观，说它已经形成了一个关于"中国文化产业发展战略学"的学科研究也毫不夸张，至少也为中国的"文化战略学"研究提供了大量的学术思想史资料和素材，构成了当代中国学术发展史的一个重要领域和组成部分。

文化产业发展战略研究迅速推进了中国文化产业的迅猛发展和在中国社会转型进程中的迅速普遍化。尤其是作为战略与政策的政府推手，使得"文化产业"在一个极短的时间里迅速地被普及成公共话语，发展成政府的公共行为和市场的公共选择。尤其是2005年后自上而下制定和发布的各级政府的"文化产业发展规划"，以及在"国家战略"语境下迅速被大规模生产出来的各种文化产业政策和制度安排，文化产业发展不仅深刻地影响了中国经济结构的战略性调整、社会结构的转型、文化结构的变迁，而且还推动了"文化体制改革"这一政治文明和制度文明的历史性进程。法兰克福学派的"文化工业理论"是批判性的和解构性的文化取向，而中国的文化产业发展无论是研究主流，还是社会实践，则从一开始就是肯定性的和建构性的文化取向，这与中国加入WTO所遭遇到的世纪命题和全球化的挑战密切相关，从而形成了两种不同的关于文化产业研究与发展的文化路径。这两种不同的文化取向和文化路径是否就反映了两种不同的文化制度条件下关于文化产业发展的文化价值取向，需要作深入的比较研究。然而，仅就中国这10多年来的文化产业发展在政治、经济、社会、文化以及大众心理层面上和行为模式方面造成的广泛影响，就足以反映出作为一种特殊的文化存在，文化产业已经成为深刻影响21世纪中国进程最重要的因素和力量，形成了一种新文化景观：文化产业文化——以什么样的价值观、认识论以及与此相应的文化发展战略选择和政策制度选择，必将生成什么样的文化产业行为，进而又反过来深刻影响它的价值观、认识论和战略与制度选择。这就生成和形成了一个系统，一个文化产业文化系统。一个前景广阔的新的文化产业研究领域和研究方向——文化产业文化——也就在文化产业研究的学术空间跃然而出。这是战略研究以及由此而形成的战略文化研究必然导致的学术结果，应该引起我们高度的学术关注，并且开始中国的"文化产业文化"理论与学术研究。

作为一种文化产业文化现象，时下中国的文化产业仿佛正深陷资本、地产和技术崇拜的泥沼，还停留在资本原始积累时期，甚至在某种程度上还没有工业化，更妄论信息化，还停留在以资本运作为核心的初级资源和能源的囤积垄断，还是把可见资源的货币财富收益当做文化产业发展的衡量指标和发展战略。创新驱动还没有成为中国文化产业发展第一驱动力。这是一种具有鲜明的集体性的文化产业发展战略迷思和现时中国文化产业发展战略陷阱。文化产业发展需要资本和技术，没有资本和技术的文化产业发展是不可能的。但是，资本和技术不是文化产业的本质。两千年前的技术早已被现代技术取代了，而两千年前人类文明在轴心时代所创造出来的文化成就至今仍然是影响人类文明进步不竭的文化之源。中国因向世界贡献了孔子和老子，而使东方文明得以与以柏拉图和亚里士多德为标志的西方文明，共同缔造了人类文明的主要形态和今天世界的文化格局。虽然，中国也曾向世界贡献了"四大发明"，推动并造就了人类文明的革命性进步，但均已被世界其他发明所替代或超越。离开了文化的创造和文化内容的创造性生产，任何先进技术对文化产业发展都毫无意义。比较一下电影产业发展的技术革命史，我们可以不用任何证明就可以阐明这一最简单的文化产业发展规律：技术永远是要被淘汰的，而文化则可以永恒。这才是文化产业发展战略的本质。我们不能让资本蒙蔽文化产业的本质与精神。面对"第三次工业革命"和"大数据时代"的到来，中国的文化产业发展战略必须有自己独特、理性、清醒、科学的认识、规划与构造。

中国文化产业发展战略研究在中国学术研究领域里的异军突起，并不是一个孤立和偶然的现象，而是有着深刻的国际背景。简而言之，是全球化深刻发展和人类文明发展深刻转型的产物。日本、韩国、新加坡、英国、法国、德国、美国、加拿大以及欧盟和联合国等，都纷纷制定了不同形式的"文化发展战略"。2013 年 5 月 15 日 ~ 17 日，

3

联合国教科文组织在中国杭州召开的以"文化：可持续发展的关键"为主题的世界文化大会——作为中国学者代表我有幸出席了本届世界文化大会更是把文化发展提高到人类文明可持续发展的高度予以政策和战略规划，作为联合国 2015 年制定新的千年计划的战略目标选择。从这个意义上说，中国文化产业发展战略研究不仅是中国社会发展深刻转型的战略内需，同时也是人类文明转型需求的中国态度与中国文明的一种表达，因而具有深远的文明史意义。这丝毫不是什么夸张。看一看发达工业社会的文化变迁吧，看一看西方发达国家和国家集团出台的文化发展战略吧，我们就可以知道，今天的中国发展面临着怎样的世界挑战，今天中国的文化发展又面临着怎样的不可退却的历史责任。实现中华文明的伟大复兴没有文化产业的文明化发展是不可能的。我认为，这就是为什么要深入研究中国文化产业发展战略的内在动因。

本书做了一些努力，但是离这一远大目标的实现还有很长的路要走。我愿意和国内学术界的同行一道，为实现这一伟大目标而不懈努力！

胡惠林

2013 年 11 月 8 日于上海

摘　要

全球化进程的深刻变动，造成了全球政治、经济、文化的深刻转型。寻求人类社会发展新的文明发展方式和生活方式，转变人类财富的增长方式，促进人类社会的可持续发展，成为人类文明社会共同追求的目标。文化产业被认为是最能体现这一价值追求的实现方式。于是，文化产业发展便在全球治理层面上超越了法兰克福学派作为社会批判理论的"文化工业论"，转而成为用以克服和解决经济、社会问题的治理手段和治理工具，成为创造性文化建构；于是英国政府提出并实施"创意产业战略"、新加坡提出"文艺复兴新加坡战略"、日本和韩国提出"文化立国战略"、欧盟发布"欧盟文化战略"。通过制定文化产业发展战略推进国家发展的转型，成为发达国家文化转型的重要战略选择和文化政策。中国政府以加入世界贸易组织（WTO）为契机，也开始着手制定国家文化产业发展战略。这就是本课题及本书的来源和背景。

本书以国家文化治理为理论基点，以国家战略需求为立足点，以2010～2020 年为时间长度（长期视角为2050 年），对我国文化产业发展战略理论、发展目标、发展方式、发展重点和发展思路及其保障系统进行研究。以建立我国文化产业发展战略理论为核心，以我国文化产业发展战略定位和发展模式研究为主导，以我国文化产业发展战略重点和关键战略理论为路径，以我国文化产业发展战略政策体系为抓手形成本课题研究的总体框架。

本课题成果立足于当下中国文化产业发展的现实，站在历史与现实、全球和国家的层面上，运用多学科交叉和史论结合、理论研究和实证分析相结合的方法，从文化战略发展的内在逻辑关系入手，通过对中国文化产业发展战略主题议程设计提出的考察，揭示了当下中国文化产业发展战略问题形成的"四大动因"；通过对最有影响的四种文化战略理论的分析比较，提出了中国文化产业发展战略理论：国家文化治理，并以此为出发点建构全书的体系结构，克服在研究中国文化产业发展战略和国家安全战略之间缺乏核心分析框架和整体性互动研究的理论局限，从而为我国在和平崛起时代制定国家文化战略和国家文化产业政策，建立国家文化产业治理体系提供系统思维和理论模型。

全书将分为：理论建构、战略定位、实现路径、关键理论、系统保障五大部分、十二章进行论述。

导论：主要论述与文化产业发展战略密切相关的五大文化战略关系。通过对文化战略发展的基本战略关系、中国文化战略的世界关系、中国文化产业的立场、中国文化战略的能力建设和中国文化战略的核心价值观五大关系的分析，从战略宏观层面上，研究并提出了当今中国文化产业发展战略缔造的五大战略基点，从国际国内两个文化关系的变动和国家文化战略之间的关系，回答中国文化产业发展战略提出的背景和依据，揭示该命题的理论和现实意义。

第一章，中国文化产业发展战略研究议程的提出。着重讨论和回答中国文化产业发展战略这一重大课题研究提出来的时代背景与历史需求。包括：世界文化产业发展的潮流与趋势、中国文化产业发展战略提出的历史背景、中国文化产业战略发展的主要特征、未来10年中国文化产业发展的基本矛盾和总体框架五个方面；分析了世界文化发展的新特点、文化战略调整与世界文化产业格局重构的态势，提出了以文化战略竞争赢得文化战略优势的观点；在分析中国文化产业发展战略提出的历史背景的基础上，提出了中国文化产业发展的六大特征，从中国文化产业发展的基本矛盾和主要矛盾的文化分析、政治经济学分析和国际关系分析三个方面，突出了未来10年中国文化产业发展的基本矛盾，从而为本课题的研究提供了一个"三维同构"问题系统，以及本课题为解决这样一个问题而建构的一个总体框架。

第二章，中国文化产业发展战略的基本理论。主要内容是：文化（产业）发展战略理论比较、文化产业战略价值认识论、战略理论建构的基本前提和国家文化治理：中国文化产业发展战略理论。通过对部分国家和地区文化产业发展战略定位和实施路径的考察，分析以欧美发达国家为主要对象的文化产业发展战略的国际经验，通过对主要战略理论：文明冲突论、软实力理论、创意产业理论比较；发展战略目标、战略重点和路径比较；发展战略制度建构与机制比较；成功发展文化产业的战略要素分析，着重揭示文化产业发展战略制定中所需要重点考虑的基本要素和理论问题，为中国文化产业发展战略定位提供国际参照依据；研究了文化产业战略价值认识论，并提出了文化产业是人的一切社会文化关系总和的观点，以及文化产业是一个国家的文化制度和国家战略的观点，着重讨论了文化产业战略理论建构的基本前提，即国家战略需求的转向要求国家文化产业发展战略的创新与突破，从而在此基础上提出以"国家文化治理"为核心的中国文化产业发展战略理论。

第三章，中国文化产业发展战略的目标定位与发展模式。共由"目标情景分析"、"国际经验"比较、"战略目标定位"和"生态模式"四个方面的内容构成。通过对"十一五"时期中国文化产业发展规划执行情况分析和文化产业发展战略目标模式的国际经验比较，重点讨论中国文化产业发展的目标定位和发展模式，提出国家定位的三大构成：正在崛起中的发展中大国、迅速融入现代世界体系的社会主义大国、实现中华民族伟大复兴的东方大国，并以此提出了中国文化产业发展战略的目标定位：建设文化强国、构建和谐世界、实现文明转型；以及为实现这一目标而必须构建的中国文化产业发展战略的生态文明模型。

第四章，中国文化产业发展战略的基本路径。主要内容包括：文化"走出去"战略的转型、国家文化软实力的价值取向和三位一体、三者并举的文化产业发展道路。通过对在世界文化贸易体系中国文化贸易总体状况的分析，着重提出了文化"走出去"的战略转型，建立以文化民权为价值取向的国家文化软实力观，提出了立足于中国社会主义初级阶段的基本国情，实行传统文化产业、现代文化产业和新兴文化产业三位一体、三者并举的中国文化产业发展道路。

第五章，中国文化产业发展战略重点。战略重点是战略目标实现最重要的途径。如何选择中国文化产业发展战略重点和选择什么样的发展战略重点，直接关系到战略目标的实现。战略重点选择与确定的原则必须从中国文化产业发展的基本国情出发，从亟待解决的严重制约中国文化产业发展战略困境出发。通过对文化产业市场化建设、新兴文化产业发展、文化产业发展国际化、区域文化产业发展布局、国家与社会文化产业协同发展构成了中国文化产业发展的五大战略重点的分析，提出建立统一的文化大市场、战略性推动新兴文化产业发展、实现文化产业发展国际化、构建多级多层次区域发展格局、推进国家与社会文化产业协同发展的战略重点理论与政策。

第六至第八章，关键战略理论问题研究。如何在发展了的中国文化产业实践中提出今后中国文化产业发展亟待解决的关键战略理论问题，是本课题研究的一项突出成果。本课题成果分别从文化产业发展的历史地理学、文化产业发展的政治哲学和文化产业发展的社会伦理学三大层面，就当前中国文化产业发展中的一系列重大问题进行理论和政策研究并给出回答，在"文化产业正义"这一重要命题下，通过对在文化产业发展中存在问题的分析，分别提出了"文化产业规划与新人文环境缔造"、"文化产业权力与权利"和"文化产业的公共责任"三大命题，突出强调了文化产业发展与人、社会、生态和国家文化安全的关系，提出并建立了处理这四者之间的关系理论。

第九章，创新两岸文化产业合作发展。两岸文化产业合作发展是中国文化产业发展的重要战略内容，代表了一种重要发展趋势，研究这一战略趋势并从中华文明的现代化进程的层面上进行探讨，是它的核心内容。本课题通过对两岸和平发展进程中文化产业合作发展的历史脉络以及取得的成果的梳理，针对两岸文化产业合作发展中存在的问题，提出了在文明的历史进程中，大力推进两岸文化产业合作发展，在实现中华民族伟大复兴的共同目标下，建设两岸共同文化市场，在国际文化产业的激烈竞争中，提高中国文化产业的国际竞争力的战略目标与政策建议。

第十章，文化产业发展的数字化与数据化。文化产业发展的数字化与数据化，是世界文化产业发展的大趋势。本课题成果通过对技术创新与文化产业成长周期的历史性比较研究，以及文化产业发展与文化产业管理体制建构的历史研究，着重研究文化产业发展和现代科学技术发展的关系，揭示了文化产业发展与科学技术发展的基本运动规律，提出了文化产业数字化"科技前导理论""文化产业发展数据化理论"，特别提出了"文化产业数据话语权"的重要概念，并在此基础上提出了中国文化产业发展数字化和数据化并举战略。

第十一章，文化体制改革与文化产业制度创新。战略目标和发展道路选择的实现，需要有政策和制度保障。如何实现体制和机制的制度创新，是本章讨论的主要内容。文化体制改革是一场有别于经济体制改革的全新的国家制度改革。改革的重点是理顺文化事业与文化产业的关系，转变政府文化管理职能，建立新的国家文化治理体制，其核心是转变党管理意识形态的执政方式，从根本上提高党的文化执政能力。本课题成果通过为什么要改革文化体制？中国文化体制改革的性质是什么？往哪里改？改革后的中国文化体制是一个什么样的制度形态等问题的研究，提出了创新文化体制改革理论，为文化体制改革提供合法性依据和政策选择的合理性基础；转变党管意识形态的执政方式，为全面推进国家文化制度建设创造新的政治文明架构；调整配置文化资源的传统机制，改革与文化生产力发展要求不相适应的文化生产关系，解放文化生产力；全面落实和实现公民文化权利，提高与先进的政党性质相符合的党文化执政能力四项主要观点和政策建议。

第十二章，改革开放以来中国文化产业政策与管理评估及其重要启示。中国文化产业作为国家战略的提出是改革开放的重要成果之一。深入总结改革开放30多年来中国文化产业政策与管理得失，是研究中国文化产业发展的重要前提。本章内容着重对改革开放30多年来中国文化产业政策与管理进行评估，并在评估的基础上对今后中国文化产业发展战略实施所需要的政策创新与管理创新提出8项理论与政策建议。

Abstract

The profound changes brought by globalization have deeply influenced the changing politics, economy and culture across the world. A goal commonly pursued by the vast humanity is to seek a new style of civilization and livelihood, to convert growth mode of human wealth, and to promote sustainable development of the human society. Cultural industry is considered the best way to achieve such a goal. Thus, the development of cultural industry has become a creative cultural structure, a method and tool for solving economic and social issues on a global governance level, surpassing the "critical theory on culture industries" by Frankfurt School. In UK, the government proposed and implemented "Creative Industries Strategy". Similarly, an "Renaissance Singapore" strategy of Singapore, the strategy of "Culture as the foundation to the country" in Japan and Korea, and the "EU Culture Strategy" were proposed and released. Promoting national development and transformation by establishing strategy of cultural industries has become an important way of national cultural transformation and their cultural policy per se in developed countries. Chinese government seized the opportunity of entering WTO and started to plan a development strategy for its national cultural industries. All of these are the background and research resources for this book.

Based on the theory of national cultural governance and the need of national strategy, the book attempts to figure out the strategy theory of Chinese cultural industries, including objective, achieving method, core content and way of thinking of its development, and the supporting system. The main content of the project is to answer the strategy positioning and its development mode. It aims to build a strategy theory on the development of Chinese cultural industries.

The methodology of the project is multidisciplinary, with the methods of archive analysis and empirical study. Its perspective is from history to present. Through analyzing the logics of cultural strategy development and examining the topics of development strategy agendas of cultural industries in China, it reveals four motivations. National Cultural Governance——the theory on strategy of cultural industries in China is presented by comparing four most influential theory of cultural strategy, on which the structure of this book is constructed. Besides, it goes further to conquer the lack of an analysis framework for the interaction between Chinese cultural industries and national security strategy. Based on this, it tries to provide the systematic thoughts and theoretical model for building national governance system of cultural industries, and for making national cultural strategy and national policy of cultural industries in peace.

This book consists of five sections: theory construction, strategy positioning, achieving approach, key theory, and supporting system, which are analyzed in twelve chapters.

Introduction

In this section, it illustrates the theoretic significance and implications of the book's topic. It focuses on discussing the five relationships of cultural strategy closely related to developing strategy of cultural industries. In the view of strategic macro-perspective, it presents five strategy bases of today's Chinese cultural strategy, by analyzing the basic relationship of cultural strategy, the international relationship of Chinese cultural strategy, the position of Chinese cultural industries, the capability building, and the core value of Chinese cultural strategy. Regarding the changing international and domestic relationship of cultural strategy, it illustrates the background and basis of presenting development strategy of cultural industries in China.

Chapter I The background of raising the research agenda on the development strategy of cultural industries in China

It discusses the historical background and needs of raising the research program of the development strategy for Chinese cultural industries. It is comprised of five contents: the trend of the world's cultural industries, the historical background of Chinese cultural industries strategy, the main characteristics of cultural industries development strategy, basic contradiction and general framework of Chinese cultural industries strategy in the next 10 years. Based on analyzing new features of cultural development, changes of cultural strategy and trend of re-constructing the pattern of cultural industries in the world, it proposes an argument that is to gain strategic advantage by strategic competitions. Through analyzing the historical background of Chinese cultural industries development strategy, six characteristics of cultural industries development, and the fundamental and main contradiction of cultural industries development in China in the next 10 years via cultural analysis, political economy analysis and international relationship analysis, it proposes a "three-dimensional structure" problem system and a general framework for solving such problems.

Chapter II The fundamental theory of cultural industries development strategy in China

This section is composed of comparing theories on the cultural (industries) strategy, epistemology on the values of cultural industries strategy, basic premise of constructing strategy theory, and national cultural governance. It attempts to reveal the fundamental factors and theoretical issues of cultural industries development strategy-making and provide an international reference for proposing Chinese cultural industries development strategy by examining the strategic orientations and implemented paths of cultural industries development in some countries and regions, the international experiences of cultural industries development strategy in EU and US, comparing the main strategy theories on the clash of different civilizations, soft power, creative industries, strategic objectives, strategic major parts and paths, strategic system and mechanism, strategic factors of making successful cultural industries development. Through explaining the epistemology on values of cultural industries, it indicates that cultural industry is the total sum of all social and cultural relations, and cultural industry is a cultural system and national strategy of a nation-state.

In addition, it proposes a "national cultural governance" as core of strategy theory for Chinese cultural industries development, by discussing the basic premise of constructing cultural industries strategy theory, namely, the demands of innovating and breaking-through national cultural industries development strategy which are raised against the background of the Chinese national strategy shift.

Chapter III The orientation and development pattern of Chinese cultural industries development strategy

This section contains four parts: "objective and situational analysis", the comparison of "international experiences", "strategic objective positioning", and "ecological model". By analyzing the implementation of Chinese cultural industries development in the 11th "five-year-planning" period, and comparing its strategic goals with other countries, it mainly discusses the objective orientation and development model. Based on this, it proposes three components of national positioning: the rising developing countries, the socialist countries which quickly emerging into modern world system, the oriental country which is on the way to achieve its great national renaissance. Furthermore, it proposes the objective positioning for Chinese cultural industries development strategy——to build a great cultural nation, to construct a harmonious world and to achieve the transformation of civilization, and the ecological civilization model of Chinese cultural industries development strategy for realizing these goals.

Chapter IV The basic approach of Chinese cultural industries development strategy

In this section, it includes the transformation of cultural "go global" strategy, value orientation of soft power in Chinese culture, and three-in-one development path of cultural industries. By analyzing the general situation of Chinese cultural trade in the international cultural trade system, it suggests that the transformation of cultural "go global" strategy needs to be made on the basis of a cultural-citizenship-oriented consciousness of national cultural soft power. Moreover, it also suggests a three-in-one development path of Chinese cultural industries combining three types of cultural industries——the traditional, modern, and emerging ones, which is grounded on the fundamental national conditions.

Chapter V The strategic emphasis of Chinese cultural industries

Strategic emphasis is the most important approach to achieve the strategic goals. The questions of how to select strategic emphasis and select what kind of strategic emphasis are directly related to the realization of strategic goals. The selection of strategic emphasis and its confirmed principles for Chinese cultural industries must be made according to the basic situation of Chinese reality and the difficult problems and dilemma of its cultural industries. It presents five strategic emphases: marketization of cultural industries, development of emerging cultural industries, the trend of globalizing cultural industries, regional development planning of cultural industries, and the co-development of the state-driven and society-driven cultural industries. Based on explaining the five emphases, it suggests to build a unified cultural market, strategically promote emerging cultural industries, globalized cultural industries, constitute a multi-level regional development pattern, and to push forward the co-development of both the state-driven and society-driven cultural industries.

Chapter VI VII VIII Research on the key issues of strategy theory

The main outcome of this book is to answer the significant strategy theory issues for the further development of Chinese cultural industries. With the perspectives of historical geography, political philosophy, and social ethics, it tries to answer a series of grand problems in Chinese cultural industries development in a theoretical and policy analytic framework. Under the topic of "cultural industries' justice", and articulating the problems in the development of cultural industries, it presents three propositions: "the planning of cultural industries and construction of new humanistic environment", "the power and right of cultural industries", "the public responsibility of cultural industries". It emphases the relationship of human, society, ecology and national cultural security, and proposes a theory to transact the relationships of the four.

Chapter IX Innovating the co-development between Mainland China and Taiwan in cultural industries

The cross – Straits cooperation and development in cultural industries is an important strategic issue of Chinese cultural industries development, which represents a significant developing tendency. The core content of the co-development confers to the modernization of Chinese civilization. In this section, it describes and maps out the historical path of the co-development of cultural industries in the cross – Straits peaceful development progress. According to the problems occurred in the co-development process, it suggests establishing a common cultural market for the Straits with the consensus of achieving the great renaissance of Chinese nation, and providing suggestions on strategic goal and policy for strengthening the global competition of Chinese cultural industries.

Chapter X Digitalization and Datalization of cultural industries

Digitalization and datalization of cultural industries is an inevitable trend to the whole world. By a historical comparative study on the technological innovation and growth period of cultural industries, and a historical analysis on the management system-building of cultural industries, it tries to figure out the relationship between the development of cultural industries and modern scientific technologies, and to further reveal the basic movement logic between the two. Moreover, it proposes several theories: "scientific-tech-oriented theory", "datalization of cultural industrial development", in particular to the concept of "digital discourse power of cultural industries". Accordingly, a strategy to simultaneously develop the digitization and datalization of cultural industries development is put forward.

Chapter XI The reform of cultural system and the institutional innovation of cultural industries

Without policy and institutional supports, any strategic objectives and chosen development path cannot be achieved. How to realize the innovation of system and mechanism is the major topic in this chapter. The reform of cultural system is a brand-new na-

5

tional institutional reform, which is different from that of economic system. The key issue of the reform is to rationalize the relationship between cultural undertakings (wenhuasheye) and cultural industries (wenhuachanye), change the role and responsibility of government in cultural management, and to establish a new national cultural management system. In a short word, the purpose of the reform is to fundamentally change the Party's way of governing ideology-related issues. Through answering the questions of why to reform the cultural system, what the characteristics of the system are, and where to go, what kind of system is after reform and etc. , it proposes four viewpoints and policy suggestions: (1) an innovation theory of cultural system reform for the legitimacy for the reform and policy selection; (2) to promote the national cultural system building and to create new political civilization by changing the governance method of current culture administration; (3) to emancipate the productive force through adjusting and transforming the traditional mechanism of allocating cultural resource, and reforming incompatible cultural productive relation; (4) to enhance the capacity of CPC in cultural management and administration by comprehensively carrying out and realizing cultural citizenship.

Chapter XII The evaluation of China cultural industries policy and management since the reform and opening-up

Raising the issue of cultural industries as a national strategy is one of the most important outcomes of the China reform and opening-up. One of the important pre-conditions of understanding and studying the development of cultural industries in China is to obtain an in-depth summary on its gain and loss in the policy and management in the past 30 years. In this chapter, the main content is to evaluate the policy and management of Chinese cultural industries. According to the result, it proposes 8 suggestions on policy innovation and management innovation for the development strategy of Chinese cultural industries.

目 录

Contents

Contents

导论：当前中国文化战略发展的几个问题[①]

当今的时代是一个战略时代。战略已经成为国家发展的一个最具有活力和决定意义的主题词。在今天，一个不讨论、不思考国家和国际战略问题的国家，一定是一个在国际社会事务中被严重边缘化的国家，或者说是一个没有前途的国家。今天的中国正处在这样的一个战略时代，正处在一个国家文化战略博弈空前激烈的时代。面对这样的时代，中国该有怎样的国家文化战略？这是中国文化发展的世纪命题，也是本课题研究的基本出发点。

一、文化战略发展的基本战略关系

（1）一个国家的文化战略是由它的外部性关系和内部性关系建构的。由于国家战略在任何意义上都是一个具有国家参照系统的战略。也就是说，都是相对于其他国家、以其他国家为战略对象的战略。因此，既有的国际文化战略秩序构成及其运动状况，以及本国在这个国际文化战略系统中所处的位置，对于一个国家文化战略的选择、构成与发展就具有特别重要的规定性。若没有这样的国际文化战略系统参照，就无所谓国家文化战略。

国际文化战略秩序是国家和国家集团间文化战略竞争和战略博弈的结果，是指在一定的国际环境下所表现出来的、呈相对稳定状态的国家间在世界文化事务中的发言权、话语权和主导权的国际文化权力关系。国际上一切国家文化战略的制定都是依据自己在这关系中所处的地位来决定的，直接体现于对世界文化秩序建构主导权的争夺与控制。

（2）由于一个国家文化战略选择的任何变动都会给其他国家、地区乃至世

---

① 本章发表于 2009 年第 6 期《艺术百家》，2010 年《新华文摘》第 4 期全文转载。

界的文化战略格局带来更大的变动。因此，任何一个国家的文化战略选择，尤其是大国文化战略的发展走向都将深刻地影响到其他国家的文化战略利益，因而必然地构成文化战略发展运动中的"战略困境"，在地区文化战略竞争和大国文化战略竞争中表现得尤其明显。所谓外部性就是一个国家的文化战略与其他国家乃至世界的文化战略关系，如何对待和处理文化战略的外部性关系，是任何一个国家的文化战略选择都无法回避的战略问题。

（3）国家战略是一个系统，文化战略是这个系统构成中的一部分。国家文化战略运动与国家政治、经济、社会发展战略运动之间的关系，以及文化战略自身各个部分历史运动的战略构成关系，这是规定一个国家的文化战略之所以是这个国家文化战略而不是其他国家的文化战略的内部性。这种内部性是由一个国家的历史性决定的。没有这样一个内在的质的规定性，也就无所谓这个国家的文化发展战略。国家文化战略的内部性规定决定了国家文化战略发展的个性及其与他国的战略差异性。国家文化战略运动的外部性和内部性构成了整个文化战略发展的正负两极，所有关于文化战略发展的结果都是由这正负两极的对撞产生的运动态。如何处理文化战略发展这一最基本的战略关系，是一切文化战略发展的基本出发点。

（4）1944 年 11 月 17 日，美国总统罗斯福致信时任美国科学研究发展局主任布什，要求他就"二战"结束后美国的科学发展问题提供一个研究报告。这就是一年后（1945 年 7 月）布什提交了《科学：没有止境的前沿——关于战后科学研究计划提交给总统的报告》①。这个报告不仅包括生物学和医学在内的自然科学，而且也包括同样重要的人文科学和社会科学。这份报告就如何在战后提高美国的国家战略能力，推进美国的国家发展中起到了不可替代的重要作用，成为"二战"后美国最重要的包括文化发展在内的国家发展战略，今天美国发展的许多成就都是这一战略的结果。这就是美国在面对"二战"即将结束，新的世界构成即将来临，美国如何选择国家战略，处理内外战略关系的战略答案。半个多世纪过去了，美国的国家战略和国家文化战略已经有了很大的发展，但是，这一报告形成的战略仍然是影响美国发展最重要的国家战略之一。从这个意义上说，战略就是改变还是维持现状的科学和艺术。

（5）中国先后出台了《中国"十一五"时期文化发展规划纲要》和《文化产业振兴规划》，具有鲜明的阶段性和策略性文化发展计划的特征，还不是能够管半个世纪的国家文化战略，也缺乏对国际国内两个大局的文化战略关系的准确定位，还不是用来指导中国文化战略长期发展的战略文本。文化发展在整个国家

---

① 由商务印书馆出版。

发展中的战略定位的缺乏，对文化发展在整个国家未来发展中的战略关系认识的缺乏，严重制约和影响了中国文化战略力量的发展方向的选择，严重制约和影响了国家文化建设能力的战略性提高。制定"中国文化发展战略"，回答和阐述当前中国文化发展的基本矛盾和主要矛盾，明确根本战略目标及其制度选择，成为克服和解决当前中国文化战略发展困境的首要问题。

（6）战略是一种长远的根本利益主张。规划是战略的实施形态和组织文本。由于任何战略都是基于维护还是改变现状的目的，必然会造成原有文化秩序的变动与重组，从而再建一个合理的社会文化秩序。一个文化规划应该正式地体现和阐明一个社会合理的文化秩序。文化发展战略就是要为这样一个文化秩序的建立提供全部合法性与合理性依据，文化发展规划只有建立在文化发展战略的基础上才具有历史合理性。

二、中国文化战略的世界关系

（1）中国文化战略的世界关系是中国文化战略发展中最主要的外部关系，影响和规定了中国文化战略的世界认识、世界态度和立场。近代以来中国文化战略的世界关系，大致经历了三个阶段：鸦片战争，中华文明在欧洲文明前打了败仗，中国以屈辱的方式建构起了与世界的现代关系；辛亥革命，中华民族试图以西方文明的方式重建与世界的现代关系，并且在这个过程中实现中国与世界关系的主体性建构，重建中华民族的世界尊严，成了中国最主要的世界关系，抗日战争的胜利是它的战略奠基；中华人民共和国，中国文化开始了全面重建世界关系的战略进程，既付出了惨重的试错代价，也开始了重新融入现代世界体系的艰难努力，加入世界贸易组织是它的标志，"中国崛起"和"中华文化的伟大复兴"成为中国文化战略的世界关系的集体表达。这三个阶段所形成的不同文化战略遗产，构成了近百年来中国文化战略最重要的世界关系，这就是中国和西方的"中西关系"，成为影响中国文化战略的世界关系最重要的因素，同时也建构了中国文化战略在国际文化战略秩序中的基本世界关系。

（2）从上文提到的这个角度看问题，影响中国文化战略发展的未来走向和战略因素，至少有三个主要方面：欧盟、东亚和美国。充分地研究上述三个地缘政治板块及其文化战略态势对中国文化战略发展构成的影响，是建构未来中国文化战略发展理论和框架必须的参照系。虽然在可预见的时间表里，中亚地区还构不成中国文化产业国际地缘战略的一极，但并不等于它将来也不是。国际文化地缘战略是会随着国际地缘政治的变动而变动的。20 世纪 50 年代整个苏联和东欧国家就曾经是中国对外国际文化交往的核心战略伙伴。这种核心战略地位随着国际地缘政治的变动而发生了巨变。但是，必须看到上海合作组织对于中国地缘战略安全的极端重要性，以及这种重要性对于中国西部地区的国家安全的不可替代性。因此，从长远的战略看问题，中国文化战略发展必须同时包括"西部"概念。"西部"问题直接关系到我国国家文化安全的战略纵深问题。在中国文化及其产业发展的国际战略上，中国可以考虑建设"新世界观"，并且在这个过程中寻求和争取战略主动，在拓展文化战略发展的世界关系空间的同时，拓展中国文化战略发展的伙伴空间。诚如美国的国家安全战略发展，没有什么内容不可以成为美国国家安全战略的资源要素：世界的就是美国的。这种战略思维和战略发展眼光可以直接为中国文化战略发展中的世界关系所采纳，从而在一个更为广大的空间体系中从内容和形式两个方面，建构中国文化战略发展的世界关系。不能在战略思维上实现自我超越，就不可能有中国文化战略发展的世界关系。

（3）中国文化战略是在"中国崛起"和实现"中华民族伟大复兴"的战略目标下提出来的。不论提法有着怎样的不同，有一个事实不容回避，就是不管你愿意还是不愿意，中国作为一个大国，作为当今世界力量格局中的一个重要组成部分，它的任何发展与变化都会给这个世界带来变化。政治、经济上是如此，文化上也是如此。这就使得中国的任何一种发展战略和任何一个领域里的发展战略都不可避免地要同构成世界力量格局的其他战略力量及其主体构成事实上的冲突，并且形成不可避免的战略较量。战后国际战略较量主战场不论发生怎样的战略主体的更替，有一个却始终是战略主体的构成方，那就是美国。今天中国的文化发展的主要战略竞争对手，也还是美国，一个无法回避的战略竞争对手。事实上，无论是中国加入世界贸易组织，还是在中国"入世"后，美国都始终是对中国文化的现代发展进行战略胁迫的最主要的战略挤压者。

（4）中美关系是中国文化战略发展最核心的世界关系。今天的中美文化关系是冷战时代的产物。虽然，两国在政治和经济上有着许多互相依赖的战略共同点，但是由两种完全不同的价值观和意识形态主张所建构起来的基本文化理念、文化思想、基本价值观和生活方式的根本差异，使得建构在两种不同文明基础上的冲突，在一系列文化战略的根本领域里是不可调和的。只要双方自己恪守着自己所信奉的价值观不动摇，那么中美两国的文化战略关系就仍然是"你死我活的阶级斗争"。"国家安全"和"国家文化安全"成为两国文化战略冲突的焦点领域。

（5）战略上的相互不信任将长期主导中美两国的战略博弈方式和国际战略博弈格局。在这个过程中，文化及其产业形态在任何时候都是博弈双方运用的主要战略之一。然而，由于美国在文化发展总量上处于绝对的战略优势地位，因此，中国文化要在一个较短的时间里获得对美国相比较的战略发展优势，就必须在若干个而不是在整体上寻求建立比较优势作为自己战略选择的战略考虑。而要实现或做到这一点，就必须在理论、政策和制度安排等各个方面实行全面创新，其中一个最核心的问题就是必须解决对文化发展在中国整个国家战略发展中的本质属性进行明确的界定，为文化政策制定提供理论依据，克服当前严重制约中国文化发展的市场经济导向和文化价值导向之间存在的矛盾和冲突。如果不能从战略的核心价值理论层面上非常明确地规定文化在市场经济条件下的中国性质，而是摇摆不定。那么，在市场经济条件下，社会主义核心价值观和这个价值观体系建设不可能解决其之间的矛盾，将长期制约我国文化及其战略形态的健康发展，甚至将为之付出沉重的代价。而恰恰在这一点上，集中了中国文化战略发展与当今世界关系的全部矛盾和冲突。因此，如何处理和美国的文化战略关系，将是中国文化战略发展无法回避的问题；如何建立与美国的文化战略关系将集中考量中国文化战略选择的中国智慧。当然，这里也有一个如何认识和看待中美文化战略关系的立足点问题。

（6）今天中国文化战略的世界关系是从中国加入世界贸易组织开始建构的。在此之前，中国文化战略的世界关系在某种程度上说是解构性的，这与当时中国的战略目标相一致。经历了"文化大革命"的战略试验，中国调整了自己的战略目标。改革开放，重建中国与世界的关系成为中国战略发展的主题，自然也成为中国文化战略发展的主题。中国加入世界贸易组织不仅改变了中国与世界的经济关系，而且也改变了中国与世界的文化关系。中国加入世界贸易组织成为当代中国战略与世界关系的分界线。它的一个最为显著的关系变化就是改变了中国战略与世界战略力量及其秩序关系的重组。世界贸易组织是根据西方文明关于世界的经贸文化关系的理解建构起来的一种世界体系和制度，它的所有的制度性规定，都同时是一种关于人们交往行为的文化原则，具有鲜明的文化建构型特征。如何在这样的制度体系中坚持中国文化战略的发展原则，构成了两种文化内在的矛盾和冲突。两种不同的社会制度、价值体系和生活方式之间的不一致，人类社会发展所共同遭遇的全球问题，又使得它们在许多战略利益里面存在着高度的一致性。一致性和非一致性这本身就已经构成了两种不同战略形态之间的优势差异。因此，中国要在文化发展的若干领域里获得相比较的战略优势，就必须克服和解决所有妨碍这一战略目标实现的障碍。

（7）G7、G20的提出，以及"中美国"，不仅一般地表现了国际关系中原有秩序结构的变动，而且，更重要的是表明了这种国际秩序变动中的力量对比构成的重大变化。这种变化，以新兴国家的崛起为标志，中国呈现出比较突出的位置。因此，后金融危机条件下全球经济结构的战略性调整，使得中国在这个过程中获得了参与国际金融秩序重建的发言权。由于任何意义上的经济优势都将转化为文化优势一样，如何将这种优势转化为中国文化战略发展的国际优势，正在成为中国文化战略发展难得的战略机遇。一个国家的文化话语权是通过它在国际文化事务中的议程设置能力决定的，而不是由它的文化 GDP 决定的。能否和在多大程度上主导国际文化战略秩序的议程设置，是集中体现一个国家文化战略的世界关系最核心的衡量标准。

三、中国文化产业的立场

（1）发展文化产业是文化战略创新的产物，是当前中国文化战略发展最重要的形态和战略思想。中国有文化产业，在计划经济时代也还存在文化产业。但是，文化产业的中国式存在很大程度上只是意识形态领域里阶级斗争的工具，主要地服从于和服务于意识形态领域里的阶级斗争的需要。虽然在这个过程中，作为文化产业生命存在的空间形态的"文化市场"也还存在，但是，市场并不在文化产业的发展中发挥资源配置的基础性作用，作为具体的文化产业机构——文化企业并不拥有市场主体身份，文化产业只是文化事业存在的另一种表现形式："企业单位事业化管理"集中凸显了"中国式"文化产业的身份属性。单一的文化产业投资结构和主体构成，现实地规定了文化产业在整个国家文化建设以及国民经济和社会发展中的附属地位与身份。在这样一种生命形态中，文化产业所体现的是中国在那个时代的社会文化关系。政府把一切文化产品的生产、流通与分配也都纳入到了计划经济体制。这最终导致了中国文化产业发展的长期停滞不前，从而使得文化产业作为一个国家文化的战略能力没有得到应有的发挥。

（2）社会主义市场经济体制改革目标的提出和加入世界贸易组织的国家战略选择与国民经济和社会发展制度的创新建构，必然提出上层建筑与经济基础相适应的马克思主义的制度革命和制度创新要求，从而导致中国国家文化战略的转移。中共十六大，第一次在党的政治报告中明确提出了"积极发展文化事业和文化产业"的政治主张，把发展文化产业和文化事业同建设马克思主义的意识形态相提并论，并且把大力发展文化产业看作是满足人民群众精神文化消费需求多样化的重要途径。这就在中国特色的社会主义文化建设上，在坚持马克思主义在意识形态领域里的指导地位不动摇和积极发展公益性文化事业的同时，非常明确地提出了第三条道路——"积极发展文化产业"，从而形成了独具中国特色的文化建设与发展三位一体的战略架构。文化产业被作为中国特色社会主义文化建设最重要的制度性建构而被写进了党的政治决议、国家战略规划和政府工作报告。

（3）国家进一步对外开放以及各项公民权利的彰显，非公有资本进入文化产业以及正在全面推行的文化体制改革，标志着中国文化产业正式进入了一个全新的发展时代：那就是公民文化权益和权利的全面保障和全面落实的新时代。在这个过程中，因为文化产业，人和社会的一切文化关系得到了全面的调整；因为文化产业，文化与经济发展的关系得到了全面的调整；因为文化产业，人与政治民主的关系得到了全面的调整。文化产业在中国成为人和社会一切文化关系重构的纽带和关键词，成为中国文化改革开放走向世界的标志，判断中国文化民主化进程和对外开放度的晴雨表。

（4）无论在中国还是在其他一些发达国家，文化产业之所以能够被重视，能够得到政府的政策扶持，甚至能够被作为国家战略提出成为国家发展战略的一个重要组成部分，其中至少有两个具有关键意义的因素：一是文化产业成为一种新的财富创造形态。因此，它改变了原有的以资源消耗型和环境污染型为主要财富增长方式的经济发展道路和社会发展模式，文化产业作为一种新的生产力形式和内容，改变了原有的人类社会发展的生产力结构，从而使知识经济以文化经济的全新转变而成为现代国家发展的关键产业；二是文化产业由于是在人们购买文化产品与服务的精神消费的过程中实现财富的创造。因此，它不只是改变了财富的创造方式，而且还改变了人们精神生产和精神消费的方式，包括精神表达方式和精神传播方式，改变了整个现代社会的精神世界的空间结构，因而具有一种物质性创造所不具备有的一种深刻的解构和建构现代精神世界空间的无形力量，正是这种力量改变了人类社会和国家间的文化和精神空间的原有格局，影响和改变了人、国家和社会的发展走向与秩序建构。文化产业兼具经济和文化的双重属性以及精神和物质的双重力量，使得它在世纪之交迅速地成为现代国家重新安排国家产业调整和建构新的产业结构布局的重要选择。

（5）国际政治、经济、文化及其相互关系在这个过程中被迅速地重组，而"文化霸权主义"、"国家文化安全"等也由于深刻地反映了在这一过程中的文化不平等关系，揭示了在这个过程中出现的超越了文化交流和文明交融的"文明冲突"，威胁到了一个国家和民族的文化生存与文化发展的现实危机性而成为新的主流词汇。文化产业的市场准入与反准入成为国际文化竞争和国际文化战略较量的重要领域，并且占据了新的外交空间。文化产业正是在这个过程中凸显了它在整个国家生活中的重要性和价值，从而使之具有战略性。尽管不同的国家在这个问题上的政策与战略表达具有各国政治决策的特点。但是，凡是现代文化产业发达的国家并没有不把它放到国家战略地位。在现代国际关系体系中，没有发达的文化产业，就没有它的话语权。国际生活中的话语权因发达的文化产业而拥有。正是在这个意义上，文化产业是一个国家的文化制度和国家战略。

（6）文化产业是因其文化产品的主体功能界定的。人类自有生产能力以来，只生产了两种生活必需品，一种是物质食粮以满足人的基本生理需要，一种是精神食粮以满足人的基本心理需要。所有其他的物品都是这两种基本必需品的衍生产品。文化产业就是精神食粮的生产系统和服务系统。因此，以满足人们的精神消费需要为目的的文化产品的生产是文化产业的主体功能和核心功能。围绕着这一主体功能而形成的生产手段系统都属于它的辅助系统。一个完整的现代文化产业体系就是由这两个系统的有机统一构成的。但是，规定和决定文化产业全部性质的不是它的辅助系统功能，而是它的核心主体功能。这是中国文化产业的战略立场。这一立场与中国坚持的要始终把社会效益发展首位的政策要求相一致。根据这一立场，中国没有必要培育一个金融资产、虚拟资产属性很强，对经济周期影响很大，对宏观经济调控有负面干扰的文化行业。也就是说，没有必要扶持文化产业的金融属性。文化产业的健康发展应该是以文化精神消费品为主导，而不是以投资品为主导。文化体制改革不能以培养文化产业的上市公司为主导。中国需要一大批文化产业的战略投资主体，但首先是培育和发展一大批文化战略投资主体，一大批具有文化再生产能力的战略投资主体，不是一般意义上的再生产能力，而是那种能够改变精神文化秩序、建构社会文化秩序的核心战略能力，这应当成为培育和发展文化产业战略投资主体普遍的战略追求和制度设计。不能让社会像投资房地产那样投资文化产业，那样会毁了中国的文化产业。

（7）文化产业必须坚持文化产品的生产和向社会提供精神文化产品的消费服务，以满足人们精神文化的消费需求，推动社会文明进步的文化战略底线。因此，应当确立以文化消费品为主导来发展中国文化产业市场的发展方向这一基本战略准则，并以此来选择和制定中国文化产业发展战略的方向和道路。正是由于文化产业具有改变现存文化秩序与建构精神世界的价值与功能。因此，当文化产业现代发展的成熟度与它在一个国家的国民经济和社会发展所处的地位以及所发挥的文化作用和影响的程度，将直接构成了一个国家国民文化精神和国家文化形象关键要素的时候，文化产业的现代发展就具有战略意义和战略价值，具有战略资源价值。开发这种战略资源、控制这种战略资源并且在全球垄断这种战略资源也就成为国际战略竞争的重要内容。

（8）市场经济的发展使中国面临一场严重的文化冲突，市场正在成为唯一主导文化发展的价值取向。发展什么和什么是发展好的，都是由市场来界定。但是，在人们的社会生活上，真善美的抉择还有很多其他的标准。在某种程度上，市场只和资本相联系，和利润、财富的增长相联系，而并不和真善美相联系。为了利润，资本可以不惜任何手段，包括毁灭真善美。经济的发展尚且不能以市场为唯一价值导向，更何况本身就是以文化功能来界定的文化产业。文化产业的发展需要把市场作为文化产业发展晴雨表。但是，不能把市场作为文化产业发展的唯一风向标。文化产业发展除了为社会创造出巨大的经济财富的同时，更要为社会的文明进步和人的全面发展创造出巨大的精神文化财富。这就需要在发挥市场在资源配置中的主导作用的同时，更加需要发挥真善美的价值在文化资源再生产中的主导作用。没有真善美这些普世价值的主导，文化产业的发展就不可能实现社会的文明进步和促进人的全面发展的战略目标。

（9）文化产业有两种基本发展道路。一种是"经济化"的"单边发展"的非均衡发展道路，另一种是"社会化"的"多边发展"的均衡发展道路。前者以单一的市场为导向，以纯粹的GDP为衡量标准，把文化产业完全视作经济发展的一个部类纳入经济战略的发展轨道，以经济发展的指标要求制定文化产业发展战略；后者以多元的价值建设为导向，以复合的文明发展为衡量标准，把文化产业界定为文化发展的载体形态纳入文化战略的发展轨道，以市场经济的方式发展文化产业，满足人们精神文化消费需求的多样性；以价值目标的要求发展文化产业，提升人们精神文化消费需求的文明质量。转变文化产业单边发展模式，从以单一的市场发展为导向，各种公共文化资源与生产要素向文化"产业化"领域集中配置，转向以复合的社会发展为主导，各种公共文化资源和生产要素在文化建设、社会发展和经济门类间优化配置，环境友好、资源节约、人与自然和谐相处的可持续发展，更加注重用文化的精神和文明的方式引导文化产业发展的"多边发展"模式。

（10）2008年国际金融危机爆发后，中国经济发展面临的外部环境发生了重大变化。以美国为代表的发达经济体提出了世界经济"再平衡"的要求，开始加大出口，实施"再工业化"战略。这对中国以外向型为主导的发展战略构成了直接的挑战。与此同时，由于2008年爆发的国际金融危机引发了全球生产、贸易以及其他经济与金融关系的总调整，使得中国与世界的关系也因此遭遇"被调整"，进而导致了国内产业结构、投资消费、区域经济结构等发展战略关系的一系列调整。社会资源、生产要素、基本公共服务的重新配置与整合，成为无法回避的国家战略问题。文化产业虽然在这个过程中被赋予了"逆势上扬"的使命，并且还因国务院出台的《文化产业振兴规划》获得了"战略性产业"的战略定位，但是文化产业中长期发展战略所需要解决的一些带根本性的矛盾问题依然存在。尤其是从中国加入世界贸易组织开始，文化产业发展10年所推行的以文化体制改革为主导的"单边发展战略"，在文化产业取得巨大成就的同时，也积累了许多矛盾：文化产业发展与文化发展的矛盾问题、文化产业与意识形态发展的矛盾问题、文化产业与政治发展的矛盾问题、文化产业与经济社会发展问题等一系列文化产业发展的内外部文化关系问题，文化产业内部的结构性、系统性矛盾问题。有不少矛盾问题是旧的问题没有解决，新的问题又产生了。经历了 10 年的大发展、大繁荣，中国文化产业发展已经走到了一个新的历史节点上，不从研究和解决这些矛盾问题出发，中国文化产业就很难走上健康发展的道路。这是一个健康的文化战略的前提。

四、中国文化战略的能力建设

（1）世界资源和社会要素在全球范围内重组着国家的未来，国家之间的竞争已经不再仅仅是国家实力的角逐，而是基于社会能力的博弈。在全球化时代，一个国家的实力只有通过提高本国民众的社会文化创新能力体现出来，才有可能获得可持续发展。能力建设和能力遏制正在成为国际文化战略博弈的又一个焦点领域，世界霸权的逻辑结构正在因此而发生变革，大国谋求霸权的战略也正在以新的形式展现出来。

（2）一个国家的社会能力主要体现为该国的文化进步能力和民众的整体素质与水平、社会凝聚力的组织动员能力，以及社会制度化水平和社会秩序，而所有这些均取决于该国整体的文化创造能力，一种能够不断超越自身文化局限的能力。中国需要转变拔苗助长式的提高国家文化软实力和过分看重国家外部形象的思维定势，把战略重点转移到注重自身社会文化能力的提升和推动社会文化的全面进步上来。国家文化能力的提高和国家形象的战略性建构只有在一个国家社会能力的极大提高的基础上才有可能实现。

（3）话语建构能力是最重要的国家文化战略能力之一，在很大的程度上影响和左右着一个国家的世界文化地位和世界文化关系。"话语权焦虑症"是当前中国文化发展的"战略焦虑"之一。中国并不是没有创建话语和提出话语权的能力，而在于建构话语能力的机制。核心问题是：谁来建构话语？谁有权建构话语？在今天的中国，实际上存在着三种话语关系：一种是官方的；一种是学术的；还有一种就是大众的。这三种话语关系之间缺乏有效的互通机制和共享平台，甚至在很大的程度上三种话语之间还存在着一定的冲突和对撞。对社会话语权的尊重，以公共政策的方式、以国家的资源优势传播本国学者的话语成果和大众的议程设置参与，从而使之成为国家话语权能力建构的实际上的权威，这应当成为一种真正的"举国机制"。最大限度地激发每一个从事人文社会科学研究的学者的学术创造力和公民的主体参与能力，这是国家提升话语权能力的关键。当一个国家的文化政策不断地推介学术个人的学术创造成果的时候，它也就建构着这个国家的国家形象，进而以这种方式建构国家的话语权。在国际话语权领域里，思想理论界的话语表达的充分性程度，是衡量一个国家拥有多大话语权的重要标志。

（4）普通民众具有改变世界的力量。大力培育和发展民间智库，在制度上和舆论环境上培育话语成长的社会土壤，已经成为现代国家文化战略力量建构的重要内容。美国有数量庞大的各种类型的智库，并且存在着支持各类智库发展的基金会一类的财团资本。这是一种美国式的"举国体制"。与之相比较，中国迄今为止还没有建立起这样具有广泛民意基础的智库力量。国家文化战略能力的建设，需要建立起民众对国家基本情况应有的认识、信任和自信，从而使得中国在这一领域里拥有足够的国家力量。来自民间的声音，往往可以发挥政府所起不到的作用。这一点，在奥运火炬传递过程中广大民众所表现出来的国家精神已经得到了充分的表现。因此，建构中国的新文化战略过程，应当把积极稳妥地发展民间文化战略研究智库作为中国文化战略的能力建构必不可少的选项，从而在民意的基础上缔造中国的价值观。

（5）要把社会主义核心价值观体系建设在普遍的社会民意的基础上。要建立文化战略发展的中国民间智库，由于中国现阶段还尚未形成比较完整的基金会制度，大学和科研院所的研究课题和研究经费绝大多数都是来自于党政部门，而且都是"命题作文"，很难开展有效的独立研究和形成有独创的研究成果。虽然国家投入了不少人力、物力和科研经费，但是收效甚微。多少年来中国很少在国际文化战略领域里形成有效的话语权，尤其是在文化管理制度和政策创新方面常常受制于人，与此有着很大的关系。因此，要实现以制度换制度的主动权建构目的，就必须首先创建能够实现这一目标的能力成长性机制。只有赢得话语权，才有可能实现以制度换制度的战略目标。话语权才是构成国家文化能力的核心。而要建立这样的核心，首先就必须构建能够形成这样核心的体制和机制。从这个意义上说，中国文化战略的未来发展同样需要在这个领域里的体制和机制创新。而要做到这一点，特别需要我们在这一问题上的思想解放：必须对我们的民众和知识分子有足够的信任，这也是中国文化战略充满自信的重要表现。

（6）在所有要素禀赋当中，创造力是一个国家竞争力最重要的禀赋，是一个国家最核心的战略资源，也是一个国家核心文化能力和核心文化产业能力。从现在起到2050年的这30多年中，对无论处在什么样的发展水平的国家，都是至关重要的。这是因为，整个人类社会所面临的是同一个问题：自然资源耗竭后靠什么来继续人类社会的发展。而在危机后赢家的最后一个特征是拥有革新和创造能力。创新的回报会越来越大，而且更为集中在一部分人手中。劳动生产率的极大改善，持续的全球化，将会使得革新和创造获得更多的报酬。50年前，最伟大的表演艺术家的收入来源仅限于他们实际接近的观众身上。现在，世界一流的歌唱家通过全球发行CD、MP3等音乐作品，享有不计其数的收入。国家内部贫富间的收入差距会因创新能力的大小而进一步拉大。创新的类型是多种多样的，文化创新毫无疑问是在所有创新类型中最具有影响力和持久力的。如果说,科学的创新直接改变物质世界的存在形态和生命方式的话,那么,文化创新将同时改变人们的社会存在的物质世界和精神世界。无论是演艺明星还是钢琴家,或者是文化企业家,他们一旦离开,不管你是否愿意,他们都会给国家的形象带来巨大的影响。平衡国家对他们的吸引力和社会凝聚力,将会成为未来中国文化产业发展的巨大挑战,是中国文化发展一个不容回避的战略问题。

五、中国文化战略的核心价值观

(1) 突破传统的政府主导模式,逐步地实现政府主导向政府引导和市场主导相结合的方向发展,这种模式几乎是我国重建文化发展机制以来占主导性的政策和舆论意见。从纯粹的经济学意义说,这一意见有它的合理性。但是,从文化建设和文化发展的意义来说,这一意见有它的片面性。政府和市场是两个完全不同的社会存在和社会发展机制。市场的特点是它的无政府性,而文化的发展需要有明确的价值取向。这是由人类社会文明发展的自我选择机制决定的。若人类文明不能发展,那么人类也就不可能存在并发展到今天。因此,能够在多大的程度上不断地更新人类社会的发展目标,校正人类社会的发展选择,不可能由无政府主义的方式来决定。政府作为人类社会发展到一定阶段所产生的社会机制,历史地承担起了这样伟大的历史重任。人类社会数千年的演化发展史一个最基本的社会动力学就是政府的意志。正是这种意志主导着人类社会的进步和发展的方向和目标。即便如市场经济这种发展模式,虽然它有着自然生成的历史,但是,依然是政府选择的结果。因此,从最广泛的文化意义上来说,市场及其形态也是政府主导的一个结果。没有政府的意志以及由这种意志形成的政府主导,就不可能有一个时代、一个时代文化的发展。一个时代的文化和文明发展特征与这个时代政府意志有着直接的因果关系。这就是马克思所讲的一个统治着物质生产资料的阶级,一般来说也统治着精神生产的资料。统治阶级的统治思想一般来说也就是这个时代的统治思想。因此,从文化建设和文化发展的战略来说,一般意义上的实现从政府主导向市场主导转变是不真实的,即便在今天被称之为市场经济自由化程度最高的国家——美国,确保美国的价值观和美国人的生活方式,历来都是《美国国家安全战略》的最核心的内容之一。美国政府从来都没有放弃政府在文化及其产业发展上的政府主导权,所存在的区别只是美国式的政府主导。因为只有政府主导,才能实现一个国家和民族文化的可持续性发展。因此,未来中国文化战略的发展模式应当优先考虑文化的可持续性发展,而不是无限制的经济增长。

（2）不能狭隘地将文化的发展集中在一般经济学意义上的投入产出上，必须赋予投入和产出新的内涵和价值。文化发展的经济效率和经济目标都只有和文化资源的积累和文化生态系统的有机结合才是符合人类自身发展目的的。文化资源和文化生态系统的可再生性和有机性是一切人类共同体赖以生存的必要条件。因此，文化产业不是消耗文化资源的机器，而应是文化资源再生的工作母机，是文化发展的生产力形态。当没有文化产业，文化便不能得到可持续发展必要的生命机制的时候，文化产业发展是人类社会文化可持续发展的重要形态和载体。同样，当文化产业只关注经济价值和经济效益的无限制增长而不考虑文化的积累和增长的时候，文化产业的无节制扩张就成为文化可持续发展的社会生物学灾害。因为，它会导致文化多样性的消失，而文化多样性恰恰是确保文化可持续发展必不可少的文化生态系统。而这只有在政府主导下才能做到这一点。因此，必须在文化可持续发展与文化产业经济增长之间保持以文化优先为价值导向的战略平衡，在文化产业的社会政治稳定和文化产业的经济增长目标之间实现以可持续发展为价值导向的文化战略平衡。

（3）文化发展所必需的司法体制建设的落后，使得中国在文化战略发展过程中不断地遭到来自美国的法律制度体系的挑战。谷歌与中国政府冲突的实质，是关于国家文化管理的核心价值观博弈。谷歌所挑战的不只是一般意义上的文化审查形式和内容，而是建立文化审查制度所依赖的一个国家根本的文化价值体系，是这个国家文化管理的价值底线。在谋取最大规模的商业帝国的同时，是对所有与此目的相冲突的文化审查制度的彻底颠覆。因为，谷歌知道只要存在着国家文化审查制度，谷歌就不可能彻底垄断国际搜索引擎市场。彻底的垄断和彻底的占有只有通过彻底的颠覆才能实现。对中国来说，如何维护国家最基本的文化主权，不能一般地停留在国家文化安全的层面上思考问题，而是要从国家文化战略的核心价值观建设层面上着手。

（4）国家文化安全不是被动的国家文化制度安排，而是国家文化战略建设的主动设计与谋划。任何一种文化制度的设计与安排，都是一定历史条件下人们对自己所处文化条件下安全状态评估的产物。它有防御和抵抗性的一面，同时它也应该有主动设计、积极进攻的一面。单纯的消极防御不可能产生积极的创造性的文化战略管理的产生机制。国家制度博弈重在利益，不能建构一个有效的博弈制度，就不可能有效地实现国家对于核心利益的维护。从这个意义上说，制度就是利益。因此，在我国文化的整体性生存环境与条件已经发生了巨大变化的情况下，根据变化了的内外文化条件进行制度创新，使之既能够满足我国文化战略发展的根本国家利益，同时又能够适应变化了的国际形势，掌握国家文化战略发展的主动权，最大限度地避免在制度博弈领域里受制于人。要对可能遭遇到的文化制度挑战和文化制度博弈超前预警，从而把可能导致的战略损失降低到最低限度。我们不能拿利益作交换，而是要拿制度作交换。以制度交换制度。恰如中国加入世界贸易组织，自然在美国获得最惠国待遇，而不用在接受美国国会就中国最惠国待遇问题的利益交换。

（5）战略是一种制度关系，是一种关于制度的理解和体现，是一种在一定的制度条件下是维护还是改变制度的表达。2010 年谷歌公司要求中国政府取消网络审查所引发的事件，美国国会在 2010 年 3 月 24 日召开听证会，就"谷歌事件""检视中国互联网法规"，"以及在这些法规下，外国公司是否有表达意见的自由"。这是美国试图用美国法律干涉中国司法独立的行为。但是，我们不能不同时也看到，在文化发展问题上的法律不完善所导致和造成的文化发展"困境"，是严重制约我国文化健康发展、依法建设的制度性障碍。建立健全我国文化产业法律体系，使之在宪政的框架下运行，应该成为中国文化战略发展的重要内容。尤其是在中国文化战略发展的科学建构和有效实施方面，必须在关于文化的意识形态监管问题上克服传统的思维方式，通过在出版、新闻、电影、电视、互联网等一系列中国文化战略的核心领域制定国家法律，从过去关于上述领域里的已经明显不适应现代中国文化产业发展和国家制度建设需求的思想观念中解放出来，超越在文化审查和意识形体监管上的自我束缚，以充分的文化自信表现执政党在文化审查和意识形态监管领域里的成熟执政。

（6）在可以预见的将来，中美关系和中欧关系始终是中国的制度建设所遭遇到的最主要的国际关系。中国面临的最主要国家文化制度博弈的对手也主要来自这两个方面。虽然欧美之间也存在着制度博弈，但是，他们之间的制度博弈是在根本价值观基本一致前提下的制度博弈，他们之间的制度博弈不是战略层面上的，而是战术层面上的。欧美之间并不存在根本文化制度之间的价值冲突。而中国不一样。虽然我们奉行不以社会制度和国家意识形态处理国家关系，但是，这并没有改变不同的社会制度和国家意识形态仍然是当今国际冲突的根源这一现实。"文明的冲突"就是对这一现实的最精确表述。因此，如何既坚持我们的价值观和生活方式，又能够超越文明冲突的局限，寻求与欧美文明和文化制度设计在价值观上的共同点，应当成为我国文化产业制度创新一个战略选择。

（7）要使制度本身成为一种生产力，一种良性的生产力形态，从而确保文化战略发展所需要的文化生产力成长机制始终处在一种良性发展的状态，而不是总是通过或借助于临时性的非常态手段和政策措施来促进文化的发展。不能把改革作为一种常态机制来规定，造成整个事业的战略发展总是处在一种动荡不定的状态之中，使人们总是处于"下一只鞋什么时候落下"的不安期待之中。这既不利于战略管理成本的有效控制，也不利于战略的稳定发展和可持续发展。因此，对于像中国这样一个大国来说，改革的完成也应该有一个时间表，哪怕是一个较长的时间表，但不能遥遥无期。不能陷入"不断改革"和"循环改革"的误区。要不断地把改革的成果通过法律形式固定下来成为制度形态。倘若改革的成果不能以法律的形态确定下来，那么我们就要检讨和思考这一成果本身的合理性与合法性。必须克服"半部文化法律治中国"的文化发展困境，建构中国文化法律体系，从而使得人人依法行为，政府依法管理，文化依法发展，社会依法进步。这就需要从中国长远的发展角度进行全面的基本文化发展战略理论研究和建构，它是我国文化产业制度建构的理论基础和指导思想。

第一章

中国文化产业发展战略研究议程的提出

中国文化产业作为国家战略的提出或者说作为一个完整的战略目标的提出，是在中共党的十六大。党的政治报告专论"积极发展文化事业和文化产业"，并且就发展文化产业问题正式成为党的政治决议，这在中国共产党的历史上是没有的。中国共产党是执政党，党的政治决议是形成中国国家战略的一个重要途径和重要依据。这是文化产业作为国家战略目标提出的大背景。但是，这一战略是经过战略权衡、战略评估提出来的，是在分析和把握全球化发展进入了一个新的战略时期所作出的一项具有战略开局意义的战略决策，经历了一个从战略模糊到战略清晰的战略决策过程。今天关于中国文化产业发展战略的研究，是在中国文化产业经历了 10 年发展历程基础上的战略研究。相比较前 10 年中国文化产业"摸着石头过河"的试验性阶段，那么，现在中国文化产业发展就应当是进入了一个"做到心中有数"的发展阶段，即进入了一个自觉发展的新阶段。

一、世界文化产业发展的潮流与趋势

文化产业发展是全球化进程中最重大的事件之一。知识经济在全球的兴起和物质经济向非物质经济的全球性战略转变，以及人类社会正在遭遇到的资源和环境发展危机，都使得大力发展文化产业，并且把文化产业发展作为今后长期的国家发展战略，成为国际社会广泛的战略选择和国际战略竞争新形态。以信息技术为代表的现代科学技术，引发了一场世界文化的深刻革命，文化产业作为当今人类社会新的财富创造形态及其所产生的巨大的乘数效应，正日益引起国际社会的激烈竞争。

（一）世界文化发展新特点

（1）世界文化正在经历一场以数字化、信息化为内容的深刻革命。文化产业数字化、信息化和全球化趋势将给整个世界文化发展带来革命性变化，传统意义上的文化形态、文化生态和文化存在方式都将在这个过程中转型，以获得全新的生命形态。人类社会关于世界的价值观念及其价值系统，都将在这个过程中完成它历史的必然要求所带来的全面革命。文化产业发展的现代化程度成为衡量大国文化地位和国际文化影响力的重要标志。

（2）全球范围的经济结构的战略性调整中文化产业的比重日益增大，文化产业大国正在向文化产业强国发展，美国的文化霸权主义正在影响世界文化力量结构的变动，主导着世界文化的发展和国际文化秩序的重组，文化产业将进一步成为更多国家对外贸易的主导产业和经济发展的国家战略；国际文化贸易在国际贸易中的占比将进一步提高。

（3）跨国文化产业集团和国际文化组织的影响日益增大，已经成为影响国际文化关系和国际文化秩序重建、世界文化产业格局变动和世界文化市场走向的重要力量。2012 年欧盟批准了环球音乐集团收购百代唱片公司音乐录制业务的计划，促成了音乐市场最大的一笔收购交易；2013 年 4 月欧盟又批准了企鹅出版社与兰登书屋的合并，成立了"企鹅兰登书屋"，从而使之成为全球最大的出版集团[①]。

（4）文化已经成为国际政治、经济和军事斗争重要的外交领域，关于文化市场准入和国际文化贸易规则与自由化问题，将深刻影响世界文化产业利益格局的变动和国际文化新秩序的建立；争夺世界文化战略资源的斗争将空前激烈，标准、规则、人才将成为最主要的战略资源。

（5）经济全球化与世界文化多样性要求之间的矛盾和冲突进一步加剧，弱势文化的极端边缘化和极端贫困化将导致世界文化发展的不安全因素进一步增大，世界文化市场将出现被少数文化产业强国垄断与大多数文化产业弱国反垄断的局面。

在当代社会，人类文明和文化的发展与传播，已经到了不能脱离文化产业这样具体的文化存在方式去抽象地谈论文化的繁荣与发展的历史新阶段。在今天，一切优秀的人类文明成果，都只有获得它的当代形态，通过并借助于文化产业这

---

① "欧盟为兰登企鹅合并开绿灯——全球出版业或迎来'一家独大'局面"，《参考消息》2013 年 4 月 7 日。

样的媒介系统才能实现它的价值存在和有效传播。在不到100年的时间里，文化产业所创造的巨大的文化生产力，比过去社会所创造的全部文化生产力还要多、还要大。文化产业已经成为当代人类社会发展的重要组成部分和存在方式，它正以其独有的生命形态和创造力深刻地影响和改变人类社会的文化面貌、生态结构和生存方式。在某种意义上，今天的人类社会已经不能脱离文化产业这一社会系统而存在。正如人类历史上任何一种崭新的文化媒介和文化形态的出现，都必然地要构成对于一种文化的创造性破坏一样，文化产业的迅速发展和优化升级，不可避免地将对现成的文化结构、存在方式和生态系统带来"破坏"。这种"破坏"，是人类社会进步所必然要付出的一种新陈代谢的代价，因为，若不破坏原有的文化状态人类文明便不能进步的话。那么，破坏就成为一种历史发展的必然要求，从而也就使破坏具有了革命的意义，成为一种文化创新，一种人类实现对于自身不断超越的肯定。在迄今为止的人类历史上，也还没有哪一种文化的意义载体系统像文化产业那样迅速地推动着人类文明的历史进程，像文化产业那样迅速地改变着人类社会的存在方式，像文化产业那样把各民族创造的不同文化成果迅速地传播给全世界，在极大地推动不同文明成果快速交流的过程中，推动着人类文明整体的全面进步。尤其是对于信息技术的广泛采用，文化产业数字化已经使得人类在把握世界上拥有了一种全新的形式和力量。它不仅使得时间和空间作为阻隔文化传播的自然力量失去意义，而且使零时空跨越成为现代文化传播重要的战略资源性力量。因此，这就决定了发展文化产业并不是一般地满足经济文化发展的需要，而是对一种新的战略资源的掌握，是对一种战略市场的争夺，是一种对于新的文化存在的主导权的争夺。由于这种争夺的结果将直接决定一种文化在经济全球化背景下的前途与命运，因而，也就成为当前条件下维护国家文化战略利益的核心内容。1998年，世界上五个最大的电视电影公司的税收合计为450亿美元，占全世界范围2 500亿美元娱乐市场的18%。2000年文化产业对纽约市的经济贡献超过了12亿美元之多，成为20世纪90年代纽约经济发展最主要的动力之一。在发展中国家，文化商品贸易量增长呈现赶超趋势，并逐渐成为其贸易的主要特征，按照联合国教科文组织的统计，从1980年到1997年，其贸易量增长了10倍。文化产业作为当代人类社会新的财富创造形态及其所产生的巨大的乘数效应，日益引起国际社会的普遍关注，成为世界各国竞相争抢的战略高地，开始对世界格局产生前所未有的战略性影响，新的国际文化秩序的建立和文化力量格局的重组，正沿着文化产业这条中轴线展开，因而，也就自然地成为国际社会迅速地调整自己文化战略的一项重大内容。

（二）文化战略调整与世界文化产业格局重构

为了建构适应国际文化战略竞争需求的体系对抗能力，各主要发达国家高度关注对各种文化力量、文化生产要素和文化产业战略资源的系统整合与优化。世纪之交，面对世界经济发展转型提出来的新的挑战，有关国际组织和国家纷纷调整了文化产业发展战略以适应深刻变动中的世界，并确保在新一轮的国际分工体系的重建过程中，占领新的制高点：（1）联合国教科文组织在公开发表的文件《文化的发展》中制定了文化产业的政策目标：可以更接近文化；可以提高大众交流的质量并发展独立的公共媒介；可以促进创造性工作；可以使传统文化机制现代化；可以加强民族文化生产；并且可以保护国家的文化出口。（2）欧洲委员会和联合国教科文组织使用"文化产业"的复数形式。（3）1997年英国工党政府上台后很快举起了文化产业大旗，并颁布《未来10年创意英国计划》，提出了"创意产业"和"创意英国"的发展战略和目标体系；1994年加拿大发表了"未来10年蓝图计划"；1998年日本提出了"文化立国战略"；1998年韩国颁布了"文化产业振兴法"；2000年丹麦文化部和商业部联合公布了《丹麦的创意潜力：文化与商业政策报告》；欧盟文化委员会发表了《欧盟文化产业报告》；2001年新加坡提出并制定了《文艺复兴新加坡》的发展战略和目标体系。在这一系列的战略调整过程中，文化产业在承接经济结构战略性转型过程中所表现出来巨大的发展潜力，以及文化元素更深入地渗透到经济变革之中，在改变了经济增长的价值含量与结构的同时，也为经济增长方式的转变提供了巨大的创造性空间。

互联网技术的广泛使用、信息技术革命的迅速推广以及美国实施的信息高速公路战略，及其所推动的知识经济，迅速在全球引发了一场前所未有的经济革命：物质经济向非物质经济转移，刚性经济向柔性经济转移，工业经济向服务经济转移，实物经济向虚拟经济转移。文化产业的战略竞争将不再仅仅专注于一般意义上的占领市场，而是聚焦于对方整个文化产业体系的节点攻击和体系解构上，通过对体系的战略瘫痪达成战略竞争的目的。当今国际文化战略竞争是在战略体系之间展开的，其结果具有战略性和决定性。新国家文化战略竞争的体系对抗性质，改变了文化产业世界市场竞争的运作方式，在突出强化发展新兴文化产业的同时，全面推行以多媒体汇流为主要特征的产业融合战略，使体系竞争成为文化产业竞争的基本战略形势。体系对抗竞争是文化产业发展战略竞争的高级阶段，其实质是通过产业间的无缝链接和内在融合，使不同文化产业间的战略力量形成战略集成，最大限度地发挥国家文化战略竞争体系的整体威力。

然而，正如任何体系都是一种观念体系一样，实践中的体系建构也只有上升到理论的形态才能获得它的生命价值形态。无论是美国的"文明冲突"理论、"软实力"理论，还是英国"创意产业"理论的提出，都不仅为新的文化政策体系和制度体系的建立提供了理论依据，而且，也正是这样一种高度概括的具有战略哲学意义的理论的提出，也才使得英美两个大国在国际文化战略，进而文化产业战略竞争中掌握了战略主动，并且为本国赢得了文化产业发展最大的国家战略利益。

整个 20 世纪留给人类社会一笔最伟大的遗产，就是对于文化战略和国家文化战略在维护国家安全、推进国家进步、保障人类和平等作用的发现。虽然，在以往漫长的人类社会发展的历史进程中不乏有关文化战略的伟大思想。但是，真正把文化战略付诸于国家战略竞争实践，制定国家文化战略，并且通过制定和实施国家文化战略来维护国家安全，保障国家利益，却是 20 世纪的事。在这里，我们不能不特别提到 20 世纪中叶爆发的"冷战"。"冷战"第一次使文化成为国家战略较量的重要手段，"冷战"也第一次使得文化战略上升为国家战略由可能成为现实，不仅由此而建构起了一系列理论、政策和制度，而且改变了国家战略竞争的领域和形态。特别是由于苏联以及东欧社会主义阵营的解体，仿佛也已经证明了"文化"也可以是有效实施国家战略打击的有效战略武器。"软实力"理论的提出，也正是在这样的意义上获得了国际社会的广泛认可，从而成为一种新国家竞争理论，对世界各国重新制定 21 世纪国家战略提供了新的战略思想。

（三）以文化战略竞争赢得文化战略优势

当今时代是一个国家文化战略竞争的时代。通过制定、运用和实施国家文化战略去获得本国战略利益的最大化，是当今世界国家竞争的一个主要特点，已经成为国家间整体战略中的一个极其重要的组成部分。美国是率先以"国家战略"的名称制定和发布《国家安全战略》的国家。然而，早在 1944 年 11 月"二战"结束的前夜，美国总统罗斯福就把一项"如何能把从战时的经验中已取得的教训运用于即将到来的和平时期的问题"事关美国未来的研究课题布置给当时的美国科学研究发展局局长 V · 布什，从而诞生了影响美国发展长达半个世纪的《科学：没有止境的前沿——关于战后科学研究计划提交给总统的报告》（1945）。国家战略意图的清晰和国家战略目标的明确，使美国成为在全球战略竞争中的主导性和战略红利的最大获得者，也使得世界各国纷纷研究和制定反映本国国家战略利益的"国家战略"。在"冷战"结束后美国政府发布的历次《国家安全战略报告》中，有关"民主"和"价值"的文化战略内容始终是美国《国家安全战略报告》的重要内容之一。因此，这就使得《国家安全战略报告》本身具有国家文化战略的性质和意义。美国是全球唯一的超级大国，美国的国家行为在全球事务中不仅拥有其他国家所无可比拟的影响，而且由于美国战略的成功使之具有重要的示范作用。因此，无论是根据"安全困境"理论，还是从本国的国家利益出发，通过制定、运用和实施国家文化战略去获得本国战略利益的最大化，已经成为当今国际社会普遍的国家行为和世界国家竞争的一个主要特点，成为国家间整体战略中的一个极其重要的组成部分。

　　文化产业已经发展成为当今世界最重要的少数几个产业之一。文化产业发展战略是国家文化战略竞争的最重要的组成部分和实现形态。知识经济在全球的兴起和物质经济向非物质经济的全球性战略转变，以及人类社会正在遭遇到的资源和环境发展危机，都使得大力发展文化产业，把文化产业发展作为今后长期的国家发展战略，成为国际社会广泛的战略选择和国际战略竞争新形态。具有远见的科学界已经告诫我们，人类社会正在悄悄从 IT（Information Technology，信息技术）时代步入 ET（Energy & Environment Technology，能源和环境技术）和 ES（Ecology Science，生态科学）时代。ET 将是一场意义深远的科学技术革命，世界的格局将会为之一变。这些带"E"字头的词汇，正在成为国际政治中的强势话语，不由分说地开始主导国际政治生活的同时，人们已经隐约看见，这些带"E"字头的概念已经催生出了一系列新的产业领域，并已开始掀起一轮新的利益博弈，而在这其中，西方发达国家已悄然雄踞于优势的战略地位①。在今天，文化产业不仅是最依赖于科学技术创新的产业，而且也是在国际政治事务中传播、助推和实现话语权的产业，并通过推行强势话语权的传播实现政治、经济和文化利益最大化的产业。这场正在到来的科技革命必将同时带来一场更为深刻、更为激烈的产业革命，如何在这场革命中获得相比较的战略优势，不仅是科学技术发展问题，也是文化产业发展重大战略问题。这是构成本课题研究议程提出的最重要的背景。

二、中国文化产业发展战略提出的历史背景

1. 中国社会开始进行全面改革

　　十一届三中全会以后，中国开始了深刻的国家改革运动。这是一场全面的改革，广泛地涉及国家的政治、经济、文化和社会的各个方面和领域。经济体制改革必然提出文化发展道路和发展模式与之相适应的要求。20 世纪 80 年代，当理论家们还在进行文化反思和文化批判的时候，人民群众就开始从自身发展的实际需要出发，以自己的方式和智慧，以及对于文化发展规律的把握，创造性地探索以市场经济的方式和文化产业的形态发展经济和文化，营业性舞厅和穴头经济的出现，开始了中国文化产业娱乐业革命。文化产业百废待兴，从文化形态和发展道路的变革开始。人民群众的智慧、胆识和对文化发展规律把握的深刻性是它的一个重要逻辑起点和依据。群众的文化选择和需求往往包含着文化发展深刻的规律性。它和市场经济的运动规律往往有惊人的一致性。这是中国改革发展的内在

---

①　马小军："国际政治'E'画中蕴含着战略张力"，《学习时报》2008 年 6 月 16 日。

动力，也是中国文化产业发展的内在动力。中国文化产业前进发展的每一步，都是中国全面社会改革的一个必然结果和深刻反映。

2. 中国全面融入现代世界体系和全球化

中国加入世界贸易组织（WTO）改变了中国社会进步和发展的动力模式。在一个比较漫长的过程中，中国是按照计划经济体制的模式，探索走社会主义发展道路，有成功的经验，但也存在着疏离世界体系的历史局限。中国虽然早就提出了要实现社会主义四个现代化，但是却没有参与到世界的现代化进程，不能充分享受世界资源，不能参与世界市场配置，不能充分利用世界市场来发展自己。这对中国的发展来说是不利的。世界贸易组织首先是一种制度、一种法律体系和政策系统，是当今世界经济发展的一种最重要的机制。中国加入世界贸易组织是在各个方面都还没有准备好的情况下加入的。但是，巨大的战略发展机遇不容错过。中国要赢得巨大的战略发展机遇，有的时候是要以巨大的牺牲为代价的。中国的文化产业还很弱小，长期以来中国是把文化产业作为文化事业来做的，没有建立起完备的关于文化产业发展的市场体系和市场机制。但是，中国的发展、中国融入现代世界体系的进程，不能够等到中国文化产业发展起来之后、中国文化市场建立起来之后再去加入世界贸易组织。以进一步对外开放的形式推动文化产业的全面发展和文化市场的全面建设。经济全球化提出的在全球范围内配置资源的要求，在"冷战"结束之后，国际较量的形势发生了重大变化，国际文化力量格局的重组，意识形态领域里的和平演变转化成文化市场领域里的文化软力量的竞争。文化市场准入的挑战，使得文化产业第一次成为一种国家力量进入国际竞争领域。

3. 中国经济结构的战略性调整与战略转型

积极参与新一轮国际分工，在经济全球化背景下推进经济体制改革，转变了经济体制改革的路径选择；经济结构的战略性调整，必然提出改革成本转移的产业空间问题。农村经济体制改革导致了农村富余劳动力向城市转移，城市经济体制改革造成的富余劳动力向文化服务业转移。2002年，时任中国国务院总理朱镕基在向全国人大所做的政府工作报告里，谈到如何克服经济结构战略性调整遭遇到的结构性矛盾和体制性障碍的时候，提出了要"大力发展旅游业和文化产业"的重大战略对策，第一次把文化产业作为实现国家重大经济结构战略性调整的重要举措提出来。文化产业成为一个重要的能够提供，也可以提供改革成本的转移空间——产业空间，成为国家的重大战略性政策选择。文化不再仅仅是意识形态的载体，而且也是国家新的财富增长方式和增长领域。

4. 中国文化建设进入新的历史发展时期

文化的这种功能的丰富性由于文化产业而被重新发现。文化建设形态不只是作为观念形态的意识形态和思想理论建设，而且也可以是在创造社会物质财富的同时、在满足人民群众精神文化消费需求的过程中创造，是在市场经济的条件下实现先进文化建设的重要途径和方式。通过积极发展文化产业和培养文化创新能力，实现公民文化权利的充分享有，积极推进全球化背景下的中国文化民主化进程，从而使中华文化在民族伟大复兴的目标下开始了一个全新的发展时代。伟大的复兴需要伟大的文化，而伟大的文化创造有待于全体人民文化创造能力的极大激发，这种激发只有在公民文化权利充分享有的前提下才能得到充分的实现。这是中国文化发展的民主化进程，也是中国文化发展的基本规律。执政党与时俱进，深刻地把握住了历史发展的客观规律，作出了战略调整和战略部署，从全球整体发展趋势和中国根本的国家战略利益的高度，把发展文化产业确立为国家战略。积极推进全球化背景下的文化民主化进程，这也是我们认识文化产业在中国发展的基本出发点。

三、中国文化产业战略发展的主要特征

1. 文化产业发展深刻地改变了中国国民经济和社会文化发展的面貌

2004 年下半年和 2005 年初，中国国家统计局先后发布了《文化及相关产业分类》、《文化及相关产业分类统计指标体系》两个文件①。这两个文件，一方面给文化产业下了一个定义，另一方面对中国现行文化产业进行了行业划分。这是一个重要的指导性文件。国家关于文化产业分类指标体系的提出，实际上是对中国产业结构体系根据过去的条件和情况进行了新中国成立以来最重要的一次战略性调整。如果说，1985 年国家统计局第一次把文化艺术纳入第三产业范畴只是完成了对文化艺术形态在国民经济和社会发展体系中的属性定位的话，那么，2004 年国家统计局关于文化产业分类指标体系的提出，则是完成了对文化产业形态的统计学划分，为国家制定新一轮国民经济和社会发展计划提出了新的国家产业发展标准及其合法性依据。国家统计局的这个划分是对文化产业发展、对国民经济和社会发展的作用的肯定和确认。它不仅是一项重要的国家统计工具，而且也是一项重要的国家产业政策，它将深刻地影响国家和地区经济结构与产业结构的调整和空间布局。文化及其产业形态将以前所未有的方式改变中国经济和社会发展的动力结构，这就是和平崛起的发展道路。

2. 文化产业发展改变了中国意识形态和文化建设的传统和模式

长期以来，在处理文化、政治、经济三者关系的过程中，中国有一个经典性

---

① 2012 年 7 月国家统计局颁布了新的《文化及相关产业分类指标体系》，对 2004 年的指标体系根据我国文化产业发展的实际情况做了完善和调整。

的依据，就是毛泽东在《新民主主义论》里面关于文化与政治、经济关系的表述：文化是政治、经济的反映，反过来又反作用于政治和经济。这样一个关系性判断，在今天仍然是中国正确处理三者关系的重要指导思想。但是，毛泽东主要谈的是"作为观念形态的文化"和政治、经济的关系，还不包括文化事业和文化产业。作为革命党，当时的中国共产党还不是执政党，还没有面对这样的文化政策问题需要从理论和政策上加以解决的任务。中共党的十六大第一次全面系统地提出和阐述了"积极发展文化事业和文化产业"的重要观点和思想。这是中国共产党文化政策思想的一次重大理论突破，它标志着中国共产党对文化建设的认识不再仅仅停留在作为观念形态的文化层面上，而是根据对如何建设社会主义文化的崭新认识，进入了一个全面建设有中国特色社会主义新文化的新阶段。作为执政党，在坚持马克思主义在意识形态领域里的指导地位不动摇的同时，还要积极、大力发展公益性文化事业，向广大的人民群众提供公共文化服务和公共文化产品；同时还要根据市场经济的规律，积极发展文化产业，把发展文化产业看作是满足人民群众不断增长的精神文化需求的重要途径和实现方式。这样，中国的文化建设和文化发展就呈现出三维结构：以马克思主义指导下的意识形态为基础，以文化事业和文化产业为两边，一个稳定的等边三角形关系。作为观念形态的文化建设及先进文化前进方向的建设，始终是中国文化建设的主导方向；指导文化事业和文化产业的发展，将坚持两分开，两加强的原则。怎样分开，靠什么加强？靠指导思想来加强。所以，作为观念形态的建设是思想建设，是首脑建设。在这个领域里，必须坚持马克思主义在意识形态领域里的指导地位不动摇。这不仅是一项必须坚持的原则，而且也是一项必须努力履行的实践。马克思主义在意识形态领域里的指导地位只有充分体现和落实在文化事业发展和文化产业发展的过程中的时候，社会主义文化建设才是一个完整、丰富的内容。

对文化发展规律的认识和把握更加深刻，作为观念形态的文化、文化事业和文化产业，构成了党的文化执政能力新的内容结构和新的历史使命：要把文化产业作为坚持先进文化前进方向和意识形态建设来抓；要把在市场经济条件下发展文化产业作为满足最广大人民群众的精神文化需求来抓；要把文化产业发展作为发展文化生产力来抓。先进文化的前进方向和意识形态建设是具体的，不是抽象的。毕竟，今天中国的农民已经不在田头听广播了，工人也不在班组读报了。先进文化和意识形态的接收和传播方式发生了根本变化。如果不能掌握意识形态传播和接受的全新方式和革命，中国就会落后，中国就不能完成历史使命。因此，在这个深刻地变化过程中，中国要善于把握事物发展的客观规律，适应新的形势去进行和开拓新的意识形态建设工作。而要做到这一点，在今天离开了发展文化产业和文化产业是很难实现的。

　　中国加入世界贸易组织之后，中国的文化产业政策和文化市场准入机制发生了很大的变化。国家允许民营和社会资本进入国家没有明令禁止的文化领域从事文化产品的生产、销售活动；允许境外资本进入中国没有明令禁止的文化产品的生产、销售和服务领域。在这样的一个历史进程中，中国文化发展的格局和意识形态建设的力量型格局就发生了一个生态学的变化：原来以单一的国有文化为主体的文化建设机制，发展成为国有的、民营的、其他社会资本的、境外资本的这样一个多元的文化力量结构。在这样一个多元的文化结构里，中国的文化建设和文化的意识形态建设的传统动力模式就发生了变化。这个变化的一个最大特点就是文化建设主体的多元化。这就给中国的文化建设和宣传工作带来了新的任务：文化产业多元发展政策和文化市场准入，提出了先进文化建设和意识形态管理的新要求。外资和社会资本进入文化产业领域带来的新挑战：资本以营利为目的和先进文化建设之间必然存在着深刻的矛盾和冲突。文化市场主体结构的战略性调整必然同时要求文化市场管理制度的创新。如何实现创新？这是一个很大的难题，而且又是必须给予回答的难题。

3. 以数字化为先导的新型文化产业发展深刻地改变着中国文化产业结构和文化生态结构，数字文化在缔造一种文化形态的同时，正在塑造着全新的文化新生代

　　文化产业是现代工业文明的产物。现代科学技术的任何变化，都会带来文化产业形态的深刻变化和文化建设与发展的深刻变化。仅以录音机的发展为例，从便携式录音机到现在风行的 MP3。产业形态的扩张空间在不断地营造和培育着新的文化市场消费主体。传统的文化产业遭遇到了前所未有的危机。人们的阅读习惯、阅读方式和阅读注意力随着文化产业的现代化和数字化转移了。以数字化为特征的新的文化产业形态的出现正在引发一场深刻的文化产业革命。数字电视、动漫游戏、分众传媒等正在挑战传统文化产业的生存空间和人们的市场注意力。一代人有一代人的文化生存方式，一代人有一代人的文化社会需求，一代人有一代人的文化使命。在这种情况下，文化资源优势并不等于就一定构成文化市场优势。动漫游戏产业的出现，数字技术在某种程度上决定了这个产业的兴起。年轻一代对于数字文化的偏爱，显示出新的一代文化取向的转型，这种转型具有五四时期从文言文向白话文转型同样重要的意义，问题是中国能否在这个不可逆转的转型过程中掌握文化创造的主动权，成为又一种新文化的缔造者。在这里，"超级女生"给中国文化产业发展提出的关于新文化建设的命题远远超过了它本身的意义。

4. 文化体制改革深刻地改变着中国文化力量格局和文化生产关系形态

　　文化体制改革是中国改革必须经历和完成的一项重要的战略过程和目标。深化文化体制改革，加快文化事业和文化产业的发展，是全面构建社会主义和谐社会的必然内容和要求，是增强综合国力的迫切需要和重要途径。

积极推动非公有资本进入文化产业是中国国家文化制度创新的战略安排，具有深远战略意义。多元文化资本的进入和原有文化利益格局的冲突，形成了新的文化利益需求。新的文化利益需求包含着对和谐文化建设的深刻诉求。中国文化产业发展的体制性障碍和结构性矛盾如何在构建和谐社会中得到有效地克服，成为中国文化建设的重要指标。

文化体制改革推动政府从办文化向管文化转变，政府职能转变的实质是文化权力构成形态的转变，是从文化集权向文化分权的转变，这种转变不是放弃政府的文化权力，而是通过这种文化权力的转移，充分地实现公民文化权利，重新提炼政府文化权力的质量；是从粗放型向集约型转变，这种转变是文化生产关系构成质量和构成形态的转变。从而提高党的文化执政能力的现代指数，形成了政府、社会、公民共同办文化的新格局。

5. 文化产业发展成为区域文化建设和经济增长重要战略选择

文化产业作为现代财富重要增长方式，对繁荣和发展社会主义先进文化的重要地位和作用的重新认识，使得文化产业第一次以一种社会进步和文明发展的重要力量而作为地区科学发展的战略资源和要素，并被列为各地编制"十一五"规划和中长期发展规划的重要内容；被作为实现经济结构战略性调整的重要目标和战略措施。

资源与环境制约、经济结构的战略性调整与转型，经济增长方式和发展方式的转型，必然要求整个区域发展战略的调整与转型。文化产业作为实现经济增长方式和发展方式转型的重要实现方式，区域文化产业发展必然导致区域文化增长方式的竞争，文化创新能力的竞争决定了区域文化产业竞争的最后格局的形成，区域文化产业竞争和区域文化产业合作将同时影响区域文化产业发展。

6. 文化产业政策、文化经济政策和文化法制建设的不断推进，正在建构中国特色的文化产业发展保障体系和制度支撑体系

文化产业的发展和文化体制改革的深入必然提出法律和制度保障体系建设的要求。2002 年来，国家出台了一系列文件和政策。例如，关于深化经济体制改革的决定、关于加快投融资体制改革的决定、关于文化体制改革试点单位的若干经济政策、关于非公有资本进入文化产业的若干决定、关于文化领域引进外资的若干意见以及关于文化产品进出口的政策等。如此集中地出台了这么多文化产业政策，这在中国文化产业政策发展史上是不多的。一方面说明了中国文化产业发展和文化市场开放不断走向成熟，另一方面也体现了国家致力于依法管理文化市场、推进文化产业发展的决心。规范和有序是一个市场成熟程度的标志，也是一个国家和政府驾驭市场经济和文化发展规律成熟性程度的一个标志。中国的文化产业发展不能走西方发展文化产业的道路，建设有中国特色的文化产业发展体系只有在建构中国特色的文化产业发展保障体系和制度支撑体系的过程中才能实现。

四、未来 10 年中国文化产业发展的基本矛盾分析

1. 未来 10 年中国文化发展的基本矛盾和主要矛盾

（1）生产力和生产关系的基本矛盾：传统的文化生产力与传统的文化生产关系相适应，新的文化生产力形态在构成对原有的文化生产管理挑战的同时，传统的文化生产关系和新的文化生产力之间的冲突将不可避免。区域发展不平衡和调整经济发展结构，转变经济发展方式，最终都将涉及基本文化生产关系的处理，涉及文化利益格局的重组和重建。这一基本文化矛盾将长期主导和影响中国文化的建设与发展，长期主导和影响文化产业的发展与国家新文化制度的重建。由于任何生产力与生产关系的转移在本质上都是一种权力关系的转移，因此，围绕文化生产力和文化生产关系转移与重建之间的矛盾和冲突，将制约着未来中国文化产业战略发展的走向。

（2）城市化进程和建设新农村的基本矛盾：这不是一般意义上的城乡矛盾，城市对乡村各种资源的掠夺式开发，将使得新农村建设的美好图景在城市化进程面前被击得粉碎，而是上述基本矛盾的一个转化；这种矛盾表现在文化上就是基本文化资源涵养与现代城市文化建构的冲突。在整个社会主义初级阶段，中国都将是一个以农业和农业文化为主体的社会。中国传统文化是在农耕文明的土壤里生长出来的，农村、农业和农民是它的主要与核心载体。中华民族共有精神家园是以中华传统优秀文化为认同的。离开了"三农"，无所谓中华民族传统优秀文化，也就无所谓中华民族共有精神家园。现代化是实现中华民族伟大复兴和中华文化伟大复兴的必由之路。如何在中华传统文化之树上长出现代文明的新枝，构成了城镇化进程与中国农业现代化文化发展的基本矛盾，将长期制约中国文化产业发展的战略选择和价值取向。

（3）人和社会的基本文化矛盾：这一矛盾集中体现在人的基本文化权益保障与社会提供保障能否实现之间的矛盾。人口结构问题的非均衡发展成为它的主要矛盾。中国是一个农业人口大国，改革开放 30 多年以来，农业人口的绝对数已经发生了根本性的变化。随着农村受教育人口占比的不断提高，城乡文化人口的结构性失衡问题在计量学意义上已经发生了根本性的转变。但是，文化人口的质量结构的改变并没有与人口的受教育程度同步提高。长期在农村和农业生产方式环境下形成的农民意识仍然占据着这一大部分人精神文化和思维方式的主导地位，并构成和影响着中国文化建设的精神秩序。人的现代化关键是人的精神秩序的现代化。所谓"城里人"和"乡下人"不是身份问题，而是文化问题，是由文化问题构成的精神文化秩序问题。这样一个结构性问题的非均衡发展既是中国文化建设与发展的特征，也是它的基本矛盾。

10 年来，中国文化产业发展所遭遇到的最大问题有两个，一个是文化产业发展与中国的核心价值体系建构问题，另一个是中国文化产业制度建构问题，这两个层面上的问题集中到一起，就是核心价值观问题。"社会主义核心价值观"和"中华民族共有精神家园"是两个存在着内在冲突的命题和目标。将价值创新作为中国文化产业发展的核心，创造一个全新的产业，这是最根本的创新；价值创新是要通过对产品的创新，对人们已有的价值构成有一个增加，这个价值不是意识形态上的价值和价值观，而是以"中国认同"和"中国精神"为核心的"中国价值观"和"中国生活方式"。规则创新是价值创新的制度形态，就是要以一种新的游戏规则重建中国文化产业发展的制度体系。如何才能实现这一创新将构成中国文化产业发展的主要矛盾。

2. 未来 10 年中国文化发展的基本矛盾和主要问题的政治经济学分析

（1）市场经济不只是一种经济制度，它同时还是一种价值形态，一种价值观形态。文化产业发展的市场经济价值取向必然与建设社会主义核心价值观之间构成深刻的矛盾冲突，这一冲突将贯穿于整个中国特色社会主义文化建设与发展的始终，构成了中国文化发展最主要的矛盾，成为制约我国文化发展方向、发展目标的根本矛盾。它是中国社会主义初级阶段生产力和生产关系基本矛盾在文化发展中的主要反映。中国究竟需要一个什么样的文化发展观来发展文化产业，很大程度上取决于中国关于文化发展基本矛盾和主要矛盾的认识论。以什么样的方式和树立一个怎样的正确价值观让社会，主要是年轻一代接受，将成为文化建设与发展的关键。而这一关键将深刻地体现和影响着中国文化产业发展的矛盾运动。

（2）城市化进程和城市文化扩张不可避免地构成了与建设社会主义新农村之间、与农村文化之间的矛盾和冲突。传统文化与现代化以一种全新的面貌和表现形式构成这样一种冲突。城乡文化矛盾和文化冲突，同时表现在城市和农村；在城市，农民工的价值观和生活方式与城市市民的价值观和生活方式构成天然的矛盾和冲突；在农村，城市化进程，尤其是作为这一进程开路先锋的文化产业化进程对农村文化资源的掠夺式开发，构成了文化资源占有与分配不公的矛盾与冲突；如何在城市化的进程中建构与五千年农耕文明所创造的农村文化相现结合相协调，将成为中国文化产业现代化进程中的主题。人口红利的消失和中等收入陷阱所可能给中国文化产业发展带来的障碍，将成为中国文化产业发展不得不放慢脚步认真加以思考和解决的问题。

（3）文化的公平与正义的诉求以及与这种诉求之间不可实现之间的矛盾与冲突将进一步激化和深化。表现在群体方面是，城市文化权利与权力再分配的诉求。根据麦肯锡咨询有限公司的研究表明：到 2015 年中国将有 1 000 万人口的特大型城市 100 座，500 万人口以上的大城市 500 座。城市化进程与城市扩张必然同时带来城市文化权利再分配的要求；表现在个体方面，未来 10 年，"80后"、"90 后"将逐渐成长并成为中国这个国家的社会主体。个体意识的进一步张扬是他们共同的特征，表明公民社会的进一步成熟。表达自由将成为每个人的基本文化表达而得到进一步彰显。如何使对表达自由权利的诉求与言论责任在法制框架下协调起来，将成为中国文化发展必须给予解决的主要难题。

3. 未来 10 年中国面临的基本国际矛盾和主要矛盾的国际政治分析

从决策机制来看，影响中国文化产业发展战略走向和形成中国文化产业发展战略的过程基本上都属于"危机管理"：加入 WTO 的挑战和应对国际金融危机。《文化产业振兴规划》是在中国为应对国际金融危机已经出台的"十大产业振兴规划"之后出台的"第十一个"振兴规划，具有鲜明的、非常态应急危机管理的决策特征。这样的危机决策，在某种程度上也确实能解决一些在常态情况下难以解决的问题，直接推动了 2009 年在国际金融危机背景下中国文化产业发展的"改革新政"。但是，这样一种战略决策机制不应成为科学的战略决策机制的选择。危机管理和危机决策具有显著的时效性特征。它是在短时间内为克服危机所带来和造成的损失控制在一个最小的范围之内而采取的临时性措施。正是这一特征，规定了用来应对危机而采取的临时性措施在危机基本解除之后即刻取消那些临时性措施和政策的行为，由此而形成的秩序与结构恢复常态。常态管理是基本型和规律管理，危机管理属于非常态管理，危机管理可以根据危机的严重性程度甚至可以采取一些极端的方式，例如战时的新闻管制就属于这一类。因此，对于今天的中国文化产业发展而言，无论是它的发展形态还是发展机制，危机管理一定不是它的科学管理。因此，就战略制定的价值取向来说，必须着眼于常态下的国家文化产业发展战略，而不是危机下的国家文化产业发展战略选择。这就规定和决定了关于"我国文化产业发展战略研究"是国家文化产业发展的中长期发展战略理论和政策研究。中国要能够有效地应对在加入世界贸易组织后所面临的一系列挑战，就只能重组中国的国家能力和社会能力，大力推进制度变革和社会变革，其中最重要的就是文化制度变革，大力发展文化产业正是这样的变革的产物，以帮助中国提高和增强抵御全球化涡轮的能力。因此，发展文化产业就不仅仅是为了经济变革和文化变革，更是全球化压力下重建国家文化能力的战略，是一种巩固精神家园、缔造新高地、面向新世界、重塑中华民族新精神空间的战略。

在世界资源和社会要素在全球范围内重组的未来，国家之间的竞争已经不再仅仅是国家实力的角逐，而是基于社会能力的博弈。在全球化时代，一个国家的实力只有通过提高本国民众的社会能力体现出来，才有可能获得可持续发展，从这个意义上说，世界霸权的逻辑正在发生变革，美国谋求霸权的战略也正在以新的形式展现出来。一个国家的社会能力主要体现为该国的文化进步能力和民众的整体素质与水平、社会凝聚力的组织动员能力以及社会制度化水平和社会秩序，而所有这些均取决于该国整体的文化创造能力，一种能够不断超越自身文化局限的能力。中国需要转变过分注重积累国家实力和过分看重外部形象的战略老路，把战略重点转移到注重自身社会能力的提升和推动社会文化的全面进步上来。形成国家能力和社会能力有机结合的协调发展。而恰恰在这一点上，中国存在着与西方发达国家之间的巨大差距有待弥补。

战略危机和战略困境的克服必然提出战略变革的要求。发展文化产业正是在这样的背景下成为中国战略变革的重要选择和战略力量的发展方向，成为中国在进入 21 世纪后的国家重大战略议程设置。文化产业的系统性和结构性风险是中国文化产业发展中正在不断累积的一类风险，既是系统性的，又是结构性的。所谓系统性风险是指可能导致中国文化市场发生严重扭曲，全国文化产业陷入衰退的风险；所谓结构性风险主要是指文化产业结构的失调和主要文化产业之间发展失衡，进而造成有关文化产业衰退的风险。这些风险其实早就存在，文化体制改革从某种意义上说，就是为了能有效化解这些风险。文化产业的结构性风险已经受到普遍的关注和认识，而对系统性风险关注不够，因此，中国文化产业发展所面临的不仅是结构性问题，而且是系统性问题，但是中国文化产业发展的系统性风险问题却没有引起普遍高度的注意。目前，中国文化产业面临的最主要的系统性和结构性风险，就是技术和资本对文化产业的捆绑和城市化进程提出的对文化产业资源再分配的要求。系统性风险集中表现为：文化产业发展不平衡、"东西地区"差距进一步拉大；城市化进程造成了千万人口的超大级城市迅速形成；"80 后"、"90 后"开始登上社会舞台；城乡人口的非对称流动和城市文化对农村文化的资源掠夺，造成了新的城乡紧张等。而中国文化产业发展的制度体系却还没有对此作出有效的积极的系统性反应。当前和今后一个时期，中国文化产业面临的结构性风险主要有两个：一是居高不下的政府文化产业财政赤字；二是传统文化产业与新兴文化产业政策结构的严重失衡表现出来的新趋势。集中体现在：国家动漫产业振兴赤字；文化产业园区开发建设中的政府债务大幅上升；传统文化产业和新兴文化产业发展比例严重失调；过度强调技术和资本对文化产业发展的作用，使得文化产业原创能力落后严重制约中国文化产业核心竞争力和软实力的形成。中国文化产业发展必须走出系统性失衡的盲区。

五、"中国文化产业发展战略研究"的总体框架

(一) 本课题研究的总体框架

任何战略性研究框架都是与国际国内背景紧密联系，都是根据时代要求被提

出来的。本课题研究确立的总体框架，是建立在对中国文化产业发展具有重要影响的国际和国内经济、文化形势的基本判断上的。

1. 国际经济和文化发展的基本态势

经济全球化加速了文化产品与服务的全球流通。尽管存在着各种争论，但全球文化市场的一体化，已经成为大势所趋；世界性的新技术革命对文化产品的生产和传播产生了深刻影响，新的文化业态不断涌现，文化产业开始全面走向网络时代；文化产业发展的成熟性程度已经成为衡量一个国家竞争力的重要标志，是一个国家文化软实力的重要载体；发达国家在文化产业领域占有明显战略优势，中国面临着文化霸权和文化产业世界格局重组的巨大压力。

2. 国内经济和文化发展的基本态势

一方面，美国次贷危机引发的全球经济动荡，进一步增大了中国经济风险，宏观经济政策出现了很多冲突和矛盾，文化产业发展的外部环境充满了不确定性；以资源消耗和环境污染为代价的经济增长方式难以为继，经济结构战略性调整步伐的进一步加快，人力成本优势正在逐步减弱，产业升级压力越来越大；随着经济社会的快速发展，人民群众精神文化消费需求不断增长，落后的文化生产力与日益增长的精神文化消费需求不相适应的矛盾十分突出；文化体制改革与经济体制改革和社会发展不相适应的问题日益明显；传统文化产业与新兴文化产业竞争将进一步扩大，区域文化产业发展不平衡趋势进一步加大，新的文化市场分割和市场垄断的出现，使得培育文化产业战略投资主体与建设统一的全国文化大市场之间构成了严重的矛盾冲突，也使得整体提高中国文化产业的国际竞争力遭遇到新的体制性障碍与结构性矛盾。

另一方面，中国文化产业政策已经作了重大调整，国务院《文化产业振兴规划》的颁布，标志着文化产业已经被提到了国家战略性产业的高度，与进入21世纪第一个10年中国文化产业起步发展时的状况形成了鲜明对比；中国文化产业领域出现了新情况，新型文化产业的迅速发展和中国文化产业市场的进一步对外开放，对内对外文化产业发展两个方面的问题日益复杂、日益尖锐，制度性矛盾和冲突严重制约中国文化产业发展；由于全球能源危机和环境气候变化带来的挑战、经济增长和发展方式的战略性转变以及文化产业发展和社会发展在某些方面构成的矛盾和冲突，日益呈现出社会文化危机的态势，文化产业在获得了国家战略性产业的定位之后，如何确定自身的价值目标和价值定位，直接关系到文化产业以什么样的身份实践国家战略性产业的目标定位。

本课题研究正是在国际国内发生深刻变革基础上进行的战略研究，是中国文化产业经历了将近10年的发展历程后、在战略形势已经发生了深刻变动的基础上进行的战略研究。在此背景下，"中国文化产业发展战略研究"迫切需要回答如下一些重大问题：在中国已经进入了"重要的战略机遇期"后10年的时候，文化体制改革已经取得重要进展的时候，中国文化产业发展的战略核心是什么？中国文化产业发展的战略目标是什么？中国文化产业的战略重心在哪里？实现中国文化产业战略目标的基本路径是什么？为实现战略目标需要提供哪些制度、机制、环境和政策（包括法律法规）保障？这些问题不仅涉及关于中国未来文化产业发展战略的整体思考，而且还直接决定了关于中国文化产业发展战略的目标定位。没有关于中国文化产业发展战略的目标定位，所有关于文化产业发展战略的研究也就失去了它的前提和必要。只有这样，本课题研究才能在以往已有的基础上把"中国文化产业发展战略研究"这一重大课题的研究推向深入。

基于对这样一个基本判断，本课题研究的总体框架是：

在内容上，本课题以国家战略研究为立足点，以2010～2020年为时间长度（长期视角为2050年），对中国文化产业发展战略理论、发展目标、发展方式、发展重点、发展思路及其保障系统进行研究。以建立中国文化产业发展战略理论为核心，以中国文化产业发展战略定位和发展模式研究为主导，以中国文化产业发展战略重点和关键战略理论为路径，以中国文化产业发展战略政策体系为抓手形成本课题研究的总体框架。

目的是通过文化产业发展战略理论研究，为中国文化产业发展战略提供理论基础和决策依据；通过对中国文化产业发展的战略定位和发展模式研究，为中国文化产业未来发展战略选择明确发展目标和动力机制；通过对中国文化产业发展战略重点研究，选择未来中国文化产业发展战略的主攻方向，建立战略目标的实现途径；通过对中国文化产业发展空间布局的研究，优化文化产业发展的资源配置和协调发展；通过对中国文化产业发展的制度创新研究，为中国文化产业发展战略提供保障系统。

在技术路线上，围绕"22335"进行。即两个层面，两个趋向，三个维度，三项内容，五大模块。

两个层面：是指课题研究在理论与实践两个层面上进行，构建有效的理论体系和实践构架，推动中国文化产业科学发展的战略理论研究，同时进行战略实践系统设计，为理论提供可操作的技术支持，充实和丰富理论的层面，从而使本课题研究的内容自身构成一个有机统一、富有张力和弹性的有机循环系统。

两个趋向：是指在进行战略理论和战略实践研究时，要从整体与局部两个方面入手，进行定量和定性两种趋向的研究，在保证整体创新的前提下，实现对局部战略问题（重点战略问题）研究的新突破，确保研究成果的前瞻性、科学性、可操作性和可实施性。

三个维度：即宏观、中观和微观三个维度，包括全球化背景、国家战略需求和具体战略目标。从三个维度进行，有利于对整体研究进行过程控制，从而使本课题研究成果能够满足在不同决策层次、不同地理区位、不同产业性质以及不同发展阶段上的不同战略需要，有利于课题成果应用理论和实践的最大化。

三项内容：本课题研究的主要内容要围绕结构、功能、类型等方面进行。结构，主要研究中国文化产业发展战略的主要构成结构：战略理论、战略定位和路径、关键战略关系和战略保障系统；功能，主要是指科学的文化产业发展战略对于中国整体的国家战略和国家战略需求的价值和作用，对于更加自觉和更加主动推进文化产业发展的价值和作用；类型，则着眼于当前和今后一个时期内影响和决定中国文化产业发展不同性质的战略问题，进行针对性研究，从而使本课题研究既具有极强的理论性，又具有极强的可操作性。

五大模块：是指理论建构、战略定位、实现路径、关键理论、系统保障五大模块。

（二）本课题的研究目标

"中国文化产业发展战略研究"就其指向对象而言属于国家战略研究。其主体是国家。国家战略研究一般而言包含两个意义项：一个是关于国家间的，即一般意义上所谓国际的；一个是国内的。由于战略在本质上是关于维护还是改变现状的科学和艺术，因此，就国家间而言，任何一个国家的国家战略不管其主观上是否有意，都同时构成了这个国家对于现存国际秩序的态度——是维护还是改变，这就是国家战略关系；就本国国内而言，任何一项新的战略选择和制定，也不论其主体的主观意愿如何，也必然是对本国现存秩序的态度——是维护还是改变。一个是相对于国家往日的战略而言，着眼于未来的战略目标；一个是相对于它国而言，着眼于国家战略关系——竞争还是合作，甚或是竞合。总之，一个是国内，一个是国际，由此而共同形成文化产业发展战略研究的参照系。这就决定了关于"中国文化产业发展战略研究"必然同时包含两个价值取向——国内的和国际的，是这二者的有机融合而不是简单相加。这就使得关于"中国文化产业发展战略研究"是一个在宏观框架下的综合研究；同时还由于关于"中国文化产业发展战略研究"并没有一个对时间长度的习惯性规定，例如"十一五"、"十二五"等，这就又规定了本课题研究不是一般意义上的实证研究，而是规范研究，也就是说是关于中国文化产业发展战略基本战略理论和战略方针的研究，是一个关于能够长期指导中国文化产业发展的战略思想研究。这是本课题研究的性质，也是本研究议程设置的目的。因此，关于中国文化产业发展战略的理论研究和关于建构这一理论的理论基础的研究也就构成了本课题研究的基本逻辑框架。在这里，寻找和奠定战略理论研究的出发点和基石就决定了本课题研究是否具有价值和在多大程度上完成了本课题研究所规定的理论建构的目标，从而成为能够长期指导中国文化产业发展的基本理论和指导思想。

要总结中国近 10 年来的文化产业发展经验，要把它与中国发展道路研究结合起来，要把"我国文化产业发展战略研究"理解为"我国文化产业发展战略问题研究"；以中国特色社会主义文化建设理论体系研究为指南，以中国改革开放 30 多年来国内外政治界、舆论界最近 10 年来对中国文化产业发展战略的讨论为背景，以权力的配置、利益的协调、价值的平衡、资源的利用四个方面的中国问题和中国经验为重点，结合起来作一个系统的综合研究。目的是通过文化产业发展战略理论研究，为中国文化产业发展战略提供理论基础和决策依据；通过对中国文化产业发展的战略定位和发展模式研究，为中国文化产业未来发展战略选择明确发展目标和动力机制；通过对中国文化产业发展战略重点研究，选择未来中国文化产业发展战略的主攻方向，建立战略目标的实现途径；通过对中国文化产业发展空间布局的研究，优化文化产业发展的资源配置和协调发展；通过对中国文化产业发展的制度创新研究，为中国文化产业发展战略提供保障系统。

"重要战略机遇期"是中国在世纪之交提出来的一个对中国所处的环境和方位的重要判断。在经历了将近 10 年的过渡期和成长阶段后，中国文化产业发展将进入新的战略性成长和发展周期。如何紧紧抓住这未来 10 年的"战略机遇期"，根据发展了的中国文化产业实际和建设创新型国家的国家总体战略要求，重新确立中国文化产业发展战略，对于将深度参与世界文化产业竞争的中国文化产业发展具有特别重要的意义。

本课题研究的目标，就是要从这后 10 年的战略机遇所确定的时间表出发，分析、研究和解决制约中国文化产业发展的战略性瓶颈，通过对中国文化产业发展所面临的更加复杂的环境和形势的分析，深入研究和总结近 10 年来中国文化产业发展的基本成绩和经验、遭遇和面临的新情况和新挑战，就从现在起到 2020 年以及今后更长的一段时间内中国文化产业发展所可能遭遇到的战略性困境、重大战略问题，从国际形势发展、国家总体战略需求以及文化产业发展的规律三个方面进行深入系统的分析研究，并在此基础上从战略目标定位、战略路径选择、确定战略重点和建立战略保障等，提出中国文化产业发展战略比较系统的理论体系、战略构想与政策建议，努力破解中国文化产业如何发展这一重大战略理论和实践命题，从而为到 2020 年中国文化产业发展提供一个以科学发展观为指导的分析框架和理论依据。具体目标包括：

（1）提出与中国总体战略相适应的中国文化产业发展战略。

（2）提出从现在起到 2020 年中国文化产业发展战略的目标体系。

（3）深入分析研究和明确提出中国文化产业发展战略目标实现的路径选择，

包括发展道路、发展方式和环境与资源等；明确提出中国文化产业发展方式转变这一命题，阐述实现文化产业发展方式的战略性转变对于实现中国文化产业发展战略目标的重要意义和重要价值，为中国文化产业科学发展提供学理分析框架。

（4）突出制约中国文化产业发展的主要矛盾，深入分析和研究中国文化产业发展的市场化、国际化、新兴产业化、区域发展以及国家和社会协同发展五大战略重点，分别提出中国文化产业发展的市场化战略、国际化战略、新型文化产业带动战略、优化文化产业空间布局战略、国家与社会协同发展战略以及建筑在此基础之上的中国文化产业发展新业态选择理论。

（5）深入研究严重影响和制约中国文化产业发展的四大关键性战略关系，即文化产业发展与政治、经济、社会和文化发展的关系，揭示这四大关键性战略关系内在逻辑，从战略发展所必须具备的战略选择与制定的基本原理出发，为中国选择与制定文化产业发展战略提供学理依据。

（6）深入研究中国文化产业发展战略实施的保障制度创新，阐明制度设计与制度创新决定文化产业科学发展的原理，提出进一步深化中国文化体制改革的新价值取向和文化产业制度创新体系构架，分析互联网发展正在给世界版权制度带来的深刻变革，提出中国文化产业发展版权战略和新版权制度理论，以为中国文化产业发展战略的保障。

（三）基本内容

本课题研究的基本内容由以下十二章构成：

第一章，中国文化产业发展战略研究议程的提出。着重讨论和回答中国文化产业发展战略这一重大课题研究提出来的时代背景与历史需求。包括：世界文化产业发展的潮流与趋势、中国文化产业发展战略提出的历史背景、中国文化产业战略发展的主要特征、未来10年我国文化产业发展的基本矛盾和总体框架五个方面。

第二章，中国文化产业发展战略的基本理论。通过比较文化产业发展的主要战略理论，提出以"国家文化治理"为核心的中国文化产业发展战略理论。

主要内容是：文化（产业）发展战略理论比较、文化产业战略价值认识论、战略理论建构的基本前提和国家文化治理：中国文化产业发展战略理论。

第三章，中国文化产业发展战略的目标定位与发展模式。以"十一五"时期中国文化产业发展规划执行情况分析为基础，重点讨论和提出中国文化产业发展的目标定位和发展模式。共由"目标情景分析"、"国际经验"比较、"战略目标定位"和"生态模式"四个方面的内容构成。

第四章，中国文化产业发展战略的基本路径。主要内容包括：文化"走出去"战略的转型、国家文化软实力的价值取向和三位一体、三者并举的文化产业发展道路。

第五章，中国文化产业发展战略重点。建立统一的文化大市场、战略性推动新兴文化产业发展、实现文化产业发展国际化、构建多级多层次区域发展格局、推进国家与社会文化产业协同发展。

第六至八章，关键战略理论问题研究。分别从文化产业发展的历史地理学、文化产业发展的政治哲学和文化产业发展的社会伦理学三大层面，就当前中国文化产业发展中的一系列重大问题进行理论和政策研究并给出回答，在"文化产业正义"这一重要命题下分别提出了"文化产业权力与权利"和"文化产业的公共责任"的命题。

第九章，创新两岸文化产业合作发展。两岸文化产业合作发展是中国文化产业发展的重要战略内容，代表了一种重要发展趋势，研究这一战略趋势并从中华文明的现代化进程的层面上进行探讨，是它的核心内容。

第十章，文化产业发展的数字化与数据化。着重研究文化产业发展和现代科学技术发展的关系，提出数字化和数据化并举战略。

第十一章，文化体制改革与文化产业制度创新。战略目标和发展道路选择的实现，需要有政策和制度保障。如何实现体制和机制的制度创新，是本章讨论的主要内容。

第十二章，改革开放来我国文化产业政策与管理评估及其重要启示。改革开放的30多年是我国文化产业创造性飞速发展的30年，为我国未来文化产业的国家能力发展奠定了坚实的战略基础，实现中华民族的伟大复兴和中国的战略性崛起，文化产业发展必须坚持走中国发展道路，在人类文明创造性创新的过程中，实现中国文化产业的文明发展创新发展。

第二章

中国文化产业发展战略的基本理论

"中国文化产业发展战略研究"是一个关于中国文化产业发展整体性战略研究，而不是某个方面的研究。战略研究的本质是关于战略规律的研究；发展战略研究是关于发展战略规律的研究。这样的研究首先是理论研究，是关于战略理论的研究；战略规划，尤其是发展规划是以发展战略的理论研究为基础并建筑在其之上的顶层设计与政策和制度安排。因而，关于文化产业发展战略研究属于宏观战略理论研究。

一、文化产业发展战略理论比较

文化产业发展战略理论的提出与构成，与一个国家在一定时期面临的国家发展问题和任务密切相关。这种理论形态经常出现边界系统的不确定性，也就是说，这些理论形态通常并不都是使用"文化产业发展战略"这样的"中国式"的词语形式表达的，相反却带有不同国家的特点。由于文化产业在本质上属于文化范畴，因此，有关文化发展战略或文化战略的理论就更能反映和体现一个国家关于文化产业发展战略的理论思维和战略思维。同时，还由于有的国家文化或文化产业发展战略的理论形态并不都是以国家文本形态而是以个人名义出现的，而这种个人的学说主张又是被政府所采纳的，或者说直接影响了国家的文化发展战略决策的，那么，这一类形态的文化或文化产业发展战略理论同样成为我们的比较对象。

在国际上比较有影响的文化产业发展战略理论主要有三种：文明冲突理论、

37

软实力理论和创意产业理论。

（一）文明冲突理论

"文明冲突理论"是美国哈佛大学教授亨廷顿提出来的关于"冷战"结束后世界格局的理论，是对世界各国文化发展战略影响最为深远的文化发展战略理论。尽管这一理论在全球学术界引发了全球性争论，但是，这一理论所具有的战略意识形态属性，还是成为许多国家制定战后国家文化战略的重要理论依据之一，成为国际社会，尤其是大国制定战后国家文化战略的集体无意识。文化问题，特别是以价值观为核心的文化问题成为国家文化战略建构的核心问题。美国国家安全战略报告正是以这一假说，把美国的价值观和美国人的生活方式神圣不可侵犯性，作为美国自"冷战"以来历届政府"国家安全战略报告"的核心内容之一。《美国国家安全战略报告》是历届美国政府最重要的战略施政纲领，集中反映和体现了美国的核心利益。因此，这一安全战略不仅仅是事关美国国家安全的国家防务战略，而且也是美国国家文化战略的指导思想。正是在这一战略思想指导下，美国在全球竭力推行它的"价值观战略"，其中一个最核心的战略举措，就是在利用传统媒体产业继续向全球传播"美国的价值观"同时，还积极利用以互联网为主要战略工具向全球推行"互联网自由战略"，并且以此推动了从中亚到中东的一个又一个"颜色革命"。而所有这些"颜色革命"的一个共同特点，都具有亨廷顿所论述的"在不同文明的交汇点上"或"分界线上"特征。而作为文化产业的具体载体形式：传媒产业恰恰是催生和帮助"颜色革命"最主要的手段。"文明冲突论"具有元理论的性质，在很大的程度上，它成为"冷战"后许多国家决策文化发展战略的一个重要的理论参照系。从某种意义上说，只要不同文明之间的冲突依然存在，那么文化产业及其具体形态，就必然是其最重要的实现方式。因此，要在"文明冲突"中赢得相比较的战略优势，不大力发展文化产业是不可能的。正是在这个意义上，"文明冲突理论"成为文化产业发展战略最重要的理论依据。

（二）软实力理论

软实力理论是直接构成美国文化发展战略的重要理论，也是影响当今国际社会关于国家战略选择与制定最重要的战略理论之一，它是由美国哈佛大学教授约瑟夫·奈提出来的。这一理论的核心价值，是在传统的以军事力量为依据衡量一个国家战略竞争力的基础上，提出了把包括文化在内的一个国家在政治、制度和文化上的影响力、吸引力也应该作为衡量和评估一个国家战略竞争力的新理论，即"软实力理论"。"软实力"是相对于军事这一"硬实力"而言的。虽然，这仅是一个比较性的对力量形态的形容性说法。但是，由于这一说法为国际社会重建战略力量格局和全球战略竞争新的维度提供了方向，揭示了文化在国家战略竞争力中的重要价值，因而，迅速在全球产生了广泛的国际影响。无论是大国还是小国都把培育、建立和提升本国文化的软实力作为国家文化战略的重要战略选择。

软实力理论的立足点是着眼于国际关系，着眼于国家之间的竞争，因而是一种国家竞争力理论和国家战略博弈论，着眼于国家间的力量较量和实力斗争。它是以"冷战"零和理论为出发点的，被界定为是一种通过文化和意识形态来吸引他者的能力，同时兼具正当性和阴谋性两种属性。在美国的国家安全战略内涵中具有通过文化和意识形态改变他者，从而实现按照美国的价值观和美国人的生活方式实现全球治理。1989年，当时的美国总统布什坚持与中国保持贸易接触理由就是认为，"世界上还没有哪个国家发现一种方法既进口世界的产品与技术，又能把国外的思想阻止在边界。"1995年7月，美国负责东亚和太平洋事务助理国务卿帮办韦德曼在参议院对外关系委员会上明确指出，"贸易不仅是知识创造财富的手段，它还是美国思想和理想借以渗透到中国人意识中的渠道；从长期来看，它为美国的意识形态产业（诸如电影、激光唱盘、软件、电视）和使国际交流更为便利的产品（诸如传真机和互联网计算机）开辟市场，这些有可能使中国的人权状况得到改善，从而发挥我们所有直接的和政府之间的努力加起来一样大的促进作用。"20世纪90年代以来，美国历届政府在制定美国的国家安全战略时，都无一例外地把美国的民主和价值观作为美国国家战略和国家治理的重要内容。因此，从某种意义上来说，软实力理论是美国的国家阴谋论，同时在另一方面也突出了国家治理形态内在结构的转移，国家文化战略随着软实力的提出而进入到了一个更加重要的位置：国家软实力治理。这一理论对中国文化发展战略理论影响很大，中国提出的"提升国家文化软实力"这一文化战略目标，就是在引进和消化吸收这理论的基础上形成的。

（三）创意产业理论和文化多样性理论

创意产业理论是英国提出来的国家文化产业发展战略理论，是当今世界最重要的国家文化产业发展战略理论之一。创意产业理论是英国布莱尔政府为解决工业文明遗产而需求英国发展的第三条道路而提出来的。相比较于以上两种大战略理论，创意产业理论更着重于微观实践。具有很强的操作性。对中国台湾和香港地区影响较大。中国台湾和香港都把"文化创意产业"作为自己的发展战略和政策。

文化多样性理论是由"文化例外论"发展而来，主要由法国和欧盟提出，然后又发展成为联合国指导全球文化发展的"联合国文化发展战略理论"。侧重点是尊重不同文化发展的自主权，维护不同文化的发展特性。针对的问题是全球化进程中造成的对本土文化的破坏。

虽然，以上这三大理论各有侧重，但是它们都有一个共同的特点，那就是都是针对解决不同的问题和目标而提出来的。因此，问题的针对性、国家战略需求的一致性，使得它们既是一种理论，同时又都是国家战略和政策。着眼于国家治理目的，使得这些理论同时兼具战略、政策和理论的特性。

二、文化产业战略价值认识论

一切战略都是为目的的战略。一切战略都是为实现一定的目标而采取和实施的途径和手段。任何战略的研究和制定本身都不是目的。现在世界上唯战略的战略是不存在的。这是我们研究"中国文化产业发展战略"的一个基本的认识论前提。没有这样的一个前提，所谓"中国文化产业发展战略研究"也就失去了一个最基本的价值取向。因此，要研究中国文化产业发展战略，首先就必须研究中国文化产业发展的目的是什么？或者说中国发展文化产业的目的是什么？涉及目的论，就不能不首先要对文化产业有一个学理性的界定。也就是说，我们有必要建立起一个关于文化产业战略价值的认识论，作为我们研究的逻辑起点。这也是在中国文化产业发展战略研究过程中，至今尚无一个比较公认的定论的问题。而这恰恰应该成为我们研究的基础。

GDP 不是文化产业发展的目的，也不是文化产业发展的动因。就文化产业发展的历史来看，任何一种新文化产业形态的诞生，都不是为了 GDP 而产生的。恰恰相反，它是为了社会进步或为了推动社会进步，为社会进步提供新的进步工具和途径而诞生的。在今天的中国，文化产业之所以成为国家发展战略和国家战略性产业，其根本目的也是为了促进经济变革、政治民主和社会进步。这是和文化本身的功能及其对人类社会的作用相一致的。文化产业的财富创造作用，是因其对社会的进步作用而产生的。这是因为，在人类社会的进步过程中，人的精神进步及其进步所达到的满足社会进步需求的程度，直接影响和规定了一个社会进步的动力机制及其这种动力机制提供社会进步动能的程度。这就是为什么，每当人类社会发展到不出现新的精神变革运动并产生新的精神形态社会便不能进步的时候，这样的精神变革便会应运而生的重要历史规定。无论是欧洲的文艺复兴、新教运动还是中国的五四运动莫不如此。而文化产业恰恰成为这些精神变革运动最主要的工具，是推动社会进步和思想解放的载体，而不是经济增长的手段。GDP 的出现恰恰是文化推动社会进步的附加值，是它的附属产品，而不是它的目的。弄清楚这一点，也就明确了发展文化产业的目的是什么和选择与制定文化产业发展战略的目的又是什么这样一个根本问题。

（一）文化产业的界定方式

界定文化产业属于经济还是属于文化范畴？这在中国是有争论的。"文化产业首先是文化，其次才属于经济范畴"被提出来后，一直存在着不同意见。学术上的分歧是正常的，唯有分歧，学术才会发展。然而，2008 年爆发的全球性金融危机在中国得出的关于文化产业"逆势上扬"及其"反经济周期调节的规律性"的判断和结论[①]，却在无意中回答了这个问题。在几乎所有的关于文化产业在经济危机中对于人的社会的作用的语词表达中都使用了一个共同的单词：慰藉，文化产业给予人们精神与心灵的安抚作用。且不说，这里犯了一个形式逻辑错误：是文化产品而非文化产业具有慰藉人们精神与心灵的作用。没有任何一个产业具有这种作用。但是，至少这样的表达帮我们解决了一个认识上的问题，那就是决定文化产业根本性质属性的是它的内容，而不是它的形式。钢琴是不能给人以任何精神享受的，但是，借助于钢琴所弹奏出来的旋律以及由这种旋律所组成的一个音乐世界，是可以把人的精神与灵魂带到另外一个空间的，在那个世界里，人们在现实中遭遇到的烦恼、精神上的压抑得到了缓释，心灵得到了升华。只有在这个过程中，人们才会走进大剧院、电影院去购买文化消费，电影业才会在金融危机和经济萧条中表现出"逆势上扬"。需求决定了生产，需求的内容规定了生产的属性。人们之所以在一般意义上的物质生产之外还要发展属于精神生产范畴文化生产，就是因为一般意义上的物质生产无法满足和解决人们的精神消费需求。因此，当原有的产业形态无法满足人们的精神文化消费需求的时候，文化产业作为唯一能够满足这一需求的生产方式和生产力形态便诞生了。这种诞生与发现，首先不是物质与经济的发现，而是精神与文化的发现，是人类社会发展与演化精神掌握世界和表达世界的发现，因而是一种精神与文化的发现。正是这种发现，人类文明因为有了新的生产力手段而把自己推向前进，推向了一个新的发展阶段。人类文明的每一个发展阶段无不以这样的发现来界定自己。文化产业就是最重要的界定方式：文化的界定。

不同的文化产业分类及其划分标准，所反映的不仅是不同国家所处的不同的文化产业发展阶段以及关于文化产业的认识和政策，更重要的是反映了不同国家的核心价值观以及由这种价值观系统所建构起来的社会及其文化秩序。美国在有关文化产业的习惯表述中主要使用"娱乐业"、"版权产业"和"创意经济"三个概念。其实这三个概念，集中体现了美国人的两种核心价值观，一种是对个人自由的崇尚，另一种是对个人权利的尊重。前者表现在"娱乐业"，只要是直接

[①]　本人并不同意这样的判断和结论。

满足于和服务于个人精神文化消费自由的均属于"娱乐业",不管是迪士尼,还是好莱坞、百老汇,毫无例外,只要是涉及个人创造性劳动成果的精神劳动均受知识产权保护。它所体现和表达的是美国文化的社会秩序和美国社会的文化秩序。这是由美国特殊的建国史形成的一种契约文化精神。而在现阶段中国政府关于"文化及相关产业的分类指标体系"中所遵循的尺度,不是基于对个人文化权利的实现与保护,而是基于现阶段中国文化体制,更多体现的是中国文化发展的一种政治秩序,而非文化秩序。虽然,它是现阶段中国文化产业发展的一种实际状况,但是,也反映出在这样一种政治秩序下的中国文化秩序:公民基本文化权益有效实现的不足及其在文化政治架构中的某种缺位。这一方面导致了人民群众日益增长的精神文化消费多样性需求得不到有效满足,另一方面反映了公民基本文化权利的保障还远未在体制和机制建构中得到充分的实现。

文化产业是一个累积性产业。文化产业的一个最大特征就是原有的文化产业形态并不会随着新的文化产业业态的出现而消失。仅以现代文化产业的发展而言,电视的出现曾经被认为将导致电影业的消亡。而实际情况是电影业不仅没有随着电视的出现消亡,相反由于有了新的产业竞争对象,推动了电影业的革命。运用先进高新技术发展来不断提升电影业竞争力的战略,电影业不仅夺回了被电视拉走的观众,而且还构成了对电视业发展的战略危机。从而使得电影和电视产业得以在同一个市场共舞。相比较其他产业而言,当一个新的产业形态出现的时候,类似的产业就会被取代而淘汰。中国要在文化产业领域里建立起在全球的竞争力,就必须配置一批像美国好莱坞和百老汇那样的对美国价值观和生活方式的战略表达主力,没有这样的表达主力,不可能赢得在大众文化领域里的话语权,当然也就无所谓中国价值观和生活方式对世界的影响力。

(二) 文化产业是人的一切社会文化关系的总和

文化产业中的相当一部分是完全以实体经济的方式存在的。例如,文化产业设备制造业。但是,就中国10年来的所有关于文化产业发展战略的研究中,这一部分并不属于研究的对象,也没有哪一份中国文化产业发展战略研究中包含了这一方面内容的。例如,谁都没有把整个乐器制造业纳入到文化产业发展总体战略中去。而乐器制造毫无疑问是属于文化产业范畴的。虽然,根据中国国家统计局所发布的《文化及相关产业分类指标》来看,文化产业设备制造业是文化产业的一个重要组成部分;近10年来的几乎所有文化产业政策,特别是关于文化产业的投融资政策,都仅限于文化产业的内容生产的相关领域,而涉及文化产业设备制造业领域内的有关政策,仍然按照原有的产业政策和经济政策执行。这就从另一个方面规定了中国文化产业发展战略研究就是关于文化产业的内容生产、流通和分配研究，而主要的不是关于文化产业的经济研究。这是关于中国文化产业发展战略研究的一个最重要的质的规定性。所有关于文化产业发展战略研究都是由此来定义的。因为只有这样才能把文化产业发展战略研究从经济发展战略研究区别开来。因此，不能因为文化产业的市场化形态具有经济属性而把文化产业界定为经济范畴。2009 年时任国家总理的温家宝在《政府工作报告》中在部署新形势下推进改革新发展的时候，把"支持文化产业加快发展"列为"推进社会领域重大改革"的主要内容，也没有把文化产业作为推进经济改革的重大内容。在历次中共中央的正式文件中，有关文化产业发展问题的政策性阐述，都是列在"精神文明建设"领域里的。文化产业具有文化的制度建构与解构性，现今国际社会的一切文化审查制度以及文化准入和文化贸易壁垒制度，都是由于文化产业所具有的这种在文化上的建构与解构性而造成的。印刷术在欧洲的广泛使用诞生了现代出版业和新闻传播业，成为资产阶级新教革命的关键手段，也导致了书报检查和审查制度诞生；电影贸易在法国和美国的世纪大战出现和导致了电影贸易的配额制度，电影业的市场准入和电影贸易的国际壁垒同时诞生；现代通讯技术的迅速发展和广播业的诞生，直接影响了欧洲关于视听产业的放松还是管制的制度革命。互联网技术导致了虚拟文化产业的出现，随之而来的网络色情对社会发展以及未成年人的精神健康构成的安全威胁，使得许多国家不得不制定和出台了网络分级制度。可以这样说，20 世纪人类社会文化制度的一切创制都是因文化产业对原有文化制度的解构的发生而发生的。没有文化产业以及文化产业的现代发展，那么，今天的人类社会，很可能仍然处在中世纪。文化产业的现代运动与现代发展现实地规定了 20 世纪人类社会的现代性。从这个意义上说，文化产业构成了人类现代社会及其文化制度，是现代人类社会精神性存在的全部合法性与合理性之所在。文化产业在解放人类社会的精神天空的时候，同时为人类开放了一个新的精神天空，建构了在这个精神空间的秩序和规则。人们的一切社会文化关系，便在这个空间秩序和规则中得到了新的生命形态。因此，我们说，文化产业不是别的，而是人的一切社会文化关系的总和。

（三）文化产业是一个国家的文化制度和国家战略

对于当代中国来说，文化产业是制度革命与制度创新的产物，是当代中国社会文化制度的重要体现。中国有文化产业，在计划经济时代也存在文化产业。但是，文化产业的中国式存在很大程度上只是意识形态领域里阶级斗争的工具，主要服从和服务于意识形态领域里的阶级斗争。虽然在这个过程中，作为文化产业生命存在的空间形态的"文化市场"也还存在。但是，市场并不在文化产业的发展中发挥资源配置的决定性作用，作为具体的文化产业机构——文化企业并不拥有市场主体身份，文化产业只是文化事业存在的另一种表现形式："企业单位事业化管理"集中凸显了"中国式"文化产业的身份属性。单一的文化产业投资结构和主体构成，历史地规定了文化产业在整个国家文化建设以及国民经济和社会发展中的附属地位与身份，这可以从新中国成立以后到 20 世纪 80 年代末的中国文化产业机构的生命运动的轨迹可以看出。在这样一种生命形态中，文化产业所体现的是那个时代中国人的社会文化关系：人们既不能主动地选择什么，也不能参与文化产业其中去发展什么。因为，在文化产业最终完成的文化生产资料所有制领域里的革命之后，政府把一切文化产品的生产、流通与分配也都纳入到了计划经济体制。这最终导致了中国文化产业发展的长期停滞不前。虽然它有一定的历史合理性。社会主义市场经济体制改革目标的提出和加入世界贸易组织的国家战略选择与国民经济和社会发展制度的创新建构，必然提出上层建筑与经济基础相适应的马克思主义的制度性要求。中共十六大，第一次在党的政治报告中明确提出了"积极发展文化事业和文化产业"的政治主张，把发展文化产业和文化事业相提并论，并且把大力发展文化产业看作是满足人民群众精神文化消费需求多样化的重要途径。这就在中国特色的社会主义文化建设上，在坚持马克思主义在意识形态领域里的指导地位不动摇和积极发展公益性文化事业的同时，非常明确地提出了第三条道路——"积极发展文化产业"。文化产业被作为中国特色社会主义文化建设最重要的制度性建构而被写进了党的政治决议、国家战略规划和政府工作报告。随着中国加入世界贸易组织，国家进一步对外开放以及各项公民权利的彰显，非公有资本进入文化产业以及在全面推行的文化体制改革，标志着中国文化产业正式进入了一个全新的发展时代：那就是公民文化权益和权利的全面保障和全面落实的新时代。在这个过程中，因为文化产业，人和社会的一切文化关系得到了全面的调整；因为文化产业，文化与经济发展的关系得到了全面的调整；因为文化产业，人与政治民主的关系得到了全面的调整。文化产业在中国成为人和社会一切文化关系重构的纽带和关键词，成为中国文化改革开放走向世界的标志，判断中国文化民主化进程和对外开放度的晴雨表。无论在中国还是在其他一些发达国家，文化产业之所以能够被重视，能够得到政府的政策扶持，甚至能够被作为国家战略提出成为国家发展战略的一个重要组成部分，其中至少有两个具有关键意义的因素：一是文化产业成为一种新的财富创造形态，基于这种财富创造形态，它改变了原有的以资源消耗型和环境污染型为主要财富增长方式的经济发展道路和社会发展模式，文化产业作为一种新的生产力形式和内容，改变了原有的人类社会发展的生产力结构，从而使知识经济以文化经济的全新转变而成为现代国家发展的"低碳经济"；二是文化产业由于是在购买人们精神消费的过程中实现财富创造的，因此，它不只是改变了财富的创造方式，而且还改变了人们如何改变自己精神生产和精神消费的方式，包括精神表达方式和精神传播方式，改变了整个现代社会精神世界的空间结构，因而具有一种物质性创造所不具有的一种深刻地解构和建构现代精神世界空间的无形力量，正是这种力量改变了人们的国家间的文化和精神空间的原有格局，影响和改变了人、国家和社会的发展走向与秩序建构。文化产业兼具经济和文化的双重属性以及精神和物质的双重力量，使得它在世纪之交迅速成为现代国家重新安排国家产业调整和建构新的产业结构布局的重要选择。国际政治、经济、文化及其相互关系在这个过程中被迅速地重组，而"文化霸权主义"、"国家文化安全"等也深刻地反映了在这一过程中的文化不平等关系，揭示了在这个过程中出现的超越了文化交流和文明交融的"文明冲突"，威胁到了一个国家和民族的文化生存与文化发展的现实危机性而成为新的主流词汇。文化产业的准入与反准入成为国际竞争和国际较量的重要领域，并且占据了新的外交空间。文化产业正是在这个过程中凸显了它在整个国家生活中的重要性和价值，从而使之具有战略性。尽管不同的国家在这个问题上的政策与战略表达具有各国政治决策的特点，但是，凡是现代文化产业的发达国家没有不把它放到国家战略地位的。在现代国际关系体系中，没有发达的文化产业，就没有它的话语权。国际生活中因发达的文化产业而拥有更多的话语权。因此，我们说，文化产业不只是经济和文化，而且还是制度和战略，是一个国家的文化制度和国家战略。正是由于文化产业具有改变现存文化发展与经济增长的价值与功能，文化产业现代发展的成熟性程度以及它在一个国家的国民经济和社会发展所处的地位以及所发挥的作用和影响的程度，将直接构成一个国家的综合实力和软实力的关键要素的时候，文化产业的现代发展就具有战略意义和战略价值，具有战略资源价值。开发、控制乃至垄断这种战略资源也就成为国际战略竞争的重要内容。

三、文化产业战略理论建构的基本前提

中国有文化产业，但是在计划经济时代，中国没有"文化产业发展战略"。这是因为当时国家根本战略利益需求和今天的不同。改革开放之后，使得先进的中国人又一次睁开眼睛看世界，世界经济发展的全球化进程的深刻变化，以及文化在其中所担当的不可替代的作用的发现。因此，"文化发展战略"成为 20 世纪 90 年代中国文化建设的一个"关键词"。

（一）国家文化战略需求的转向

文化产业的概念源于德国法兰克福学派阿多诺和霍克海默在其《启蒙的辩

证法》（1947）对"文化工业"的否定性批判。本来是学术界在"文艺学"或"艺术批评理论"领域里讨论的问题。《文艺报》就曾经组织过这样的一次关于"文化工业"的研讨。那个时候，也丝毫没有"发展战略"的意味和意识。中国"文化产业发展战略"问题的提出是因为中国要加入世界贸易组织。而加入世贸组织就必须对外开放文化市场，开放文化产业的市场准入。中美在中国加入世贸组织问题上的"市场准入"之争，成为了中国第一次正面面对国际社会的"战略"之争。"狼来了！"的文化危机意识和文化民族主义感情，迅速引发了中国加入世界贸易组织给中国文化产业发展带来的危机和挑战的"应对"研究和"战略对策"研究，成为诱发"我国文化产业发展战略"研究的最直接的动因。这一场关于加入世贸组织后的文化产业发展战略的"应对研究"，对于"我国文化产业发展战略"具有特别重要的意义。不仅是后来关于"我国文化产业发展战略研究"的许多重大命题的起步点，而且，它开启了中国建设和文化研究的一个新时代："文化产业发展时代"。这就是为什么，在从1995年至2008年的有关中国"文化产业发展战略"研究的学术论文的检索中，关于"WTO与中国文化产业"研究在全部总数225篇中所占比例竟然高达一半（106篇）的重要原因。虽然社会主义市场经济体制的改革目标已经确定，但是，社会主义市场经济条件下的中国文化该如何发展？如何建设？中国文化建设和文化发展在市场经济条件下往哪里走？怎么走？却始终没有解决。改革开放以后所进行的一系列包括文艺院团体制改革尝试在内的所有文化体制改革的摸索，均以失败而告终。意识形态问题始终是影响和制约中国社会主义文化发展和文化建设道路选择的大问题。这也就是为什么，在所有关于中国加入世贸组织后的文化产业发展战略的应对研究中，体制改革、制度创新和政策创制会成为一个最核心内容的一个重要的"意识形态原因。"因此，从这个意义上说，关于"我国文化产业发展战略"的研究在理论和实践上都具有思想解放的价值和意义。国家根本战略利益需求的转变直接导致了关于"中国文化产业"意识的觉醒，直接导致了关于"中国文化产业发展战略"理论研究的自觉和战略理论建构的迫切需求和创造性冲动。

（二）中国文化产业发展战略研究的特点

根据文献检索的不完全统计，从1995年至2008年，中国学者发表的与本课题研究相关的论文有225篇，著作10多部，研究报告10多部。研究的内容和领域从WTO与中国文化产业发展战略，到"走出去"战略，以及可持续发展战略、核心竞争力战略、影视发展战略、网络游戏产业发展战略和新媒体发展战略等等，几乎涉及中国文化产业发展战略的所有领域和方面；就研究的范畴来说，广泛地涉及文化产业发展战略的概念、内涵和地位；文化产业发展战略依据、战略方针、战略目标、战略重点及其相互关系；文化产业发展战略对策、战略管理、战略机制、战略方法以及如何实现战略创新等所有问题，广泛涉及政治、经济、社会、文化等各个大学科领域。然而，正如任何一个时代机遇都会造成时代局限一样，WTO给中国文化产业发展和关于它的发展战略研究提供和创造了一个机遇，同时也给它造成了时代的局限：中国加入WTO的大背景制造了一个以弱对强的竞争态势，导致中国文化产业发展战略研究的"悲情化"和"意识形态化"：前者导致了关于"我国文化产业发展战略"的研究"防范过度"，后者导致了以"意识形态"对"意识形态"的"过渡冲撞"。因此，"战略应对"研究和"破解意识形态困境"构成这一时期中国文化产业发展战略研究的一个最重要的特征。这在某种程度上形成了中国文化产业发展战略的研究范式。正是这种研究范式造成了迄今为止中国尚未有关于"我国文化产业发展战略"的系统整体研究。而过往的疲于应对的研究，也使得中国学术界没有充分和足够的时间对中国文化产业发展战略进行全方位的深入研究。

已有的与本课题研究相关的著作较为有代表性的，主要有《中国国家文化安全论》（胡惠林，2005）、《中国文化产业竞争力研究》（祁述裕，2005）、《文化产业战略与商业模式》（陈少峰，2006）、《文化产业发展战略研究》（朱建纲，2006）、《文化产业研究战略与对策》（熊澄宇，2006）、《区域文化产业研究》（向勇、喻文益，2007）等。这些著作分别从不同的角度和领域，对中国文化产业发展战略中若干战略问题作了比较深入的研究：陈少峰从文化企业的商业模式切入关于区域文化战略、品牌战略、知识产权战略、产业集群战略、人力资源战略以及文化发展双重战略等微观战略研究，朱建纲是关于文化产业发展的资本扩张战略研究；熊澄宇通过对中国文化产业发展的机遇、挑战与战略对策分析，从战略和对策两个层面，对中国数字技术带来的广电产业的变革、版权制度的重构和文化产业创新体系建设的研究，祁述裕是从国家竞争力的分析比较的角度给出了关于中国文化产业发展战略的思考，胡惠林则是从国家文化安全的层面上提出了关于中国文化产业发展的国家文化安全战略研究的新视野等。虽然这些研究也都涉及中国文化产业发展战略的某些本质方面和重要领域，提出了不少有针对性的观点和理论，但是所有这些研究基本上都还属于对策研究，政策建议和设计大于对本课题全面系统的整体研究，虽然这些研究及其成果在中国文化产业应对来自加入世贸组织的挑战中发挥了不可替代的作用，后来的许多重要的研究命题也都是从这里开始起步的，但都还没有把"我国文化产业发展战略"作为一个独立的重大课题研究，都还不能代替对"我国文化产业发展战略"进行整体性研究，并且就此而提出完整系统的中国文化产业发展战略思想、理论体系和战略体系。

以研究报告的形式对中国文化产业发展进程中一系列重大发展战略问题进行跟踪性的动态研究，是近 10 年来中国文化产业发展战略研究的一大特点。《文化蓝皮书：中国文化产业发展报告》、《中国文化产业发展年度报告》、《中国文化市场发展报告》以及《中国传媒产业发展报告》、《中国广电产业发展报告》、《中国出版产业发展报告》等是这一领域里的主要代表。另有以各省、市为主体的，包括文化产业发展在内的北京、上海、深圳、广东、湖南等区域《文化发展蓝皮书》也相继出版，形成了以《文化蓝皮书：中国文化产业发展报告》（简称文化产业蓝皮书）为主要代表的中国文化产业发展战略研究的独特的"皮书现象"。文化产业蓝皮书是关于中国文化产业发展形势的分析以及对中国文化产业发展战略的预测和政策建议，受到中央决策层和社会各界，尤其是产业界和政府部门的高度关注，对中国文化产业发展产生了特别重要的影响。《中国文化产业蓝皮书》是由中国社科院文化研究中心和上海交通大学国家文化产业创新与发展研究共同主持的，虽然没有冠名"文化产业发展战略"，但是，它每年在年度总报告的分析研究中始终关注的是事关中国文化产业发展全局性的重大问题，并且给予中国文化产业发展的重大战略问题以回应，因而是一份具有特殊分量的中国文化产业中长期发展战略的年度动态研究。同样，年度研究报告的性质定位，决定了"文化产业蓝皮书"不可能承担系统研究中国文化产业发展战略这样的重大使命。

战略对策研究是中国文化产业发展战略研究的一个特点。它的好处是能够比较及时和迅速地对正在发生的问题提出意见和建议，以供决策部门参考。这样的研究在中国文化产业发展战略研究中仍然具有重要的地位，同时也是文化产业发展战略的重要组成部分之一。但是，一般意义上的对策研究，往往也由于着力的焦点不一样。因此，往往比较容易从局部看问题，缺乏从整个战略的全局和整体去思考，结果也往往流于空泛。同时还由于时间的关系，这样的研究往往难以深入，在理论上也缺乏深思熟虑的研究和思考，结果流于浅显，很难给予中国文化产业发展战略以长远的理论上的指导。过分强调可操作性导致了中国文化产业发展战略研究的理论研究和理论建树的不足和缺位。这在某种程度上严重影响了在经历了近 10 年发展、处于一个重要战略机遇期转折点的中国文化产业发展战略的形成，造成了决策困难。

（三）国家战略需求需要文化产业发展战略创新与突破

一个在历史的进步中创造历史的国家和人民一刻都不能没有理论思维，这是一个真理。根据现有文献查阅，第一次正式地提出"文化战略"并加以系统理论研究的是荷兰哲学家、文化人类学家 F·皮尔森。然而，由于文化定义的宽泛性，有史以来，人类具有长远战略意义的文化行为或思考很多却很早就有了。文艺复兴、启蒙运动、"五四新文化运动"等，都可以从文化战略的角度加以解读。如果将文化视为人类适应自然、改造自然和社会的生活方式本身；那么，"文化战略"就是包罗人类物质文明与精神文明的人类生存与发展的大战略。所以，很多学者的研究也都直接或间接地指涉文化战略的研究，如布罗代尔的长时段历史研究、汤因比的大历史观、沃勒斯坦的现代世界体系理论，以及亨廷顿关于"文明冲突论"、约瑟夫·奈的"软实力"理论等，都可以看作是一种关于文化发展的大战略理论。如果我们再将文化战略泛泛地看作某种关于文化自身发展或以文化发展促进社会发展的，具有长远意义的文化思考或行为，那么，自人类有知识史以来一切学科（起码包括所有的社会科学、人文学科）的研究，也就从不同的方向、维度指向文化战略研究。从罗斯福总统开始，美国是全球最重视国家发展战略研究的国家。美国的国家文化发展战略在经历了一个从隐性向显性、从不自觉向自觉、从短期目标向中长期战略的演变之后，不仅形成了一整套完整的国际文化战略竞争的理论和政策系统（如"软实力理论"和"文明冲突理论"），而且还形成了一套在"冷战"基础上建立起来的组织运作体系和制度性建构，形成了一个国家文化战略反应机制和传统：只要世界发生重大的历史性转折，美国都能够以最快的速度在文化思想的层面上建构起新的国家文化战略理论，从而在世界文化事务和国际文化战略竞争中占据战略主动。"文明冲突理论"就是一个最典型的案例。

通过和借助于国家文化产业发展战略研究与制定指导国家战略发展，占据国际战略竞争与战略发展地位，已经成为当今国际社会最普遍的战略行为。

（1）注重宏观战略理论研究。自"二战"时期布·坎南提出"冷战"时期著名的"遏制战略"理论后，从全球层面研究文化战略问题，成为美国文化战略研究的一个非常重要的特点。亨廷顿的"文明冲突理论"（1993）、约瑟夫·奈的"软实力理论"（1990）、布热津斯基的"大棋局"是这方面的突出代表。虽然，我们迄今为止没有见到一份美国的所谓"文化产业发展战略"报告，但是，美国政府每年发布的《国家安全战略》无不包含了文化产业发展战略的内容。尤其在战略目标上，美国的生活方式和价值观是美国在文化领域里最根本的战略。

（2）政府主导文化产业发展战略。美国实施以版权产业为核心的文化产业发展战略，一方面通过实施知识产权保护战略来推动本国版权产业的发展：利用及时制定或修订《版权法》及其他相关法规，维护文化产业利益，积极推动其创意产品的知识产权保护的国际化进程，提高版权产业在国际市场的竞争力；另一方面，实施以市场为导向的产业运作模式，注重文化创新、开拓产业资源，重视科技促进文化产业发展的战略，实现刺激市场消费与追求高额利润的同步。美

49

国特别重视对外文化战略，强行要求对他国的"市场准入"，包括出版物市场、视听产品市场、版权市场和相关服务市场等。法国政府则在文化产业战略规划层面担当着掌舵者的角色，制定了一系列推动文化产业发展的优惠政策，其战略的直接目标可以说是通过文化产业的发展创造更多的就业机会，促进国民经济的发展；而英国为了更好地实施创意产业发展战略，特别是品牌战略，成立了创意产业输出推广顾问团（CIEPAG），对内容产业、设计、表演艺术等不同行业出口提供咨询建议，协助企业签订创意产业出口市场协议，帮助创意产品和创意企业实施走向世界的品牌战略。

就亚洲而言，日本首先在 20 世纪末提出"文化立国战略"，颁布"关于促进创造、保护及应用文化产业的法律案"——《文化产业促进法》（2004），为文化产业发展提供法律依据和保证；通过向产业部门的行政主管机构提出劝告、建议、指导、期望、要求、警告、命令等行政裁决方式，促使企业接受政府的意图并付诸实现来贯彻"文化立国"战略；并成立专门的内容产业全球策略委员会，把内容产业定位为"积极振兴的新型产业"，建立和完善配套服务，提供产业发展环境。韩国从国家战略高度也提出"文化立国"战略（1998），先后制定了《文化产业发展 5 年计划》、《文化产业发展推进计划》等战略规划，集中力量开发具有国际竞争力的高质量文化产品，重点培育战略性文化产业，实行"选择与集中"的基本政策，建立组织管理机构和资金支持机制，运作"文化产业专门投资组合"；构筑集约化生产经营机制，建立人才培养机制和奖励机制；制定"瞄准国际市场，以中国和日本为重点的东亚作为登陆世界市场舞台的台阶"的国际化战略，通过设立文化创意产业海外办事处，开展跨国合作、构筑海外营销网，并采取重点行业重点推进的国际化战略，把游戏行业作为重点推进领域；而新加坡将创意产业定为 21 世纪的战略产业，提出创意新加坡计划，包括"文艺复印城市 2.0"、"设计新加坡"和"媒体 21"等战略，将新加坡置于了全球网络中，推动创意产业的创意聚落。

（3）不同文化产业发展战略定位的交互。在探讨文化战略规划与文化产业发展时，特别注意发展文化产业与文化资源的可持续能力之间的辩证关系；强调了发挥区域内特色的、与众不同的文化产业的重要性，David（2001）考究了澳大利亚的文化遗产战略，指出这一战略规划侧重传统文化产业，保护文化遗产，鼓励在原有艺术品种基础上创新，引进新的艺术品活跃文化市场。Stam（2008）探讨了创意产业发展与城市可持续发展的关系，强调创意和创新对刺激经济增长、推动城市进步，提出增强城市竞争力、促进城市进一步发展所实施的战略举措。为实现文化产业的可持续发展与长足进步，有学者偏向制定具有长期性和连续性的战略规划，如 DCMS（2006）系统地提出了英国创意产业的 10 年的战略规划，将战略目标定位于通过文化和体育活动改善每一个人的生活质量，支持旅游和休闲产业，包括 DCMS 改革管理方式，实行许可证法案；增加发展博物馆的基金；进行数字技术改革，打造更加强大、独立的英国广播公司（BBC）；实施创意经济规划，打造世界创意谷等，另外，这一规划提出发展创意产业的 7 个关键生产手段的创新，并通过产业团体和企业调查咨询的双轨制方式来实现。可见，政府的主导性与积极性作为在英国创意产业的可持续地长足发展中有着决定性作用，通过适当的空间战略，吸引社会力量参与到文化产业的可持续发展过程之中（Tallon，2006）。

（4）文化产业战略的调整与转型。进入 20 世纪 90 年代，西方各国开始陆续制定文化政策和文化发展战略。欧盟文化战略上的一个重要改变，就是文化不再被视为一种辅助性行为，而是社会的一种驱动力。因此，文化产业发展必须建筑于对文化政策重新认识的基础上，努力改善社会结构，积极建立资助和扶持政策。英国文化产业发展在政策上增加对文化生产所需基础设施投资的政策、进行"文化区"规划政策、促进各种标志性开发的政策、建造剧院和音乐厅的政策、投资公共艺术和雕塑建设的政策以及加强商业与公共部门合作的政策（Kong，2000）等。另外，在新兴的文化产业领域，如媒体产业，通过战略调整可以把新技术运用到文化生产活动中去，并加强新媒体领域的资格培训，这将对在充满竞争的全球市场造就欧洲文化产业和体制来说具有决定性的战略意义（Casey，2002）。此外，美国的许多州立法会议出台了咨询性的战略文件，鼓励文化投资和政策创新，并为了实现文化产业政策的时效性，颁布了电子文化产业政策，以方便适时、适地执行和远程无线管理（Vaidhyanathan，2005）；而澳大利亚的文化产业战略作出了具有前瞻性的议程，欲脱离以传统艺术为基础的模式，转向更为宽泛的产业模式，这些产业类型包括电影、电视、多媒体、文化遗产、文化产业、图书馆业、土著文化、区域文化服务项目及旅游业等；而且投资商可以直接投资多媒体领域，以获取财富和出口收益（Craik，2007）。这些政策法规的调整以及战略转型表明，文化产业发展战略已进入全面调整和实施阶段。

纵观近 20 年来中国文化发展战略和文化产业发展战略的研究，中国鲜有为国际学术界所瞩目、为国际社会所认同的关于文化产业发展战略的理论研究成果，一个重要的原因是我们对"我国文化产业发展战略"系统、整体、深入、全方位的研究不够，是理论思维的缺位。在这一点上，甚至不如日本与韩国。这是我们必须深思的问题。

时代造成的历史性局限同时也为今天全面、深入、系统的整体性研究提供了机会和创造了条件。近 10 年来的中国文化产业发展战略研究以及文化体制改革给中国文化产业发展带来的深刻变化，思想史和实践发展史两个方面的积累都使

51

得关于"我国文化产业发展战略研究"获得整体上的突破和理论上的建树与创新，成为一个重大学术使命和责任。

在全球化的大背景下，文化产业与政治、经济的互动性和影响系数的进一步提高所带来的纷繁复杂的产业发展环境以及不断变化的文化产业发展实践，都将把如何制定和实施文化产业发展战略推向一个具有国家战略意义的焦点，意味着文化产业发展战略研究在理论上和实践上的探索将任重而道远：一方面，文化产业发展战略研究需加强文化产业的基本原理研究，建构起一个系统的理论体系和基于科学方法论的分析框架，并能够用于对不同产业形态的文化产业发展战略和不同主题的具体战略进行深入分析，实现国家文化产业发展战略的协调共进；另一方面，文化产业发展战略研究方法需定位于宏观视角下定性研究与定量分析的结合，以及微观视角下个案研究中定性分析与定量分析的互补，增加定性研究的深度，适当提高定量研究的力度，真正为特定地区的文化产业发展提供有效指导；未来文化产业发展战略的研究，将不是局限于经济、文化、社会各自单一领域的研究，而是一种融合多因素分析的综合研究。文化产业发展战略是为文化产业发展提供战略导向服务的，它不是一个孤立的单方行为，也不是一次性的文化产业发展规划，是需要立足本土资源，在尊重文化产业发展规律的基础上，从战略高度优化文化产业发展的诸要素和诸环节的复合过程。因而，中国文化产业发展战略研究的最终目标是建立起研究的多维视角、整体观念、系统理论和科学体系，提升中国文化产业综合竞争力和国际传播力。

中国今天任何一项发展战略的制定都要服从和服务于国家的最高战略利益和战略目标。但是，任何一项战略都必须是以他的自己的方式、目标，而不是以他人的方式和目标的服从和服务。这就决定了文化产业必须自己的、以区别于他人的方式和目标来确定自己在国家最高战略利益和战略目标中的位置。相比较所有的"产业"而言，唯一能够区别文化产业身份的就是"文化"。离开了"文化"这一核心身份和产业属性，无所谓"文化产业"。"文化产业"之所以能够在整个产业系统和门类中占有一席之地，就在于"文化"的身份属性是其他任何产业形态都无法取代和无法替代的，具有产业形态存在的"唯一性"的特征和要件。因此，文化产业发展战略就必须是以贡献文化方式为国家最高战略利益服务。

四、国家文化治理：中国文化产业发展战略理论[①]

为什么要发展文化产业？中国究竟应该以一种什么样的价值观和价值导向来

---

① 本节以"国家文化治理：发展文化产业的新维度"为题，发表于《学术月刊》2012 年第 5 期。

发展文化产业？这个问题不仅涉及文化产业发展的目的性与国家需求之间的战略关系，而且是中国文化产业发展战略最重要的理论基础和出发点。政治治理、经济治理、文化治理是国家治理的三个发展阶段。中国在经历了政治治理（"以阶级斗争为纲"）、经济治理（"以经济建设为中心"）之后，正在走向文化治理（"建设社会主义文化强国"）。发展文化产业，正是在中国国家治理进入第三个发展阶段后被赋予承担国家文化治理职能的，并从而进入国家发展战略序列。

（一）发展文化产业是国家治理观的一次深刻革命

发展文化产业是在中国社会发展进入到一个全面变革和转型的大变革时期提出来的，是中国为克服和解决经济结构的战略性调整和转型过程中遭遇到的结构性矛盾和体制性障碍的过程中提出来的，是在中国加入世界贸易组织用开放促改革的过程中提出来的，是在社会主义事业遭遇到苏联和东欧阵营的集体性解体的危机中提出来的。也就是说，发展文化产业的国家战略决策是为一系列国家战略需求服务而提出来的，是为克服与解决国家危机而提出来的。从这个意义上说，发展文化产业具有治理国家危机的性质。

20世纪80年代以来，中国经历了一个从不提文化产业，到肯定文化产业，再到大力发展和加快发展文化产业的政策演变过程。这不仅是国家对文化产业态度与认识及其政策的一般性演变，而是国家治理观和国家文化治理观的一次深刻变革。

不提文化产业是着眼于国家意识形态安全的需求意志，提出发展文化产业还是着眼于国家意识形态安全的战略需求。但是，问题的性质已经在这个过程中发生了变化：一方面，国家意识形态安全的环境和形式已经发生了深刻变化，经济全球化造成的全球市场一体化，不仅改变了全球物质商品生产与流通生态格局，而且也改变了全球文化商品生产与流通的生态格局。尤其是现代科学技术更加深入地介入了文化生产手段和传播手段的革命化与现代化，使得原有的封闭式的文化商品生产、流通与消费日益成为不可能。在不能采用新的现代文化生产手段与传播手段便不能有效地维护国家意识形态安全的时候，文化生产与传播手段的变革便成为维护国家意识形态安全必须完成的革命。文化产业在全球的迅速成长为国际文化战略和国家文化安全战略，正是在这个意义上成为正在发生的深刻的文化全球化和全球化的文化治理革命。另一方面，经济全球化的迅速发展在给人类社会带来巨量的财富增值的时候，也造成了资源和环境持续恶化以及由此带来的全球经济危机。可持续发展战略命题的提出具有普世价值，凸显了人类社会普遍的关怀。转变经济发展方式和经济增长方式也就自然地成为经济全球化发展的另一重要命题。寻求人类社会发展的新的文明发展方式和生活方式，转变人类财富的增长方式也就成为人类社会共同追求的目标。文化产业被认为是最能体现这一价值追求的实现方式。于是，文化产业在社会发展的层面上和全球化治理的层面上便超越了法兰克福学派作为社会批判理论的"文化工业论"，转而成为用以克服和解决经济和社会发展问题的治理工具和治理手段，英国政府提出发展并实施"创意产业战略"、新加坡政府提出"文艺复兴新加坡战略"、日本和韩国提出"文化立国战略"、欧盟发布"欧盟文化战略"等，从而使得文化产业从社会批判的价值理性发展成为社会建构的工具理性。在以阶级斗争界定意识形态安全依然还存在的情况下，新的全球意识及由此而形成的意识形态不仅形成了新意识形态，而且形成了新意识形态安全。文化产业正是在这个意义上成为新意识形态安全最重要的形式。国家治理从狭义的意识形态安全走向广义的国家文化治理。

（二）文化具有社会治理的功能与特征

文化具有社会治理的功能与特征。人们创造和生产文化本来就是为了实现对人的治理的。"古人结绳而治，后人易之以书契"。这是中国古代最早的关于文化与社会治理关系的描述。"书契"——文字符号表达系统是从"结绳"——物质符号的表达系统演变发展而来的。它的初始目的是为了实现有效的劳动和人与自然关系，进而建立人与人之间的社会行为关系的协调，解决和克服不协调，这就是"治"，就是"治理"。也就是说，人类创造和生产文化是为了有效地克服和解决人与人、人与社会和人与自然之间出现的问题，具有疏导、宣泄、沟通的作用。当文化的这一本质性功能发展到现代社会，体现在文化产业这一具体的社会系统时，文化产业作为国家文化治理工具和手段这一功能被发现，也就成为一个社会的自然法则过程——古人结绳而治，后人易之以书契，再后人易之以文化产业。

文化治理的特征是通过主动寻求一种创造性文化增生的范式实现文化的包容性发展。这是文化治理与文化管理最突出的差别。文化管理是国家通过建立一系列规章制度对人、社会和国家文化行为的规范化，对象是文化行为及其整个生态系统，主体是政府；文化治理是国家通过采取一系列政策措施和制度安排，利用和借助文化的功能用以克服与解决国家发展中问题的工具，对象是政治、经济、社会和文化，主体是政府和社会，政府发挥主导作用，社会参与共治。管，具有法律和行政的强制性约束力；治，则更突出人、社会与国家的能动性和自主性。治，是针对问题的解决与克服，具有很强的规训弹性，而管则是基于一定的价值尺度对人们的社会行为认为应当是如此的规定，具有很强的惩戒刚性。

人的精神发展与人的精神生产是互为建构的。一方面，人要表达对世界的认知、感受和见解；另一方面，人又需要认知世界、感受世界和把握世界的工具。

用马克思的话来说，人在生产对象的同时也在生产人自己。人的任何精神生产都不会简单地重复自己，每一次这样的生产，不论其有意识的还是无意识的，都包含着人对生活的理解与理想，都在生产这一个新世界。不论这种生产的结果是符号还是图像，是声音系统还是动作系统，这种新的世界都表现为一种作品，关照自己，也影响别人。即便是人们所赖以生活的自然环境，也因其与人的生产和生活关系而成为人的本质力量的对象化，成为人的作品，成为空间消费对象。人的许多精神现象和精神秩序建构在很大程度上就是来自于这样的空间性建构。文化产业只不过是所有这些精神发展和精神生产在今天的一个结果和表现，但是，他们之间互为建构的本质并没有因为载体或工具性的变化而变化，区别只是他的工具理性。两者之间均具有很强的弹性。然而，任何工具理性只有同时拥有深刻的价值理性，并且与价值理性的深刻融合才具有本质意义的力量性。精神和文化的这种作用并不是今天才被人们认识和发现的。"不战而屈人之兵"是中国古代关于文化的治理性在战争中的运用最早也是最经典的表述，为世界军事经典原理。文化产品对于建构文化影响力、吸引力和感召力的发现也不是始于今日。"四面楚歌"既是对文化应用于解决战争问题的生动描绘，同时也是对"楚歌"这种文化产品形式巨大影响力的生动揭示。孔子闻韶乐而三月不知肉味，可以说是对文化产品这种对于人的影响力的极为深刻地生理体验式描绘。它不仅提出了文化产品的社会价值命题，而且也提出了国家与文化产品及其生产关系，以及国家应当通过和借助于文化产品作用于人的灵与肉这一特性治理国家的命题。人们之所以要控制文化产品的生产，就是基于对文化的这种治理性的认识和深刻了解。反过来说，放弃了对文化之于社会治理关系的深刻认识，都不可能有效地实现对国家的治理，尤其是"善治"。从这个意义上说，孔子是最早发现文化产品生产与国家文化治理之间关系的。孔子的以仁治天下观念，可以说是最早的国家文化治理观。以文化的兴废治乱来考察、观察国家的盛衰存亡，也因此成为中国古代最重要的国家治理方法论。

（三）发展文化产业是国家战略最重要的治理性需求

文化产业具有治理性。文化产业的治理性是文化的治理性的延伸与发展。文化产业的治理性是由文化产业作为社会文化产品的生产和精神生产的机器，以及由这种机器与政治、经济、社会和文化发展的关系性功能决定的，是通过发展不同形态的文化产业建构满足不同人们的精神文化消费需求的精神文化生产格局，进而通过这种格局的建构，实现不同阶层参与文化生产与传播的投资需求，从而实现人们普遍的文化权利与权力，并通过这一权力格局形成，建构具有不同文化诉求的精神政治秩序。

　　文化产业作为社会的精神生产系统，具有创造物质财富、调节社会生态、平衡利益分配和再建文化心理的特性。就一般经济学而言，农业和工业创造财富的功能是单一性的，而文化产业则是双重性的：通过创造精神财富来生成物质财富。由于文化产业发展相比较农业和工业而言，具有鲜明的"非资源型依赖性"和"生态环境的低污染性"，以及物质财富和精神财富的双重增值性。因此，当人类社会的文明进步遭遇到"工业文明发展困境"时，通过大力发展文化产业来改变社会财富的增值路径和经济增长的发展方式，也就自然地成为人类社会可持续发展的必然选择。国际社会不约而同地把发展文化产业（文化创意产业）作为国家发展战略，标志着在国家治理问题上认知的共同性；同时也意味着，国家治理形式与国家治理模式发展的阶段性。

　　文化产业具有经济治理性，不是由它的经济属性决定的，而是由它的文化属性决定的。社会的文化产品购买力，是最终决定文化产业经济治理性的力量。我需要，我购买。没有社会的、市场的购买力，就没有文化产品生产的市场动力；没有这个动力，或者说，文化产品的生产与社会需求相脱离，就不可能实现文化产业的经济价值的增值性，当然也就不可能产生对调整经济发展刚性结构的影响。文化产业只有具有财富的创造力和巨大的增值力，才可能对资本具有吸引力和资本流动的引导力，才能克服资本对投资的刚性需求，从而实现调整经济结构，转变经济增长方式和发展方式的目的。因此，作为经济治理的文化产业，服务于经济结构的战略性调整和经济增长与发展方向的战略型转变，克服经济发展与经济增长的资源消耗性和环境污染性的不可持续的刚性发展模式。中国是在寻求克服经济发展中的结构性矛盾和体制性障碍的战略需求的过程中提出发展文化产业的，而不是首先在文化的层面上提出来的。这就使得发展文化产业在中国的提出首先是用以解决经济发展问题的，是用来"医治"经济发展毛病和"救治"经济发展危机的。2000年的《政府工作报告》在谈到如何克服与解决经济结构的战略性调整中遭遇到的结构性矛盾和体制性障碍的时候，第一次直接从正面提出要把大力发展旅游业和文化产业作为解决这一国家发展难题的四大战略举措之一，从而在中国第一次使得文化超越了狭隘的意识形态层面而获得了国家经济政策的战略价值，进而在一个全新的意义和更深层次上获得了新的国家功能界定：国家治理，这是中国国家统治观的一次深刻变革。

　　作为文化治理的文化产业，满足于人们日益增长的精神文化消费需求的多样性，克服和消除单一的以意识形态为唯一价值导向的文化发展模式。积极发展文化事业和文化产业，在切实保障人民最基本的文化权益的同时，运用市场经济的方式发展文化产业，使之成为满足人们日益增长的精神文化消费需求多样性的重要渠道，并且把它和社会主义精神文明建设有机地结合与统一起来。文化治理通过提供消费渠道和产品满足人们精神文化消费需求的多样化来实现，而不是通过意识形态领域里的阶级斗争来实现，从而在市场经济的条件下建立了在文化治理上的政府与市场的新型关系，而且也建构了在国家文化治理领域里的国家与公民文化权益实现之间的互动关系。这是中国国家文化管制的又一次深刻革命。

作为政治治理的文化产业，适应于政治文明建设的民主化进程和表达诉求的多元化发展机制建设，改革与政治文明进程不相适应的精神政治生产模式和精神政治秩序。文化产业是政治文明最重要的表达机制。文化产业的市场准入不是经济问题，而是一个政治问题，是一个国家和社会的政治文明、政治文明程度的问题。在不同的社会历史条件下，不仅不同的国家会因不同的政治文化传统，产生和形成不同的政治表达机制，即便是同一个国家拥有相同的政治文化传统也会因不同执政主体不同的政治信仰形成和建构不同的政治表达机制。而文化产业的市场准入问题恰恰在这一点上成为不同国家的政治文明"窗口"。由于文化产业在本质上是社会的精神生产系统和精神的社会表达机制，与人们的社会权利与权力存在着天然的联系，而正是这种权利和权力内在地构成了一个国家政治民主关系。因此，任何国家的文化产业市场准入的制度设置，都是这个国家政治文明及其民主化程度所达到的国家治理自信性和"善治"的表现。通过和借助于发展文化产业作为社会的政治表达机制和精神及舆论生产的工具性特性进行社会政治改革，推进国家文明化，也就自然地成为社会与国家治理者治理国家的自然选择。而这个选择的结果，直接地构成了国家的政治文明生态和精神文明生态。从这个意义上说，深化文化体制改革，加快发展文化产业，在当下的中国就是为了改革与政治文明进程不相适应的精神政治生产模式和国家的精神政治秩序，推进国家治理文明转型和文明进程。

作为社会治理的文化产业，服务于公共管理的主体意识和公共责任的建设，克服与解决与社会文明进步不相适应的社会管理模式和文明形态。社会具有无政府主义特性，同时社会又是因不同的文化被建构的。什么样的文化必然塑造什么样的社会。作为社会文化生产的最重要的社会生产机器，文化产业不仅生产和提供不同的文化产品，而且还生产不同的文化需求。一方面，它迎合人们的消费文化习性；另一方面，它又生产人们的社会需求，改变人的文化消费习性。由于任何意义上的文化产业所供给的文化产品都具有准公共产品的性质，因此通过和借助于文化产品的生产和提供方式，平衡不同人群之间的社会需求，可以达到有效地消解社会心理压力、疏导社会情绪的社会"减压阀"的作用。通过政府采购，把满足于个人消费的文化产品转移成公共文化服务产品，不仅有效地实现财富的再次分配，消除文化分配鸿沟，而且有助于建构公共管理的主体意识和文化产品生产的公共责任，通过改善人们社会存在的均等化程度，实现社会管理模式和文明进步形态。当不发展文化产业，不能提供丰富的公共文化产品，缺乏足够的公共文化产品生产能力，便不能实现和提高社会的有效治理的时候，发展文化产业也就成为国家社会治理的必然战略。

作为国家治理的文化产业，服从于国家根本战略利益发展需求，平衡与协调人、社会、国家三者之间在政治、经济、社会、文化与生态之间的文明互动关系。因此，大力发展文化产业作为国家战略和政策的提出，本身具有国家治理的性质。服务于经济和文化，服务于社会和民生，是发展文化产业最重要的治理性需求。

（四）建构和提升国家文化治理能力是发展文化产业的战略目的

文化治理是文化价值观和文化的生存方式的有机统一。从这个意义上说，作为一种文化治理形态和治理方式，文化产业的发展及由其产品系统所构成的内容体系和价值观体系，也应该是人们的社会存在和社会方式的表达形态的有机统一。如果文化价值观与人们的文化生活方式相分离，或者说意识形态的价值观追求与人们被要求的生活方式相脱离的话，是不可能生成文化治理能力，尤其是国家文化治理能力的。一个国家的文化治理能力，对内首先表现为高度的吸引力和认同力，由此而形成内在精神生活质量和外在物质生活满足的完整统一，形成对自身生活状态和质量的自豪与满足。没有内在的认同力，就不可能有内在的向心力和凝聚力，当然也就无法实现文化对于国家治理的价值和作用。在一个高度文化产业化的社会，文化产业作为社会价值观的生产机器正在深刻地影响和建构着人们的精神生活系统和物质生活的存在方式。因此，用什么样的价值观来发展文化产业，与生产什么样的文化治理能力具有了内在的建构关系。一方面，一定的价值观影响着文化产业发展的价值导向；另一方面，由此而生成和形成的文化价值观又反过来影响着价值观的运动形态。在这里，二者之间的任何矛盾都会引发更大程度的冲突和对立。因此，二者的有机结合构成了文化产业发展和国家文化治理能力建构之间的规定性。而正是在这个意义上，发展文化产业就具有文化治理的属性，具有了文化治理性，从而使得发展文化产业在国家治理能力建构与提升的层面上成为重要的国家文化治理。

文化产品是生产和形成文化影响力、吸引力和感召力的核心来源。尤其是感召力，它是一种真正解构和再建人的精神世界和精神秩序的力量，具有对人的精神信仰的改造性。它也是文化治理能力结构体系中的核心，具有最后界定的意义。因为，并不是任何一种具有影响力的对象都具有对人的感召力，都构成对人的精神世界和精神秩序的解构与重建的。一个有特色的旅游景点，在市场营销的层面上也许具有吸引力和影响力，具有经济治理性，但并不一定构成精神上的感召力；也就是说，它不会使人转变和改变他的精神信仰，从而具有文化的治理性。因此，在中国文化产业发展进程中那种"旅游＋地产"的发展模式和开发模式，所生产的并不是完整意义上的国家文化治理能力，没有构成本质上的国家文化治理，更谈不上建构。但是，它在国内的文化旅游市场上却是有影响力的，也有一定程度上的吸引力，被业界看作是一种成功的可以复制的文化产业发展的商业运营模式。旅游产品是可以形成文化的意义符号而具有感召力的。然而，迄今为止，在中国主题公园项目的开发中，还没有一个创造出和形成了像"米老鼠"和"唐老鸭"那样具有鲜明的标志性的文化旅游产品、文化形象和文化符号。而这恰恰是美国在有效地实施全球文化治理的战略进程中最为成功的案例。"1996 年，文化产品（电影、音乐、电视节目、图书、期刊和电脑软件）成为美国最大的出口产品，第一次超过了包括汽车、农业、航空和国防在内的所有其他的传统产业。"这是被国内文献引用最为普遍的资料，用以证明发展文化产业的重要性。但是，人们在实践中也普遍地忽略了一个关键问题，就是在这一组被无数次引用的数据中，它的关键词是"文化产品"，并且是"电影、音乐、电视节目、图书、期刊和电脑软件"这样的文化产品；同样在迄今为止有关美国文化产业增加值在美国国内生产总值（GDP）的占比中，也还没有发现美国把"文化地产"所形成的增加值统计在其中的。从这个意义上说，美国的国家文化治理是通过它的文化产品生产及其国际文化贸易所形成的以内容为核心的强大的文化产业所建构的。美国文化产业"GDP"是以文化产品的内容生产和输出所形成和生成的，而不是由"文化地产"和"旅游地产"的"GDP"生成的。土地是财富之母，但不是文化之母，更不是国家文化治理能力生成之母。人是万物之灵，是一切文化之母。国家文化治理能力的形成只有在以文化内容的创造性生产为主体功能的文化产业发展中才是可能的。没有以文化内容的创造性生产为主体功能的文化产业发展，而只有"文化地产"的大规模开发，包括那些以文化产业的名义大肆圈地，建设文化产业园区所形成的投资性和投机性的"文化产业的 GDP 增长"，都不可能形成国家文化治理能力。

因此，国家文化治理理论的核心就在于，揭示了一个对于文化产业发展战略来说最本质的命题：发展文化产业的目的不是为了经济，而是为了完善国家治理，是以经济——市场经济的方式实现文化的政治、经济、社会和文化的价值性转换，进而改变和重塑国家治理模式。从这个意义上说，国家文化治理的提出使得文化产业发展在文化本位的层面上又回归了它的价值理性：人——社会——国家的治理，从而实现了文化产业发展的工具理性和价值理性的有机统一：文化工业批判——文化产业发展——文化产业发展与国家治理的融合。这就是当今中国的国家文化治理。

第三章

中国文化产业发展战略的目标定位与发展模式

目标是一切行动的出发点和归宿，是一切行动的合法性与合理性依据，同时也是一切行动的价值。战略目标与其他所有目标的根本区别就在于它是一项事关全局、长远、根本战略利益的价值取向。战略目标的定位就是重建国家战略利益格局，重塑国家战略利益空间，最大限度地获取国家战略主导权和主动权。发展模式是关于战略目标实现方式和路径的选择，它也是战略性的。一个好的战略目标定位完全有可能因为选择了错误的发展模式而不能实现。这是我们认识和研究我国文化产业发展战略目标定位和发展模式的基本点。

一、中国文化产业发展战略目标情景分析（以"十一五"时期为依据）[①]

"十一五"时期是中国文化产业发展规划时期，也是把文化产业发展提高到国家战略层面的战略准备和试验期。它既是中国发展文化产业"摸着石头过河"的战略试验，也是分析研究未来中国文化产业发展战略目标和路径选择的国情依据。依据《国家"十一五"时期文化发展规划纲要》和《文化建设"十一五"规划》，全国 31 个省区市先后编制和出台了"十一五"时期的文化产业和文化发展规划，形成了前所未有的从中央到地方的文化产业规划层

---

① 本节内容与王婧博士共同撰写。

级体系。

这一规划层级体系的形成，对于积极推动中国文化产业的繁荣发展，提供了重要的保障作用，对于增强人们对文化重要战略地位及其作用的认识产生了广泛的社会影响，为建设社会主义文化强国的伟大战略目标奠定了扎实的思想舆论基础，尤其是 20 个左右的省市提出了建设文化强省的发展目标，直接为中共中央作出关于建设社会主义文化强国战略目标提供了决策依据，意义十分重大。

（一）文化产业发展规划的内容结构

1. 中央及文化部三大主要文件的内容结构

表 3 - 1 总结了中央及文化部发布的文化产业发展规划，即《国家"十一五"时期文化发展规划纲要》、《文化产业振兴规划》和《文化建设"十一五"规划》的内容结构，它们分别包括五章和十章内容。《文化产业振兴规划》聚焦于文化产业发展所提出的我国专项规划。虽然三份文件来自不同机构，但可以看出，指导思想、指导原则、发展目标、发展重点文化产业、提供文化经济政策、培养文化产业人才仍是其共同关注的内容。

2. 省区市文化产业发展规划的内容结构

在中国的 31 个省（直辖市）中，有 26 个省份（直辖市、自治区）制定了"十一五"时期的文化发展规划与文化建设规划。此外，天津、辽宁、内蒙古、河北与吉林制定了各自地区的文化产业振兴规划。通过对这些规划的归纳整理，发现指导原则和思想、规划目标、发展重点文化产业及政策措施仍是它们的共同内容。

（二）"十一五"时期中国文化产业发展规划总体目标分析

中国文化产业发展规划制定的层级性，必然使得中央制定的《国家"十一五"时期文化发展纲要》成为其他部委及各级地方政府制定当地文化发展规划的依据，由此形成了由中国文化产业发展规划总体目标体系构成的层级分解和内容分解的矩阵体系（见图 3 - 1），既决定了各级目标在内容上除了依据国家规划目标范本效应的共性，也引起了各规划目标的差异性：一是地方规划目标为体现政绩考核而出现与国家规划所不同的竞争性目标内容；二是各地政府根据当地实际情况所提目标在质量和数量程度上的差异性。

表3－1　依据文化规划来源的内容结构对比

《国家"十一五"时期文化发展规划纲要》	《文化产业振兴规划》	《文化建设"十一五"规划》
序言	一、加快文化产业振兴的重要紧迫性	序言
一、指导思想、方针原则和发展目标	二、指导思想、基本原则和规划目标	一、指导方针和发展目标
二、理论和思想道德建设	三、重点任务	二、推动文化艺术创新，着力创造民族文化优秀品牌
三、公共文化服务	（一）发展重点文化产业	三、健全公共文化服务体系，加强农村文化建设
四、新闻事业	（二）实施重大项目带动战略	四、加快文化产业发展，健全文化市场体系
五、文化产业	（三）培育骨干文化企业	（19）优化文化产业结构
（十七）发展重点文化产业	（四）加快文化产业园区和基地建设	（20）培育文化市场主体
1. 影视制作业 2. 出版业 3. 发行业 4. 印刷复制业 5. 广告业 6. 演艺业 7. 娱乐业 8. 文化会展业 9. 数字内容和动漫产业	（五）扩大文化消费	（21）健全文化市场体系
（十八）优化文化产业布局和结构	（六）建设现代文化市场体系	（22）构建文化市场管理长效机制
（十九）转变文化产业增长方式	（七）发展新兴文化业态	（23）发展对外文化贸易
（二十）培育文化市场主体	（八）扩大对外文化贸易	（24）加强文化产品进出口管理
（二十一）健全各类文化市场	四、政策措施	五、加强文化遗产保护，弘扬民族优秀文化
（二十二）发展现代文化产品流通组织和流通方式	（一）降低准入门槛	（25）加大文物保护力度
六、文化创新	（二）加大政府投入	（26）建立健全非物质文化遗产保护体系
七、民族文化保护	（三）落实税收政策	（27）重视中华优秀传统文化的传承
八、对外文化交流	（四）加大金融支持	六、扩大文化交流与合作，提高文化交流质量与水平
九、人才队伍	（五）设立中国文化产业投资基金	（28）全方位开展对外文化交流与合作
十、保障措施和重要政策	五、保障条件	（29）提高对外文化交流水平和质量
	（一）加强组织领导	（30）加强与香港、澳门特别行政区和台湾地区的文化交流与合作
	（二）深化文化体制改革	七、以体制机制创新为重点，深化文化经济政策改革
	（三）培养文化产业人才	八、落实和完善文化经济政策，健全文化法制
	（四）加强文化立法工作	九、造就一支高素质的文化人才队伍
		十、实施要求

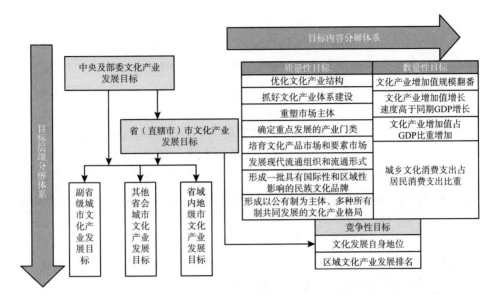

图 3 – 1　中国"十一五"时期文化产业发展规划形成的总体目标体系

1. 文化产业总体目标的提出与设定

在《中华人民共和国国民经济和社会发展第十一个五年规划纲要》中，单独有第十二篇"加强社会主义文化建设"，也即单独一章"加强社会主义文化建设"，其第二节"丰富人民群众精神文化生活"中的单独的一个段落论述了对文化产业的规划和目标：

——积极发展文化事业和文化产业，创造更多更好适应人民群众需求的优秀文化产品。加大政府对文化事业的投入，逐步形成覆盖全社会的比较完备的公共文化服务体系。推进文化创新，实施精品战略，繁荣艺术创作，提高文化艺术产品质量。加强文化自然遗产和民族民间文化保护。扩大广播影视覆盖范围，发展数字广播影视，确保播出安全。繁荣新闻事业。发展现代出版发行业，积极发展数字出版，重视网络媒体建设。大力推广普通话。扩大国际文化交流，积极开拓国际文化市场，推动中华文化走向世界。办好上海世博会。

《国家"十一五"时期文化发展规划纲要》中，指出了"十一五"时期文化发展的重点。其中，对文化产业的目标是：

——抓好文化产业体系建设，重塑市场主体，优化产业结构，确定重点发展的产业门类，培育文化产品市场和要素市场，发展现代流通组织和流通形式，形成以公有制为主体、多种所有制共同发展的文化产业格局。"十一五"时期，文化及相关产业增加值的年均增长速度明显高于同期经济增长速度，在国内生产总值中的比重有所增加。

在 2006 年 9 月发布的《文化建设"十一五"规划》中，对文化产业的具体目标是：

——文化产业较快发展，产业结构进一步调整，形成一批具有国际性和区域性影响的民族文化品牌。文化产业年增长速度达到 15% 以上，到 2010 年城乡居民人均文化娱乐服务消费支出占整个消费支出的 5% 以上，文化系统的文化产业增加值翻一番。

（1）"十一五"时期中国文化产业发展形势。从规模上看，"十一五"时期，中国文化产业增加值有大幅增长，文化及相关产业法人单位增加值从 2004 年的 5 123 亿元增加到 2010 年的 11 052 亿元，年均增长率为 21.47%，高于这一时期的国内生产总值增长率（年均达 10.53%），文化产业对国内生产总值（GDP）的经济贡献率由 2006 年的 2.8% 增加到 2010 年的 4.61%。并相应促进我国文化产业增加值占 GDP 比重从 2006 年的 2.45% 提升到 2010 年的 2.75%。但该指标值与《国家"十二五"规划纲要》中所提出将"文化产业发展成为国民经济支柱产业"的目标尚有较大差距。

从对经济影响力来看，"十一五"时期中国文化产业对 GDP 贡献率和拉动作用却不断下降，并未随着规模增长成为推动我国经济发展的更重要动力，这与该时期中国第三产业经济贡献率逐年下降、第二产业经济贡献率逐年上升有关。这正说明中国经济结构的调整和优化需要借助文化产业发展的力量。

从对社会影响来看，文化产业从业人员在"十一五"期间有所增加，从 2006 年的 1 132 万人增加到 2008 年的 1 182 万人。文化产业从业人员占全国就业人员比重由 2006 年的 1.48% 上升到 2008 年的 1.53%，但文化产业从业人员占全国城镇就业人员比重却由 2006 年的 4.00% 下降到 2008 年的 3.91%。相应地，文化产业劳动生产率由 2006 年的 45 256.18（万元/人）增加到 64 551.61（万元/人）（见表 3 - 2）。

表 3 - 2　　　　　2006 ~ 2010 年中国文化产业发展现状

	2006 年	2007 年	2008 年	2009 年	2010 年
文化产业增加值（亿元）	5 123	6 412	7 630	8 400	11 052 *
文化产业增加值递增速度（按不变价计算）**	21.51%	25.16%	19.00%	10.09%	31.57%
文化产业增加值占 GDP 的比重	2.45%	2.60%	2.43%	2.50%	2.75%
文化产业对 GDP 贡献率	2.81%	2.60%	2.53%	2.91%	4.61%
文化产业拉动 GDP 增长	0.37%	0.37%	0.25%	0.19%	0.26%
文化产业从业人员（万人）	1 132①		1 182		

① http：//news. xinhuanet. com/politics/2007 - 06/27/content_6299537. htm.

续表

	2006 年	2007 年	2008 年	2009 年	2010 年
文化产业从业人员占全国从业人员比重（%）	1.48%		1.53%		
文化产业从业人员占全国城镇从业人员比重（%）	4.00%		3.91%		
文化产业劳动生产率（万元/人）	45 256.18		64 551.61		

注：* 标记的指标资料来源：http：//money.163.com/11/0916/16/7E3AMHQU00253B0H.html.

** 标记的指标资料来源：http：//www.hljzx.gov.cn/kjwwtwyh/gzjl/200907212221.htm。

文化产业规模的增加、文化产业劳动生产率的提高、文化产业从业人数的微增、文化产业占 GDP 比重的小幅提升，以及文化产业对 GDP 贡献率和拉动作用的小幅下降，正凸显出调整中国文化产业结构的紧迫和重要。一方面，如表 3-2 所示，无论文化产业从业人员还是文化产业增加值，相比与国际的发展程度，都还具有较大的提升空间。另一方面，从上述指标在"十一五"期间的变化态势，不难看出中国文化产业发展与中国当前制造业大国的地位，及产业结构特征相呼应。目前，依据国家统计局的《文化及相关产业分类》所划分的三个层次，中国文化产业内部结构中，相关层次占最大比重，即文化用品、设备及相关文化产品的生产和销售占 36.21%，核心层占 34.14%。占核心层最大比例的是新闻出版业，据发布的《2010 年新闻出版产业分析报告》，全国出版、印刷和发行服务业实现增加值 3 503.4 亿元，印刷复制业增加值占新闻出版产业的 60.5%。我们需要大力发展文化服务业，尤其是新兴文化产业，在提升文化产业增加值的同时，也能大幅增加就业岗位，拉动国民经济增长。

（2）文化系统"十一五"时期文化产业发展状况。所谓文化系统主要是指由国家文化部行使国家文化行政管理职能管辖的那一部分文化部门和领域。"十一五"时期，文化系统文化产业发展与我国整体文化产业发展状况相似，无论从规模上、增长速度，还是劳动生产率上，文化系统增加值均超出了文化部制定的《文化建设"十一五"规划》中所提出的相应目标。文化产业增加值有大于 2.3 倍的增长，增长速度年均 18.9%，劳动生产率也有双倍以上的提高。这一成果从我国文化系统文化产业经营性机构数目和从业人员的大幅减少也可得到印证。这些数据充分说明我国"十一五"期间的文化体制改革对文化产业发展的助推作用（见表 3-3）。

表 3 - 3 　　　　　　　　　2006 ~ 2009 年中国文化产业发展现状

	2006 年	2007 年	2008 年	2009 年
文化系统文化产业增加值（亿元）	446.84	791.08	762.43	1 037.7
文化系统文化产业增加值递增速度	年均 18.94%			
文化系统文化产业机构数目（个）	208 226	320 383	309 828	245 305
文化系统文化产业从业人员数目（人）	1 313 470	1 468 522	1 500 736	1 432 786
文化系统文化产业劳动生产率（万元/人）	34 019.81	53 869.13	50 803.74	72 425.33

注：资料来源于《中国文化文物统计年鉴》（2007 ~ 2010 年）。

2. 总体目标的共性分析

通过图 3 - 1 可以看出，质量性目标和数量性目标是国家级地方文化产业发展规划目标的共性。

（1）质量性目标。质量性目标主要关注文化产业自身的健康和可持续发展，从质的规定性上反映文化产业所应具备的一些条件。它主要包括优化文化产业结构、抓好文化产业体系建设、重塑文化市场主体、确定重点发展的文化产业门类、培育文化产品市场和要素市场、发展现代流通组织和流通形式、形成一批具有国际性和区域性影响的民族文化品牌，及形成以公有制为主体、多种所有制共同发展的文化产业格局九个方面。通过了解和掌握文化产业自身规律和运行机制，有助于实现文化产业规划目标，这主要体现了政府的宏观调控职能。同时，也为省级文化产业规划的制定提供文化产业可持续发展的共同规划目标。

（2）数量性目标。数量性指标主要关注文化产业发展的经济特征，从产业角度考量文化产业投入、产出和消费。包括文化产业增加值规模、文化增加值增长速度、文化产业增加值占 GDP 比重，及城乡文化消费支出占居民消费支出比重四个方面。各地政府也基本从这四个方面，制定了当地"十一五"时期文化产业发展规划的数量性目标。由于数量性指标考核的直观性和相对可度量性，本报告仅对这类目标的实现程度予以分析。

3. 总体目标的描述差异性比较

目标差异性比较主要是针对省级地方政府在"十一五"时期，所提出规划目标的差异。集中体现为三个方面：一是竞争性目标差异；二是数量性目标差异；三是质量性目标差异。就竞争性指标而言，由于各地政府的政绩考核，以及地方文化资源禀赋、经济基础和社会环境不同，各地提出不同的竞争性指标，提出不同的城市定位。就数量性目标的差异而言，这主要考核文化产业发展水平的指标选取不同，以及不同地方对文化产业社会影响考核的差异。因此，下文对目标差异性的比较分析分为如下三个层次：

（1）竞争性目标差异——对当地文化产业发展在全国地位的目标设定。在全国31个省区市中，除海南省不能检索到《海南文化广电出版体育"十一五"规划》原文外，其他30个省区市中，只有甘肃省和青海省没有列示体现出竞争性追求的规划目标，其余28个省区市的规划中均包含此类目标。竞争性目标差异可体现为以下几个方面：一是对自身文化发展（文化产业发展）定位的要求，13个省份提出了成为文化名省、文化大省或西部文化大省等规划目标；二是成为国家的某种特色文化中心，如福建省明确提出建设"海峡两岸文化交流的重要基地"，11个地区明确列出当地的发展方向。其中，北京市由于自身的首都地位，规划出九类中心的目标。另外，17个地区列示出成为全国前列或平均发展水平的目标（见表3-4）。

（2）数量性目标差异——文化产业在当地作用的目标设定。数量性目标设定的差异主要体现为三个方面：第一，是否关注到文化产业的社会性，即发展文化产业的社会影响力，这里可通过规划中所提到的社会文化消费和为社会提供就业的目标，对文化产业的关联程度目标来体现；第二，是否关注到文化产业的经济性，即是否体现出了将文化产业培育成新经济增长点或者支柱产业的目标；以及本地文化产业相比其他产业的发展程度；第三，是否体现与中央数量性目标相一致的文化产业规模、占GDP比重、发展速度等指标。在本节中只分析数量性指标中的文字性描述，如文化产业发展速度快于其他产业、文化产业规模扩大等描述。

1）"十一五"时期文化产业规划中较少关注到文化产业的文化性和社会性。全国只有天津、山西、浙江和福建四个省市在规划目标中关注到文化产业的文化性。它们认为文化产业可提升当地的居民文化素质和城市文化品位（天津、浙江、福建），成为增强当地主要的精神力量，提升当地文化的创新能力（山西）。就社会性而言，只有北京和福建在总体规划目标总提出了增强文化产业创造就业机会的能力；山西、浙江、福建和陕西四省在规划总目标中设定了增强文化消费支出的目标。此外，辽宁省将明显改善城乡、区域之间文化发展不平衡状况作为该地方的规划目标。

2）经济相对不发达地区更关注文化产业的经济性，倾向于将文化产业作为提升经济发展的新生力量和主要动力。"十一五"期间，有12个省份的规划目标中关注到文化产业的经济性，它们的共同特点是将文化产业培育成新的经济增长点或者是支柱产业。其中，有10个省份集中在华中、华北、东北和西北地区，如河北、内蒙古、吉林、湖北、湖南、贵州、云南、西藏、甘肃、宁夏。经济发

表3-4　省级地区"十一五"文化发展规划总体目标中竞争性目标差异分析

地区	自身发展定位	竞争性指标	
		成为国家的某类中心	位于全国前列
北京		全国的文艺演出中心 出版发行和版权贸易中心 广播影视节目制作和交易中心 动漫游戏研发制作中心 广告和会展中心 古玩和艺术品交易中心 设计创意中心 文化旅游中心 文化体育休闲中心	进一步提升北京作为全国文化中心和文化创意产业主导力量的影响
天津	文化名城	成为国际文化交流中心城市 我国重要的文化产业基地 在国内外有重要影响的文化名城	
河北	文化大省		文化发展指标在全国的位次前移
山西			一批特色文化企业在本行业中处于全国领先地位
内蒙古			人均主要文化发展指标达到全国平均水平
辽宁			总体发展水平居于全国前列
吉林			建设7个在全国有较大影响的大型文化企业集团
黑龙江	边疆文化大省		
上海		建成国内外有影响力的创意产业中心之一	

续表

地区	自身发展定位	竞争性指标	
		成为国家的某类中心	位于全国前列
江苏			文化产业综合实力和总体水平位居全国前列
浙江	文化大省		人均文化消费支出位居全国前列 把浙江建成全国文化产业发展的重要省份 文化发展主要指标全国领先、文化事业整体水平和文化产业发展实力走在全国前列
安徽	文化强省		文化建设的各项主要指标在全国的位次前移
福建	文化强省	全国重要的文化产业基地 海峡两岸文化交流的重要基地 面向世界的对外文化交流的重要基地	文化发展主要指标在全国领先
江西	文化强省		
山东	文化强省	具有 21 世纪崭新时代风貌、数千年悠久历史传统和鲜明地域特色的齐鲁文化在国内外产生重要影响	文化产业增加值占全国文化产业增加值和全省国内生产总值（GDP）的比重居全国前列
河南	努力实现由文化资源大省向文化强省的历史性跨越		
湖北	建设成为与其经济地位相适应的中西部文化强省		力争全省文化产业主要经济指标在全国的位次稳定上升
湖南			一批文化企业进入全国同行前列

续表

地区	自身发展定位	竞争性指标	
		成为国家的某类中心	位于全国前列
广东		为我国重要的新闻出版、广播影视、网络资讯等内容创意与生产基地 文化产品和设备制造业及流通业中心 国内外知名的文化娱乐消费中心 文化电子商务中心	规模、质量和效益水平保持全国领先地位
广西	建设富裕文明和谐新广西		
海南		未查到原文	
重庆	建成与长江上游经济中心相适应的文化中心		重庆文化发展主要指标和综合实力居西部地区前列
四川	西部文化强省		文化事业整体水平和文化产业整体实力西部领先
贵州		能够在国内国际产生较大影响力的文化产品	
云南	民族文化大省	培育扶持一批具有区域性影响的龙头企业，打造和推出一批具有核心竞争力的文化知名品牌	
西藏			基本达到全国中等水平
陕西	西部文化强省		
甘肃		无竞争性指标	
青海		无竞争性指标	
宁夏		宁夏民族特色文化在国内外的影响不断扩大	
新疆		建立一批在国内外有影响的旅游精品项目，使新疆成为国内外重要的旅游文化活动地区之一	

中国文化产业发展战略论

达的沿海地区只有浙江省把提升文化产业作为经济的增长点，另一个地方是首都北京，这主要源于北京的文化产业已经发展十分强劲的基础。

（3）质量性目标差异——对文化产业自身健康发展的目标设定。这部分规划目标的设定，主要是依据国家"十一五"文化发展规划纲要的思想，体现了对促进当地文化产业可持续和特色发展的考量。一是建立完善的文化产业体系；二是优化文化产业结构；三是增强文化产业活力或文化产业竞争力；四是形成公有制为主、多种所有制共存的文化产业格局。

然而，相对比《国家"十一五"文化发展规划》中针对文化产业发展所提出的八个质量性指标，我国省区市的文化产业规划目标规划相对宏观，这主要体现在三个方面：

一是，缺失对文化品牌、文化市场主体、文化产品市场和要素市场，及发展现代流通组织和流通形式的关注。在表3-5中，仅有广西和重庆关注"重塑市场主体、大力培育文化企业"。此外，仅有3个省级规划提及了对培育文化产品市场和要素市场、发展现代流通组织和流通形式、形成国际性和区域性民族文化品牌的关注。

表3-5　　　各地"十一五"文化产业发展规划的质量性指标

质量性目标	省级数目	省（直辖市、自治区）名称
优化产业结构	17	天津、河北、山西、吉林、江苏、浙江、安徽、福建、湖南、广东、广西、重庆、四川、云南、西藏、青海、宁夏
文化产业体系建设	12	河北、山西、内蒙古、辽宁、浙江、江西、河南、湖南、广西、四川、甘肃、青海
重塑市场主体	2	广西、重庆
确定重点发展的产业门类	5	山西、内蒙古、福建、山东、广西
培育文化产品市场和要素市场	3	辽宁、福建、广西
发展现代流通组织和流通形式	3	浙江、山东、广西
形成一批具有国际性和区域性影响的民族文化品牌	3	天津、重庆、西藏
形成公有制为主体、多种所有制共同发展的文化产业格局	9	福建、山东、湖北、广东、广西、重庆、贵州、云南、陕西
增强当地文化产业竞争力和实力	10	天津、河北、山西、辽宁、浙江、福建、山东、湖南、广东、西藏

二是，基于政绩考核的考量，更加关注当地文化产业竞争力和实力。10个省市在总体目标中提出增强当地文化产业竞争力和实力，如天津、河北、山西、辽宁、浙江、福建、山东等。

三是，对应八个质量性指标，部分地方并未体现当地特色，仅是对国家文件中相应文字的转述，其中广西的"十一五"规划最为明显。

（三）"十一五"中国文化产业发展规划文本分量目标实现状况分析

1. 国家"十一五"文化产业规划目标实现状况

在《国家"十一五"时期文化发展规划》与《文化建设"十一五"时期规划》中，均提出该时期的文化发展目标，本报告此处将"规划文本"中关于文化产业定量目标进行提炼，进行与国家"十一五"时期规划目标实现情况作对应分析见表3-6。《国家"十一五"时期文化发展规划》侧重对文化产业年均增长速度、文化产业增加值占GDP比重两个指标的考量，而《文化建设"十一五"时期规划》，则重在对文化系统文化产业发展规模、速度和城镇文化消费的度量。通过与该时期的具体数据项目分析，结果显示：《国家"十一五"时期文化发展规划》所提各项规划目标基本实现实现，而《文化建设"十一五"时期规划》则没有实现"十一五"时期的规划目标，这主要由于城乡居民的人均文化娱乐服务消费支出在整个生活中提升不明显，该时期并没有改变人们的消费结构。

2. 省、区、市"十一五"文化产业规划目标实现状况

通过统筹归纳各省（直辖市、自治区）的"十一五"时期各类文化政策文本，除未检索到吉林和海南两省在该时期的文化相关规划外，其余29省（直辖市、自治区）均有文化相关的"十一五"规划，但由于河北、内蒙古、青海和新疆在规划中没有提出具体明确目标，以及宁夏不能检索到可相应度量的指标数据，因此表3-6中仅列出了全国23个省份的"十一五"规划主要目标的实现情况。

在全国23个省区市所提出的文化产业发展"十一五"定量目标中，涉及文化产业增加值、年均增长速度、文化产业增加值占GDP比重、文化产业就业人员和城镇人均文化娱乐消费占消费性支出比重五个指标，为此，表3-7针对这五个指标进行了具体实现与否的对比分析（表中■填充表格表明是规划目标，■和■填充表格均表明是各地对应指标的实现状况。■填充表明该指标的目标得以实现，而■填充则表明没有完成该指标的规划目标）。

表3-6 "十一五"规划主要指标实现情况

	文化及相关产业增加值		文化产业年均增长速度		文化产业增加值占GDP比重		文化产业就业人员		文化消费支出		是否实现规划目标
	规划目标	实现状况	规划目标	实现状况	规划目标	实现状况	规划目标	实现状况	规划目标	实现状况	
国家"十一五"时期文化发展规划纲要的目标			明显高于同期经济增长速度	年均增长21.47%，高于同期GDP增长速度（11.2%）	在国内生产总值中的比重有所增加	从2006的2.45%增加到2010年的2.75%					是
文化建设"十一五"规划	文化系统的文化产业增加值翻一番	2006年与2009年、2005年、2006年和2009年文化产业增加值分别为389.71、446.84和1037.7亿元	年增长达到15%以上	年均增长21.47%					到2010年城乡居民人均文化娱乐服务消费支出占整个消费支出的5%以上	到2010年城乡居民人均文化娱乐服务支出占整个消费支出4.15%	否

表3-7　　"十一五"规划主要指标实现情况

地区	文化及相关产业增加值		文化产业年均增长速度		文化产业增加值占GDP比重		文化产业就业人员		文化消费支出		否实现规划目标	综合排名
	规划目标	实现状况	规划目标	实现状况	规划目标	实现状况	规划目标	实现状况	规划目标	实现状况		
北京			年均增长15%左右	"十一五"时期,年均增速20%	超过12%	2008~2010年,分别为12.10%,12.60%,12.30%					是	1
天津			以每年20%以上的速度增长	2006~2009年,年均增幅30%以上							是	3
山西					比重达到3%以上	2009年比重3.1%					是	5
辽宁			年平均增速明显高于同期经济增速	由2006年的50.3亿元增加到2010年经150亿元,高于GDP增长速度		由2006年的0.54%增加到2010年的0.83%					是	7

续表

地区	文化及相关产业增加值		文化产业年均增长速度		文化产业增加值占GDP比重		文化产业就业人员		文化消费支出		否实现规划目标	综合排名
	规划目标	实现状况	规划目标	实现状况	规划目标	实现状况	规划目标	实现状况	规划目标	实现状况		
黑龙江			年均增长15%以上	相比2004年年均增长13%							否	21
上海					比重达到7%左右	比重5.69%					否	11
江苏			高度GDP增速，同时高于GDP业增速也高于第三产业增速	2009年，文化产业速度增长21.62%，同时高于GDP增速（12.4%），高于第三产业增速（13.6%）							是	4
浙江	达到1 400亿元	2010年，为1 056.09亿元			比重达到5.5%左右	比重3.8%	文化创意产业从业人员占全社会从业人员比重达到7%	无法度量			否	16

续表

地区	文化及相关产业增加值		文化产业年均增长速度		文化产业增加值占GDP比重		文化产业就业人员		文化消费支出		否实现规划目标	综合排名
	规划目标	实现状况	规划目标	实现状况	规划目标	实现状况	规划目标	实现状况	规划目标	实现状况		
安徽	达到400亿元以上	2010年预计可达400亿元	年均增长15%左右	年均增长30%	文化产业增加值比重达到5%左右	比重3.26%	从业人员占第三产业的比重提高到5%左右	无法度量	城镇居民人均文化娱乐消费支出占全部消费支出的比重提高到5%以上	2009年，城镇居民人均文化娱乐支出占全部消费支出占比重5.47%	否	17
福建			文化产业增加值年均增长速度超过25%	2006～2008年，全省文化产业增加值年均增速26.5%，增幅高于地区生产总值年均增长水平。2009年比上年增长30.8%。	文化产业增加值在全省GDP中的比重达到5%	2009年文化产业增加值占GDP的3.77%，2010年预计占GDP的4.2%	文化产业不断为我省人民提供新增就业机会	无度量数据	文化消费在居民生活支出中的比重大较提高，文化消费支出占全国前列	2010年，城镇人均文化娱乐支出占全部消费性支出比重为8.01%，位列全国第五	否	14

续表

地区	文化及相关产业增加值		文化产业年均增长速度		文化产业增加值占GDP比重		文化产业就业人员		文化消费支出		是否实现规划目标	综合排名
	规划目标	实现状况	规划目标	实现状况	规划目标	实现状况	规划目标	实现状况	规划目标	实现状况		
江西	文化产业增加值到2010年达到30亿元	2009年，文化系统文化产业增加值达26.50亿元；2010年，预计达到31亿元	力争文化产业总收入每年以20%以上的速度快速增长	每年以19%的速度增长	占国民生产总值的比重达到0.57%以上	占0.33%			城镇人均文化娱乐消费支出占全部消费支出的比重提高到5%左右	2010年，城镇人均文化娱乐支出占全部消费支出的比重提高到6.65%左右	否	22
山东	文化产业增加值达到或超过1 000亿元	2010年，1 040亿元，居位全国第三			比重达到或超过3%	比重3.1%					基本实现	8
河南			均增长17%左右	2006～2009年均增长19.26%	比重4%左右	2009年，文化产业增加值占GDP比重3.22%	全省文化产业从业人员占全部从业人数的3%左右	2009年，省文化产业从业人员占全国从业人数为1.75%	城乡居民文化消费占全部消费支出比重8%左右	2009年，城镇居民人均文化娱乐消费支出占全部消费支出比重5.96%	否	18

续表

地区	文化及相关产业增加值		文化产业年均增长速度		文化产业增加值占GDP比重		文化产业就业人员		文化消费支出		否实现规划目标	综合排名
	规划目标	实现状况	规划目标	实现状况	规划目标	实现状况	规划目标	实现状况	规划目标	实现状况		
湖北					达到6%以上	2010年，比重4.12%					否	15
湖南	2010年，全省文化产业增加值达到600亿元	2009年，文化产业增加值达682.16亿元	产业发展速度高于全省GDP增幅，文化产业增加值年均增长18%左右		占当年GDP的6%以上	占当年GDP比重5.2%	文化产业从业人员达到150万人以上，占当年全社会从业人员的4%以上	就业人员97万，占从业人员2.5%			否	13
广东	到2010年文化产业增加值达到3 000亿元，文化服务业增加值到2010年达到800亿元	2010年文化产业增加值2 524亿元；2008年文化服务业增加值863.52亿元	2010年年均增长15%以上，文化服务业增加值年均增长超过20%		比重达到8%左右，文化服务业占文化产业增加值比重超过25%	2010年，比重5.55%；文化服务业占文化产业增加值的比重由2006年的39.5%逐年增加到41.3%					否	12

续表

地区	文化及相关产业增加值		文化产业年均增长速度		文化产业增加值占GDP比重		文化产业就业人员		文化消费支出		否实现规划目标	综合排名
	规划目标	实现状况	规划目标	实现状况	规划目标	实现状况	规划目标	实现状况	规划目标	实现状况		
广西			文化及相关产业增加值的年均增长速度明显高于同期经济GDP年均增长速度	"十一五"期间，广西文化产业增加值年均16.5%；GDP年均增长17.79%	文化产业增加在全区生产总值的比重有所增加	2007~2010年，文化产业增加值占GDP比重的2.6%、2.5%、2.6%和1.88%					否	20
重庆	达到147亿元	2010年突破230亿元	年均19%的增长速度	连续5年保持26%以上，2010年预计可达400亿元增长速度	占3%	文化产业增加值占GDP比重2.91%					基本实现	9
四川			增速高于全省GDP的增长速度		提高文化产业增加值在全省GDP中所占份额	占当地GDP比重由2007年的2.07%增加到3.03%。					是	6

续表

地区	文化及相关产业增加值		文化产业年均增长速度		文化产业增加值占GDP比重		文化产业就业人员		文化消费支出		是否实现规划目标	综合排名
	规划目标	实现状况	规划目标	实现状况	规划目标	实现状况	规划目标	实现状况	规划目标	实现状况		
云南					比重显著提高	比重由"十一五"初期的5.2%增加到2010年的6.1%					是	2
西藏									城乡居民人均文化娱乐消费支出占总消费额的5%以上	2009年,城镇居民人均文化娱乐消费支出占全部消费支出比重的2.93%	否	23
陕西					比例进一步提高,力争"十一五"比"十五"期间最少增加2个百分点	比重由2004年的2.06%增加到2010年的2.78%	文化从业人数占全社会从业人数的比重进一步提高	文化产业从业人员占社会从业人数比重由2004年的1.45%增加到2008年的1.69%			否	19

续表

地区	文化及相关产业增加值		文化产业年均增长速度		文化产业增加值占GDP比重		文化产业就业人员		文化消费支出		是否实现规划目标	综合排名
	规划目标	实现状况	规划目标	实现状况	规划目标	实现状况	规划目标	实现状况	规划目标	实现状况		
甘肃	到2010年，文化产业增加值比2005年翻一番	2010年，预计超过50亿元，基本实现文化产业增加值五年翻一番的目标	增长速度高于全省生产总值的增长速度，年均增长率达到15%	文化产业年均增速达14.8%，当地GDP增长年均率11.1%							基本实现	10
河北	无明确定量指标											
内蒙古	无法查到确切数据和具体目标											
吉林	未检索到"十一五"时期文化产业发展规划											
海南	无"十一五"规划											
贵州	查不到可度量数据											
青海	无具体目标											
宁夏	年增长率达到15%以上，高于全区GDP的增速	无可度量数据										
新疆	无具体目标											

由表 3－7 可以看出，"文化产业占当地 GDP 比重"、"文化产业就业人员"和"文化消费支出"三个指标成为某些地方未能实现"十一五"规划目标的主要成分。

就"文化产业占 GDP 比重"指标而言，19 个地区列入该指标，但有 11 个地区未实现，该指标完成率仅为 42.1%。

"文化产业就业人员"该指标虽然列出到一些地方规划中，但由于各地缺乏对文化产业从业人员的数据统计和发布，使得该指标很难得到度量。在列入该指标的 6 个地区中，有浙江、安徽和福建由于检索不到对应数据而无法度量，河南和湖南未实现该指标，仅陕西省完成该指标，使得"文化产业就业人员"成为实现率最低指标，实现程度仅为 1/6。

"文化消费支出"由于在《中国统计年鉴》中具有对文化娱乐消费支出的常规数据，该指标的度量相对容易，但是仅有 5 个地方政府关注到该指标，即将其列入当地文化产业发展规划。在安徽、福建、江西、河南和西藏 5 个列入该指标的地区中，河南与西藏仍没有完成。

在全国 31 个省（直辖市、自治区）中，有 23 个地区的文化产业"十一五"相关规划的指标是可度量的，可度量率达到 74.19%。在这些可度量地区中，仅有 30.43% 的地区实现了它们的规划目标，13.04% 是基本实现，基本实现的意思是完成状况与所列目标仅有很小差距，可忽略不计（见表 3－8），而有 56.52% 的地区未实现规划目标。如果放到全国范围进行分析的话，实现、基本实现和未实现状态的比例分别是 22.58%、9.67% 和 41.94%。

表 3－8   文化产业"十一五"规划实现比例表

指标	规划指标完成不同状态的地区数				全国地区总数
完成状态	是（实现）	基本实现	否（未实现）	合计	
各状态下地区数	7	3	13	23	31
各状态占可度量地区比例	30.43%	13.04%	56.52%	100%	—
各状态占全国地区比例	22.58%	9.67%	41.94%	74.19%	100%

3. "十一五"时期中国文化产业发展的五种类型

通过表 3－8 可以看出，在这可度量的 23 个省（市、自治区）中，仅有 7 个省（市）完成目标，3 个省（市）基本实现目标，另 13 个省（市）未完成规划目标。为具体衡量各省对规划实现程度，本报告将完成目标的地域居第一梯队，基本实现目标居第二梯队，未完成目标的居第三梯队。然后，在每一梯队中，根据当地文化产业增加值占 GDP 比重指标来进行先后排序，从而形成了如表 3－7

和 3 - 9 所示的综合排名。

表 3 - 9　　　省（市、自治区）实现规划目标程度的综合排名归纳

类别	地域（依综合排名顺序）	名次范围
完成规划目标	北京、云南、天津、江苏、陕西、四川、辽宁	第 1 ~ 7 名
基本完成规划目标	山东、重庆、甘肃	第 8 ~ 10 名
未完成规划目标	上海、广东、湖南、福建、湖北、浙江、安徽、河南、陕西、广西、黑龙江、江西、西藏	第 11 ~ 23 名
无法度量	河北、内蒙古、吉林、海南、青海、宁夏、新疆	未进入排名

在全国各个层级"十一五"期间的文化产业专项规划中，均会列出文化产业在该阶段的发展目标，包括发展速度和占当地 GDP 比重等指标。文化产业发展速度和文化产业增加值占 GDP 比重是规划目标中出现最多的两个指标。为此，本报告通过将"文化产业增加值占 GDP 比重"指标作为横轴，将"文化产业发展速度"指标作为纵轴，勾画我国各地在"十一五"时期（2006 ~ 2010 年）的发展状态。同时，以"文化产业增加值占 GDP 比重——总体水平"、"文化产业增加值占 GDP 为 5%"两条垂直线，及"文化产业增长速度——总体水平"水平线将图区分成六个区域（见图 3 - 2）。

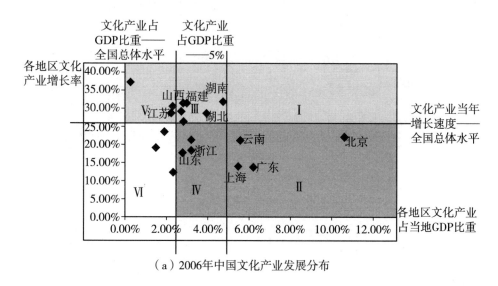

（a）2006年中国文化产业发展分布

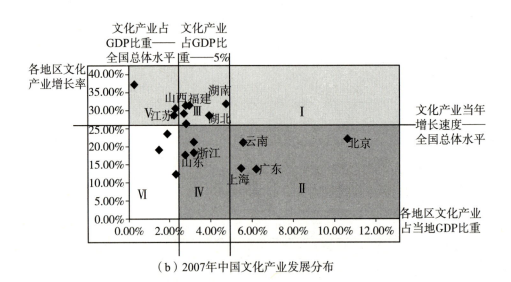

（b）2007年中国文化产业发展分布

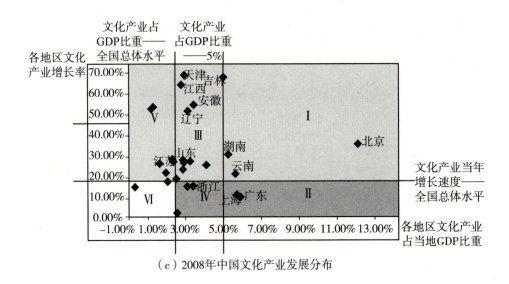

（c）2008年中国文化产业发展分布

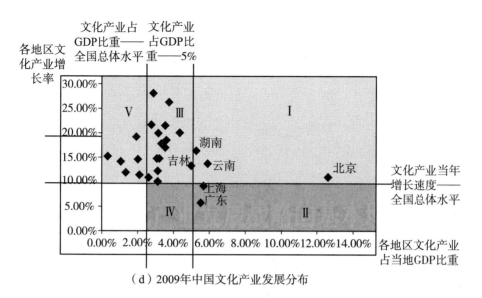

（d）2009年中国文化产业发展分布

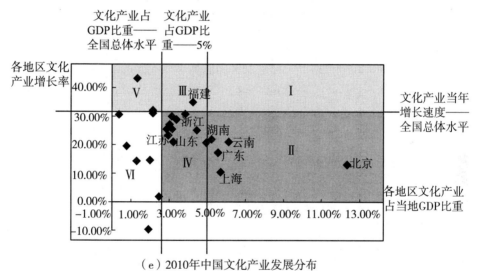

（e）2010年中国文化产业发展分布

图 3 - 2　2006～2010 年中国各地区文化产业实践情况

　　每个区域的具体状况在表 3 - 10 中予以描述。在图 3 - 2 中，每个黑色菱形点表明每个地区，由此图可直观看出在 2006～2010 年大多数聚集在Ⅲ、Ⅳ和Ⅴ三个区域。北京、上海、广东和云南稳定在Ⅰ和Ⅱ区域，湖南自 2008 年起加入到Ⅰ、Ⅱ区域中。其中，上海和广东在"十一五"的五年中均处于第Ⅱ区域中。根据这些地区在"十一五"时期所处不同区域的变化，我们将全国31 个省市分成了五种类型，其中 3 个无法度量的地区命名为"待培育型地区"（见表 3 - 11）。

表 3－10　"十一五"时期（2006～2010年）中国各地文化产业发展现状分布区域

年份	区域	区域 I	区域 II	区域 III	区域 IV	区域 V	区域 VI
	划分标准	文化产业增加值占GDP比重>5%，文化产业增加值增长率>全国平均水平	文化产业增加值占GDP比重>5%，文化产业增加值增长率<全国平均水平	全国平均水平<文化产业增加值占GDP比重<5%，文化产业增加值增长率>全国平均水平	全国平均水平<文化产业增加值占GDP比重<5%，文化产业增加值增长率<全国平均水平	文化产业比重<GDP平均水平，文化产业增加值增长率>全国平均水平	文化产业增加值占GDP平均水平，文化产业增加值增长率<全国平均水平
2006年 14		0	4　北京、上海、广东、云南	4　安徽、福建、湖南、重庆	3　山西、浙江、河南	3　天津、河北、江苏	0
2007年 19		0	4　北京、上海、广东、云南	6　山西、安徽、福建、湖北、湖南、重庆	3　浙江、山东、河南	3　河北、江苏、新疆	3　天津、黑龙江、海南
2008年 27		3　北京、湖南、云南	2　上海、广东	11　天津、山西、吉林、辽宁、安徽、福建、江西、湖北、山东、广西、重庆	3　浙江、河南、陕西	6　河北、内蒙古、黑龙江、江苏、海南、甘肃	2　四川、新疆

续表

年份	区域 划分标准	区域I 文化产业增加值占GDP比重 > 5%，文化产业增加值增长率 > 全国平均水平	区域II 文化产业增加值占GDP比重 > 5%，文化产业增加值增长率 < 全国平均水平	区域III 全国平均水平 < 文化产业增加值占GDP比重 <5%，文化产业增加值增长率 > 全国平均水平	区域IV 全国平均水平 < 文化产业增加值占GDP比重 < 5%，文化产业增加值增长率 < 全国平均水平	区域V 文化产业增加值占GDP比重 < 全国平均水平，文化产业增加值增长率 > 全国平均水平	区域VI 文化产业增加值占GDP比重 < 全国平均水平，文化产业增加值增长率 < 全国平均水平
2009 年 29		3	2	17	0	6	0
		北京、湖南、云南	上海、广东	天津、河北、山西、辽宁、浙江、安徽、福建、江西、山东、湖北、广西、重庆、贵州、陕西、河南		内蒙古、黑龙江、海南、甘肃、宁夏、新疆	
2010 年 25		0	5	1	10	2	7
			北京、上海、广东、湖南、云南	福建	天津、山西、吉林、江苏、浙江、湖北、重庆、山东、陕西	内蒙古、黑龙江	江西、广西、海南、四川、甘肃、宁夏、新疆

表 3 – 11　　　　　　　中国文化产业发展五种特征类型地区

类型	地区名称	2006 年	2007 年	2008 年	2009 年	2010 年
支柱型地区	北京	Ⅱ	Ⅱ	Ⅰ	Ⅰ	Ⅱ
	云南	Ⅱ	Ⅱ	Ⅰ	Ⅰ	Ⅱ
	上海	Ⅱ	Ⅱ	Ⅱ	Ⅱ	Ⅱ
	广东	Ⅱ	Ⅱ	Ⅱ	Ⅱ	Ⅱ
扩张型地区	湖南	Ⅲ	Ⅲ	Ⅰ	Ⅰ	Ⅱ
	天津	Ⅴ	Ⅵ	Ⅲ	Ⅲ	Ⅳ
	江苏	Ⅴ	Ⅴ	Ⅴ	Ⅲ	Ⅳ
	河北	Ⅴ	Ⅴ	Ⅴ	Ⅲ	—
	湖北	—	Ⅴ	Ⅴ	Ⅴ	Ⅲ
增长型地区	福建	Ⅲ	Ⅲ	Ⅲ	Ⅲ	Ⅲ
	河南	Ⅳ	Ⅳ	Ⅳ	Ⅳ	Ⅲ
	安徽	Ⅲ	Ⅲ	Ⅲ	Ⅲ	—
调整型地区	重庆	Ⅲ	Ⅲ	Ⅲ	Ⅲ	Ⅳ
	山西	Ⅳ	Ⅲ	Ⅲ	Ⅲ	Ⅳ
	浙江	—	Ⅳ	Ⅳ	Ⅲ	Ⅳ
	山东	—	Ⅳ	Ⅲ	Ⅲ	Ⅳ
	辽宁	—	—	Ⅲ	Ⅲ	Ⅳ
	吉林	—	—	Ⅲ	Ⅲ	Ⅳ
	江西	—	—	Ⅲ	Ⅲ	Ⅳ
	广西	—	—	Ⅲ	Ⅲ	Ⅳ
	陕西	—	—	Ⅳ	Ⅲ	Ⅳ
孵化型地区	四川	—	—	Ⅵ	—	Ⅵ
	新疆	—	Ⅴ	Ⅵ	Ⅴ	Ⅵ
	黑龙江	—	Ⅵ	Ⅴ	Ⅴ	Ⅴ
	海南	—	Ⅵ	Ⅴ	Ⅴ	Ⅵ
	内蒙古	—	—	Ⅴ	Ⅴ	Ⅴ
	甘肃	—	—	Ⅴ	Ⅴ	Ⅵ
	宁夏	—	—	—	Ⅴ	Ⅵ
有待培育地区	贵州	—	—	—	Ⅲ	—
	青海	—	—	—	—	—
	西藏	—	—	—	—	—

（1）支柱型地区。根据支柱产业理论，衡量一个产业是否达到支持产业标准的一个最终依据，即是该产业增加值占 GDP 比重达到 5%。因此，本报告将连续五年聚集在 I 和 II 区域的 4 个省（直辖市）命名为"支柱型地区"，它们包括北京、上海、广东和云南四地。

（2）扩张型地区。这种类型地区以文化产业快速增长而导致的文化产业占GDP 比重有持续较大提高依据，在表 3 - 11 所列出的 5 个省（直辖市）均在"十一五"期间跨越一条垂直线，即文化产业占 GDP 比重指标有"质"的变化。湖南由文化产业占 GDP 比重由超过全国总体水平提高到超过 5%，天津、江苏、河北和湖北的文化产业增加值占 GDP 比重由低于全国总体水平进步到超过全国总体水平，该指标值的进步是基于多年快速增长实现的，即它在速度提升的同时完成了产值规模的大幅提高，兼具速度和规模的同时提升，正式基于此将其命名为"扩张型"。

（3）成长型地区。成长型地区是指文化产业增长速度上有较持续的高水平表现。在"十一五"期间，它们是福建、河南和安徽。

（4）调整型地区。调整型地区是指这些地区尚未探索出适合当地文化产业发展的道路，使得文化产业发展在发展速度和规模上的表现反复不定，在多个区域间徘徊，从而使得相比全国总体水平而言，没有显示出速度和规模上的良好表现。而恰是该区域集中了我国最多的地区，共 9 个地区。

（5）孵化型地区（培育型地区）。该地区的特点是在"十一五"期间，一直处于 V 和 VI 区域，即文化产业增加值占 GDP 比重始终低于全国总体水平，这表明该地区的文化产业在当地经济中重要性还非常低，尚处于培育和孵化阶段，该类型包括 7 个地区。

最后，由于不能检索到贵州、青海和西藏的连续多年数据，因此暂且将该地区的文化产业归类为"待培育地区"。

4. 基于文化产业结构的地方文化产业分析

虽然表 3 - 11 将中国 31 个地区的文化产业表现给予类型化，但有必要对典型地区进行深入的内剖式分析，根据国家统计局 2004 年发布的《文化及相关产业分类》中核心层、外围层和相关层的划定，本报告通过产业结构和产业经济贡献率两个角度对其给予展开剖析。

通过检索公开发布数据，形成表 3 - 12 所示表格，从中可以发现：

（1）中国文化产业发展面临内容空心化危机，这主要从核心层所占文化产业比重所见。从理论上讲，核心层之所以处于核心正是由于其涵盖类具有意识形态性、政治性和文化性特点较强的文化行业，即它们的发展强弱直接决定国家文化软实力。然而，中国大多数地区核心层所占比重较小，甚至在 2007 年，中国没有地区的核心层所占比重较大。另外，核心层占比重最大地区也不是由于该地区核心层的内容的绝对强大所形成的，而是其他层次发展更弱，这可从分布该类型的省份可以看出。除云南外，其余地区的文化产业均不是支柱型。

表 3－12　　　　　　　　中国各地文化产业结构比例

年份	省份数目	核心层比重最大	外围层比重最大	相关层比重最大
2006 年	9 个	海南、甘肃	上海	江苏、浙江、广东、河南、山东、福建
2007 年	6 个	—	上海	江苏、浙江、广东、福建、广西
2008 年	15 个	吉林、湖北、陕西、重庆	上海、湖南	天津、黑龙江、江苏、浙江、福建、山东、河南、宁夏、广东
2009 年	13 个	贵州、云南、甘肃、重庆	上海、山西	江苏、浙江、福建、河南、广东、广西、江西
2010 年	10 个	云南、陕西、宁夏	广西、青海	江西、浙江、福建、山东、河南

（2）中国文化产业结构和增长方式与全国的产业结构和经济增长模式十分相近，受到宏观环境影响，还未形成自己的独立模式和运动规律。首先，文化外围层主要是集中文化服务业的特点，由于中国整体产业结构模式还是以第二产业为主，因此只有上海在文化产业外围层具有明显优势。这是由于上海本身的文化产业结构决定的，它的网络文化相比全国其他地区较为发达（北京地区的内部文化创意产业结构数据不能检索到）。

其次，较大多数地区文化产业相关层比重最大。而相关层主要是文化产品的制造和销售。这与中国急需摆脱的"制造业大国"形象十分吻合。中国五个层次的地区均有以相关层最大的特点，如支柱型的广东、扩张型的江苏、增长型的福建、调整型的江西和广西、孵化型的宁夏等。

（3）在 2010 年，广西和宁夏均经历了从相关层增加值最大变化到外围层或核心层最大比例，均是由于该层次的增加值递减，这可归因于当地文化产业的外向型特点。

5. 基于经济贡献率的地方文化产业分析

不同文化产业内部层次的经济贡献率能够表明文化产业增长的驱动力量。表

3-13列出了中国部分地区在"十一五"时期，不同层次对当地文化产业发展的贡献。从中可以看出：这些地区均有核心层和外围层经济贡献率逐步提升的趋势。虽然在表3-12中，中国还是大多地区的相关层增加值所占比重最大，但是相关层对文化产业增长的贡献在逐年递减。

表3-13　　　　　　中国各地文化产业不同层次的经济贡献率

地区	层次	2006年	2007年	2008年	2009年	2010年
江苏	核心层		18.97%	16.73%	6.11%	
	外围层		37.01%	14.88%	55.83%	
	相关层		44.02%	68.40%	38.06%	
上海	核心层		8.20%	10.70%	22.79%	
	外围层		69.09%	31.87%	83.12%	
	相关层		22.73%	57.42%	-5.89%	
广东	核心层		-3.64%	36.18%	58.26%	
	外围层		37.63%	31.09%	18.68%	
	相关层		66.88%	39.57%	23.05%	
浙江	核心层		16.90%	4.24%	30.47%	55.27%
	外围层		11.63%	52.46%	35.78%	28.19%
	相关层		71.47%	43.33%	33.71%	16.55%
福建	核心层	8.06%	22.64%	2.99%	11.32%	23.61%
	外围层	6.50%	10.94%	39.43%	37.58%	51.88%
	相关层	85.44%	66.42%	57.57%	51.10%	24.51%
河南	核心层	4.43%			33.70%	
	外围层	7.25%			28.64%	
	相关层	88.32%			37.65%	
广西	核心层				-15.04%	
	外围层				-91.40%	
	相关层				206.44%	
云南	核心层					15.47%
	外围层					13.82%
	相关层					8.32%

地区	层次	2006 年	2007 年	2008 年	2009 年	2010 年
江西	核心层					505.45%
	外围层					198.18%
	相关层					−603.64%

此外，通过综合表 3 − 12 和 3 − 13 可以发现：

（1）文化产业内不同层次的经济贡献率决定了文化产业内部结构优化度。虽然在表 3 − 12 中，江苏、浙江、广东、山东、广西和福建在"十一五"期间的文化产业结构均表现为相关层占最大比例，但是它们的核心层和外围层比例的大小关系发生了一定变化。例如，在 2007 年，江苏和广东的外围层增加值均超越了核心层。2008 年，浙江的外围层增加值也超出了核心层，不过由于浙江的核心层经济贡献率在 2009 年和 2010 年大幅提高，2010 年，浙江的文化产业内部结构又回到了相关层增加值 > 核心层增加值 > 外围层增加值的局面，此时的浙江省文化产业发展已经经过了一次更高一层次的循环。相比 2006 年，浙江省文化产业增加值在 2010 年翻番且核心层与相关层的增加值比例由 2006 年的 1∶2.38 缩减到 1∶1.61。

（2）外围层增加值 > 核心层增加值是一个多省文化产业发展的趋势。例如，广西壮族自治区经历了"相关层 > 核心层 > 外围层"→"相关层 > 外围层 > 核心层"→"外围层 > 核心层 > 相关层"的过程。福建省经历了"相关层 > 核心层 > 外围层"→"相关层 > 外围层 > 核心层"的过程。

（四）"十一五"时期文化产业发展的重点文化产业分析

1. 发展重点文化产业空间布局分析

通过对各地文化产业发展规划比照研究发现，各地所要发展的重点文化产业门类，多数与国家规划任务目标相吻合（见表 3 − 14）。

与此同时，各省（直辖市）制定的文化产业专项规划或文化建设专门规划中除普遍指明依据国家相应文件外，也结合当地的《"十一五"时期国民经济和社会发展规划纲要》和当地文化产业发展的实际情况，提出和规划了具有一定本地优势的文化产业发展的重点行业，并且，包括文化产业布局和结构优化等内容。这就决定了各地规划目标所确定的重点发展文化产业门类具有一定的地方特色。因此，本章在此对重点文化产业门类空间布局分析，作为对第二步统计分析的重要补充。

表3-14　　地方发展规划列示重点发展文化产业门类与国家规划对比状况

国家确定重点发展文化产业门类 《国家"十一五"时期文化发展规划纲要》(2006年)	《文化产业振兴规划》(2009年)	对应重点发展文化产业门类的省级(直辖市)政府数目	占所有省份百分比	设定重点行业的所在地区
影视制作业	影视制作	30个	96.77%	除新疆外的所有省份
出版业	出版发行	26个	83.87%	除新疆、西藏、宁夏、江西、上海
发行业		15个	48.39%	北京、天津、河北、山西、江苏、浙江、福建、广东、山东、陕西、甘肃、青海、重庆、广西、海南
印刷复制业	印刷复制	10个	32.26%	辽宁、天津、河北、山西、山东、上海、浙江、福建、青海、广西
广告业	广告	11个	35.48%	北京、山西、山东、陕西、甘肃、河南、浙江、湖南、福建、广东、云南
演艺业	演艺娱乐	29个	93.55%	除上海、广西外
娱乐业		28个	90.32%	除北京、山东、青海外
文化会展业	文化会展	27个	87.97%	除辽宁、陕西、青海和湖北外
数字内容和动漫产业	数字内容和动漫	30个	96.77%	除新疆外的所有省份
	文化创意	8个	19.35%	北京、天津、四川、浙江、福建、海南、重庆(制定创意产业规划)、上海(制定创意产业规划)、广西外
文化旅游业		26个	83.87%	除吉林、天津、青海、四川、广西外
艺术美术业		24个	77.42%	除河南、湖北、湖南、江西、贵州、上海、海南外
文化教育类		15个	48.39%	黑龙江、辽宁、吉林、天津、新疆、西藏、宁夏、陕西、重庆、上海、安徽、江西、贵州、云南、广州
文化体育类		13个	41.94%	北京、河北、山东、江苏、上海、安徽、浙江、广东、湖南、甘肃、四川、云南、福建

通过空间布局列示①，可发现如下特点：

（1）影视制作业不仅是核心文化产业，同时也是鼓励民营资本参与的文化领域，它成为各地文化产业重点发展的目标，全国有3个省区市将发展影视产业确定为重点发展的文化产业，占比达到96.77%。"十一五"时期中国电影产业获得快速发展与此有着密切关系，或者说，正是由于"居全国之力"，中国的电影业才获得了长足发展。

（2）数字内容和动漫产业作为新兴文化产业领域，在"十一五"期间获得极大发展，随着社会的信息化和中国科技进步，它成为各地发展文化产业的重要方向，因此也是绝大多数地方政府重点发展目标。但是，在新疆没有体现。目前，尚未检索到新疆维吾尔族自治区针对文化产业的专项规划。

（3）演艺与娱乐业界限并不清晰，同时，它们作为文化产业中传统比较悠久的行业。31个省区市均将演艺娱乐业确定为重点发展门类。

（4）出版、印刷复制及发行业作为出版发行业中重要的一组产业链条，除天津、河北、山西、浙江、福建、广西和青海外，其他省（直辖市）则侧重了其中的一个或者两个环节。而这7个省（直辖市）分别位于华东、华南、西南、西北和环渤海区域，这样有利于该产业的协调发展。

（5）并非每个地方规划均将优势产业作为重点发展门类。以艺术教育业为例，北京具有最多的艺术类院校，但是它并未将艺术培训业作为重点发展行业，而是东北和西北边疆地区将其列入重点。

（6）河南、湖南、湖北、贵州和江西的5个内陆省份，具有丰富的民族特色文化资源，然而它们并未如江苏将艺术或美术业作为重点发展门类。其他省份纷纷将艺术品或工艺美术作为主要的发展对象。

（7）广告业作为现代文化产业的代表，它的空间分布并未体现出与地方经济正相关的特点。

2. 重点文化产业规划目标实现状况分析

在各地"十一五"文化产业规划发展目标中，只有11个规划文本中列出重点文化产业发展的定量目标设定（见表3–15）。在77个目标中，只有18个指标达标，实现率只有23.7%。9个指标未实现，其余50个指标的数据由于检索不到而无法度量。

---

① 参见各省区市"十一五"规划文本中列示的重点文化产业空间布局。

列出重点文化发展行业定量目标的地区和对应实践状况

表3－15

地区	重点行业	定量目标	实践状况	是否达标衡量
北京《北京市"十一五"时期文化创意产业发展规划》	文艺演出	扶持10家以上综合文艺演出机构		无法衡量
	出版发行和版权贸易	到2010年，形成40家期发行量达到25万份以上的品牌报刊，实现发行行业销售收入300亿元		无法衡量
		到2010年，实现输出版权数量翻一番的目标，提高民族作品在国际版权市场上的占有率	2005年，版权输出868种，2006年，版权输出1 188种，2010年，版权输出2 153种	达标
		重点培育5个以上具有国际影响力、年销售额达2亿元以上的大型影视制作企业，打造一批广播影视产业品牌		
	广播影视节目制作和交易	到2010年，全市实现电影屏幕数比2006年翻一番，电影票房收入达到4亿元	2010年，电影票房收入11.8亿元，电影屏幕510块，影院102家，约3.4万八一块屏幕；2006年，电影票房收入2.9亿元	达标
		重点培育5个以上具有国际影响力、年销售额达2亿元以上的大型影视制作企业，打造一批广播影视产业品牌	2010年"京产"电视剧创作达63部2 204集，占全国总量的六分之一	达标
	动漫游戏研发制作	到2010年，培育5家年产值过亿元的大型动漫游戏企业，推动2至3家企业上市，推出游戏产品100种，年产值达到8亿元以上	从事网络游戏的公司总数增加了1/3，达到41家，占全国的32.1%，其中金山、完美时空、搜狐、联众、目标及中华网6家企业年收入均超过1亿元	达标

95

续表

地区	重点行业	定量目标	实践状况	是否达标
北京《北京"十一五"时期文化创意产业发展规划》	广告和会展	到2010年，文化会展收入年均增长20%以上，经全球展览协会认证的名牌展览达到15个以上	2009年，经全球展览协会认定18个；北京市会展业收入年均增长率为23.1%。2010年，北京直接会展收入达到172.5亿元	达标
	古玩和艺术品交易	到2010年，争取将北京建设成国际古玩艺术品交易中心之一，古玩艺术品交易额突破100亿元，争取达到120亿元，力争境外回流文物占全部拍卖品总量的20%左右	2010年全市文化艺术品交易总量达360亿元，占全国的63%，北京已经成为全球最大的中国文化艺术品交易中心	达标
	设计创意	培育10个自主创新能力强、具有较强国际影响和竞争力的创意设计品牌企业		
	文化创意产业集聚区	到2010年，北京市级重点文化创意产业集聚区力争达到30个	2006~2010年，共四批，30个文化创意产业集聚区	达标
天津《天津市文化事业和文化产业发展"十一五"规划》	影视音像业	"十一五"期间全市电影票房收入年均递增20%以上	电影票房2006年3564万元，2007年4976万元，2008年6720万元，2009年11060万元，2010年18000万元	达标
河北《建设文化大省规划纲要》(2005~2010年)	新闻出版业	河北日报报业集团，到2010年，销售收入达到10亿元	2010年，河北日报报业集团经营收入6亿元，利润3727万元，同比分别增长16.5%、12%	未达标
		到2010年，集团资产规模和营业收入力争比2003年翻一番	2010年，河北出版传媒集团资产总额达到70亿元，全年销售收入49.27亿元；2003年，河北出版集团资产总额41亿元，销售收入40亿元	未达标

续表

地区	重点行业	定量目标	实践状况	是否达标
河北《建设文化大省规划纲要》（2005~2010年）	广播影视业	到2010年，全省广播影视业经营收入达到28亿元以上，固定资产总值、节目制作能力、技术装备水平等主要行业指标位居全国前10位		
	文化旅游业	2010年，全省旅游年接待人数达到1.3亿人次	2010年，河北入境游客97.70万人次，国内游客14 581万人次	达标
黑龙江《黑龙江省"十一五"期间建设边疆文化大省规划纲要》	广播影视业和网络服务业	到2010年，广播影视业力争以每年不低于13%的速度持续增长	2010年全省广播电视经营收入33.48亿元，比2005年（18.1亿元）增长了85%	达标
上海《上海市"十一五"创意产业发展规划》、《上海市"十一五"服务业发展规划》	研发设计创意	到2010年，上海研发设计创意产业的增加值达到300亿元左右	2010年，软件和计算机服务增加值达318.12亿元	达标
	建筑设计创意	到2010年，上海建筑设计创意产业的增加值达到200亿元左右	2010年，建筑设计增加值达244.46亿元	达标
	咨询策划创意	到2010年，上海咨询策划创意产业的增加值达250亿元左右，形成一批年收入过亿元的咨询策划企业	2010年，咨询服务业增加值达193.94亿元	未达标
	时尚消费创意	到2010年，上海时尚消费创意产业的增加值达到50亿元左右，形成一批有市场、有影响力的时尚消费品牌	2010年，艺术业增加值达52.98亿元	达标
	文化服务业	到2010年，文化服务业增加值达到500亿元，教育培训业增加值到400亿元	2010年，文化服务业增加值达549.18亿元	达标

续表

地区	重点行业	定量目标	实践状况	是否达标
江苏《江苏省"十一五"文化产业发展规划》	广播影视业	有线电视用户总数力争突破1 200万，实现全省有线电视数字化	2010年，江苏有线电视用户数1 885.90万户	达标
	广播影视业	到2010年，实现广播电视人口混合覆盖率达到95%左右，其中贫困山区达到90%左右	2010年，湖南广播人口覆盖率91.99%，电视人口覆盖率96.43%	未达标
	出版业	到2010年，全省新闻出版产业总资产达到270亿元，完成销售收入216亿元，实现利润14亿元	2008年，全省图书出版总印数2.91亿册，销售收入166.2亿元，行业总资产202.02亿元	
		"十一五"期间力争形成10个左右在全国有影响的图书品牌板块，推出75种重点出版规划项目 到2010年实现年出版电子音像制品2 000种		
湖南《湖南省"十一五"时期文化产业发展规划纲要》		培育2至3家年销售过10亿元的大型印刷企业	2010年，超过2家入选全国印刷百强企业，如湖南金沙利彩色印务有限公司，湖南天闻新华印务有限公司	达标
	报刊业	重点培育2至3家在全国有影响的综合文化类名牌期刊，4至5家高知名度的科技期刊，4至5家高水平的学术期刊		
	会展业	策划2至3个具有国际影响的专业性知名会展		
	动漫产业	力争"十一五"期间实现动漫出版物收入年总收入5至8亿元，地域性卡通衍生产品收入200亿元以上，动漫版权转让收入20至30亿元	动漫产业总产值达到46.55亿元，排名全国第三	

地区	重点行业	定量目标	实践状况	是否达标
湖南《湖南省"十一五"时期文化产业发展规划纲要》	网络文化业	到2010年前，培育和扶持15～20家信誉好、实力强、经营规范、有市场竞争力的网吧企业集团		
	文化旅游业	以湘西为重点的民俗风情旅游4大旅游品牌		
	广告业	培育10个左右"中国一级广告企业"、50个左右"中国二级广告企业"	2009年，7家企业进入"中国一级广告企业"和33家企业进入"中国二级广告企业"	未达标
广东《广东省文化产业发展"十一五"规划》	平面传媒业	"十一五"期间，报刊总印数年均增长10%，经营收入年均增长10%		
		到2010年，报纸总印数达到60亿份，期刊总印数达到3亿册，经营总收入超过100亿元	2010年，期刊2.1亿册	未达标
	广播影视业	广电业创造的增加值年均增长17%；影视业电影票房尤其是综合性经营收入年均增长率达到20%		
		到2010年，我省广播影视媒体在省内市场的占有率超过50%		
	出版发行和版权服务业	出版物品种年均增长3%，总印数年均增长5%，总印张年均增长5%，造货码洋年均增长5%，印刷复制业总产值年均增长15%，出版物发行销售总金额年均增长6%，全省版权服务年均增长15%		
	演艺娱乐业	演艺营业收入年均增长15%，娱乐业营业收入年均增长15%，演艺和娱乐业增加值年均增长15%		

续表

地区	重点行业	定量目标	实践状况	是否达标
广东《广东省文化产业发展"十一五"规划》	文化信息服务业	文化信息服务业增加值年均增长20%，2010年达到30亿元		
	旅游文化服务业	旅游文化服务业总收入年均增长10%，其中，旅游外汇收入年均增长12%；接待过夜游客总人数年均增长7.5%	2010年，旅游外汇收入123.83亿美元，比2009年增长23.5%；2009年，旅游外汇收入100.28亿美元，比2009年增长9.3%；2008年，旅游外汇收入91.75亿美元，比2007年增长5.4%；2007年，旅游外汇收入87.06亿美元，比2006年增长15.6%；2006年，旅游外汇收入75.33亿美元，比2005年增长17.7%；过夜旅游者2006~2008年分别为2021.92万人、2330.31万人和2595.63万人	达标
	广告业	广告营业额确保每年增长15%到2010年，广告营业额达到400亿元以上		
	工艺美术业	工艺美术业总产值每年以高于15%的速度递增，到2010年，全省工艺美术业增加值达到500亿元		
重庆《重庆市文化发展"十一五"规划纲要》	广播影视业	力争到2010年，重庆广电集团（总台）自有和可控资本达120亿元		

续表

地区	重点行业	定量目标	实践状况	是否达标
重庆《重庆市文化发展"十一五"规划纲要》	报纸期刊业	培育期发行量超过50万（册）的报刊各1种、期发行量超过30万（册）的报刊各1种、期发行量超过20万（册）的报刊各2种、期发行量超过10万（册）的报刊各5种		
		全市报刊销售收入、利润分别年增长10%、8%，到2010年，销售收入、利润分别达到20.41亿元、1.42亿元		
		力争报刊发行量年均增长5%，期发行量达150万份，主要经济指标年均增长13%，到2010年，年销售收入达13亿元，力争进入全国报业集团前10位行列		
		建成国内一流的科普类报刊集团，到2010年，力争期发行量达80万份，并进入海外市场		
		力争建立一个期刊集团，促成2~3个期刊进入国际市场		
	出版发行业	重庆出版集团力争销售收入年均增长15%，到2010年达12亿元	重庆出版集团2010年销售收入15亿元	达标
		重庆新华书店集团，到2010年销售收入达30亿元	重庆新华书店集团，"十一五"末，集团实现收入15.7亿，资产总额23亿元	未达标

续表

地区	重点行业	定量目标	实践状况	是否达标
贵州省《贵州"十一五"文化建设专项规划》	经营性影视广播业	重点推出4～5个体现我省特色的影视广播业品牌栏目，争取推出2～3个在中央数字电视台播出的付费电视节目		
		力争到2010年，全省广播电视经营总收入18亿元，年递增20%以上		
		到2010年，努力使贵州日报报业集团经营总收入超过10亿元		
		到2010年，全省出版行业综合经济指标保持在全国前20位水平		
		每年形成1～5种在全国具有较大影响的品牌出版物		
	经营性新闻出版业	力争到2010年，建成1～3家电子出版社，每年至少出版10种电子出版物，构建1～2个网上物流书店，网上出版物交易，积极推进组建网络出版公司，音像制品出版品种每年按5%的比例递增		
		出版物印刷企业控制在106家以内，出版物专项印刷企业控制在136家以内；包装装潢印刷每年增长10%左右，包装装潢印刷企业达到130家左右，其他印刷数量增长速度为3%左右，印刷企业总量控制在520家左右	2009年，出版物印刷企业175家，2008年，出版物印刷企业70家，2007年，出版物印刷企业84家	未达标

续表

地区	重点行业	定量目标	实践状况	是否达标
贵州《贵州省"十一五"文化建设专项规划》	休闲娱乐业	在发行环节，实现80%以上的市县新华书店数字化管理并与贵州省新华书店联网		
	会展、节庆和其他文化产业	建设1~2个具有国际水准的大型主题游乐园项目		
		策划创办2~3个具有国际影响的专业性知名会展		
甘肃《甘肃省"十一五"文化产业发展规划》	现代传媒业	到2010年，力争实现增加值13亿元，年均增速达到20%		
		使广播电视人口综合覆盖率达到94%和95%以上	2010年，广播电视人口综合覆盖率达到93.47%和93.72%以上	未达标
	出版发行业	到2010年，力争实现增加值10.5亿元，年均增速达到20%		
	文娱演艺业	到2010年，力争实现增加值9.5亿元，年均增速达到20%		
	文化旅游业	到2010年，力争实现增加值15亿元，年均增速超过15%		
	其他文化产业	到2010年，体育健身、网络文化，力争实现增加值4亿元，年均增速超过15%		

各省级（直辖市）政府制定的文化建设或文化产业专项规划中，几乎均提出不同于国家规划文本中的文化产业发展门类。它们体现出如下特点：

第一，由于文化产业关联性强，与其他产业广泛交叉的特点，文化旅游业被多数地方政府确定的重点文化产业门类，目前它已在 22 个地方政府的文化建设或文化产业专项文件有所体现。此外，这些专项文件中也存在与之相关的旅游演艺业、文博旅游业和旅游业这种与之相近的提法。

第二，文化产业与体育、教育也存在相当大的交集，由于体育及教育已具备单独完整的产业规划，它们的交叉经营活动中并未在《文化及相关产业分类》中予以统计①。但是，在各地方政府的专项文件中还是得以充分体现和重视。目前，有 10 个地方政府通过如体育产业、体育健身、体育休闲健身、文化体育休闲或体育演艺等多种体现文化与体育交融的名词将此划分为重点发展的文化产业门类；15 个地方政府通过如艺术培训业、教育培训业、教育业、文化艺术培训业等文化与教育结合紧密的名词将其划分为重点发展文化产业门类。

第三，由于中国具有的丰富的物质文化遗产与非物质文化遗产，与之相关的艺术品业、艺术品交易（或艺术品经营）、工艺美术业，或文化产品生产及销售等相似产业也被多个地方政府所重视划。目前，已有 24 个地方政府将其列为重点发展的文化产业门类。只是在上述省份中侧重会有所不同，如侧重工艺品生产业（内蒙古）、民间工艺品生产制作（吉林）、工艺美术品制造业（安徽）为一类；侧重艺术品经营（吉林）和艺术品交易（北京、天津、重庆）；剩下部分省份则是统称艺术品业、美术业或民间美术业等。另外，从文化角度，也有个别省份将文化用品制造列为重点文化产业发展门类。

第四，各省份对文化产业的界定并未统一。饮食业、建筑设计、电子商务、信息软件、中介服务、咨询服务、科技业、信息传输、人力资源开发和医疗保健（卫生保健）等行业也被划分为当地的文化产业门类。

第五，与过于宽泛的文化产业范畴相反的现象是，一些作为文化产业链重要的枢纽环节并未引起足够重视。会展业是搭建文化产业创作环节与销售环节的物质平台，而文化经纪作为其中的软平台却被多数省份忽视，文化经纪业如同会展业一样甚至更为重要对于推动文化产业"走出去"战略。目前，仅有浙江省和重庆市将文化经纪业划分为重点发展文化产业门类。

此外还需说明的是，也有个别政府将文博业（或文博会展业）、传媒业（平面传媒）、报刊业、舞台工程业、网络文化服务等各种提法，本文根据内容的相

---

① 此情况在《文化及相关产业分类》中已有备注说明。

似程度，分别将划归到国家所列重点文化产业门类中①。

综上所述，通过归纳在"十一五"时期，各地方政府针对文化产业的专项文件中所提到的重点文化产业门类，形成图3-3和图3-4所示的统计结果。其中，图3-3是统计的绝对数值，图3-4是统计的百分比重。

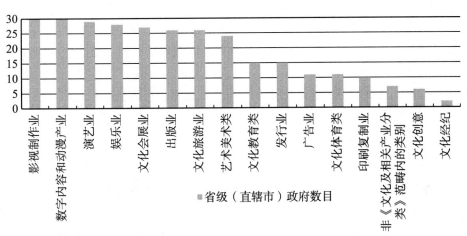

图3-3　省级（直辖市）政府确定重点发展文化产业门类统计

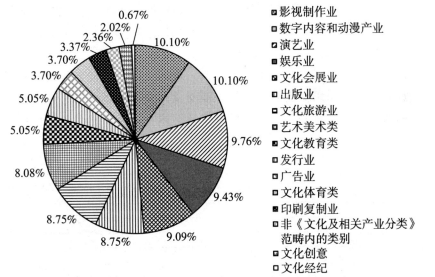

图3-4　省级政府的文化产业转型文件中各重点发展文化产业门类所占百分比统计

---

①　舞台工程业归类到"演艺业"；文博业归类到会展业；报刊业同时归类到出版业和发行业；传媒业同时归类到"影视制作业"、出版业、发行业和印刷业；数字内容和动漫产业门类包括动漫游戏研发制作、动漫产业、动漫游戏业、信息网络业、网络文化业、数字传输、网络服务、文化信息业、新兴数字文化业、数字电视和网络电视等行业。

通过图3-3所示，国家文化产业专项规划所确定的十大类重点发展门类中，有六大类行业获得了地方政府的响应，影视制作业、数字内容和动漫产业、演艺业、娱乐业、文化会展业和出版业列在前六位。这六大门类中分别体现了传统文化产业、现代文化产业和信息文化产业。说明了"十一五"时期国家文化产业专项规划的科学性与合理性。与其同时，也应注意的是，在前面排序的前十个重点发展文化产业门类中，文化旅游业、艺术美术类行业和文化教育类这三种行业是在国家提出重点之外。但它们获得大多数地方政府的认同。而广告业、印刷复制业和文化创意虽在国家的文化产业专项规划中得到确定，但并未获得多数地方政府的响应。这也表明，有待在"十二五"规划中进行调整。

（五）分析和结论

通过对2006~2010年中国文化产业发展规划执行情况和综合指数环比分析发现，"十一五"时期中国文化产业增长曾经出现两次峰值运动，分别为2007年和2010年。造成这两个峰值出现均有一个共同的动因，那就是2006年中国发布了《国家"十一五"时期文化发展规划纲要》，2009年国务院出台了《文化产业振兴规划》。正是这两个规划的出台直接推动了中国文化产业的快速发展，而介于两个峰值运动之间的2008年、2009年则出现了下行运动的态势，尤其是2009年，在全球金融危机情势下并没有出现被认为的"中国文化产业逆势上扬"，这与全球化的特征相一致。（见图3-5）政策直接成为推动中国文化产业发展的战略性主导力量，市场经济尚未在文化产业发展中发挥资源配置的积极作用。由此可见，中国文化产业发展尚处于政策哺育期和成长发展的初级阶段，政策性文化金融投资拉动成为这一阶段中国文化产业的显著特征。

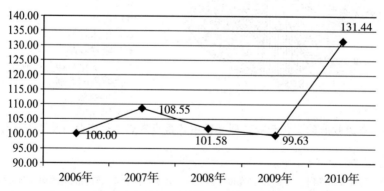

图3-5　2006~2010年中国文化产业发展综合指数

中国文化产业发展尚处于政策哺育期和成长发展初级阶段的结论，不仅指文化产业发展表征指数普遍偏低，而且单从文化产业发展水平看，文化产业占当地GDP比重很小，这与国家统计局关于文化产业占GDP比重2.75%相一致，距离成为国民经济支柱产业地位（＞5%）尚有较大距离。文化产业经济贡献率普遍偏低，未能成为显著拉动经济增长的主要力量。由于东、中、西部文化产业发展存在着严重的梯度级差，这就从总体上规定了现阶段中国文化产业发展的阶段性特征。这一阶段性特征是由中国正处在社会主义初级阶段决定的，也是实现十七届六中全会所提出的"推动文化产业成为国民经济支柱性产业"的战略要求的现实基础。中国文化产业发展仍需中央及地方在符合文化产业发展规律的基础上，进行政策引导和合理规划，从而可实施中国文化产业文明、生态、可持续发展战略。

二、文化产业发展战略目标模式的国际经验[①]

国际经验是中国发展的重要参照，美国、日本、加拿大、英国、法国、韩国是当今世界文化产业的发达国家。六国具有不同的文化战略及目标。由于六国文明方式构成和社会生产力发展水平的差异性，物质生产和精神生产的特殊性，使得六国文化产业战略具有差异性并且各有侧重。六国发展文化产业的战略目标具有一致性：实质上都是为了争夺世界文化秩序建构的主导权，但是其战略实施路径以及发展战略的制度建构和运行机制则是不同的，和而不同，缔造了六国文化产业发展的多样性。分析六国成功发展文化产业的战略要素对于思考中国文化产业发展战略有着重要的参考价值。

（一）文化产业战略目标与重点

1. 文化产业发展战略目标

文化产业战略目标是文化产业发展战略行动所要达到的预期结果，是制定和实施文化产业发展战略的出发点和归宿点。利益、国家利益永远都是一个国家制定战略的最重要、最本质、最根本的目的。这一导向也是各文化强国的战略目标标准。当今六国的文化产业发展战略及其战略目标如表3-16所示。

---

① 我的硕士研究生刘爽同学提供了初稿："六国文化产业发展战略"。

表 3-16　　　　　　　　　六国文化产业主要战略及其目标

国家	文化产业主要战略	主要战略目标	共同点
日本	文化立国战略；知识产权战略	加强日本文化的建设和发展	都有文化安全战略；都有通过文化产业提高本国的国家实力，提高本国的国际地位的战略目标；都渴望本国的文化能够在国际上得以传播
韩国	文化立国战略；文化安全战略；文化遗产保护战略；文化走出去战略；文化产业集群战略	充分保障国民的文化享受权；充分保障韩国的文化安全；提高韩国在国际上的形象和树立在国际上的地位；实现"世界文化强国"的战略目的	
美国	文化外交战略；文化输出战略；文化安全战略；知识产权战略；文化扩张战略；文化霸权战略；多元文化战略	文化霸权，美国积极争取全球文化利益	
加拿大	文化多元化战略；文化安全战略	文化多样性发展；文化保护	
英国	文化创意战略	使英国从一个多世纪以前的"世界工厂"蜕变为当今的"世界创意中心"，从而全方位提升英国的国家核心竞争力	
法国	文化例外战略；文化多样性战略	普及文化、下放文化权力和实现文化的民主化；减少在文化方面的不平等；加强法国文化在世界上的地位	

　　韩国的国家文化产业战略由文化立国战略、文化安全战略、文化遗产保护战略、文化走出去战略、文化产业集群战略、文化强国战略等组成，它的战略目标就是为了要成为世界文化强国，可以说目前韩国的战略目标已经初步实现；日本的文化产业战略是文化立国战略，与韩国不同的是，日本的国民性格是内敛、韬光养晦，他们并没有像韩国那样大肆宣扬他们的文化立国战略，也没有高调地喊出他们要成为文化强国，但是他们一直在默默地努力，被认为已经成为世界第二文化内容强国；美国在"冷战"之前主要实施文化外交战略，"冷战"之后主要实施文化输出战略，另外还有文化安全战略、知识产权战略、文化扩张战略、版权战略、民主与人权战略等，其本质的文化战略目标是获得在全球文化利益的主

导权，世界各国都看出了美国的战略野心，但目前却无力撼动他们的第一文化强国地位，美国的文化产业在全球战略的成功实现以及它在主导全球文化秩序建构中的作用可见一斑；加拿大的文化战略是文化多元战略和文化安全战略，战略目标是为了发展自己的文化产业，抵制他国尤其是美国的文化产业的过度侵入。加拿大的文化安全战略为世界各国发展文化产业提供了良好的借鉴作用，无独有偶，法国的文化例外战略也是文化安全战略的一种；英国的文化创意战略，使英国从一个多世纪以前的"世界工厂"蜕变为当今的"世界创意中心"，从而全方位提升了英国的国家核心竞争力：自 1997 年至今的 10 多年来，英国整体经济增长 70%，而创意产业增长 93%，为英国提供了 195 万个工作岗位，占总就业人数的 4.1%，成为英国雇用就业人口的第一大产业，产值仅次于金融服务业的第二大产业。创意产业成功推动了英国出口，有效地抵补了货物贸易逆差，实现了经济从"制造型"向"创意服务型"的转变，率先成为国际上文化产业的"标杆国"[①]。

综合比较，六国虽然具有形形色色的文化产业发展战略，但是也具有明显的共同特征，那就是文化大发展战略和文化安全战略的统一性，文化产业不仅要快速地发展起来，增强国家的核心竞争力，同时还要进行文化保护战略，这种有张有弛的文化产业发展战略成为各文化强国的战略共同点，这也为中国文化产业发展战略的制定和发展提供了借鉴。

2. 文化产业战略重点

不同国家有不同的文明构成方式。文明方式构成的特殊性和差别性，是一种文明区别于另一种文明形态的尺度。它是以一定的社会生产力发展水平为指标体系的。生产力构成和生产关系构成规定了文明方式构成的历史性。由于各国文明方式构成和社会生产力发展水平的差异性，物质生产和精神生产的特殊性，使得各国的文化产业战略目标也具有差异性，并且各有侧重（见表 3 – 17）。

表 3 – 17　　　　　　六国文化产业发展战略侧重点对比

国家	文化产业战略重点	共同点
日本	文化立国战略	都有通过文化产业提高本国的国家实力，提高本国的国际地位的战略目标。都渴望本国的文化能够在国际上得以传播
韩国	由文化立国转变到文化强国战略	
美国	由文化外交战略转变到版权战略	
加拿大	文化多元化战略	
英国	文化创意战略	
法国	由文化例外战略转变到文化多样性战略	

① 赵友宝："创意产业：发达国家发展政策的国际比较及其启示"，《科学学与科学技术管理》2007年第 2 期。

通过分析各国的文化产业主导政策和产业布局，我们可以看出各国的文化产业发展战略侧重点。

1995 年，日本文化政策推进会议在其重要报告《新文化立国：关于振兴文化的几个重要策略》中，确立了日本在未来 21 世纪的文化立国方略。1996 年，日本确定了《文化立国 21 世纪方案》；1997 年的"文化振兴基本计划"把文化的振兴提高到国家重要课题的位置，后来颁布了《文化艺术振兴基本法》①；1998 年的"文化振兴基本设想"又提出，要把文化的振兴提高到国家最重要的位置；2001 年日本又提出知识产权立国战略，明确提出 10 年内把日本建成世界第一知识产权国。2003 年又制定了观光立国战略。由此看出，日本文化产业侧重文化立国战略，强调日本文化的建设和发展。

韩国于 1972 年制定了《文化艺术振兴法》，国家承诺要对国民享受文化的权利给以充分保障；1973 年，倡导"门户开放"政策，积极开展体育文化外交，做体育文化大国；1998 年，韩国提出"文化立国"方针，随后，韩国政府陆续出台了《国民政府的新文化政策》、《文化产业发展 5 年计划》、《文化产业发展推进计划》、《21 世纪文化产业的设想》等纲领性文件，明确了文化产业的优先发展地位，为文化产业发展提供了强大的政策支持。1999 年，韩国政府首次制定了有关文化创意产业的综合性法规《文化产业振兴基本法》，提出振兴文化产业的基本方针政策。2000 年，韩国发布了《21 世纪文化产业的设想》，要把韩国建设成 21 世纪文化大国和知识经济强国，从此韩国的战略侧重点由文化立国转变为文化强国战略，文化产业的一切发展都围绕着这一核心战略。

美国是世界第一个进行文化立法的国家。1790 年，美国第一部版权法制定，此法制定来自于美国宪法第一条第八款第八项的授权："议会有权为促进科学和实用技艺的进步，对作家和发明家的著作和发明，在一定期限内给予专有权利的保障"。此后，根据美国经济、科技和社会不断发展的需要，美国国会不断地对《版权法》加以修正与完善，从而加强对本国文化产业的保护。国会分别在 1831 年、1856 年和 1865 年对《版权法》作了修改。

1917 年美国联邦税法明文规定对非营利性文化团体和机构免征所得税，并减免资助者的税额。1961 年，美国又通过了《相互教育和文化交流法案》以及《富布莱特—海斯法案》，这两项立法开始了美国文化输出的新阶段。1965 年，美国通过了《国家艺术及人文事业基金法》，并据此创立了国家艺术基金会与国家人文基金会，以致力于推动艺术与人文事业的发展。1971 年，美国颁布实施

---

① 正文内容参照日本文化厅官方网站：http：//www. bunka. go. jp/bunka_gyousei/kihonhou/kihonhou. html。

《黄金时间机会条例》，规定每天 19：00 至 23：00 的黄金时间，电视网及附属台不能全部播出自己制作的娱乐节目，打破电视媒体对节目市场的垄断。1988 年通过了《伯尔尼公约实施法》，开始对《伯尔尼公约》的成员国提供高水平的版权保护。

采取双边和多边机制，积极谋求美国文化商品的国际市场是美国的一大特点。一方面，他们利用 1988 年《综合贸易与竞争法》中的特别 301 条款，迫使其他国家加强对美国版权的保护，1994 年 TRIPS 协议［《与贸易有关的知识产权（包括假冒商品贸易）协议（草案)》的简称］的达成，不仅大大提高了国际保护版权的整体水平，而且使美国日益强大的文化产业获得了广泛有效的国际保护机制，这个文件已成为知识产权保护的国际标准。

1996 年，克林顿政府签署了《联邦电信法》，放宽了对媒体所有权和跨媒体所有权的限制，从而形成了世纪之交规模空前的媒体兼并浪潮，促成了少数超大规模的跨媒体文化产业集团的出现，对于在全球范围内扩大美国的文化产业发挥了重大的推动作用。1998 年，美国颁布了《版权期间延长法案》与《跨世纪数字版权法》，这又是一系列对知识产权以及数字版权的重大法律保护措施。2005 年，《家庭娱乐和版权法》的颁布也体现了美国对知识产权保护的重视。此外，美国政府还依据《文娱版权法》、《合同法》和《劳动法》等推动文化产业的发展。从美国文化立法的发展过程我们可以看出，美国在"冷战"之前主要实施的是文化输出战略，"冷战"之后美国侧重的是版权战略，美国颁布了大量的版权法律法规，保护他们的版权利益。

加拿大政府于 1971 年实行多元文化主义政策，并通过 1982 年宪法保证了该政策的法律地位和贯彻执行。1988 年正式推出《多元文化法》（Canadian Multiculturalism Act)，该法案声明：加拿大政府承认族裔与文化多样化之合法性，视多元文化为加拿大民族的基本特征与宝贵资源，保障所有公民保存和分享民族文化遗产的权利，鼓励他们为民族文化的繁荣做出应有的贡献[①]。加拿大政府为实施这一政策采取了一系列具体措施：1973 年成立多元文化咨询委员会，1985 年设多元文化常务委员会，1991 年在此基础上设立多元文化与公民身份部；增加公共机构中的少数民族的代表，资助全国性少数民族文化组织，鼓励多元文化的艺术创作和传播，鼓励少数民族语言课程的开设，举办少数民族文化节和文化活动等。

1999 年 2 月加拿大对外事务与国际贸易部下属的文化产业部门视听小组（the Cultural Industries Sectoral Advisory Group on International Trade，SAGIT）发表

---

① 参见 Canadian Multiculturalism Act，http：//laws. justice. gc. ca/en/c - 18. 7/29236. html。

了名为《全球世界中的加拿大文化：文化与贸易的新战略》（Canadian Culture in a Global World：New Strategies for Culture and Trade）的报告，其特别关注贸易与文化的关系，主张积极协调文化多样性要素与贸易规则间的关系，并认为现有的WTO贸易谈判机制给世界各国在 WTO 领域协商文化多样性问题提供了足够的制度保证与成功几率。报告要求政府抛弃文化例外，站在维护文化多样性的立场上，通过谈判制定一项新的国际性的文化多样性公约以规范文化产品与服务领域内贸易与投资的行为。由此看出，加拿大最核心的文化产业战略是文化多元战略，强调利用文化的多元性来发展文化产业。

英国于 1992 年开始实施"国家文化艺术发展战略"；1997 年成立"创意产业特别工作组"（Creative Industries Task Force），布莱尔首相任主席；1998 年出台的《英国创意工业图录》中明确地提出了"创意产业"（Creative Industries）的概念，要求政府"为支持文化创意产业而在从业人员的技能培训、企业财政扶持、知识产权保护、文化产品出口等方面"做出积极努力。从此，创意战略成为英国发展文化产业的战略侧重点。

1993 年，法国提出著名的文化例外战略。1994 年法国政府颁布法令，所有法国电台播放的音乐节目中至少有 40% 的法语音乐。1995 年，希拉克总统宣布国家今后每年拨出的文化经费不少于国家经费总预算的 1%。由此看出，法国的文化战略重点是文化例外战略[①]，但是过度地强调这一原则，也给法国文化产业的发展戴上了枷锁，戴着镣铐跳舞的法国文化产业逐渐受到文化例外战略的不良影响，目前这一战略已经开始引起法国学者和政府的反思和调整。进入 21 世纪，法国将"文化例外"原则的提法改为"文化多样性"（Cultural Diversity）。法国的文化战略重点转移到了文化多样性。但是从实质上看，无论是"文化例外"还是"文化多样性"，都是反对世界文化的单一化，特别是美国化，也是欧洲大陆国家不满美国谋求全球文化霸权的反映。

即使是各有侧重的文化产业发展战略，我们还是从其不同的命名中发现其本质的一致性，那就是各文化强国的文化战略侧重点都有通过文化产业提高本国的国家实力，提高本国的国际地位的战略目标。都渴望本国的文化能够在国际上得以传播和发展。各文化强国都注重知识、文化的力量，都在通过形形色色的途径和方法最大限度地开发文化的经济和商业价值。但同时都在进行着不同程度的文化保护。

---

① "文化例外"原则是基于：文化商品和服务传达着观念、价值和生活方式，它超越了其他任何商品，超越了商品价值而反映民族国家的多重身份及其公民的创新的多样性。也就是说，在世界文化产品和服务贸易中，可以采取对外国文化产品和服务的进口设置关税壁垒和贸易配额，本国政府也可采取财政补贴的方法资助本国的文化产业而不算是违背世界贸易组织"贸易自由"的精神。

（二）各国文化产业发展战略的制度建构和运行机制

从某种意义上来说，文化产业的构成形态和变化，实际上是世界政治、经济和文化运动关系的一种表现。反映在关于文化产业发展战略的博弈上，本质上都是关于由谁来主导世界文化秩序建构的主导权之争，而这恰恰是国家文化战略竞争的核心。各文化强国发展文化产业的战略目标具有一致性，但是其发展文化产业的实施路径、制度建构和运行机制则是不同的，和而不同，缔造了世界各国文化产业发展的多种多样的形式和路径。

1. 日本：政策健全、依靠市场、政府主导、重点发展

首先，大力支持和发展文化产业，为文化产业提供方便，制定相关政策，是日本文化产业得以发展的根本原因。

早在 20 世纪 50 年代，日本就开始了文化产业的开端。代表性的法律是 1970 年颁布的《著作权法》。该法经过 20 多次修改，于 2001 年更名为《著作权管理法》[①] 并开始实施。

1990 年，日本成立了"文化政策推进会议"，由专家学者和艺术权威人士组成，作为文化厅长官的咨询机构开展活动。1995 年，日本发布了《新文化立国：关于振兴文化的几个重要策略》的报告。1996 年，日本确定了《文化立国 21 世纪方案》；1997 年发布"文化振兴基本计划"，后来颁布了《文化艺术振兴基本法》[②]；1998 年提出"文化振兴基本设想"；2001 年日本又提出知识产权立国战略，2003 年又制定了观光立国战略。对振兴地区和地方文化，日本政府明确规定：政府应支援地区文化活动，包括重新挖掘、振兴具有地方特色的文化遗产、民间艺术、传统工艺和祭祀活动等；制定长期规划，对具有地方特色的文化艺术提供综合援助；中央政府与地方政府联手举办全国规模的文化节。2003 年，日本文化产业的收入就已经超过其汽车业产值，并成为继美国之后的世界第二大文化创意强国，在游戏、动画、卡通、漫画领域中拥有世界一流的竞争力。2004 年 6 月政府出台了《内容产业促进法》，并将内容产业划入《创造新产业战略》，希望通过文化的产业化，实现经济结构向知识密集型转化，使产业重心从 GDP 转向 GNC（Gross National Cool，直译为"国民酷总值"，意译为"国民幸福总值"），从硬实力（经济和军事）转向软实力（文化价值观和品牌）。近年来，根据文化产业发展的新形势，日本又制定了多部新的法律，如《IT 基本法》、

---

① 正文内容参照日本文化厅官方网站：http：//www. bunka. go. jp/chosakuken/index. html。

② 正文内容参照日本文化厅官方网站：http：//www. bunka. go. jp/bunka_gyousei/kihonhou/kihon-hou. html。

《知识产权基本法》、《文化艺术振兴基本法》等。

其次，日本文化产业充分发挥中介组织作用，使文化和市场高度融合。在日本，文化行业协会几乎遍布每个文化产业，这些自律性的组织或机构都是社团法人，负责制定行业规则，维护会员的合法权益，同时进行行业统计，其作用被看作是政府职能的延伸。日本的文化产业项目全都进入市场操作；企业是文化产业发展的主体，不仅参与和赞助大型文化活动，而且在演出界、电影界、出版界和广告界等均拥有成熟的知名文化企业队伍。与此同时，日本文化产业还积极开拓海外市场。如日本经产省与文部省联手促成建立了民间的"内容产品海外流通促进机构"，拨专款支持该机构在海外市场开展文化贸易与维权活动。

最后，日本采取重点突破战略发展文化产业。日本之所以能在比较短的时间内成为世界文化产业强国，除特殊的历史传统和文化氛围外，其实行政府主导型文化产业发展模式无疑是最主要的原因之一。日本主导型文化产业发展模式的特点是在政府强有力的干预和主导作用下，大力发挥市场机制配置文化资源的基础性作用，而政府干预的重要手段就是比较成功地运用宏观经济计划与产业政策。在这一模式的指导下，日本政府集中力量培育重点文化产业和文化项目，开发具有国际竞争力的高质量文化产品，使国家扶持政策产生更大更快的整体实效。日本选取了重点发展动漫产业和电脑游戏软件，其在动漫产业发展方面有着庞大的创造能力、消费市场和抗衡美国的能力。另外，日本的文化（文化遗产）保护战略①也给国际做出了重大的贡献。

2. 韩国：战略齐全、管理有力、资金支持、人才到位

韩国在政策、法律、机构、资金、人才等方面，都采取了全局性的切实可行的方法和步骤，使得韩国文化产业在 1997 年亚洲金融危机之后快速成长为后起之秀，一跃跻身于世界文化强国之列。

早在 1962 年，韩国就制定了《文化遗产保护法》，不遗余力地进行文化保护工作；1972 年制定了《文化艺术振兴法》；1973 年，倡导"门户开放"政策；自 1998 年开始，陆续出台了《国民政府的新文化政策》、《文化产业发展 5 年计划》、《文化产业发展推进计划》、《21 世纪文化产业的设想》等纲领性文件。1999 年，韩国政府首次制定了有关文化创意产业的综合性法规《文化产业振兴基本法》。为适应数字化信息时代文化产业发展的需要，近两年韩国政府对《影像振兴基本法》、《著作权法》、《电影振兴法》、《演出法》、《广播法》、《唱片录像带暨游戏制品法》等法律进行了部分或者全面的修订，被废止或者修订的内容达 70% 左右，真正地做到了"与时俱进"（见表 3 - 18）。

---

① 资料来源于日本文化厅官方网站：http://www.bunka.go.jp/kokusaibunka/index.html。

表 3 – 18　　　　　　　　　　**韩国的制度建构和运行机制**

时间	政策、法律法规	关键内容
1962 年	制定《文化遗产保护法》，不遗余力的文化保护	无形文化遗产与有形文化遗产、纪念物、民俗资料都被列为保护对象
1972 年	《文化艺术振兴法》	国家要对国民享受文化的权利给以充分保障
1973 年	倡导"门户开放"政策	积极开展体育文化外交，做体育文化大国
1998 年	正式提出"设计韩国"战略、"文化立国"方针 《国民政府的新文化政策》	重新认识文化产业
1999 年	《文化产业振兴基本法》	界定文化产业范围，确定文化产业延伸产业
1999 年	《文化产业发展 5 年计划》 《文化产业促进法》	制定韩国文化产业三步走计划 制定韩国文化产业基本战略 构建振兴文化产业的基本框架
2000 年 2001 年	《21 世纪文化产业的设想》 《文化韩国 21 世纪设想》	把韩国建设成 21 世纪文化大国，知识经济强国
2002 年	《文化产业发展推进计划》 《影像振兴基本法》 《著作权法》 《出版与印刷振兴法》 《网络数字内容产业发展法》	进行了部分或者全面的修订，被废止或者修订的内容达 70% 左右
2003 年	建设"创意韩国"	把韩国建成 21 世纪文化大国和知识经济强国
2004 年	《2004 年广播电视产业实态调查报告书》	2004 年韩国广播电视产业实态调查报告
2005 年	《报业法》 《文化产业集群地形图》	由《定期刊物注册相关法律》改为《报业法》
2006 年	韩国文化产业发展规划 修订《文化产业基本法》	把韩国建设成 21 世纪文化大国，知识经济强国

部分资料来源：张寅："韩国文化创意产业的发展模式"，《中国投资》2006 年第 6 期。

　　除此之外，韩国成立众多的专门的文化管理机构对文化产业进行积极有效地管理。目前，负责韩国文化产业管理的政府部门主要是李明博政府的文化体育观光部。

1994 年，文化观光部首次设立"文化产业局"主管文化产业。1999 年，文化观光部、产业资源部、信息通信部通力合作，建立了各自下属的"游戏综合支援中心"、游戏技术可开发中心，形成合力重点支持网络游戏产业。2000 年，文化体育观光部和产业资源部设立了"韩国卡通形象产业协会"。同年，韩国文化产业振兴委员会成立。2000 年 4 月和 12 月先后设立韩国工艺文化振兴院、文化产业支援中心。2001 年，又将文化产业支援中心扩建为文化产业振兴院①，由其全面负责文化产业具体扶持工作，同时侧重音乐、动漫和卡通形象产业的发展。文化体育观光部 2002 年 7 月又决定组建文化产业支援机构协议会。从而形成了一个战略管理系统（见表 3 – 19）。

表 3 – 19 韩国文化组织管理机构

时间	组织机构	主管内容
1994 年	文化体育观光部首次设立文化产业局	主管文化产业
1999 年	文化观光部设立游戏综合支援中心	主管政策、规划
	产业资源部设立游戏技术开发支援中心	主管游戏产业园区建设和管理
	信息通信部设立游戏技术开发中心	主管游戏产业技术开发
	文化观光部和产业资源部设立"韩国卡通形象文化产业协会"	负责创作
2000 年	文化观光部和产业资源部设立韩国卡通形象产业协会	负责市场开发
	韩国文化产业振兴委员会成立	制定国家文化产业政策方向、发展计划、文化产业振兴基金运营方案，检查政策执行情况、开发有关调查研究及其他相关工作
	文化观光部设立韩国工艺文化振兴院	
	文化观光部设立文化产业支援中心	
2001 年	将文化产业支援中心扩建为文化产业振兴院	全面负责文化产业具体扶持工作
2002 年	组建文化产业支援机构协议会	加强信息交流，提高工作的整体效果
2000～2002 年	出版协同组合；游戏制作者协同组合	民间组织，协同文化管理机构

部分资料来源：张寅："韩国文化创意产业的发展模式"，《中国投资》2006 年第 6 期。

另外韩国还有其他的文化机构，我们对其主要职责再作一简单列举。作为文

---

① 参见韩国文化振兴院官方网站：http://www.kocca.kr/chn/about/about/index.html。

化部的直属机构——海外文化宣传院，负责管理代表韩国的官方网站。文化财厅的主要职责是维护与宣传国家拥有的各种文化遗产，负责观光旅游资源的开发工作。国立国乐院的主要职责是全面继承与发扬代表韩国文化精髓的传统表演艺术。国立国语院的主要职责是调查、收集有关韩国语的语言学与文化资料，出版有关的调查结果，加大宣传力度、促进有关韩国语拼写法、标准语的应用与普及。影视等级评定委员会的主要职责是通过对电影、影像作品、公演作品等的监督，确保影视剧作品的伦理性与公共性，努力保护青少年免受不良内容的侵害。电影振兴委员会是政府出资的机构，通过筹措资金、调查研究、制定政策、推行相关教育活动等业务，促进韩国电影的稳步健康发展。韩国观光公社是韩国观光旅游产业的核心机构，其最大的目的就是大力提高韩国观光旅游资源的水平，把韩国建设成为全世界最有名的旅游名胜之地①。

　　韩国文化产业能够飞速发展起来，离不开雄厚资金的支持。韩国政府采取一系列措施，多渠道筹措文化产业发展资金，在经费上确保文化产业的发展，形成了一个比较完善的发展文化产业的资金体系（见图 3 - 6）。

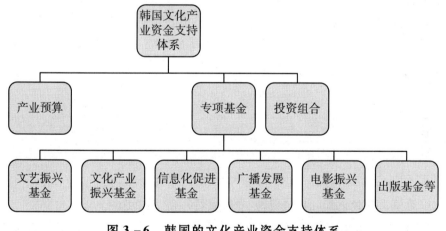

图 3 - 6　韩国的文化产业资金支持体系

　　资料来源：牛维麟：《国际文化文化产业园区发展研究报告》，中国人民大学出版社 2007年版，第 153～173 页。

　　韩国政府文化产业的预算逐年增加，文化事业预算在 2000 年首次突破国家总预算的 1%，全球只有韩国和法国达到这一水准。2001 年又上调到 9.1%，进入"一万亿韩元时代"。

---

　　① 资料来源于大韩民国官方网站：http：//chinese. korea. net/exploring. do? subcode = chi020004&thcode = chi030019。

韩国设立多项文化专项基金，扶持相关文化产业的发展。如文艺振兴基金、文化产业振兴基金、信息化促进基金、广播发展基金、电影振兴基金、出版基金等。

韩国主要运作"文化产业专门投资组合"，这是以动员社会资金为主，官民共同融投资的运作方式。实践证明这种运作方式是高效的，有效地保障了韩国文化产业的发展。

人才是发展文化产业的根本。韩国政府十分重视文化产业人才的培养，着重培养复合型人才，重点抓好电影、卡通、游戏、广播影像等产业的高级人才培养。同时，加强艺术学科的实用性教育，扩大文化产业与纯艺术人员之间的交流合作，构建"文化艺术和文化产业双赢"的人才培养机制。主要措施如表 3 - 20所示。

表 3 - 20 　　　　　　　　韩国文化产业人才培养措施

主要措施	主要内容
完善人才管理系统	成立"CT 产业人才培养委员会"；设立"教育机构认证委员会"；建立文化产业专门人才库
利用专门院校进行培养	新建汉城游戏学院、全州文化文化产业大学、清江文化文化产业大学等
利用网络及其他教育机构进行培养	自 2003 年开展文化产业网络教学
加强专业资格培训	委托院校和企业开展文化产业从业人员资格培训
加强国际人才交流	与美国、中国、日本等国加强人才交流与合作

资料来源：牛维麟：《国际文化文化产业园区发展研究报告》，中国人民大学出版社 2007年版，第 153～173 页。

3. 法国：政策连续、集权管理、鼓励创作、欧盟资助[①]

法国是世界上最重视文化发展战略的国家，政府在文化的发展过程中起着举足轻重的作用。

法国文化政策的初始阶段是"马尔罗 10 年"（1959～1969 年），马尔罗的文化政策符合当时的法国福利政策，文化事务部实施的主要政策是：使全体公民进入文化事业；加大对艺术家的社会福利保障。从 20 世纪 70 年代开始到 1981 年，法国的文化政策进入飘摇不定时期，这一时期法国文化部部长不断更换，但频繁更换文化部领导和不断修正文化政策，也说明法国的文化政策既具有稳定性，又有其多变性。

---

① 更多法国文化产业信息请参照法国文化与交流部官方网站：http://www.culture.gouv.fr/。

20 世纪 80 年代，随着社会党的执政，法国的文化政策和文化建设进入了新兴发展阶段。社会党在"80 年代法国的社会党规划"中重点论述了如何发展法国的文化政策问题，建议实现艺术与文化部门的国有化，在文化领域内建立合作机构，加强国家对私人文化部门的监督。1981 年颁布《图书统一价格法》，调节了文化市场平衡。1986 年新上任的文化部部长 F. 莱奥塔尔除继续坚持上述的文化政策之外，又补充制定了新的文化政策。把文化工作的重点转移到保护文化遗产、拯救古建筑、加强对青少年的文化教育，扩大法国文化的国际影响和积极支持一些过去曾被忽视了的文化范畴的创作上。

1993 年至今，法国的文化产业进入平衡发展的阶段。1993 年，法国提出著名的文化例外战略。1994 年法国政府颁布法令，所有法国电台播放的音乐节目中至少有 40% 的法语音乐。1995 年，希拉克总统宣布国家今后每年拨出的文化经费不少于国家经费总预算的 1%。

法国实施集权化的文化管理模式。早在 16 世纪，法国皇室就使用皇家庇护、资助和审查等政策对文化进行干预。《法国文化政策》指出，法国文化政策一直具有国家扶持特征，即提高文化知识和文化艺术，逐步完善国家文化行政管理结构和文化预算。现在，文化与通讯部是法国中央政府的文化主管机构，对全国的文化事务进行统一的直接管理。但法国的这种直接管理与一般国家的直接管理模式不同。首先，是采取"契约式"管理模式。即不是通过行政命令，而是通过签订文化协定的契约形式确保实现管理目标。政府的具体文化发展目标通过财政投入的方式来明确，政府在提供经费时，与所资助的文化部门和单位签订合同，政府则利用合同形式对这些部门和单位进行监管，确保投入经费的使用效果，实现政府的管理目标。模式之二是采取"一竿子插到底"中央集权管理模式。即政府通过向地方派驻文化代表的方式，统一对全国文化事务实行协调管理，而不是如英国式的通过中介代理机构来实施管理①。

欧盟资助。1999 年生效的"阿姆斯特丹公约"第 151 条明确指出："欧洲有权利作出对文化领域资金运转的决定"，欧盟在今天设立了多种多国文化发展项目，给项目拨款，法国参与的"文化 2000 计划"，"外加媒体节目"等项目都受到欧盟的大力资助。

4. 英国：战略研究、专业组织、重视技术、政府管制

战略基础性研究。英国对创意产业进行了大量的战略研究，这些研究为英国政府制订创意产业发展战略及政策提供了完整的信息支持。《英国创意产业路径文件》和《创意产业专题报告》是两份经典性的战略研究报告。英国文化、媒

---

① 江小平："《法国的文化政策》简介"，《国外社会科学》1991 年第 6 期。

体与体育部门在 1998 年发表了《英国创意产业路径文件》，对创意产业的发展路径进行了说明，并且于 2001 年进行了修订。报告认为：英国政府采取的发展创意产业的主要措施包括，在组织管理、人才培养、资金支持、生产经营等有关方面逐步加强机制建设，对文化创意产品的研发、制作、经销、出口，实施系统性扶持。

由布莱尔首相任主席的英国创意产业特别工作小组于 1998 年发表了《创意产业专题报告》，这份报告首次对创意产业进行了如下定义："源于个人创造力与技能及才华、通过知识产权的生成和取用、具有创造财富并增加就业潜力的产业"。这个概念一经提出，就被许多传统的英语国家、欧洲国家以及亚洲的英联邦国家和地区采用。

随后，英国又相继进行了相关的战略性研究：1998 年，出版的《出口：我们隐藏的潜力》（Exports：Our Hidden Potential）研究了创意产业的出口政策和措施；1999 年，《地区的规模》（The Regional Dimension）研究了创意产业的地区发展情况；2000 年，《下一个十年》（The Next 10 Years）从提倡创意生活、扶持个人创意及教育培训三方面，探讨了如何更好地帮助公民发展及享受创意的路径；2004 年，《创意产业经济评估》（Creative Industries Economics Estimates）公布了创意产业的就业、产出、出口等统计数据，介绍了创意产业的发展情况。这些战略基础性研究保证了英国政府创意产业战略、政策的有效性、连贯性、一致性[①]。

各种专业性组织。地方层面上的各种专业性组织在创意产业的发展中起到了相当的作用，这类专业组织包括：曼彻斯特的创意产业发展服务局，默西塞德郡的艺术、文化与媒体公司，西约克郡的创意产业发展局，南约克郡的 Inspiral 公司，伦敦哈姆雷特堡的文化产业发展推介中心，以及在康沃尔郡新近成立的创意 Kernow 公司等。这些创意产业支持机构重点是帮助创意产业部门实现发展，对创意企业在创业、融资、经营、人员培训等环节进行指导。此外，英国还有其他一系列的专业机构，这些机构与创意产业的具体部门合作，包括：英格兰、北爱尔兰、苏格兰与威尔士的艺术委员会、电影委员会、手工艺委员会和设计委员会等。

重视技术。英国政府十分重视数字化技术对文化创意产业发展的推动作用。他们采取了一系列的措施，积极地推动创意产业的数字化发展：1998 年，英国下议院特别委员会提出"多媒体革命"，开始积极计划应对数字化潮流；2000 年，英国政府掀起研究数字化对音乐消费的影响及知识产权保护的重要性的热

---

① 英国文化、媒体与体育部：《英国创意产业就业人口分布 & 英国创意产业产值分布情况》，2001 年。

潮；2002 年，英国政府研究了数字科技对电影生产及销售的影响，并提出应对数字化发展趋势的电影产业政策和策略。英国数字化技术大大缩短了创意产业的创作过程，降低了创作成本，提高了创意文化产品的创作质量，而且也促成了创意文化产品销售渠道和消费者消费习惯的深刻变化。另外，英国政府还利用数字化技术丰富了民众的生活，开发了多家博物馆并将所有数据档案数字化，通过教育、培训等方式，支持英国民众的创意发展，提供民众与创意产业接触的机会，使人们享受创意的生活。

政府管制。英国的政治体制由传统的"君主立宪制"转变为如今的"中央集权体制"，但在对文化产业的管理上则主张采行"分权化"管理模式。这一模式的实施，促使了英国文化产业的崛起。英国文化创意产业涵盖了 13 个领域，包括广告、建筑、艺术与古董市场、手工艺、设计、服装设计、电影与音像、互动娱乐软件、音乐、表演、出版、软件与计算机服务、电视与广播。由于文化产业范围较广，因此在政府架构中涉及众多部门的管理职权。为了使文化创意产业能够重塑英国形象，英国政府对于文化产业的管理采取了与欧洲大陆的集权式的直接管理模式不同的模式——间接管理模式。

因此，英国文化产业的管理机构实行从中央到地方的三级管理体制，政府秉承"一臂间隔"（Arm's length）的文化管理原则①。这种分权式的模式，要求中央政府在进行文化管理的过程中，一方面从单纯只管"小文化"（如表演、展览等）逐步过渡到统管所有涉及创意的"大文化"；另一方面是坚持通过制定和监督文化政策实施的方式，对文化事业的发展发挥监管和调控作用，并不对文化艺术团体和文化机构进行直接的行政干预。

5. 美国：无为而治、版权保护

无为而治。美国是文化商品生产强国，拥有世界上最发达的文化产业。它至今没有一份正式冠名为"文化产业"的政策文件，也没有管理全国文化艺术事业的文化部。但美国的文化产业并不是全盘放任自由，在联邦政府宣扬"无为而治"政策的背后，实际上有一套非常完整的文化产业发展战略，这些战略时刻维护着、促进着美国文化产业的发展。

美国发展文化产业，一方面，重视技术变化及国际市场的竞争趋势；另一方面，尤其注重对文化产业核心版权的保护。在这个过程中，美国政府一方面不断地建立健全法律法规，另一方面在政府管理上却实施全球独特的无为而治策略。当今世界绝大部分国家都设有专管文化事务的政府部门，但唯独美国这样拥有完

---

① 文化政策的"一臂间隔"（也译"一臂之距"）首先是指国家对文化拨款采取间接管理模式；其次是这种管理模式同时要求国家对文化采取一种分权式的行政管理体制。

善政府职能的国家却单单没有所谓的文化部。其具体政策是：对内放松管制，对外进行扩张；其政策法规很少是由国会通过的。美国的自由开放的文化战略具有宪法性基础：1791 年美国宪法第一修正案指出，"国会不得制定法律剥夺人民的言论和出版自由"。美国在文化事务上不设文化部，而是通过国会相关机构如艺术拨款委员会等和其他独立的组织，即非政府组织艺术家协会等"自下而上"地对文化发挥影响力，而政府只作为"麦田的守望者"和产业的"守夜人"，这就是美国文化政策上自由开放的"无为而治"（non-activity, non-regulation）政策①。

重视版权保护，加强版权立法②，实施数字化版权保护战略，推动版权保护国际合作。美国一般不采用文化产业这个提法，而是称为"版权产业"。美国全面实施版权战略，加强版权保护，促进其版权产业发展和全球竞争力的提升是它的主要战略内容。

美国相当重视对版权产业的保护，政府机构中设有版权办公室（隶属于国会图书馆，主要负责版权的登记、申请、审核等工作，为国会等行政部门提供版权咨询）；美国贸易代表署（负责知识产权方面的国际贸易谈判）；商务部国际贸易局和科技局；版权税审查庭；海关（主要负责知识产品的进出口审核）等相关的行政部门。除此之外，随着版权产业发展的需要，美国政府还成立了一些直属政府部门的工作小组，加强版权的监督与保护。实际上，美国已经在文化产业的核心层上，建立了一个"文化部"系统。美国政府先后通过了《版权法》、《半导体芯片保护法》、《跨世纪数字版权法》、《电子盗版禁止法》、《伪造访问设备和计算机欺骗滥用法》等一系列版权保护法规，形成了全球保护范围最广、相关规定最为详尽的法律系统。美国近年来不断修改版权法，推出了包括数据库保护在内的众多立法议案，不断完善版权保护制度。

美国是数字化技术及应用方面全球领先的国家。美国于 1998 年 10 月通过了《跨世纪数字版权法》（Digital Millennium Copyright Art），该法针对数字技术和网络环境的特点，对美国版权法作了重要的补充和修订，为大众和版权产业界提供数字化版权保护。

美国于 1998 年加入《伯尔尼公约》，为版权提供双边的保护。此外，美国还积极推动建立与国际贸易相关的新型国际版权保护体制，通过关贸总协定乌拉圭回合谈判的机会，最终形成了 TRIPS 协议，从某种意义上说，美国抓住了文化产业发展的核心。

---

① 胡青丹："发达国家文化产业发展战略探析"，《经济师》2009 年第 11 期。
② 参见美国版权局官方网站：http://www.copyright.gov/laws/。

6. 加拿大：政策系统、设置规则

政策系统。20 世纪 90 年代以来，加拿大的文化产业成为加拿大发展最快、对国民经济和就业水平贡献最大的产业，相应地，加拿大的相关政策法规也逐渐形成了一个促进产业发展的动态系统：在第一个层面上，政府通过提高文学艺术家的地位，保障文学艺术家的权利，保护他们的创作积极性来刺激本土文化产品的创造；在第二个层面上，通过政府部门与公共事业机构和私营领域的密切合作，培育自身的文化产品生产和分销的能力；在第三个层面上，政府通过立法和其他具有法律效应的管理措施，控制外资在本国文化产业中的份额，确保本土文化产品在国内市场的份额，使文化成果得以巩固和发展[①]。加拿大政府把这套文化政策系统称为一个支持文化产业发展的"工具箱"，主要包括以下几个方面：

（1）提供补贴。加拿大是除欧洲以外对视听产业提供补贴最多的国家。加拿大政府每年为公共广播服务提供超过 10 亿加元的补贴。1996 年到 1997 年，超过 3 000 万加元的加拿大电影基金投入到了电影的生产制作中，加拿大电视基金以每年大约 2 亿加元的数量投入到国内电视电影的生产制作中。而且加拿大还以不可偿还的国家补贴、无息贷款或减少运输费等方式补贴音乐工业、出版业与新闻业。

（2）严格许可要求。加拿大广播电视及电信委员会（CRTC）的许可规定曾导致了加拿大与美国之间的冲突，后在 WTO 之外解决。1994 年，CRTC 对一系列加拿大付费与专门性服务节目提供了许可，而加拿大 NCN 公司也获得了一项播送节目的专项许可。美国专门频道 CMT 已经在加拿大市场存续了超过 10 年的时间，却被排除在合格服务提供商的名单之外。起初，依据《美国贸易法》第301 条的规定，美国贸易代表在联邦法院提起针对该决议的诉讼，但当 NCN 以允许 CMT 控股 20% 的方式与 CMT 合并后，美国就停止了该项诉讼[②]。

（3）内容要求。"内容要求"是加拿大保护文化产业最重要的措施之一，也是最受争议的一部分，实质是一种内容配额管理措施，主要应用于广播电视领域。根据 CRTC 的定义，所谓"加拿大内容"就是加拿大艺术家创作的、关于加拿大故事的文化产品。该委员会从广播和电视两个方面对"加拿大内容"进行了非常详细地规定，确定了认定"加拿大音乐"和"加拿大电视节目"的必备要素[③]。

---

① 张玉国：《国家利益与文化政策》，广东人民出版社 2005 年版。

② C. B. Graber，M. Girsberger and M. Nenova（eds.），Free Trade versus Cultural Diversity：WTO Negotiations in the Field of Audiovisual Services ［M］. Schulthess，2004。

③ 马冉："加拿大的文化产业政策措施评析"，《辽宁行政学院学报》2009 年第 11 期。

（4）税收减免。1977 年，加拿大国会通过了 BillC – 58，对 1958 年的《所得税法案》进行了修订，规定在加拿大人拥有 75% 股份的期刊和 80% 股份的电视台做广告，可以享受税收减免待遇。

（5）所有权限制。1985 年通过的《加拿大投资法案》，对外资公司在加拿大文化产业领域的投资进行了严格限制：不仅需要经过政府有关部门的审批，还对与加拿大文化企业的兼并收购列举了约束条件。

（6）设置规则。为了抵制美国文化的入侵，保护加拿大民族文化及其文化产业，加拿大政府曾采取过种种限制措施。例如，它要求出版物中有一定比例的加拿大内容（Canadian content）等①。另外，加拿大把文化产业排除在北美自由贸易协定谈判之外：经过 14 个月的谈判，1992 年 8 月 12 日，美国、加拿大及墨西哥三国签署了一项三边自由贸易协定——北美自由贸易协定。该协定的总则规定，除墨西哥的石油业、加拿大的文化产业以及美国的航空与无线电通讯外，取消绝大多数产业部门的投资限制。

1989 年美国和加拿大两国签署了《美加自由贸易协定》（CUSFTA），该协定第 401 条取消了对特定文化产品的关税，第 1607 条为加拿大在文化产业领域消除垄断的政策法规设置了规则，第 2005 条规定文化产业不适用本协定的规定，第 2007 条要求加拿大改变与减少期刊广告相关的所得税法案。这一系列协定安排赋予了加拿大在处理对美国的文化贸易关系时，采用国内法措施的广泛选择权。

（三）国际文化产业发展战略的经验启示

从以上的探讨我们可以看出各文化强国在发展文化产业时，都具有全面的、长期的、明确的国家级文化产业战略及目标；在实施路径方面都具有系统的制度建构和运行机制；文化原创能力、文化综合国力、文化管理能力都处于国际领先水平。

首先，各文化强国都具有完善的政策系统和强大的国家控制系统。不管是采用国家话语、市场话语还是市民/交流话语，完善的政策法规都为文化产业的发展提供坚固的保障，使得本国的文化秩序法律规范化。文化产业政策有力地调控、治理着文化产业的发展。借鉴文化强国的成功经验，中国应整合文化资源，对文化产业进行主导和统筹，给予有效的战略、政策支持和完善的法律法规保障。完善和加快文化产业体制、机制改革。在国家创新系统中要统筹考虑文化产业的创新与发展问题，根据国家和区域的文化和经济禀赋进行设计，进行文化知

---

① 戴晓东："加拿大的多元文化主义与文化安全"，《现代国际关系》2004 年第 4 期。

识的创造、储存、应用与转移，并在创新系统下提供文化产业的政策架构，确保文化产业的健康、稳定、可持续发展。英国的文化创意产业政策被认为是目前国际上产业架构最完整的文化产业政策。概括来说，英国政府的推进措施主要是：政府就组织管理、资金支持、人才培养、生产经营等方面加强政策机制建设，对文化创意产品，从研发、制作、销售到出口，实施全方位的系统性政策扶持。

其次，不管是采取集权管理的模式还是分权管理的模式，不管是否具有专门管理文化的政府机构，我们发现政府的管制都十分有力，不管是明显的，还是隐藏在表面的自由开放之下、毫无痕迹的管制。各国都很重视市场的作用来发展文化产业，但是无论怎么放松管制，无论多么自由，都离不开政府的"眼睛"在后面步步监视着文化产业的发展，文化安全成为各文化强国发展文化产业的共同战略。日本、韩国的文化资源贫乏，但是却能在比较短的时间内成为世界上文化产业的强国，除特殊的文化氛围和历史传统外，两国实行政府主导型的文化产业发展战略模式无疑是最主要的原因之一。日本、韩国政府主导型文化产业发展战略模式的特点，就是在政府强有力的主导和干预之下，大力发挥文化市场配置文化资源的基础性作用，而国家政府干预的重要手段就是成功地运用国家宏观文化经济计划和文化产业战略、政策。日本、韩国都建立起富有活力的文化市场组织结构。市场动力机制的成功解决是日本、韩国文化产业飞速发展的重要原因之一。中国要在照顾本国国情和吸收文化强国文明成果的基础上，创造出一种物质动力与精神动力并重、竞争与合作、奖励与惩罚相结合的综合型的政府市场动力机制。另外，政府还应制定严密的国家宏观文化经济计划，对文化产业政策、战略进行有力的调节和控制。美国虽然没有专门的文化管理机构，但是美国的政府管理却是十分科学和现代化的。美国政府在对文化产业进行管理时不仅运用行政的、经济的、行业自律的手段，还非常重视法律的约束。

再次，文化资本的成功运营也是各文化强国发展文化产业的战略法宝之一。各文化强国不管是采取国家资助的形式还是筹集社会资金的形式，还是多种筹资方式并行的方式，他们都无一例外地重视文化资本的运营。建立完善的融资体制和中介服务体系对文化产业的发展十分重要。中国要建立和完善融资体制，加大国家及各级地方政府对文化产业建设的财政投入，加大吸引民间社会资本及外资的力度。另外，要发展经纪人、策划人、制作人等中介服务组织，有效提升策划、制作、包装、推广、销售、服务、关联产品的开发以及文化企业的经营管理等各方面的一条龙式的商业化运作能力，逐步形成文化产业的企业家和职业经理人队伍，构建一体的、资源共享的文化产业营销体系和市场网络。通过促成文化产业龙头企业和强势品牌带动下的、相互密切关联的文化企业集群的发展，形成"产业文化化，文化产业化"，商业与文化全面发展的格局。

最后，人才战略也是各文化强国文化产业发展战略的法宝之一。文化创意来自人才的创造力、技能和天赋。复合型、创造性的人才是提升一个国家文化产业竞争力、发展文化产业的核心和关键。各国都十分重视人才的作用，采用多种形式培养文化产业人才。中国文化产业发展的突出问题之一是文化产业人才缺乏，文化创新能力和营销能力不足。因此，加快高校文化产业学科的建设和文化产业专业人才的培养，应成为中国发展文化产业的重要任务。各高等院校要在各专业包括理工科专业中加强文化创意的培育；高校文科类专业也应进行工艺美术、工业工程设计等有关知识、技能的拓展训练；拓宽文化产业管理、艺术设计等专业的培养领域，把文化、网络和信息技术、管理及经济学等引入到教学过程中，提高他们的经济素养和商业意识。同时，还要注重发展社会培训机构，及时拓宽培养文化产业人才的渠道。创意产业包括复制性生产活动、智力性创意活动和持续的传播活动。从文化强国的战略经验来看，它们的文化产品之所以外观精美、性能优越、质地优良，这与它们把培训机构和高校培养、工程（设计）培养和文化艺术培养有机结合的专业培养模式有很大关系。最为重要的是，在基础教育阶段引入创意教育，从小培养国民的创意意识并成为自觉行动，同时通过学校教育，培养"生活的艺术家"和文化产品的消费者，则是事半功倍、标本兼顾之举，这也是日本等文化强国的战略经验之一。

三、中国文化产业发展战略的目标定位

国家与它的文化品之间存在着一种天然的对应关系。一个国家的国民对另一个国家的认识，在多数情况下是通过这个国家提供的文化品实现的。这就是为什么即便是到了 20 世纪 90 年代，甚至当中国也连同世界一道进入 21 世纪的时候，还有外国人认为中国人现在还留着大辫子的原因，这是由于中国提供给世界的文化品造成了这种认识。一个国家的文化品就是一个国家的形象代言系统和形象表达系统。而当文化产业成为现今一切文化品的生产系统和输出系统的时候，文化产业本身也就自然地成为一个国家的形象生产系统和传播系统。发展什么样的文化产业也就自然地和建设一个什么样的国家之间形成了对应性关系。因此，国家的文化定位和一个国家的国家定位也就内在地形成了对应性关系。而这正是制定和确立一个国家文化产业发展战略的基本出发点。

国家定位：正在崛起的发展中大国、迅速融入现代世界体系的大国、实现中华民族伟大复兴的东方大国。这就从三个方面界定了中国文化产业发展战略的目标定位：建设文化强国、构建和谐世界、实现文明转型。

（一）建设文化强国

中国历史悠久，是文化资源大国，但是在当今世界上还不是文化强国。文化强国是指那些综合文化国力对世界文化进程具有明显影响力的国家。中国要成为一个对国际事务负责任的大国，不仅在政治、经济方面，而且在文化方面，要承担起一个负责任大国所应当肩负的、对于世界和世界文化发展的一种文化责任，积极参与国际文化新秩序的建设。中国不应当只是五千年华夏文化传统的继承者，同时也应当是华夏文化对于当今和未来世界文化发展道路的开拓者。要在国际文化事务和世界文化发展中拥有应有的发言权。文化强国战略的目标，是实现与经济增长同步的发展，拥有与经济增长同样的影响世界文化增长的力量。在让世界尊重五千年中华文化的同时，也要尊重并倾听当今中国文化发展的态度和声音，使文化成为中国和平崛起为一个负责任大国进程中的重要力量和重要标志。

1. 衡量文化强国的标准

衡量文化强国按照不同的标准可以有许多不同的标准，但这几个标志是必须有的：

（1）国际领先水平的文化原创能力。文化强国应该是国际重要文化思想的策源地、艺术创作重要的策源地、杰出的国际性文化代表人物的诞生地，具有能够引领世界思想、学术和文化艺术潮流发展走向，提供文化和思想资源的能力。在历史上，中国之所以是一个文化大国，就是因为它在上述几个方面都在世界文化发展史上，向人类社会贡献出了人类社会发展所需要的独一无二的原创成果——领先的文化原创能力。

（2）国际领先水平的文化综合国力。根据当今国际社会通用作法，主要表现为文化产业在国内国民经济和社会发展中的结构比例、产值增长率、国际文化资本流动率和国际文化贸易的世界文化市场占有率与增长率等。尤其是国际文化贸易在世界文化市场和国际经贸交易中所占的比例，直接显示了一个国家文化综合国力的水平。这里至少包括两个指标：一个是它的文化影响力；另一个是它的经济拉动能力，即社会财富增长能力。

（3）国际领先水平的文化治理能力，以制度文明的先进性程度为标志。上述两项指标能否充分实现，在很大的程度上取决于统治集团治理国家和管理国家的执政水平和执政艺术。文化治理能力的先进性程度，是一个国家的文化制度传统融入现代文明体系，实现制度文明的重要指标。在这里，文化的文明程度和制度的文明程度的高度是统一在一起的。所谓文化治理能力的国际领先水平，是指在现代世界文明条件下，能够在多大的程度上，以较小的文化管理成本，获得较大的文化治理效益。这个文化治理效益，就是上述两个方面的具体体现。而能否实现这一点，一个国家的制度文明程度具有决定性的作用。

2. 建设文化强国必须遵循的若干原则

建设文化强国是在中国和平崛起过程中的根本战略。要实现建设文化强国这一重大战略，必须要有相应的国家文化战略系统配套和若干指导原则：

（1）建立和平崛起所需要的国家文化整体态势均衡协调发展格局。和平崛起是一种整体性国家力量的崛起。由于这种崛起以不改变现有国际秩序为策略，因此，如何使这种策略获得有效地实施，就需要有文化上的大智慧。在这里首先必须改变国家的发展理念和战略思想。20 世纪 70 年代末，在需要尽快地获得增长活力和发展动力的时候，中国选择了让一部分地区和一部分人先富裕起来的不平衡的发展战略，优先发展经济，尤其是加快发展沿海地区的战略。这一战略在迅速地提高国家综合国力的同时，也付出了区域发展不平衡被拉大了的代价，尤其是文化发展的不平衡不仅一般地表现在区域发展不平衡上，更重要的是在某种程度上是以牺牲文化发展为代价来获得经济的暂时增长的，从而出现了经济增长不仅没有实现文化的同步增长，相反却在某种程度上导致了文化衰退这样一种与社会发展总体进步趋势的背离现象。和平崛起，首先在内容上必须着眼于政治、经济、文化和社会各个方面的均衡协调发展，不能只顾一点不及其余。尤其在文化上，不能以牺牲后代人的文化利益为代价满足当代人的物质需要。在这里，国家文化整体态势的均衡协调发展具有特别重要的战略意义。那就是必须从观念上和政策与制度上确保城市与乡村、东部与西部、国内与国外、硬件和软件各个文化空间的协调发展和共同发展，既不能各自为阵，更不能相互抵触。只有从文化上做到国家整体态势的协调发展，才有可能为和平崛起营造一个和谐与充满创造力的文化生态环境。"人口众多、重要资源的人均水平大多居于世界平均水平之下、地区发展严重失衡、城乡二元结构、就业……挥之不去的一系列矛盾和问题，考验着中国的'和平崛起'。""如不重视这些问题，就无法打消一些人对中国崛起的疑虑。"（外交学院院长吴建民）"这些问题如果处理得不好，'和平崛起'就不可能实现。"（中央党校副校长李君如）① 在这些当中的任何一个问题上的战略失误，都可能使和平崛起战略实现付出比原先更高的文化成本。

（2）确立和平崛起的最优文化战略途径。中国目前正处在重要的文化转型时期。文化体制改革引发了文化利益关系的重大调整和重组；科学技术进步促使文化经济结构和文化产业结构急剧变化；工业化和城市化进程加快了社会文化结构的深刻变迁；温饱问题解决、人均 GDP 超过 1 000 美元后社会文化需求升级并且更加多样化；文化发展滞后于经济发展所积累的社会问题；文化产业的快速增

---

① "'和平崛起'：要科学发展观引领"，《新华每日电讯》2004 年 3 月 13 日。

长对文化资源、文化生态和文化环境产生的严重挑战；对外文化开放和经济全球化带来的文化的巨大发展活力和冲击，以及社会经济关系变化在思想政治文化领域所产生的激荡，所有这一切，都决定了中国和平崛起战略的选择具有中国文化发展转型期的性质和特征。也就是说，和平崛起在赋予中国文化发展新的内容的同时，也赋予了中国文化发展的新的使命。和平崛起时代的中国文化发展无论在战略上还是在理念上，都应该有别于中国历史上文化发展的任何一种模式和发展道路。确立和平崛起的最优文化战略途径，就是把和平崛起作为一种新的民族和国家的文化精神和凝聚力量，用和平崛起来涵养国家和民族新的文化气质和胸襟，从而使和平崛起对外成为中国的国家战略理念，对内成为每个公民的崇高理想和自觉的文化追求。要克服仅仅把和平崛起停留在外交宣言的局限，使之成为全体人民的自觉行为和奋斗目标，成为一种巨大的认同力量和凝聚力量。

（3）突出中国和平崛起的文化建设战略重点。和平崛起是中国对于世界的一种宣言。是基于对周边国家，尤其是一些世界性大国对中国崛起的战略恐惧和战略威胁作出的一种具有中国文化性格的回答和承诺。我们要争取国际社会对中国崛起的认同、对中国崛起的好感、对中国兴起的支持，就必须赢得世界的充分理解和尊重。中国和平崛起所需要的国家文化整体协调发展必须有一个能够具有终极关怀意义的目标选择，一个战略灵魂，把它作为国家文化建设的战略重点，并以此去带动所有其他的文化建设与文化发展。那就是在五千年中华文明的基础上，重建我们的价值体系和文化传统，重塑文化礼仪之邦的大国文化形象，从思考过去的历史中，凝聚成与和平崛起的战略定位相一致、所需要，同时又是具有普世价值的中华文明新的典范。用这新的文化典范去影响全球文化秩序的建立，参与全球治理所需要的价值理念。中国改革开放以来所创造的经济增长和发展，正在被越来越多的国家认同为是"中国模式"。然而，迄今为止我们自己还没有对此进行符合中华文化所特有的总结并使之具有普世价值的形态。以文化的参与和文化的影响去消解和平崛起过程中出现和产生的各种国际文化力量，以文化全球化的形式和机制实现中国和平崛起的战略目的。这应当成为中国文化在和平崛起进程中走向世界的战略重点。中国有几千年的封建发展历史，但并不是它的所有内容都是为其他文明所排斥的。

（4）着眼于文化开放与国家文化安全的有机联系。像中国这样一个有着十几亿人口的发展中国家要发展起来，不能把自己远大目标的实现建筑在对其他任何国家的依赖上。中国的和平崛起是在积极参与经济全球化的同时，走自己独立自主的发展道路的新选择，已有的大国崛起的历史经验不足以提供中国和平崛起的思想理论需求，而一味地照搬西方的现代化理论，则可能迷失我们自己对和平崛起发展道路的把握，文化开放是要建立起新的国家文化安全机制，是要在获得

129

中国文化发展所需要的各种国际资源有效配置的同时，提高中国的综合文化国力，为中国和平崛起的战略需要提供源源不断的文化智慧的贡献和原创能力的支持。因此，我们必须把中国和平崛起所需要的智力支持放在自己文化力量的不断增强的基点上。那就是：在扩大文化对外开放，进一步融入现代世界体系的同时，更加充分和自觉地依靠自身的文化体制创新，实现国家的全面文化创新，依靠自身的文化产业结构调整和依靠国内文化需求与国内文化市场的开发，依靠国民文化素质的整体性提高和科技的全面进步并以此来解决中国文化开放过程中所面临的一系列国家文化安全的难题。中国的和平崛起必然同时也是中国文化能力的崛起，以走向世界为特征的中国和平崛起，必然同时也是中国国家文化安全的更大程度上的充分实现。因此，文化强国战略的实现必须是文化开放和国家文化安全互动和有机联系的结果，而不是相反。

（5）建立文化强国战略实施的国家治理系统。文化强国战略的实施是中国和平崛起战略实现的重要内容，它一方面蕴涵了中国文化发展的内在需求，另一方面也包含着鲜明的国家意志，必然在国内和国际两个方面同时面对政策和战略的创制与调整，涉及内外两种文化利益的重组，因此，中国在参与经济全球化进程、全面推进国家文化创新体系建设中，必须注重政策与战略的自主性与可控性，建立文化强国实施的国家治理系统。那就是：文化政策选择与文化战略进程是自主的而不是被动的，是立足于中国文化国情的崭新创造而不是简单模仿的；是在融入和接受现行国际体系和规则，接收经济全球化机制影响的同时，保持对国家文化发展道路和发展模式选择的自主调控能力，充分体现国家文化主权；对在实现对外文化开放的过程中所带来的风险有体制和政策上的控制能力，包括国家文化安全危机管理和预警系统。只有这样，在和平崛起过程中的文化强国战略实施才不会因与世界经济的摩擦和文化的冲突而中断。

3. 完备的国家文化战略系统

国家文化强国战略是一个战略系统和战略集群。要实现国家文化大国战略，必须要有这样的一个集群系统。

（1）国家文化创新战略。创新是一个民族进步的灵魂。创新的核心是民族整体创新，是全民参与性创新。主要包括思想体系创新、制度创新、政策创新、机制创新和文化原始创新。核心是要把文化创新权交给全民族。只要不危及国家和民族安全，颠覆国家政权，一切思想理论的学术创新都应该得到鼓励。改革不只是改革家的事，创新也不只是思想家的专利。负责人不仅仅是政府的事，而是全体国民和整个中华民族的大事。中华民族要自立于世界民族之林，最主要的就是一个对世界文化负责任地不断创新，并且用自己的创新成果丰富世界文化宝库的民族。总结中华民族每一次历史转型关头的文化创新经验，借鉴世界文化创新成果，建立中国文化创新体系。

（2）国家文化产业战略。文化产业综合实力是一个国家文化综合实力和国际影响力的重要标志。文化全球化的首要特点就是文化产业运动的全球化。中国是文化资源大国，却是文化全球影响力的小国。一个重要的原因就是文化产品的输出能力弱小，文化产业弱小。要实现文化大国战略目标，必须实施国家文化产业战略，全民提高文化产业的整体实力和核心竞争力。要实行规范市场与放松管制并举的方针，营造宽松的政策环境；国家专营与社会合营相结合的方针，以公共的文化力量铸造全民之力；实行集中化与民主化治理相兼容的方针，传统文化产业与新兴文化产业协同发展的方针，跨越式发展与梯度推进相结合，核心竞争力与整体综合实力并举的方针。

（3）区域文化发展个性化发展战略。中国幅员辽阔，文化发展不平衡。文化强国战略实现，在中国一定同时也是各区域文化个性化发展的充分实现。中国是一个多民族的国家，东西南北发展差距很大，发展不平衡和区域特色文化同时并存是中国文化发展的特点。发展区域特色文化战略是必由之路。

（4）国家公共文化战略。文化强国战略是国家实施的全民文化战略。不只是政府的事。要实现全民族文化创新目标，就必须使每个公民充分享有宪法和法律赋予的文化权利。只有使每个公民在文化大国战略中都能找到自己合适的文化，文化大国战略目标才能和中华民族的伟大复兴同时实现。

（5）国家文化外交战略。文化强国的身份取决于在国际文化舞台和世界文化的影响力。要实施文化外交战略是一些文化大国的成功做法。中国要主动"走出去"，扩大对外文化交流，尤其是鼓励民间文化交流，大力发展国际文化贸易，通过占领国际文化市场影响乃至引导国际文化消费潮流来营造文化优势；建立中国在国际上的文化利益格局，充分利用 WTO 所提供的便利，实施全球华人战略，主动参与国际文化规则主导权竞争。主动竞争，建立国际文化利益格局，是文化大国参与国际政治、经济新秩序的建立，形成影响力的重要指标。没有足够丰富的国际利益格局，就难以有效地影响世界文化进程。

（6）国家文化安全战略。中国要实现文化强国战略，对外必须使自己的文化主权不受侵犯，文化独立性受到尊重。中国要在融入现代世界体系的同时，建立起国家文化安全预警系统和文化危机管理机制，为文化强国战略提供安全保障。要实现文化多样性保护方针。中国是多民族国家，文化多样性是中华民族文化身份之根。不能把民族文化特性消融到全球趋势中去。掌握文化解释权，培育新民间文艺，建立新文化产业的中国标准，尤其是在核心文化技术领域里拥有自主知识产权的国际通用标准，掌握规则制定主动权也就掌握了国家文化安全的现代科技之钥。

（二）构建和谐世界

"和谐世界"是中国继"三个世界理论"之后提出的又一个具有普遍战略意义的关于世界秩序的战略理论，是在"文明冲突"之后提出的完全不同于"文明冲突"理论的文化战略理论和战略构想①。这一理论和战略构想，不仅清晰地表明了中国政府致力于参与国际事务的态度，而且还清晰地表明了中国参与全球化进程的伟大目标。这一伟大目标既是中国构建社会主义和谐社会崇高理想的必然延伸，同时也是我们思考建设有中国特色社会主义的战略坐标。

1. 和谐世界是关于世界秩序结构和秩序状态的伟大构想，包含着对整个世界文化秩序重构的文明思考

和谐世界是关于世界秩序结构和秩序状态的一种外交主张和文化描述。它包括对世界的政治、经济、文化未来目标的完整内容。文化是世界和谐的重要组成部分和重要标志。

文化和谐是和谐世界的重要内容和鲜明特征。建设和谐世界必然提出建设和谐的世界文化的要求。承认并尊重世界文明的多样性是建设和谐世界的基本文化前提。

不同社会有不同社会的文明构成方式。不同社会的文明构成方式是以不同的社会生产力发展形式来表现的，并且通过具体的占主导地位生产力实现形式来体现。由于文化是在终极意义上反映了社会生产力的发展程度和文明构成方式，物质领域里的一切文明成果只有积累和表现为文化及其文化的物化形态在具有文明价值的时候，文化成果的物化机制和程度就成为文化和现代社会构成文明方式之间的力学运动。

文明方式构成的特殊性和差别性，是一种文明区别于另一种文明形态的尺度。它是以一定的社会生产力发展水平为指标体系的。生产力构成规定了文明方式构成的历史性。马克思在论及精神生产与物质生产之间的关系时指出："首先必须把这种物质生产本身不是当作一般范畴来考察，而是从一定的历史的形式来考察。例如，与资本主义生产方式相适应的精神生产，就和与中世纪生产方式相适应的精神生产不同。如果物质生产本身不从它的特殊的历史的形式来看，那就不可能理解与这相适应的精神生产的特征以及这两种生产的相互作用。"② 农耕

---

① 2005 年 9 月 15 日，在纪念联合国成立 60 周年首脑会议上，中国国家主席胡锦涛发表了题为：《努力建立持久和平、共同繁荣的和谐世界》的重要讲话。在这一讲话中，胡锦涛不仅全面阐述了和谐世界的中国主张及其深刻内涵，并且明确指出：中国将始终不渝地把自身的发展与人类共同进步联系在一起，既充分利用世界和平发展带来的机遇发展自己，又以自身的发展更好地维护世界和平，促进共同发展；强调：中国将一如既往地遵守联合国宪章的宗旨和原则，积极参与国际事务，履行国际义务，同各国一道推动建立公正合理的国际政治经济新秩序。

② 《马克思恩格斯全集》第 26 卷，第一册，第 296 页。

文明是以农业为其主要的社会生产力构成方式，并且以此为核心建构农村社会为主体的组织形态和生存方式。在农耕文明时代，虽然也有人类的文化生产和文化消费活动，也有前文化产业形态，如早期的手工业中的工艺美术品业、娱乐业、书籍印刷业等，但是，所有这些行业及其从业人员都是依附于整个农业经济之中，并未形成独立的产业业态和在国家的国民经济产值中占有重要比例，未能成为国民财富积累的重要形式和社群形态明显的从业基层。因此，虽有文化产业的前形态，但并未构成社会存在的主要方式，还不是一种生产力形态。作为一种存在样式，还不能构成对社会进步的巨大影响。

人类社会是被文明建构的。不同的社会不仅文明构成的内容不一样，而且构成的文化形态也是不一样的。但并非所有的文化形态对现代文明社会都具有建构的意义。只有那些深刻地反映了文明进化水平的标志性人类文明的创造成果，集中地体现和反映了人类的精神与物质两个文明创造的集合文化，才对于现代文明社会具有建构的意义，才构成现代社会文明构成的要件，也就是说，没有它就构不成现代文明社会，或者说就不是现代文明社会。而文化产业正是这样的集中体现和反映了现代人类社会精神和物质文明创造的集合文化的典型存在。

文化产业作为现代工业文明的产物，机器复制不仅极大地提高了文化生产力，而且还极大地提高了文化产品和精神的传播能力，使得空间和时间不再成为阻隔人类文明交流的障碍，使得人类社会得以在文明互动的发展中成为可能。文化产业是现代社会构成的重要组织形态和文明方式，它以自己的内容和形式参与配置和整合各种社会资源，包括政治的、经济的、文化的、社会的、自然的、物质的、非物质的等，已经成为影响当下人类文明方式和社会走向的重要运动形式。不同时期的文明存在形式是有差别的，不同的文明形式表明着文明发展的不同阶段。这种整合在技术形态上，表现为它和信息技术和信息产业的结合，从而使社会生产要素在这种结合的层面上形成社会要素关系的全新组合模式；在内容形态上，表现为人们的娱乐和生活方式的结合，从而使满足人们多样的文化消费需求成为文化产业组织运动的动力模式，这种模式使得文化产业直接与人们的社会生活发生组织行为关系。人们在文化产业运动中的参与性程度和享有性程度，不仅标志着一个国家和社会文化产业发展的现代化程度，而且还标志着公民文化权利的实现程度。正是这种实现程度的差异，构成了现代文明社会所达到的现代文明程度的差异。国家的现代化程度和现代文明程度在这种差异中被建构。

当代社会已经是生活在由整个文化产业模拟创造的超现实的消费社会之中。在这种社会里，文化生活不再有一定之规。人们的社会关系不但多变而且也很少由既定的社会准则来调整或者构建了。正如自从有了现代动漫产业提供了无数的动漫产品之后，儿童的游戏世界便发生了根本性的变化。传统的人与人之间直接的感情交流的真实世界的游戏，被虚拟的网络或影像世界所代替。虚拟世界的出现使得传统的童话创作与传播不再成为儿童游戏生态的主流。儿童不在和儿童的真实世界的交往中认识世界，而是在虚拟的网络或影像世界中判断世界。现代文明社会建构正是在文化产业的不断变革的进程中发生着整个文化生态学的变化。这种变化自从印刷和电影产业被创造出来之后，便以重力加速度的形式不可阻挡地向前发展着。这种发展的速度越快，社会建构的文明变化也就越快，不同国家间的文明差异也就越大。所谓强势文化和弱势文化并不是就文化的文明渊源关系而言的，而是指现代文化产业在构成对现代社会建构的冲击力和影响力而言的。美国文化之所以被称之为强势文化，并不是指美国的文化比中华文化所体现出来的文明更悠久，而是指它对当下中国现代化社会建构过程中的巨大冲撞力量。而这种冲撞力量正是来源于美国以好莱坞为代表的文化产业。现代文明社会正在沿着文化产业的发展路径而被建构的。

文化产业是现代社会发展文明程度的一个标志。文化产业发达的国家，不仅反映出它的强有力的文化生产能力，而且还反映它的文化消费能力，正是这两种能力建构着一个国家和地区的社会文明程度的高下，以及一个社会发展过程中的弹性程度。因而是一个国家和地区社会结构秩序的反映。

文化产业在当今人类社会的构成中，是一个最能集中反映社会政治、经济、社会和文化内容和关系的存在。文化产业的产业结构与经济贡献值，不仅一般地反映了一个国家和地区经济现代化的程度，而且更重要的是反映了这个国家和地区在整个世界经济构成中所控制的战略资源的程度。

不同文明间的对话形式是多种多样的。在今天，通过不同文化产品之间文化贸易，实现这种不同文明间的对话和交流，是它的基本形态。文化产业是这种形态得以产生和存在的最重要的载体。由于和谐世界的文化建设是体现在不同文明形态的多样性上的，是体现在不同文明形态的平等发展基础上的，文化产业的发展是这种体现的具体存在形态与存在方式。因此，从这个意义上说，文化产业无论是作为文明多样性的现代性表现，还是作为一种文明进步的重要动力，以平等开放的精神，维护不同文明条件下文化产业发展的多样性，都应该是促进国际文化关系民主化，协力构建各种文明兼容并蓄的、和谐世界的题中应有之义。

2. 以建设和谐世界的伟大战略构想为指导，建构中国文化发展战略的目标体系

文化产业是当今世界中最集中地反映了世界的政治、经济和文化存在状况及其关系型张力的存在形态。在文化产业的这种内在张力中，其中的任何一种力的运动形态的变化，都会引起其他形态更大的变化。因此，从某种意义上来说，文化产业的这种力的构成形态和变化，实际上是世界政治、经济和文化运动关系的一种表现。在一个国家是如此，在世界秩序构成中也是如此。反映在关于文化产业的市场准入与否的国家文化产业政策博弈，关于知识产权之争，本质上是关于由谁来主导世界文化秩序建构的主导权之争，而这恰恰是国家文化战略竞争的核心。

现代世界文化秩序是以文化产业的国际分工体系来体现的。处于国际文化产业分工体系末端的那些国家和地区，一般来说，在现代世界文化秩序的重建中所拥有的话语权，往往是最低的。从现代国际文化产业分工的基本格局和基本态势来看，大多数国家均处在文化产业发展的世界体系的边缘地带。一定的世界文化秩序，既是国际文化产业分工的前提，同时也是一定的国际文化产业分工的结果。当今世界文化秩序最大的不和谐，就是国际文化分工的不和谐，极少数几个文化产业大国几乎垄断了世界文化市场65%的市场份额。

中国是如此，整个世界的文化产业格局及其分工体系也是如此。东方和西方的概念，在国际政治和经济关系中的内容，同时也是关于文化的划分和分工。反映和表现了在现代世界体系中国际文化产业分工的基本状况。因此，当我们从这样一个角度来看问题，来思考中国文化产业在建设和谐世界中的战略目标和战略定位的时候，就应当建立国际文化产业分工体系的这一分析坐标，也就是说，应当把中国文化产业发展战略这样的一个重大命题放到整个世界的文化产业分工体系中来考察，并且在这样一个考察中去发现和寻求中国文化产业发展与建设和谐世界的战略结合点，以及由这种战略结合点所确立的战略参与关系，进而在这一关系中建构与现代世界文化产业分工体系相和谐的中国文化产业发展与分工体系，推动中国文化产业的繁荣与发展。

3. 为新的国际文化战略竞争提供战略力量与合成形态，是中国文化产业发展战略目标和战略价值取向

努力建设和谐世界，是中国为实现构建和谐社会必须要营造的国际环境。没有一个和谐的国际环境，要实现中国构建和谐社会的伟大目标是不可能的。这不仅是因为当今的中国是现代世界体系的一个重要组成部分，现代世界体系的任何变动都会给中国构建和谐社会的努力带来更大的变动，而且，也是更重要的是，中国正在面临着一个发展自己的难得的战略机遇期，倘若中国不能抓住这样一个机遇期实现中华民族的伟大复兴，那么，在未来的世界竞争中中国将要付出更多和更大的发展代价。因此，努力建设和谐世界对于今天的中国具有极其重要的战略意义，也是当代中国最重大的国家战略需求。以这样的国家战略需求来重新确定中国文化产业的发展战略和价值取向，为新的国际文化战略竞争提供战略力量与合成形态，应当是中国文化产业战略选择合乎逻辑的发展。特别是在走完了加入世界贸易组织的后过渡期后，中国面临全球范围的更为激烈挑战，文化领域的战略竞争已经随着知识产权领域里的冲突而变得更加激烈，并且将越来越成为以美国为代表的西方大国集团对华进行战略博弈的全新领域。中国文化产业和文化市场的进一步对外扩大开放，和中国更深入地参与全球文化竞争和国际文化产业分工，已经不再是一个时间问题。国家间的文化战略竞争将随着国际战略竞争进一步朝着非物质领域竞争演化而上升为国家战略竞争的主要形态之一。中国的文化产业发展能否和在多大的程度上为即将到来的国际文化战略竞争提供战略力量和合成形态，不仅将直接影响中国国际文化战略竞争能力的大小和强弱，而且还将直接决定中国文化产业在未来中国整体文化力量格局中的战略地位。

中国正在经历着自五四运动以来一场深刻的新文化变革。这场新文化变革运动以文化产业发展为主要动力，正在以全新的方式改变着中国文化建设与文化发展的形态，影响着中国社会的发展和国家战略的创新与实现，在创造性的改革计划经济条件下形成的文化形态和文化结构的同时，正在创造性地建构中国的新文化、新经济和新政治格局，创造性地构建中国文化的新体制。能否把文化产业的积极成果转化成可供公共文化消费的公共文化产品和公共文化服务、经济效益转化成社会效益、为社会公平和公民精神健康提供价值体系和价值观支持，将成为中国文化产业发展战略的价值取向和衡量标准。

中国文化产业发展不只是中国文化自身建设的事。中国的文化产业发展就像它当初的社会主义文化制度创建一样，是一个世界性事件。中国的文化产业发展无论是它的建构还是它的改革，都是着眼于它的整体的国家战略利益作出的战略调整与战略抉择。由于它的任何变动都会引起国际文化战略格局和国际文化产业分工体系更大的变动，因此，中国文化产业发展的一个最大战略动机，就是改变它在新的国际文化战略格局和新的国际文化产业竞争中的战略竞争形态和结构。正如新中国在选择与计划经济模式相适应的文化事业性主导的国家文化产业体制作为国家文化体制是为了满足当时的国际文化战略竞争的国家战略需求一样，在今天，中国要积极参与国际文化战略竞争，参与新一轮的国际文化产业分工体系建构，并且真正地使中国的文化力量具备"国家软实力"的性质，当它不改变自身的文化制度形态便不能完成自己的战略转型和实现自己的战略意图的时候，进行艰巨的文化体制改革和对外文化开放，就成为中国在进行了经济体制改革之后，必须完成的一场深刻的革命。中国加入世界贸易组织是它的一个战略契机。利用全球化和参与全球化，积极参与全球化进程，并且通过全球化进程参与全球文化资源的重新配置和建设世界文化新秩序，在改变自己的同时，获得自己发展所需要的文化发展的战略资源和战略空间，也就不可避免地成为中国文化产业发展的重大战略机遇。中国的文化产业发展战略应当从这样的战略高度出发，把自已发展成为国家积极参与国际文化战略竞争的文化战略主力。

中国文化产业发展战略的一个最根本的目标取向,就是要为这样的一种全新的国际文化战略竞争提供战略力量与合成形态。相比较在中国加入世贸组织前,中国关于文化产业发展战略研究的全球视野,及其所贡献的理论成果给予国家战略选择的重大影响。近几年来,中国文化产业发展无论在理论上,还是在实践上,在关于中国文化产业发展战略的战略思维上的一个最大的局限性就是,仅仅从文化和经济发展的局部利益出发,或者说仅仅从现阶段文化发展所要解决的问题和困难出发,思考和寻求中国文化产业发展的制度设计和路径选择,而没有或很少从未来国家间文化战略角逐和国际文化产业分工体系重建所提出来的,对一个国家和地区文化产业制度设计上的力量性要求去寻求文化产业发展的战略落脚点。这就使得中国文化产业发展在取得初始阶段的成功之后出现了战略深化的推进难度,以及由此而形成的战略困境的一个重要原因。

转变经济增长方式已经成为我国国民经济和社会发展的战略需求。这种转变的能否实现和实现的程度与时间,不仅关系到国民经济的发展速度和质量,而且更重要的是,如果这一战略问题解决得不好,将会直接给我国的社会发展和社会稳定造成直接的战略危机。经济增长方式转变的空间不大,除了创新能力的因素之外,另一个重要的原因就是文化生产力没有获得应有的解放,并且使这种解放为经济增长方式的战略性挑战提供可行性示范。如果仅仅把大力发展文化产业当作是克服经济结构的战略性调整过程中出现的结构性矛盾和体制性障碍的政策举措,而不是把大力发展文化产业确立为有中国特色社会主义文化建设的一个重要组成部分,和积极参与国际文化产业竞争,增强和提高国家文化软实力,也就是说,把发展文化产业仅仅定义为新的经济增长点,那么,文化产业发展不仅难以达到预期的目的,而且还会由于文化产业发展所需要的制度性创建推进难度的不断增大而增加中国文化产业发展的成本。

另外,不能让文化产业发展的经济目标成为中国文化产业发展战略价值取向的政策性障碍和制度性困境,成为进一步消解文化产业的误导解放文化生产力的借口。积极探索中国文化产业参与国际文化产业分工体系重建和国际文化产业制度改革,建立起新的国际文化产业分工体系和世界文化新秩序,建立起不同国家和地区在文化产业领域里和国际文化市场竞争领域的全新关系,以一种富有张力和弹性的世界文化新秩序为制度基础,为国家积极参与国际文化战略竞争提供战略力量和合成形态。在这里,所谓战略力量是指具有远距离文化投资能力的文化投资战略主体、文化产品创新能力和新文化产业形态缔造的建构能力。这就是所谓的合成形态,从而通过建立多元化的市场主体力量和文化产业建构能力,来消解西方国家集团在文化市场准入和文化产业发展的知识产权保护领域里日益强化地对我国的"摩擦"。国家文化安全只有在积极的国际文化战略竞争中才能得到成长性保障。

要想实现世界的文化和谐、发展富有创造活力，它的文化结构、特别是它的文化制度和文化产业分工体系最终必须满足世界各国的文化发展需要，舍此别无选择。尊重差异、包容多样，不仅在理论上，而且尤其重要的是在体制和制度设计上要能够充分地体现和落实这一理论构想。通过制度设计和法律的安排，来最大限度地维护人类文化的多样性。必须建立起以法律的力量和制度维护人类文化多样性的新理念，从而使得世界各国在一个互相尊重、相互平等的世界文化秩序内享有最大限度和最充分的文化发展自由和文化权利。在新一轮的国际文化产业分工体系的重建中，中国是否可以尝试突破现阶段文化制度设计中有关文化产业市场准入的规定，适度开放国际资本进入，参照国际惯例有选择地在文化产业的核心部位参与国际文化产业分工。在这方面，演出业准入的成功已经为范围更为广泛的文化产业和文化市场准入积累了示范性经验。建设法律有效控制下的积极参与国际文化战略竞争和国际文化产业分工"新文化体制"。

（1）树立科学的改革观，在全面促进整个社会的文化生产力解放的理念下，深化文化体制改革，培育中国文化产业参与国际文化产业分工体系和国家文化战略竞争所需要的新文化生产力增长机制。

改革的前提是原有的制度安排和制度设计存在着缺陷，或者是原来比较先进的制度设计与制度安排已经完成了它的历史使命，不能或不能完全适应和满足新的社会进步与发展的需求，当不通过新的制度设计和制度安排便不能消除这个缺陷来适应和满足新的社会进步与发展需求的时候，改革便自然地成为制度革新和制度创新的唯一选择。

但是，如何才能证明用于改革所确定的制度设计和制度创新方案是比原有的制度安排得更好，或者说能够有效地消除原有的制度缺陷的呢？是否还存在着另一种情况，改革之后的情况甚至比较原来的制度设计和制度安排更糟糕、存在更大的缺陷呢？

这就需要对改革方案进行理论的证伪过程。我们不能强制地推行或采用一种未经证伪的改革方案和制度来取代和消除原有制度存在的缺陷。尤其是当一种改革方案更多地充斥着人为的主观因素、权力意志和集团利益的时候，这样的改革方案就不可能是政府所应该提供的制度性公共文化产品和服务，其结果很可能造成这一轮改革的成果成为下一轮改革的对象。这是因为同样的理由：下一届政府需要通过新的改革来体现和实施自己的文化施政意志和对文化资源的重新配置。这就可能使中国的文化体制改革与文化制度创新陷入到一种循环改革的怪圈，而最终导致中国文化制度创新和大力繁荣和发展文化产业的不可能。

因此，这就需要树立科学的中国文化产业改革观，对缔造新的中国文化产业发展战略进行多角度的、全面系统的理论证伪，在全面总结和反思前一轮中国文化产业发展所取得的成果的基础上，研究由于文化体制改革的制度设计和文化产业制度安排的非理性而导致和造成的新的文化产业发展的制度性缺陷。只有这样，新的中国文化产业发展战略才能在制度设计和制度安排上最大限度地降低战略交易成本，在一个较长的制度生命过程中，实现中国文化产业积极参与国际文化产业分工、建设和谐世界所需要的文化生产力的解放。

和谐是以力量的增长来实现的。不能指望强势的一方的战略让步来实现和谐世界的伟大理想和目标。培育和提高自身的文化力量以及这种力量的具体载体——文化产业的综合竞争力与核心竞争力，就成为中国文化产业发展战略必须确立的战略目标。

因此，联系到正在深入进行的中国文化体制改革，文化生产力的解放不只是国有体制下的、宣传文化系统领域内的文化生产力的解放，而应是全社会的文化生产力的解放。不能把通过文化体制改革，解放文化生产力仅仅局限于所谓体制内的"文化生产力"。应当从全社会的整体层面上界定"解放文化生产力"的价值内涵与政策内涵，从而在超越体制内的"文化体制改革"局限性的同时，建立新的"文化体制改革"战略思路和路径选择。中国的文化体制改革应当充分体现构建和谐社会与和谐文化的战略思路和创新原则，把中国的文化体制改革与中国文化产业参与国际文化产业分工，建设和谐世界紧密地结合起来，从而在这个结合当中去重新界定中国文化产业发展战略选择的新思路和文化产业制度建构的新创造，只有这样，中国的文化产业发展才有可能为国家参与国际文化战略竞争、建设和谐世界的努力提供战略力量与合成形态。

（2）把文化产业增长和文化发展整体均衡增长有机地结合起来，走文化产业增长与文化发展整体均衡增长共同发展的道路。

中国文化产业发展战略的目标，应该是通过扩大文化生产力的内涵与外延、通过提供更高的生活质量产品来解决当前文化发展中存在的关系到文化国计民生的全部重大问题。而要做到这一点，就需要实现文化发展的均衡增长。在此，公益性文化事业发展的丰富性程度将是至关重要的。也就是说，在进一步深化文化体制改革，尤其是在深入推进"转制改企"的改革攻关的同时，必须同时加大公益性文化事业的发展，提供更多、更加完善的公民文化权利的实现方式和诉求通道。在这里，文化产业的增长仅仅是一个部门的增长，而中国每年都需要提供新的经济和社会发展的增长点，显然文化产业并不能全部满足这样的要求。因此，对于中国来说，建立起新的文化发展的均衡增长机制就显得特别重要。

公益性文化事业的均衡发展的关键是政府如何在更多地提供公共文化产品和

公共文化服务的同时，提供更多的社会文化就业机会和人们在宪法和法律规定的范围内享有更多的文化表达自由和健康文化的享有自由。文化产业是把双刃剑，它在创造市场奇迹的同时，也在制造社会危机。这两个方面的内容既表现在经济形态中，也表现在意识形态中。前者更多地模糊了政府应有的文化责任，把应该属于公益性文化事业部门作为文化产业发展对象而进行市场化改革，从而不仅使相当一部分从业人员失去了工作，而且使政府通过公益渠道应当提供的健康的文化产品和文化服务的能力大大降低。要在一个建设和谐世界的事业下推进中国文化产业的发展，应当建立新的文化生产力构成观和解放观。在这里，实现文化产业发展的均衡增长就显得极为重要。中国的社会主义文化发展和文化力量形态的建构，不能只有本土化这一个向度，还必须要有国际化这一个向度。国民素质、民主法制、精神文明和道德力量，以及由此而建立起来的国家文化形象，是单有文化产业建立不起来的。中国的"文化软实力"以及由此而形成的"中国形象"，更多地是通过中国文化产业的整体文化素质以及所有这些素质在国际社会的交往行为中体现出来的。在大力发展文化产业的同时，中国文化产业的制度性建构应该有更为广阔的文化视野和战略谋划能力，从构建和谐社会的历史需求中和建设和谐世界的人类文明发展的需求中，开拓中国文化产业发展和增长的新突破口，把如何推进中国文化产业在全球事业的发展，纳入中国文化产业发展战略的重要内容。从中国的整个制度体系和社会组织体系的整体性，以及参与世界文化新秩序重构所需要的力量形态出发，改革一切与之不相适应的落后的文化生产关系和制度障碍，制定"中国文化产业中长期发展战略"和规划，明确中国文化产业在发展积极参与国际文化产业分工中的权利和义务，制定相关条例，建立和健全中国文化产业发展积极融入世界文化市场体系的保障体系，建立以政府为核心主体、社会主体共同参与的中国国际文化贸易制度，把具有中国特色的国际文化贸易体系的创建，建立在建设和谐世界的努力的基础上。没有一个全新的立足于积极参与国际文化产业分工体系制度的全面建立，不可能有中国文化产业在建设和谐世界进程中的创造性建设。中国正处在经济、社会、文化转型的关键时期。从努力建设和谐世界的崇高目标的基本需求出发，中国的文化产业发展战略应当丰富和充实"文化走出去战略"的内涵，以积极参与国际文化产业分工体系为目标推进创新性战略体系建设。

（3）创新对文化开放理论和政策，赋予文化"走出去战略"以全新的内涵，积极参与国际文化新秩序的建构。

文化走出去，不只是文化产品走出去。对文化"走出去战略"应当作新的理解。文化产品的走出去，只是整个文化走出去战略一个重要组成部分，但是不能把文化走出去战略理解为就是文化产品走出去，就只是文化产品的国际贸易。

在中国一系列积极倡导文化体制改革、大力发展文化产业的研究文章中，西方国家的文化经验是所有这些文章观点的重要的理论依据。在所有这些论据中，引用最多的，也是影响最大的就是西方国家关于文化产业发展的一系列制度和体制，以及依此为核心而形成的文化法律体系。也就是说，我们在介绍和引进西方的经验作为倡导中国发展文化产业的参照的同时，也使得西方国家的文化体制和文化制度的理论主张和安排模式"走进了"中国的文化产业发展和文化产业制度的创建之中。西方国家的"文化走出去战略"，不仅仅是文化产品对中国的大量出口和"贸易顺差"，而且也包括文化制度理论和制度模式的"对华出口"和"贸易顺差"，体现的是西方发达国家对华文化战略的整体性。这是国际文化战略竞争最核心的内容，也是西方发达国家在参与新一轮国际文化产业分工体系过程中最主要的战略安排。文化价值只有借助于和通过制度性实现才能够真正获得它的战略利益体现。这也就是以美国为代表的西方国家集团为什么在市场准入和知识产权问题上牢牢地抓住中国不放的战略原因，也就是为什么他们一再冲击中国文化市场准入制度底线的战略要求。美国不仅要向中国输入美国价值观，而且也要向中国输入美国的、体现美国民主的文化制度。因为这才是最终使中国发生"颜色革命"的要件。中国已经走过了加入世界贸易组织的后过渡期。在今后漫长的中国文化复兴的道路上，中国文化走出去战略所遭遇到的不仅仅是好莱坞式的文化产品市场的巨大挑战，更为重要的是文化产品市场背后所蕴藏的文化市场准入的制度性挑战，以及与此相关的文化"民主"和"人权"的整体系统挑战。在这一点上，中亚国家的"颜色革命"过程中的文化制度主导权的率先解构就是一个极为深刻的教训。

因此，面对国际文化战略竞争时代的到来，中国的"文化走出去战略"不能仅仅停留在文化产品的国际文化贸易上，不能仅仅停留在对中国国际文化贸易"逆差"的扭转上，尽管这些都是极其重要的。但是，中国要在未来的国际文化战略竞争中真正获得文化战略竞争优势，就必须在文化制度设计和文化制度理论上获得战略性创新，建立起国际文化市场规则的中国标准。制度输出或者叫文化制度、文化标准的国际化，才是"文化走出去战略"的核心与根本，是"文化走出去战略"的核心战略。创建不同文明的平等对话和共同发展是建设和谐世界的需要，其中包含着巨大的国际文化新秩序和国际文化产业制度创新机遇。谁能够在这一巨大的历史机遇当中率先获得创新的成功，谁就能形成和拥有巨大的"软实力"和"文化核心竞争力"，谁就将占领未来全球文化产业发展的高地，影响世界文化整体发展的走向，就可以形成新的巨大的文化资源优势。中国拥有发展文化产业和积极参与国际文化产业竞争的资源优势和市场优势。但是，中国在文化产业发展的许多方面和领域都还没有形成比较科学、成熟和稳定的、可供其他国家认可得、进而成为国际标准的、定型化的架构，并且在文化产业发展的知识产权制度建设、文化市场准入制度探索等方面取得创造性成果。面对这样的空间，中国应该组织力量对其中涉及国家文化战略竞争全局的问题进行全面地梳理，系统、全面地进行科学研究，科学地提出"中国方案"进而使之成为国际"制度"。在经济领域里我国所进行的中国式改革在制度上取得的成果，已经被西方学者冠之以"北京共识"，并且与"华盛顿共识"相提并论。这就说明，在制度领域里的创新并且成为某种国际"共识"是可能的。经济领域里已经反映了这种可能性的存在，在文化领域里，尤其在文化产业发展领域里向国际社会贡献中国的"游戏规则"，也同样是可能的。中国不能在一切领域里的标准都受制于人。中国已经失去了几次参与国际规则制定的战略机遇，不能再次失去这样的战略机遇。如果说已经失去的战略机遇在今天还存在着某种弥补的可能的话，那么，中国如果不紧紧抓住这次难得的战略机遇，在全球化竞争进入新的发展阶段，面临着新的国际规则更新的重大机遇，那么，中国作为一个对全球事务负责人的大国所可能承担的制度交易成本将远远超过自身价值创造的可能，中国在大国全球战略竞争的文化博弈中，就很可能成为一个全球化大国成本转移的承担者，而不是一个"利益相关者"。如果是这样的话，建设和谐世界将是一个极其艰难的、漫长的历史过程。

（4）积极创建核心文化战略资源的新管理体制，把建设有中国特色的文化产业创新体系与努力建设和谐世界的伟大目标有机地结合起来。

制度安排决定产业发展。文化产业首先作为制度性存在。作为文化建设与发展制度。文化体制改革的一个重要目的，就是要建立现代文化建设需要的文化产业制度，从而克服文化产品和文化服务提供不足的战略性短缺，满足人们多样化的文化消费需求。在中国，从计划经济制度下的文化事业发展实现向"积极发展文化事业与文化产业"的战略性转变，本质上就是对中国的社会主义文化建设制度的创造性重建，使文化产业成为社会主义文化建设的一个重要组成部分，由原来的一条腿走路，发展成两条腿走路。

文化产业的制度安排，尤其是关于文化产业的市场准入和文化产品审查制度，与一个国家和地区的政治制度密切相关，是它的政治制度的一种文化经济形态表现。

核心文化战略资源是一个国家核心的文化战略利益之所在。中国的国家利益已经全球化了，中国的国家核心文化战略利益也只有在全球和新文化战略资源的配置格局中才能得到充分的体现。在国家的核心利益全球化的背景下，就必须要有一定程度的文化产业运动的全球行动能力。也就是说，在文化产业领域里的中国国家核心利益应当而且可以体现在它在全球化产业国际分工体系重建的各个方面。这不仅是中国国家战略利益的必然延伸，而且也是中国作为 WTO 的成员方应当拥有的合法文化权利。因此，这就需要我们在新的文化产业发展战略观的基础上，实现在核心文化战略资源管理体制上的战略性转型，把建设有中国特色的文化产业创新体系同努力建设和谐世界的伟大目标有机地结合起来，在实施"文化走出去战略"已经取得初步经验的基础上，认真研究由此而形成的"战略困境"的原因，以积极参与全球国际文化产业分工体系重建为新的战略目标，对我国现有的核心文化战略资源进行战略性重组。

中国要致力于建设和谐世界，促进国际文化关系民主化，就必须把建设有中国特色的文化产业创新体系与努力建设和谐世界的伟大目标有机地结合起来。在这里，重要的是要建立起与这一伟大目标相适应的科学与完善的文化法制体系，建立健全完备的文化立法秩序，形成完整的文化法制内容。把中国的文化主张应当通过自身建设的伟大实践成为国际认同。因此，进一步深化中国文化体制改革的一个重要内容，就是创建我国核心文化战略资源的新管理体制，通过树立新文化发展观，在具有核心文化战略资源意义的文化管理体制的改革上，做出积极、科学的改革探索与创新。通过实施国际文化产业重大项目带动战略，积极培育和鼓励成立具有完全的独立法人地位的文化企业集团和国际文化产业战略投资主体，以形成中国在努力建设和谐世界的战略进程中所需要的国家文化软实力的战略支持，推进不同文明主体文化繁荣发展所需要的、充满竞争性的国际文化生态环境。要把以市场经济和改革的名义所集中和垄断起来的文化资源还给市场、还给社会，在核心文化战略资源的分配上朝着有利于建设和谐文化、和谐社会、和谐世界的方向发展。

（三）推进文明转型

1. 文化产业是文明进化和文化现代化的生产方式和表达方式

它既是一种文明发展最高形态的总结，同时也是文明现代化的革命手段。当已有的文化生产方式已经不能满足人类文明发展的需求，一种代表新的文明时代到来的文化产业革命也就发生了。印刷术代表了农耕文明时代人类最高的文明成果。印刷术是中华文明贡献给人类文明最重要的文明成果之一，同时也是通过阿拉伯文明传给欧洲文明最重要的成果之一。印刷术不仅给欧洲带来了资产阶级的新教革命，更重要的是带来了欧洲文明的现代转型。印刷术是中国发明的，但是它是属于人类文明的。正是由于印刷术带来了人类文明生产和文明传播手段的深刻革命，带来了人类文明发展前所未有的思想解放，这才孕育和催生了以能源革命为基础的工业文明革命。印刷术迅速地走出手工业生产方式而走向大工业生产时代，开启了人类工业文明时代的到来。同时，也正是印刷术开始了现代文化产业的发展历程和人类文明全新的表达方式。中华文化、中华文明在人类社会的现代发展和现代进步中落后了。在印刷术发明之后，中华民族再也没有向世界贡献过影响人类社会文明进程的标志性成果。巨大的文明欠账，恰恰为中华民族提供了巨大的创造性战略机遇。

2. 文化产业是文化生产发展到原有的文化生产力和文化生产形态不足以满足文化的发展而生成的文化生产力形态和社会的文明形态

美国学者丹尼尔·贝尔关于工业化发展阶段的理论，文化发展经历了前工业化形态、工业化形态与后工业化形态三个历史阶段。如果我们把这三个形态看作是文化生产力发展的三个阶段的话，所谓前工业化形态也就是前文化产业形态。这是一个在相当长的历史阶段人类社会最主要的文化发展形态。在这一阶段，文化生产力是与整个人类社会进步的生产相适应的，那就是以农耕社会为社会体制特征的、以手工作坊为主要生产手段的文化生产力形态。这种文化生产力不仅一般地形成了与之相适应的文化生产关系，以及建立在其上的文化制度系统，而且也与社会发展对文化的基本动力需求相适应。但是当这种需求随着工业革命的发生、社会生产力形态的巨变以及由此而产生的社会发展对于文化的基本动力需求革命性变化，而原有的文化生产力形态和手段已经无法满足和适应这种新的文化需求的时候，变革文化生产力形态以适应变化了的文化发展需求便成为不可抗拒的历史规律。无论是古登堡现代印刷技术革命的发生，还是电影工业的出现，以及在今天正在深刻影响着人类社会进步与发展的信息技术和互联网，无不印证了这一文化发展的基本规律。因此，我们说，文化产业并不是外在于文化发展的某种异己力量的产物，而是文化自身发展到需要进行革命性变革来实现自己更高阶段的发展的产物，是文化发展规律的必然的历史形态和历史阶段。由于文化的生产力形态直接的关系到一定社会形态的界定，以手工作坊为主要生产手段的文化生产力形态是与农耕社会体制或者说乡村社会体制相一致的话，那么，以现代机器复制为主要生产手段的文化生产力形态也就成为工业社会体制或者说是社会体制的内在结构相一致。正是在这个意义上，我们把文化产业看作是现代工业文明的产物，看作是现代人类社会文明进步的一个标志。因为，生产力的发展程度作为一种革命性的力量在任何情况下都是用来衡量一个社会进步和文明程度的一个历史性尺度。当中国的发展登上 21 世纪的历史阶梯的时候，提出要发展文化产业，并且把文化产业国家战略列入国家发展计划，这就标志着中国的文化生产力的发展和社会体制的发展进入到了一个以现代化为主导的历史发展新阶段，并且使之与中国长达数千年的农业社会相区别，从而成为中国文化进步与发展的一个标志。人类生活在社会的表层，首先关心和比较了解的都只是表层文化。但是社会表层看到的一切文化现象，根子都在深部；缺了深部，社会系统就无法理解，越是空间大范围、时间长尺度，越是如此。

文明发展的阶段性是以生产力发展水平为依据的。农耕文明、工业文明、信息文明构成了迄今为止人类社会演变的三大生产力和生产方式的文明形态。从某种意义上说，文明本身无所谓先进和落后。工业文明比农耕文明进步，是现代化的标识，然而，今天当人们提倡大力发展文化创意产业的时候，有不少成功的案例恰恰是在用农耕文明时代的手工业生产方式在医治工业文明留给当今社会发展的不可持续性。绿色经济、低碳经济在某种程度上说，恰恰是农耕经济的主要特征。从这个意义上说，农耕文明在某些方面具有后现代性，具有生态文明的鲜明特征，因而是我们今天在推进现代化发展进程中亟须继承和发扬的人类文明遗产。发展以生态文明为标志的文化产业，推进文明进步与文明转型，应该成为中国文化产业发展的、具有鲜明中国特色的文化产业发展目标。

3. 以对社会主义文明形态的价值认同，缔造引领社会舆论的文化生态文明

文化产业具有巨大的意识形态建构能力和生活方式与价值观建构能力。社会主义是相对于资本主义的一种文明形态，同时也具有很强的意识形态性。中国特色社会主义是这种文明形态的中国发展和意识形态的中国表达。正因为它的生成与以往传统文明国家的崛起有着很大的差异性，这才造成了"中国震撼"。

中国正处在战略机遇期，同时也处在矛盾多发期。利益的多元化和利益群体构成的多元化，形成了多元的价值诉求和表达的社会机制与舆论生态。

应当承认社会主义作为一种文明形态还在完善的过程中，中国特色社会主义作为一种文明样式还在实践中，具有很大的实验性。虽然，都还很不完善，甚至还有很多缺点，乃至与社会主义文明形态应有的先进性不相称的落后性。但是，百年中国的社会变革与社会发展已经证明，中国特色社会主义对中国来说也许是最好的文明发展选择。因此，在文化产业的发展中，应当建立起对社会主义文明形态的价值认同，并以此来改造、变革我们的社会舆论的表达机制，营造和谐宽松的社会舆论环境，并且在这个过程中完善社会主义文明形态。生态文明是中国社会发展和建设的五大文明尺度之一。在这里，生态文明不仅仅只是自然环境保护意义上的，而且也应该是政治、经济、社会和文化意义上的。良好的舆论生态环境，是一座城市，乃至一个民族和国家在文化上所达到的文明高度的一个标识，本身就体现着文明的实现程度，这对于文化强国的文明性建设具有终极关怀的意义。而所有这一切，只有建立在对社会主义文明的价值认同上才能实现。

4. 以文化产业层级分工体系，明确文化产业发展的目标定位和战略选择

2004 年国家统计局发布了文化及相关产业分类指标体系，提出了关于我国文化产业划分的"三层"理论："核心层"、"外围层"、"相关层"，影响很大，成为各地统计文化产业 GDP 和增加值的依据。然而，从全国各地编制的文化产

业发展的"十一五"规划的内容来看，几乎很少有哪一个地区把"相关层"的内容列为地区文化产业发展的主要任务和发展重点的。根据我们对全国各省市文化产业发展"十一五"规划的分析统计，各地发展文化产业的主要任务和发展重点基本集中在国务院 2009 年颁布的《文化产业振兴规划》范围之中。除"印刷复制业"可能还与"相关层"相关，处在"相关层"的那一部分内容实际上都没有被各地在编制文化产业发展规划纲要的时候列入。这就需要我们从当前中国文化产业发展的实际出发，从各地编制"十一五"文化产业发展规划的实际出发，建立以文化生产力发展水平为标准的文化产业层级体系，为编制中国文化产业发展"十二五"规划的依据。

文化产业是有层级的，处在不同层级上的文化产业分别标志着不同的文化生产力发展阶段和文明发展水平。以农耕文明为基础，以手工业为主要生产方式的传统文化产业，以工业文明为基础，以大规模机械复制为主要生产方式的现代文化产业，和以信息文明为基础，以互联网和数字技术为主要生产方式的新兴文化产业，是现阶段中国文化产业结构三个主要层级。要有一个对处在不同层级上的文化产业社会功能与作用的文化分析，以为不同地区文化产业发展规划的战略选择的依据。以层级文化产业理论为出发点提出区域文化产业发展分工体系。不同层级上的不同产业的文化功能不可替代，作用于不同人群、不同需求、不同价值满足。不同层级文化产业发展不仅需要培育不同的文化消费人群，同时还应当采取不同的文化产业政策：扶持政策、发展政策等。要从文化产业的层级构成出发思考和部署不同文化产业的发展战略和政策选择。比较重视新型文化产业，片面地用经济指标和市场表现来衡量传统文化产业，并且以此为依据来实行文化体制改革和文化产业发展的差别战略与政策，是导致中国传统文化产业发展受到严重影响的直接因素。因此，传统文化产业发展步履维艰的状况及其所存在着各种问题，是与不加层级区分的文化产业理论和政策密切相关的。因此，对中国进一步深化文化体制改革和新一轮文化产业发展规划的战略选择，必须要有"层级文化产业"的维度和视角，在这样的视角中，确立不同的文化产业立场，从而选择不同的发展战略和发展路径。

不同层级上的文化产业有着不同的发展史。不同层级上的文化产业存在的合法性依据并不在文化产业本身，而是在由它培养起来的历史性的文化消费人群。正如"80 后"、"90 后"的文化新生代是跟随着网络游戏产业成长起来一样。许许多多非新生人群是随着传统的文化产品消费而形成和建构自己的审美消费文化的。更不用说，城市和农村本来就是两种不同的生活方式和社会文化结构。因此，面对现阶段广大农村的文化消费市场以及扎根于农耕文明的传统手工业和工艺美术品业，虽然它们的文化内容已经远离现代社会，但是，它们往往是涵养文化认知和文化认同的文化生态之源。为什么大城市里的老厂房、老仓库突然之间在被转型之后又获得了新的生机呢？传统的东西是有价值的。唯一有区别的是在不同人眼里这种价值是不一样的。这就是房地产开发商和艺术家的区别之所在。空间产生多样性，时间产生价值。处在不同时间刻度上的价值是不一样的。既然如此，有什么理由在文化产业发展战略选择和政策选择与制订上"厚今薄古"呢！

中国的东西南北中差别很大。地区发展不平衡，文化上的发展不平衡程度比经济上更为严重的多。区位优势不一样，市场环境和条件不一样，发展文化产业的人力资源储备不一样，不同文化产业发展所需要的资源拥有率不一样，文化产业发展的起点不一样，为什么非要每个地方在实现经济发展方式的转型过程中都去选择发展文化产业呢？刚刚发布的 2009 年中国新闻出版产业分析报告已经指出，新疆、西藏、内蒙古、宁夏的新闻出版产业加起来还不到全国平均的四分之一就非常说明问题。在东部地区，没有条件可以创造条件上。在西部地区是否也能走这条路呢？这是特别需要坚持科学发展观的。有什么就发展什么，处在什么发展阶段上就选择适合于那个发展阶段上的文化产业。这就是从不同层级的文化产业出发建构中国文化产业的分工体系。世界上恐怕还没有哪一个国家像中国这样举全国之力发展文化产业，也没有像中国这样把发展文化产业列为官员的政绩考核指标。应当提倡和鼓励各地，特别是地、县一级的制定文化产业发展的专项规划。是什么层级上的文化产业就发展什么层级上的文化产业。单一的富有地方特色的专项文化产业发展规划对于一个地级市或县级市来说，远比面面俱到、大而无当的文化产业发展规划好的多。什么都想做，结果什么都做不了。规划的下场就只能是"规划规划，墙上挂挂"。因此，必须基于不同层级上的文化产业实行政策指导下的分工，在文化产业发展结构的空间组合上实现文化资源的优化配置。在克服千军万马过独木桥的同时，腾挪出广阔的空间任由不同层级上的文化产业充分地发挥自己的想象力。自然界如果只有一朵花开放，会使得整个人类感到单调，同样，如果只有一个层级上的文化产业发展一枝独秀、发展繁荣，同样不是我们发展文化产业的目的。

四、中国文化产业发展的生态模式

国家总体战略由"四位一体"发展到"五位一体"：政治、经济、社会、文化、生态。文化产业发展战略是综合体现和反映"五位一体"和谐程度的重要标志。在政治上，表现为公平和正义；在经济上，是财富和经济发展方式和增长方式的重要形态；在社会上，是社会和谐的精神建构方式；在文化上，是文化生产力发展和国家文化软实力实现程度的重要标识；在生态上，是文化多样性和生物多样性的有机结合的重要体现。

"低碳"是关于生态文明的一个国际性表达，也已成为一项重要的生态政策。低碳时代将是一个新国际战略的调试期。对于中国文化产业的发展而言，其刚好对应的是在基本完成文化体制改革的基本任务和基本目标之后的"文化产业发展调试期"。所有在文化体制改革中建立起来的新体制和新机制，能否如改革目标所确立的那样正常运行，并且有效地推进整个新文化制度的建构，这对未来中国整体发展具有特别重大的战略意义。这里不仅一般地涉及文化体制改革本身的成败得失问题，而且还会给中国未来整个发展战略目标的实现带来深刻影响。包括政治、经济、社会、文化等一系列战略性问题。因此，未来 10 年，尤其是"十二五"时期的中国"文化产业发展调试期"如何安排就显得尤其重要。

中国的经济增长方式和发展方式已经到了必须进行重大转变的时刻。哥本哈根会议是它的转折点。资源消耗型和环境污染型的经济增长方式和发展方式，如果说在一个国家工业化起步的初级阶段上不可避免和必须付出的学费的话，那么，在经历了整整 30 年的高速发展之后，在资源破坏和环境污染已经成为严重制约国家战略发展的时候，还不实行发展方式的战略性转变，中国不但将在未来世界经济发展的过程中付出更加高昂的成本，而且，中国也将在事关人类共同发展的碳排放问题上丧失道德高地和国家软实力。

中国已经到了必须转变经济发展方式的关键时刻。然而，能否和在多大的程度上实现经济发展方式的转变，关键是能在多大的程度上实现创新。而且是一个包括思想观念和政策制度在内的整体性创新。已经有专家提出，过去的 30 年中国创造了世界经济发展的奇迹，但是，"曾经有中国企业创造出可与柯达数码相机、波音 747 客机、飞利浦 CD 机和索尼随身听等相提并论的产品吗？中国曾经出现过像丰田汽车生产体系或者宜家设计理念那样重要的创新机制吗？或者来个像亚马逊网站和脸谱网那样新颖的网络创意？所有这些问题的答案都是否定的。"[①] 研究表明：在 2010 年，中国有 71.9% 的人在 15 岁到 64 岁之间。这个阶段被认为是能够为经济价值创造纯积极贡献的阶段。过去 30 年，是中国依靠廉价劳动力获得高速发展的 30 年。随着具备生产能力的人口比例的减少，"人口红利"将不可持续。目前，中国 15 岁至 19 岁的人口只有 1.06 亿，20 岁至 24 岁的人口有 1.22 亿，40 岁至 60 岁的人口有 3.78 亿，而 20 岁以下的人口只有 2.73 亿。年轻人口的减少趋势是持续的。因此，中国必须找到支撑其经济增长

---

① 瑞士国际管理发展研究院技术管理系主任比尔·费希尔："中国的全球优势：结束的开始，还是开始的结束？"，《参考消息》2010 年 8 月 20 日。

的其他方式，以获得更高的劳动生产率。而创新是达到这个目的的最简单方法。

（一）中国文化产业发展方式的特点及其形成原因

文化产业发展方式是文化产业生产力发展水平的一种表现。五千年文明意味着中国文化发展方式基本上是一种农耕文明的发展方式。农耕文明发展方式的一个最大特点主张"天人合一"，突出和强调人与自然的和谐与统一。这就决定了它的基本文化生产方式和发展方式是生态的、分散的，是资源和环境相统一性的而不是相分裂性的，是文化资源积累型的而不是消耗型的。这是中国文化发展方式的基本特点，并且在农业文明时代达到了最高点。

人类社会进入工业文明之后，中国文明进程整体上落后了。现代社会生产力的落后导致了现代中国文化生产力和发展方式的落后。城乡二元结构所形成和造成的城乡二元文化的不平衡发展：随着近代工业在中国的发生和随之而出现的现代城市与城市文化，与这一进程相适应的现代文化生产方式和发展方式也诞生了。于是，在中国便形成了基于两种不同文明发展进程而出现的两种文化生产体系和文化发展方式：以农耕文明为基础，以手工业为主要生产方式的传统文化产业，和以工业文明为基础，以大规模复制为主要生产方式的现代文化产业。两种基于不同文明的生产方式共同构成了中国文化产业发展方式的基本特点：以农村文化为基础，以城市文化为主导。这和中国作为一个农业国的发展身份相一致。由于这两种文化生存方式与发展方式在很长时期缺乏一种现代融通条件和机制，这就使得中国文化产业发展在很长时间内，现代文化产业发展长时间落后于传统文化产业发展，而没有在整个国民经济和社会发展中发挥促进经济增长和社会发展应有的作用。同时，又由于1949年以后，中国在政治上实行国家集权，经济上计划管制，文化上意识形态主导，这就在文明的基础上又形成了中国文化产业发展方式的时代性制度特征。

1978年开始进行市场经济体制改革之后，这一切迅速地发生了变化，尤其是中国加入世界贸易组织（WTO）后，文化体制改革的大力推进和国家倡导大力发展文化产业使得这一切发生了巨大的变化。中国是在各个方面都还没有准备好的情况下大力推进文化产业的国家发展和社会发展的。社会生产力整体水平的低下，必然导致社会发展方式水平的低下。资源消耗性、环境污染性和基本发展方式粗放型，既是中国经济的发展方式和增长方式，也是文化产业的发展方式的增长方式。

在中国，有两种文化产业认识论和发展观：一种认识论把文化产业看作是经济的一个部门，属于经济范畴；另一种认识论把文化产业看作首先是文化，其次才属于经济范畴。不同的认识论决定了不同的发展观：前者以项目为导向，以

GDP 为衡量标准，以发展经济开发区的方式发展文化产业，"招商引资"是其主要特征；后者以价值为导向，以文化软实力为衡量标准，以文化资源积累和再生的方式发展文化产业，"文化输出"是其主要特征。前者大多表现为资源消耗型和环境破坏型，后者大多表现为资源再生型和环境友好型。由于 GDP 是文化产业发展考核的可量化的硬指标，因此，以经济开发区的大规模、工业化的生产方式发展文化产业，也就自然地成为现阶段中国文化产业发展的主要方式。建设文化产业园区的政策导向进一步加深了这一发展趋势，从而导致了各个方面对文化产业园区发展模式的批评。

文化产业发展方式选择上的不明确，是关于文化产业认识的不明确在文化产业发展形态和发展载体上的反映。形成的原因是多方面的。主要有以下几个方面：一是国家战略转型的不确定性，导致对文化产业发展战略定位模糊；二是文化产业属性的双重性，导致对文化产业本质把握的双重性；三是文化产业政策理论与制度建构的滞后性，导致一定程度上文化产业发展方式选择的盲目性。

中国是在还没有完成现代化就面临信息文明挑战的。文化产业发展方式的选择也是如此。一方面，中国文化产业发展还面临着现代转型的重大任务；另一方面，又不得不面对信息文明时代到来提出的新兴文化产业发展的挑战。这就使得中国文化产业发展在继续处理传统文化产业和现代文化产业协调发展的同时，植入新兴文化产业发展的战略内容，那就是大力培育和积极发展以信息文明为基础，以数字技术和互联网为主要生产方式的新兴文化产业。于是，传统的、现代的和新兴的文化产业发展方式多元并存，便成为我国文化产业发展方式的另一特点。

传统文化产业更多的指向于对传统文化的简单复制和传承，现代文化产业则更多地承担了意识形态的导向任务，新兴文化产业则更多地体现了新生代对新生的文化生活和价值理念的体验式追求。虽然它们之间也是交叉的。这就是由中国文化产业发展方式所处的具体文化生态环境决定的。

（二）文化产业发展方式选择与战略目标实现之间的关系

发展方式选择是价值体现和价值实现方式的重要形态和载体，是战略内容构成的重要部分，因而是文化产业战略目标实现的重要机制。

增长表现为量的累积，例如 GDP 增长多少，是一个可以量化的经济学表述；发展体现为质的转变，是指增长累积到一定程度的时候表现出来的质的差异性；增长可以表现为同质重复，而发展则一定表现出生产力文明发展的不同阶段，不可重复；增长可以表现为空间的扩张，而发展一定表现为时间（历史）的进步。有增长而无发展，这就是当年罗马俱乐部发布的"增长的极限"的主题和提出的关于人类发展危机及其转变发展方式这一重大命题得出的结论。有增长而无发展，正是当前中国文化产业发展面临的最深刻的发展危机和战略困境。其中最典型的莫过于 2010 年国家新闻出版总署发布的关于 2009 年中国新闻出版产业过万亿报告中所提到的：在中国出版产业过万亿的总产值当中，属于版权贸易和内容制作购买的不到增加值的 0.1%。这就是属于典型的"有增长而无发展"。出版业成为印钞机，而不是民族文化精神的生产者和传承人，出版业的本行是干什么。垃圾的增长也是增长，但不是发展。一个时期，文化生产单位，特别是国有文化单位，例如电视台大量生产和提供"三俗"产品就属于这一类。所谓市场需求和百姓需求，是过低地估计了普通百姓审美的崇高性和高尚性，是把自己的审美消费趣味强加于老百姓。不是有媒体调查和舆论揭露吗？所谓收视率也是可以造假的。因此，不要拿收视率来说事儿。市场经济并不就是"物本能消费经济"。市场经济不能成为"三俗"的借口。20 世纪 30 年代，正值美国经济大萧条时期，电影为人们躲避现实而生产出品了一大批"破坏社会道德"的影片。针对这一情形，在美国同时"出现了两场有关电影公共责任的运动"：一场是由一群美国的天主教徒与 1934 年挑头成立的"正派团"，旨在监管电影制作人，对电影制作人进行道德劝诫。好莱坞的官方良心、首席电影制片人和经销商威尔·海斯，迅速重新启用起草与 1930 年的产品法规来抑制银幕上对淫乱和犯罪的描绘，并任命一位爱尔兰人担任监督警察；而另一场运动则明确提出：电影不应该只是逃避的舱口，它应该输出更多的东西。作为一个大多数人情感和内在表达的工具，电影在危机时期应当承担更大责任[①]。美国人并没有为了文化产业在经济危机中的逆势上扬，克服经济危机带来的损失而忘记文化产业的"公共责任"，为什么我们倒有理由为自己"公共责任"的缺乏辩护呢？难道美国人不懂得什么叫市场经济吗？难道因为实行了市场经济，只要有人有这样的需求，我们的公共媒体就可以把什么都展示给大众看吗？公共媒体首先承担的就是公共责任。增长的需求不是公共需求，发展的需求才是公共需求。

工业化并不是实现经济脱贫的唯一道路。西部地区完全可以超越工业化发展阶段，直接走向建设生态文明。良好的生态也是生产力，也是资源，应当树立生态财富观。新的生态财富观，就是要让人们购买良好的生态消费产品，这种生态消费品是不可移动的，不可改变的，原始多样性的，是人与环境高度融合与高度统一的，是天人合一的最高境界。

按照现行的经济指标衡量，中国文化产业确实发展很快，但是这个传统指标往往具有很强的意识形态属性，衡量不出人们对文化环境的破坏、对文化资源的

---

① ［美］狄克逊·威克特：《经济危机与大国崛起 1929～1941》，北京理工大学出版社 2009 年版，第 183～184 页。

过度开发等问题。中国在全球权力转移中承担着重要任务。中国要在全球事务中发挥有影响力的作用，除了在经济上继续承担全球经济危机的拯救者的角色之外，还要承担全球碳排放的道德表率。既不牺牲自己的经济发展主权，又要承担人类共同的道德义务。中国发展处在世界的十字路口。在这样的一个战略态势下，中国文化产业发展方式的选择就不再是文化产业发展本身的事情，而是同时包含着这两种选择的困境。

（三）文化产业发展方式转变在国家文化软实力形成和提升中的作用

文化产业发展方式转变本身就是一个软实力构成的命题。粗放式而非集约式的发展方式，资源消耗型和环境污染型的发展方式，"唯市场主义"和"唯GDP主义"不可能有效地形成国家文化软实力。软实力是影响力和吸引力，实质是一种制度和方式的"被仿效力"和"被复制力"。不可复制和仿效不具备影响力，不是软实力。从这个意义上讲，文化产业发展方式既是一种文化产业存在的制度形态，又是一种价值观载体。科学的文化产业发展方式是关于文化发展的规律性反映，一定具有"普世性"。美国文化产业的成功发展不是偶然的，其中包含着深刻的规律性。否则所谓"美国模式"不可能具有影响力。而这种发展方式的选择就与战略目标的实现之间存在着内在的关联性。同时还必须看到，这种深刻的规律性是同一个国家和地区的文化习性和文化发展传统相关的。其中文化习性在体现文化产业发展方式选择的多样性上具有特别的规律性遗传作用，这种规律性遗传作用，同样又表现在它的发展方式的吸引力和影响力上。规律的多样性产生了文化产业发展方式选择的多样性。能否最大限度地生产出具有影响人类文明进程的标志性文化人物和文化产品，是最终衡量一种文化产业发展方式是否是科学方式的唯一标准。因为，这是构成一个国家文化软实力的最核心的内容。除了这个内容，就谈不上一个国家拥有文化软实力。中国之所以在长达两千年的人类文明发展史中始终处于领先位置，就在于它始终处在农耕文明发展的前沿，并且以自己的"四大发明"和"儒家文明"影响人类文明进程，成为"被仿效"的发展模式。落后的文化产业发展方式不可能产生国家文化软实力。这是以文明进步为标准的。

在全球化背景下，中国作为后发国家，之所以没有激发起以西方中心主义为价值取向的西方社会了解中国、理解中国的文化冲动和诉求，很大的一个程度上是因为中国的存在对西方影响力的缺乏①。远不像资本主义社会刚刚步入人类文

---

① "文化重量与海外前景——王岳川与李泽厚在美国的学术对话"，《中华读书报》2010 年 7 月 21 日。

明社会那样，伏尔泰等西方社会精英对中国文明了解的需求有着一种历史性冲动。中国对于西方的存在现在开始了，尤其是在世界金融危机背景下，整个西方仿佛在一个晚上发现，他们需要中国。需要中国拯救世界。这是西方的机会主义。但是，这一切已经从经济领域里开始了，"中国正在成为世界关注的话题，人们希望更多的了解中国文化、中国观念、中国模式和中国话语，"人们对中国的态度正在发生深刻的变化①，无论如何对中国文化的发展来说都是一件好事。虽然，中国文化要在世界恢复它曾经有过的辉煌还有漫长的路要走，但是这一切已经开始了。它为中国文化产业发展创造和提供了一个前所未有的战略机遇。问题是我们能否抓住这个机遇，以及以怎样的举措在这难得的机遇中重新回到人类文明的中心。这就需要中国的文化产业以中国经验为基础建构着眼于未来的新社会生活理念和生命价值观，成就自己文化形象的整体高度和宽度，在人类文化价值观上，拥有影响和引导这个世界前进的文化力量。从而在文化产业发展方式的选择过程中创建文化产业发展的"中国模式"。

文化产业发展方式必然包含着对文化产业发展深刻的制度性建构。任何一种发展方式如果没有一种制度性体现和制度性保障，是不可能有效地促进文化产业的和规律发展的。它是对一种价值观的倡导。制度建构本身彰显和表达了战略与政策主体对文化产业发展方式选择的价值取向和态度。无论在制度设计与建构中存在有多大的文化妥协，作为战略主体的战略意图都是很清楚的。

（四）建设生态文明和中国文化产业发展方式选择的价值取向

建设生态文明的提出，使得发展循环文化经济与生态型文化产业发展模式将成为未来中国文化产业发展的主导战略。运用循环经济理论分析文化产业的价值链构成，阐明文化产业运动在内容生产的关联性和产品的关联度之间的内在关系，揭示文化资源构成、转换与文化资本在文化产业发展中的本质特征，明确提出"文化产业不是消耗文化资源的机器，而应是文化资源再生的工作母机"这一文化产业发展与文化资源运动的关系性理论，为文化产业的生态文明发展提供分析框架和理论基础。

1. 文化产业生态文明发展的本质及其特征

生态文明和低碳经济是人类社会发展方式的转变。生态文明被认为是继工业文明之后人类社会发展更加高级的文明形态。新型文化产业化道路是指处在不同发展阶段和不同文明形态上的文化产业同步实现"升级"。创造中国文化产业可

---

① "文化重量与海外前景——王岳川与李泽厚在美国的学术对话"，《中华读书报》2010 年 7 月
21 日。

持续的健康未来，再造增长动力是核心。

循环文化经济与文化产业的价值链构成。文化具有资源的可再生性和不可再生性两种。艺术品和古董可以被复制，但不可再生。现代高仿技术可以使复制品以假乱真，具有某种程度上的可再生性，可以起到历史文化传承的某种遗传性，但是就其价值而言，却不可同日而语。因此，从文化产品的可复制性和文化生产技艺的可传承性来说，特别是文化产品在其整个生命的展示和演绎的历史过程所表现出来的价值链的自我复制而言，文化产业具有天然的循环经济特征，是循环文化经济的典型形态。

文化产业作用于人和自然的关系是通过文化产品的生产和传播来建构的。任何一种文化产品的生产都是关于价值观念的生产，都是关于人和自然、人和社会关系的生产。文化产品关于人和自然关系的描写以及在这个过程中所表现出来的态度，是人们关于人和自然关系认知、态度和观念最重要的来源之一。人们的生活方式是人们对待自然态度和关于人与自然关系最直接的表现。不同的生活方式由于其所表现出来的生活态度和生活理念是不一样的，因此，在这一过程中人们对自然和社会资源的消耗也是不一样的，尤其在对自然资源的消耗过程中的二氧化碳排放也是不一样的。恰当的人的生活需要排放恰当量的二氧化碳，这是人与自然必然要构成的一种生态关系，同时也是形成人与自然和谐共生、协调发展的基本条件。因此，从这个意义上说，文化产品的价值生产和价值供给是形成人与自然基本生态关系的重要来源之一。任何不恰当和过度地对奢侈生活方式的倡导、肯定和赞美，都会导致人们对自然资源间接和直接的过度利用，从而造成过量的二氧化碳排放，进而增加整个人类社会的碳排放总量而形成对整个生态环境的破坏。直接的主要表现为在把自然资源作为文化产品的商品化过度开发，直接造成自然资源的不可恢复性破坏和自然的碳吸收能力下降，例如造纸业。间接的主要表现在对化石能源的大规模使用上，集中表现在无数的大规模娱乐场所和娱乐设施对电的消耗上。

2. 积极发展低碳文化产业，建构资源成长型和环境健康型的文化产业发展两型模式

环境造成的重大灾害是人类社会面临的最紧迫的生存危机问题。世界正因此走向低碳经济时代。人与自然关系的改写，将在人与社会的关系中建立起新的道德高地。低碳问题将不再仅仅是经济和政治问题，而且也是社会和文化问题，成为衡量未来社会与国家文明程度新的道德标准。低碳也将因此成为一种战略和战略武器，成为一种话语权，成为必然的公共政策选择。世界秩序和力量格局将因低碳问题而重构。

低碳问题是一个安全问题。碳排放问题，不是一般意义上的经济发展方式和经济增长方式问题，而是以什么样态度和标准处理资源与环境的关系、对待人类社会的发展方式问题，这就使得关于碳排放和低碳标准问题具有伦理和道德的意义与文明的性质，就不再仅仅是经济发展问题，而且是人类安全问题。低碳问题将不再仅仅是经济问题，而且也是国家政治和社会与文化问题，一种话语权问题，在未来全球经济发展中具有文化制高点的战略主导作用。因此，哥本哈根全球气候大会关于碳排放标准之争，不只是未来世界经济秩序之争，而且更重要的是一次关于全球安全主导之争，是一次关于以气候的名义制定全球新安全秩序之争，是一次重大关于未来人类命运和世界发展的新价值观之争，一次新的全球国际文化战略竞争的预演。

一般来说，文化产业属于低碳经济范畴，属于低碳产业。然而，无论就国际社会所建立的一系列有关文化产业的制度性标准，还是从中国近 10 年来在文化产业发展过程中所遭遇到的对自然和人文资源的乱砍滥伐以及所造成的社会文化污染来看，文化产业也有"低碳"和"高碳"之分，"节能减排"就不仅仅是转变经济发展方式的问题，而且也是转变文化产业发展方式的问题。

文化产业属于低碳产业范畴。文化产业在当代中国的战略性崛起，是被作为转变经济发展方式而被提出来的。然而，文化产业在今天的中国也有一个转变增长方式和转变发展方式的时代命题，也有一个低碳发展的问题。"云南现象"之所以值得人们关注，一个在今天看来更为重要的原因，就是在文化产业发展的历史进程中，恪守资源节约型和环境友好型的文化产业发展理念，建构文化产业低碳发展的两型模式。文化产业不是消耗文化资源的机器，而应当是文化资源再生的工作母机。历史民族文化资源是稀缺性文化资源，有的甚至是不可再生性资源。保护文化多样性就像保护生物物种多样性一样，必须确保它的物种传承所必需的资源和环境条件。在这里，保护文化多样性和保护生物多样性具有高度的同一性。文化产业发展要为中华民族文化资源的"基因库"不断提供可再生的物种资源。在云南，无论是走在"茶马古道"上追寻昔日马帮的山间铃响，还是在"消失的地平线"上表达对玉龙雪山神圣的膜拜，人们可以看到云南在文化资源的有效开发中，把对可能造成的对资源和环境的破坏降低到一个可控制的安全红线之内。在文化资源的开发和文化产品的生产过程中，任何形式的破坏和乱砍滥伐，在这里都被看作是一种文化犯罪。正是由于有了这一份坚守，这才使得民族文化的多样性没有被销蚀在市场经济的原则中，这才使得文化产业发展的"云南现象"具有了政治文化的审美价值。"云南现象"所展现的正是这样一条以建设文化生态文明为主导的文化产业发展之路。

"低碳"问题具有全球问题的普遍性价值取向，具有广泛的国际共识和认同。已经有英国研究小组正在对每一张光盘生产所产生的二氧化碳排放问题的研究，也就是说，文化产品生产在一般经济学意义上的"碳排放"问题已经被纳入了像英国这样的"碳主导"战略的大国时间表，一旦这样的研究成果发布，并且成为西方大国用以制定新的国际文化贸易的"碳排放标准"，并以此来建构新的国际文化商品的交易秩序，对于像中国这样的一个音像制品出口大国来说，不能不说是一个极其严峻的文化产业发展安全挑战，中国的文化产业"走出去"战略就将在"碳"问题上遭遇到西方的战略堵截。

中国已开始进入低碳经济时代。中国正处在历史上一个非常重要的时刻，低碳问题对一个尚未完成工业化发展目标的国家来说，是一个比信息化严重得多的挑战。作为世界上有着悠久历史的文明存在，伦理文明一直是中华文明的道德高地。"低碳"理所当然地应当成为今天中国发展的道德文明准绳。因此，低碳问题，不仅是经济问题，而且是文化问题，是一个基于什么样的道德标准科学发展的问题，因而是一个生态文明问题。文化产业是人类文明发展的社会形态，低碳是它的本质特征之一，因而也是文化产业发展战略问题。中国的未来在今天中国的手中。中国应当建立文化产业 GDP 增长万元能耗的"碳排放"标准，积极发展低碳文化产业，大力推进文化环保，在文化资源的开发中实现文化资源的持续积累，在文化经济的发展中实现文化产业发展方式和增长方式的战略性转变，在资源成长型和环境健康型的建构过程中，建构文化产业低碳发展的两型模式，应当成为"十二五"时期中国文化产业发展的战略选择。

3. 创新资源使用文化，建立文化资源消费补偿机制

资源在任何时候都是稀缺的。物质资源是如此，文化资源也是如此。因此，人类要实现自己资源消费的满足，就必须不断地推进资源再生。人类社会的文化资源不是取之不尽用之不竭的。人类社会之所以能够发展进化到今天，其中一个最重要的动力机制就是文化资源的不断再生。文化资源的创造性再生，是提高文化资源使用效率最有效的途径。创新是内生的，是人的一种内生需求，具有遗传性。同时创新也是文化资源再生最主要的生物学动力机制。创新的发生一般来说一定是源于对某种资源枯竭的危机管理，这是因为，当不创新就不可能继续获得人的、社会生存与发展的有效资源的时候，生存的本能性需求就成为激活创新基因的第一动力，因为，只有创新才能再生仅仅依靠自然力量而无法再生的资源。这就是为什么在人类社会发展的每一个重大历史关头，人类社会为什么总能为自己贡献出属于全人类的自然科学家和社会科学家的原因。就这个意义上来说，创新既是资源分配和资源消耗程度的一个结果，同时也是努力寻求如何生产新的前沿产品以降低资源消耗、寻求替代资源和促进资源再生的结果。不幸的是，在今天有关中国文化产业发展战略的研究和政策中，比较多地关注如何增加投入财政投入，提高文化产业增加值，却很少关注文化产业发展如何减少对文化资源消耗的影响，提高对文化资源再生和利用效率，创新资源使用文化。尤其是在城市对农村文化资源的消费问题上，城市化进程造成的对新农村文化建设所需要的文化资源消费补偿机制的缺失，正使得城乡文化资源消费遭遇到前所未有的不平等。工业反哺农业，城市反哺农村，文化产业在开发利用文化资源，特别是农村传统的不可移动的优质文化资源所获得的利润和资本积累，应该反哺新农村文化建设和传统文化建设。"十二五"文化产业发展规划，应当建立起基于克服和消除文化资源消费不平等的文化资源补偿机制，创新资源使用文化，以维护中国文化产业发展所必不可少的文化生态系统安全。

4. 建立以普惠性为主，以定向性为辅的文化产业政策体系

国际上推动文化产业发展有两种基本的政策选择模式：一种是以日本、韩国和中国台湾地区为代表的东亚型产业政策；另一种是以英美为代表的欧美型竞争政策。东亚模式比较注重于通过政府制定产业政策来推动文化产业的发展，而欧美模式则更强调通过维护市场竞争的竞争政策为文化产业发展提供一种制度环境。产业政策的好处是，当一国经济处于发展的早期，政府容易通过对未来产业发展方向的把握来引导市场，从而避免企业由于投资风险过大且不易把握而遭遇损失，从这个意义上来说，产业政策具有一定的产业安全预警机制的作用。文化产业是一项高风险性产业，在一个文化市场尚未充分发育的情况下，由政府通过制定文化产业政策来引导文化产业投资，培育文化产业市场，不失为防范文化产业安全的稳妥选择。尤其是像中国这么大的一个经济体在许多方面都还没有准备好的情况下加入世界贸易组织，参与国际文化市场竞争，接受全球化的挑战，不采取渐进式的文化产业发展政策，在发展过程中逐步地消化加入世界贸易组织后给中国文化产业发展带来的安全风险，其危机是可想而知的。然而，同时也必须看到，由于文化产业有着为其他产业所没有的、是以内容的生产和提供为主要行为特征的发展规律，而人们的文化消费也并不像人们的物质消费那样具有可控的规律性。因此，就文化产业而言，对于文化产业发展方向的把握，政府并不比文化投资主体更具有信息上的优势。例如，近 10 年来中国动漫产业、网络游戏产业以及创意产业集聚区的形成和发展，就都不在最初的政府关于文化产业发展的"十五"规划之中。

在今天的中国，文化产业一方面还尚未走出它的早期发展阶段；另一方面，文化产业又被界定为国家战略性产业。因此，战略性产业政策的选择和制定就成为一种重要的国家战略。在后危机时代的全球产业重组的过程中，中国文化产业转变发展方式，作为一种战略性产业的成长，特别需要政府创造和提供宽松的政策环境，特别是提供公平竞争的行业准入政策。当中国文化产业发展进入到一个国家战略性产业发展新阶段的时候，应优先实施普惠性而非定向性的文化产业政策。政策目标对文化产业发展的定位越高，越需要普惠性而非定向性的产业政策；同时定向性产业政策也需要确定合理的政策覆盖面。中国文化产业发展应逐步走出由政府特事特办的方式和倾斜式优惠的产业政策来支持个别行业的政策模式，实践证明，这样做的成本太大。定向性产业政策已经导致了企业对政府的不良博弈。中国需要制定普惠性的文化产业政策。逐步地从直接的、定向性的产业扶持政策、优惠政策，向普惠性而非定向性的文化产业政策转变。从国家转变经济增长方式和经济发展方式的战略目标出发，实行定向性文化产业政策和普惠性文化产业政策的有机结合，并逐步建立以普惠性为主，以定向性为辅的我国文化产业政策体系。这就需要我们在文化产业发展方式和发展经验选择上，必须超越东亚经济体曾经成功实施的"产业振兴"的政策经验，寻求中国模式的创制。战略性产业更多地是从国际政治和国家安全的角度出发、界定的。文化产业作为我国的战略性产业必须具备国际竞争力和国家文化安全能力。因此，创建新的与国家战略性新兴产业这一目标定位相适应的文化产业政策，也就自然地成为中国文化产业能否实现转变发展方式的关键。

第四章

中国文化产业发展战略的基本路径

任何战略目标的实现都有赖于有效的发展道路、发展模式和发展重点的战略选择。这就属于路径选择。路径研究是属于战略目标实现的策略研究，即采取和运用怎样的手段、方法和机制才能实现战略目标，包括发展道路、发展模式、发展重点。

一、实现文化"走出去"战略的转型

文化产业发展"走出去"战略是中国关于文化发展最突出的主题之一。文化产业发展"走出去"战略是在中国加入世界贸易组织过渡期结束之后、文化产业开始深度参与国际文化产业分工与国际文化市场的竞争中提出来的。一方面，它是中国"走出去"战略在文化产业发展领域里的必然延伸，同时也是中国文化市场对外开放的必然结果。更深层次的原因是如何克服"入世"后我国文化产业被动挨打的局面，变消极应对为主动出击，通过积极扩大国际文化贸易、克服巨大的文化贸易逆差，维护国家文化安全。

（一）中国文化产业"走出去"战略实施现状分析[①]

1. 文化贸易总量持续增长

目前中国是世界第三的贸易大国。2009 年，中国对外贸易进出口总值为

---

① 本部分内容由薛相宜撰写。

22 072.7亿美元，全年贸易顺差1 960.7亿美元。与此同时中国的文化贸易也在明显发展，从2001～2008年，文化产品及服务进出口总量持续稳步增长（见图4－1）。2006年文化核心产品进出口贸易额突破百亿，达103.2亿美元，是2001年的2.9倍。根据中国商务部2008年与2009年发布的《中国文化产品及服务进出口状况年度报告》，2007年中国核心文化产品进出口贸易总额为129.2亿美元，核心文化服务进出口为37.2亿美元；2008年中国核心文化产品进出口总额比上年同期增长22.6%，达158.4亿美元，文化服务进出口达48.16亿美元，同比增长29.5%。

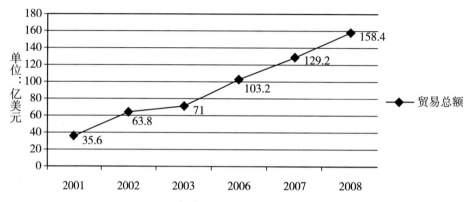

图4－1　中国文化贸易进出口总额的变化趋势，2001～2008年

资料来源：2002年数据来源于International Flows of Selected Cultural Goods and Services, 1994－2003，UNESCO，2005. 其余年份数据来源于商务部网站。

同时，根据全国各省广电局、电视台和影视机构共90家单位的数据统计，2009年中国影视节目出口比2008年增长了44.2%。影视节目出口总时长约10 617.2小时，总金额约达5 898万美元。2009年中国动画片出口79部1 490小时，共3 056.6万美元，占出口总额的51.1%；电视剧（含电影电视）出口152部，7 259集，5 444小时，共2 004.8万美元，占34%；其中动画片出口增速明显加快，比2008年增长了150%，首次超过电视剧等节目类型，占据最大比重。2009年中国影视节目出口呈现出两个显著特点：一是覆盖的国家和地区进一步扩大，中东和非洲正成为中国影视节目、尤其是动画片出口的重要地区，二是出口主体企业有了明显的变化。北京、上海、江苏、广东、浙江、湖南等地的一些民营影视机构上升优势明显，逐渐成为中国影视文化产品出口的重要力量[1]。但是中国文化贸易增长速度不及贸易总量的增长，相对于中国总体贸易顺差的情况，文化贸易虽然总体出超，但主要集中在文化产品加工制造领域，而在版权贸

---

[1]　"去年我国影视节目出口额增长44.2%"，《中国文化报》2010年3月14日。

易等方面存在巨大逆差。以版权贸易为例，长期以来中国的版权引进和输出比例徘徊在10∶1以上，近年来版权贸易逆差逐渐缩小，2009年引进和输出的比例下降为3.4∶1，但仍存在较大逆差。

从中国的文化贸易产品结构的分布来看，根据联合国教科文组织的数据，按核心文化产品类别比较（见图4-2），2002年中国核心文化产品在进口上，音像媒体以78.4%的份额占据首位，其余产品均占不到10%；在出口方面，视觉艺术和视听媒体的出口占绝对多数份额，分别为42.3%和43.3%。按同类产品进出口额度大小比较（见图4-3），在七大类核心文化产品中，图书、视觉艺术和视听媒体呈现贸易顺差，其余均为逆差。其中，视觉艺术和视听媒体出口额较高，分别为2 229 649千美元、2 281 804.9千美元。

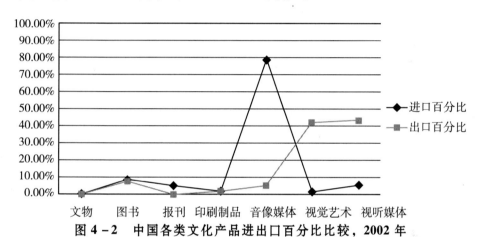

图4-2　中国各类文化产品进出口百分比比较，2002年

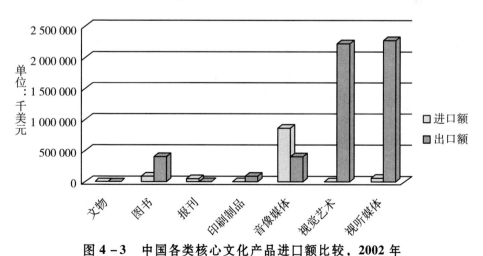

图4-3　中国各类核心文化产品进口额比较，2002年

资料来源：International Flows of Selected Cultural Goods and Services，1994-2003，UNESCO，2005。

2. 文化贸易进出口差额巨大

中国文化产品贸易在输出与引进方面存在明显不平衡。从时间来看，根据新闻出版总署 2005～2008 年发布的《全国新闻出版业基本情况》进行数据整理（见表 4-1），中国主要文化产品在进口上均有增长，印刷制品、音像制品和电子出版物 2008 年的进口额分别是 2005 年的 1.5 和 2.4 倍，版权进口种次是 1.6 倍。出口方面，仅版权有较明显增长，出口种次由 2005 年的 1 517 种提高到 2008 年的 2 455 种；印刷制品出口额徘徊在 3 287 万美元至 3 631 万美元，2006 年出口额最高为 3 631 万美元；而音像制品和电子出版物类产品出口额本身就极低，在 2005～2008 年出口额度为 100 万～200 万美元，并呈下降趋势。

从贸易差额来看，印刷制品、音像电子出版物、版权都存在明显贸易逆差，并且差额和差次都在不断扩大。2005～2008 年，印刷制品逆差额从 13 131 万美元提高到 20 574 万美元，音像电子出版物的差额从 1 722 万美元提高到 4 455 万美元，差次从 9 377 种提高到 14 514 种，版权贸易在电子出版物、软件和电视节目贸易方面相当薄弱，几乎没有输出。

表 4-1　　　中国主要文化产品贸易差额统计，2005～2008 年

印刷制品、音像制品、电子出版物单位：万美元

版权单位：次

2005 年	进口额	出口额	差额	引进输出比例
印刷制品	16 418.35	3 287.19	-13 131.16	5:1
图书	4 196.96	2 920.87	-1 276.09	1.4:1
期刊	10 736.73	228.87	-10 507.86	46.9:1
报纸	1 484.66	137.45	-1 347.21	10.8:1
音像制品、电子出版物	1 933	211	-1 722	9.2:1
录音带		46.36	-46.36	
激光唱盘	194.72	45.68	-149.04	0.23:1
数码激光视盘	1.04	83.66	82.62	0.01:1
电子出版物	1 737.15	35.06	-1 702.09	49.5:1
	引进种次	输出种次	差次	引进输出比例
版权	10 894	1 517	-9 377	7.2:1
图书	9 382	1 434	-7 948	6.5:1
期刊	749	2	-747	374.5:1

续表

2005 年	进口额	出口额	差额	引进输出比例
录音制品	90	1	−89	90 : 1
录像制品	114		−114	
电子出版物	155	78	−77	2 : 1
软件	401		−401	
电视节目	3		−3	

2006 年	进口额	出口额	差额	引进输出比例
印刷制品	18 093.51	3 631.44	−14 462.07	5 : 1
图书	4 324.41	3 191.99	−1132.42	1.4 : 1
期刊	11 660.67	305.58	−11 355.09	38.2 : 1
报纸	2 108.43	133.87	−1 974.56	15.7 : 1
音像制品、电子出版物	3 079.31	284.99	−2 794.32	10.8 : 1
录音带		0.05	0.05	
激光唱盘	88.05	69.43	−18.62	1.3 : 1
高密度激光视盘		64.92	64.92	
数码激光视盘	9.48	87.49	78.01	0.1 : 1
电子出版物	2 981.79	63.1	−2 918.69	47.3 : 1

	引进种次	输出种次	差次	引进输出比例
版权	12 386	2 057	−10 329	6 : 1
图书	10 950	2 050	−8 900	5.3 : 1
期刊	540	2	−538	270 : 1
录音制品	150		−150	
录像制品	108		−108	
电子出版物	174	5	−169	34.8 : 1
软件	434		−434	
电影	29		−29	
其他	1		−1	

续表

2007 年	进口额	出口额	差额	引进输出比例
印刷制品	21 105.44	3 487.46	− 17 618.44	6.1 : 1
图书	7 812.91	3 298.39	− 4 514.52	2.4 : 1
期刊	11 188.10	354.68	− 10 833.42	31.5 : 1
报纸	2 104.43	134.39	− 1 970.04	15.7 : 1
音像制品、电子出版物	4 340.26	180.51	− 4 159.75	24 : 1
录音带		0.15	− 0.15	
激光唱盘	88.06	41.93	− 46.13	2.1 : 1
高密度激光视盘		109.01	− 109.01	
数码激光视盘	0.76	14.88	14.12	0.05 : 1
电子出版物	4 251.44	14.54	− 4 236.9	292.4 : 1
	引进种次	输出种次	差次	引进输出比例
版权	11 101	2 593	− 8 508	4.3 : 1
图书	10 255	2 571	− 7 684	4 : 1
录音制品	270		− 270	
录像制品	106	19	− 87	5.6 : 1
电子出版物	130	1	− 129	130 : 1
软件	337		− 337	
电影	1		− 1	
其他	2		− 26.05	
2008 年	进口额	出口额	差额	引进输出比例
印刷制品	24 061.4	3 487.25	− 20 574.2	6.9 : 1
图书	8 155.24	3 130.59	− 5 024.65	2.6 : 1
期刊	13 290.74	218.13	− 13 072.6	60.9 : 1
报纸	2 615.42	138.53	− 2 476.89	18.9 : 1
音像制品、电子出版物	4 556.81	101.32	− 4 455.49	45 : 1
录音带		0.19	0.19	
激光唱盘	95.22	23.17	− 72.05	4.1 : 1

续表

2008 年	进口额	出口额	差额	引进输出比例
高密度激光视盘	5.34	70.83	65.49	0.1:1
数码激光视盘		6.31	6.31	
电子出版物	4 456.25	0.82	- 4 455.43	5 434.5:1
	引进种次	输出种次	差次	引进输出比例
版权	16 969	2 455	- 14 514	6.9:1
图书	15 776	2 440	- 13 336	6.5:1
录音制品	251	8	- 243	31.4:1
录像制品	153	3	- 150	51:1
电子出版物	117	1	- 116	117:1
软件	362	3	- 359	120.7:1
电视节目	2		- 2	
其他	308		- 308	

　　资料来源：根据中华人民共和国新闻出版总署《全国新闻出版业基本情况》2005～2008年统计数据整理。

3. 国内出口地区和国际目标市场分布

　　从国内地区分布情况来看，由于缺乏全面详尽的区域统计信息，只能从部分地区或部分行业的文化贸易情况进行分析。按照中国新闻出版总署的分类，包括图书、录音制品、录像制品、电子出版物、软件、电影电视等产品的版权。

　　从《中国知识产权年鉴》中对版权产品进出口状况的全面统计中，可以看出地域分布状况。整体来看，中国在版权引进和输出方面大多集中在东部沿海省市及东北部分地区，北京和上海表现最突出。版权产品引进方面，有 12 个省市超过 100 种次，江苏、吉林、湖南、辽宁和广东 5 省种次在 200 至 400 之间，北京和上海超过 1 000 种次；其他各省引进量均在 100 以下，其中中部和东北地区在 50 以上，而新疆和西藏地区没有版权引进。版权输出方面，仅北京输出数量超出 1 000，全国超过输出量 100 的是吉林、上海和辽宁三地，江苏、安徽、江西和山东在 50 至 100 之间，其余省区、直辖市均在 50 以下，而西藏、甘肃、青海和宁夏没有输出。

　　通过对中国在图书版权贸易方面的统计分析，可以看出全国各地的分布情况（见图 4 - 4 和图 4 - 5）。全国图书版权贸易比较活跃的地区集中在北京、广东、上海等中东部沿江沿海地区，以及出版体制改革较快的江苏、辽宁等省份。2008年我国引进图书版权400种以上的省（市）共5个，前5名之和占全国引进总数的82.25%，主要集中在北京、广东、上海、辽宁、江苏等几个省（市）；全国输出图书版权100种以上的省（市）共5个，前5名之和占全国输出总数的73.11%，主要集中在北京、上海、江苏、安徽、江西等省（市）。但从引进与输出比例来看，全国绝大多数地区处于图书版权贸易逆差状态，较小的地区有湖南（2:1）、江西（2.2:1）、浙江（3.5:1）、江苏（3.6:1）、辽宁（4.7:1）、北京（4.8:1）、上海（5.2:1）等。

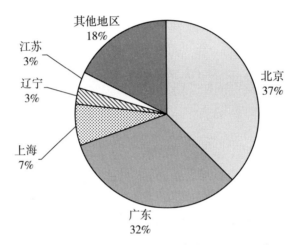

图4-4　全国图书版权引进情况，2008年

资料来源：2008年全国图书版权贸易分析［J/OL］，http：//news. oriprobe. com/News_De-tails. aspx？id＝396&ctgrystr＝Statistics#。

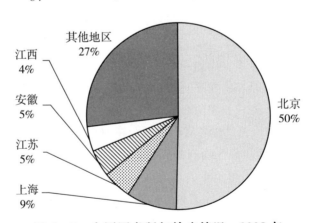

图4-5　全国图书版权输出情况，2008年

资料来源：2008年全国图书版权贸易分析［J/OL］，http：//news. oriprobe. com/News_De-tails. aspx？id＝396&ctgrystr＝Statistics#。

在文化贸易额方面，由于目前还缺乏相对应的统计年鉴，各省区的数据参差不齐，在年份、统计口径等方面都不一致，所以仅能从几个有专门数据的省市进行分析。以着重发展对外服务贸易的上海为例，在2008年全球金融危机背景下，上海的文化贸易依然保持良好的增长势头。上海2008年核心文化产品和服务贸易总额为20.07亿美元，同比增长20.25%。其中进口5.81亿美元，出口14.25亿美元，实现贸易顺差8.44亿美元，同比分别增长45.98%和12.12%。核心文化产品中，印刷制品、音像及电子出版物、视听媒介均实现贸易顺差，差额分别为0.66亿美元、358.01万美元、470.26万美元；文化服务中广告宣传实现顺差8.09亿美元[①]。2008年广东文化产品出口达899.4亿美元，占全国文化产品出口总额的一半以上。2009年，浙江全年文化贸易额为1.4亿美元，占全省服务贸易总额的0.9%；而四川全年文化贸易额1.5亿。相比之下，上海的文化贸易发展遥遥领先，而经济发达、文化体制改革较快的中东部地区也具有发展潜力，但文化贸易规模远不及上海。

从国际目标市场的分布看（见图4-6和图4-7），中国的文化产品进口国大部分集中在美国、德国、中国香港和新加坡，从这四个国家和地区进口的文化产品占总进口量的60%。中国的文化产品出口国家主要集中在发达地区。美国是中国最大的出口国之一，2003年中国文化出口产品中超过三分之一都销往美国；接下来依次为中国香港、荷兰，分别占所有出口国总量的17.9%和14.5%（见表4-2）。

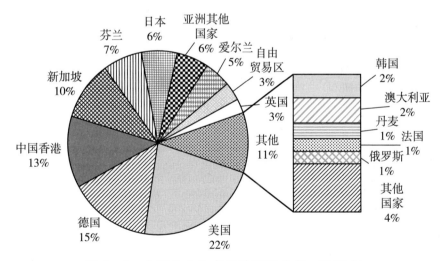

图4-6　中国的文化产品进口国分布，2003年

资料来源：International Flows of Selected Cultural Goods and Services，1994－2003，UNESCO，2005。

---

① 2008年上海文化产业发展［J/OL］，上海市人民政府新闻办公室网站。http：//www.shio.gov.cn/shxwb/xwfb/node169/node260/u1a3299.html。

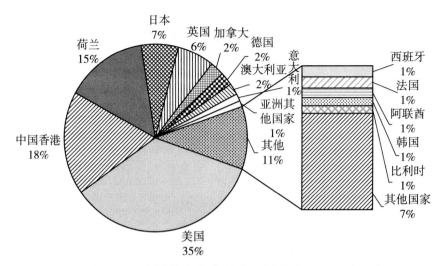

图4-7 中国的文化产品出口国分布，2003年

资料来源：International Flows of Selected Cultural Goods and Services，1994-2003，UNESCO，
2005。

表4-2   **中国文化贸易进出口额的世界分布，2003年**

排名	进口（百万美元）		出口（百万美元）	
	世界	1 285.8	世界	5 821.3
1	美国	285.5	美国	2 019.9
2	德国	189.2	中国香港	1 040.5
3	中国香港	160.5	荷兰	843.3
4	新加坡	131.4	日本	385.9
5	芬兰	91.2	英国	376.9
6	日本	82.5	加拿大	137.1
7	亚洲其他国家	73.5	德国	135.2
8	爱尔兰	60.8	澳大利亚	118.4
9	自由贸易区	40.7	意大利	69.5
10	英国	33	亚洲其他国家	62.2
11	韩国	25	西班牙	55.1
12	澳大利亚	24	法国	47.1
13	丹麦	15.7	阿联酋	38.8
14	法国	13.3	韩国	36.5
15	俄罗斯	12.1	比利时	36
	其他国家	47.4	其他国家	418.8

资料来源：International Flows of Selected Cultural Goods and Services，1994-2003，UNESCO，
2005。

（二）全球文化贸易发展现状及走势

1. 全球文化贸易总量的增长

随着产品及服务贸易的全球化发展，世界文化贸易总量在近年来迅速扩张。根据联合国教科文组织（UNESCO）2005 年的统计报告，全球核心文化产品贸易额在 1994 年至 2002 年，从 383 亿美元增加至 592 亿美元[①]，在不到 10 年之间翻了将近一倍。从国际文化贸易额的变化趋势（见图 4 - 8）中可以看出，全球文化贸易无论在出口或进口方面总体都呈平稳增长态势。世界核心文化产品的年出口额由 1994 年的 362.23 亿美元增加到 2002 年的 546.66 亿美元，出口年平均增长率为 5.3%；年进口额由 1994 年的 404.21 亿美元增加到 2002 年的 636.68 亿美元，进口年平均增长率为 5.8%。

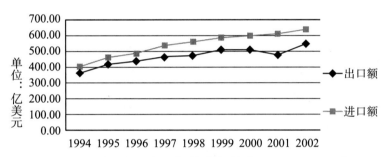

图 4 - 8　国际文化贸易额的变化趋势，1994 ~ 2002 年

资料来源：International Flows of Selected Cultural Goods and Services，1994 - 2003，UNESCO，2005。

2. 世界文化贸易产品结构的变化

国际文化贸易主要是文化产品与服务在国家之间的商业流通。联合国教科文组织报告中，根据海关分类标准，将国际文化贸易中的核心文化产品分为文物、图书、报刊、印刷制品、音像媒体、视觉艺术、视听媒体七大类，核心文化服务包括视听相关服务、版税和执照。

世界文化贸易产品结构在过去的 10 ~ 15 年中基本保持稳定，某些类别的文化产品在文化贸易中所占比例发生了较小的改变。以下两幅图（见图 4 - 9和图 4 - 10）分别反映了 1994 年与 2002 年文化产品贸易进口与出口的结构：

---

① 　International Flows of Selected Cultural Goods and Services ［R］，1994 - 2003，UNESCO，2005.

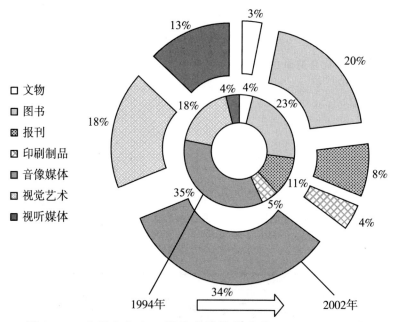

图 4 - 9 世界文化出口贸易产品结构变化，1994 ~ 2004 年

资料来源：International Flows of Selected Cultural Goods and Services, 1994 – 2003, UNESCO, 2005。

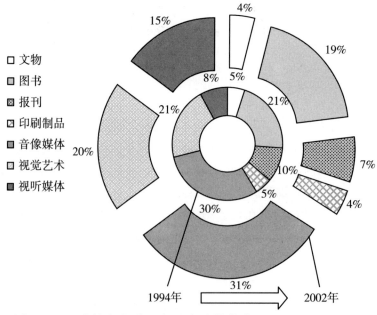

图 4 - 10 世界文化进口贸易产品结构变化，1994 ~ 2002 年

资料来源：International Flows of Selected Cultural Goods and Services, 1994 – 2003, UNESCO, 2005。

中国文化产业发展战略论

根据国际标准对文化产品进出口种类进行统计，可以看出世界文化产品进出口贸易结构在 1994～2002 年的调整趋势。在文化产品出口方面，音像媒体出口额始终最多，约占总额的 1/3；图书其次，约占总额的 1/5；第三为视觉艺术产品。各类文化产品的出口数额均在增加（见表 4-3），其中增长率最高的是视听媒体。但在占所有文化出口产品比重方面，除视听媒体有大幅增加外其余均在减少。视听媒体在出口产品中所占比重从 1994 年的 4.4% 增加到 2002 年的 13.2%，年平均增长率为 20.8%。

在文化产品进口方面，比重结构与文化产品出口的基本一致，前三位依次是音像媒体、视觉艺术与图书。各类文化产品的进口数额也均在增加，其中增长率最高的仍是视听媒体，年平均增长率为 14.0%。在占所有文化进口产品比重方面，视听媒体和音像媒体有所增加，其余大类产品占有率均在减少。但较之于视听媒体，音像媒体的发展并不很明显：音像媒体 2002 年所占比重为 30.5%，较之 1994 年的 30.3% 仅增加 0.2 个百分点；而视听媒体的比重则由 1994 年的 8.4% 增加到 2002 年的 15.2%。由此可见，包括电子游戏、电影在内的视听媒体正在逐渐成为文化出口贸易的新热点，并有可能超过音像媒体、视觉艺术、图书等其他传统文化出口产品，在今后文化出口产品中将占据相当大的一部分。

表 4-3　　　　　　　核心文化产品贸易增长趋势，1994～2002 年

文化产品类别	进口			出口		
	1994	2002	年平均增长率（%）	1994	2002	年平均增长率（%）
文物	1 887.9	2 644.2	4.3	1 461.5	1 807.4	2.7
图书	8 640.2	11 738	3.9	8 441.4	10 835	3.2
报刊	3 833.9	4 675.1	2.5	3 806.3	4 398.3	1.8
印刷制品	1 896.6	2 620	4.1	1 669.2	2 158.9	3.3
音像媒体	12 235.7	19 389	5.9	12 563.3	18 509.4	5
视觉艺术	8 525.8	12 911	5.3	6 690.4	9 741	4.8
视听媒体	3 391.9	9 685.5	14	1 590.4	7 216.4	20.8
所有核心文化产品	40 412	63 662.8	5.8	36 222.5	54 666.4	5.3

资料来源：International Flows of Selected Cultural Goods and Services，1994-2003，UNESCO，2005。

3. 国际文化贸易的空间分布情况

从文化贸易的分布空间情况来看（见表 4-4），欧洲、北美洲和亚洲是进行

文化贸易活动的主要区域。欧洲在 10 年来始终是世界最大的文化贸易地区，2002 年欧盟分别以出口 51.8% 和进口 40.6% 的份额占欧洲文化贸易的绝大部分。亚洲在 2002 年超过北美，成为世界第二大文化产品出口地区，占世界总量的 21.2%，亚洲后来居上的主要原因是东亚地区文化贸易的迅速发展，东亚的出口占有率由 1994 年的 7.6% 上升到 2002 年的 15.6%；北美地区在出口方面则由 1994 年的 27% 下降到 2002 年的 19.9%，在进口方面仍保持世界第二。在文化产品进口方面，北美位居第二，亚洲第三。

相比之下，世界其他大洲在文化贸易上相对贫乏。拉美地区的文化产品出口份额从 1994 年的 1.9% 略升至 2002 年的 3%；而非洲及大洋洲在这 10 年间几乎没有明显增长，文化产品出口份额仍在 1% 以下；这三个地区的文化进口份额始终都在 5% 以下，非洲更是处于文化贸易的边缘，在 2002 年的进口份额也只达到 0.4%。

欧盟（EU）、北美自由贸易协定（NAFTA）以及东南亚国家联盟（ASEAN）构成世界文化产品贸易最多的份额；其他经济群在此期间虽然有所增长，但它们的国际影响力极度有限，无论在出口或进口方面都没有占到 1%。东南亚国家联盟正在成为一个日益壮大的文化贸易地区，尤其在文化出口方面。其中音像制品和图书出口发展最显著，年增长率分别为 8.9% 和 4.2%。在文化贸易发展较好的国家中，2002 年，英国、美国、中国是世界前三大文化产品制造国，而美国、英国、德国则是最大的文化贸易进口国[①]。

表 4-4　　世界主要地区核心文化产品进出口额对照，2002 年

单位：百万美元

国家	1994				2002			
	出口额	百分比	进口额	百分比	出口额	百分比	进口额	百分比
总额	36 222.5		40 421.1		54 666.4		63 668.4	
美洲	9 778.0	27.0	12 541.4	31.0	10 860.3	19.9	21 465.5	33.7
北美	9 072.9	25.0	10 780.4	26.7	9 226.8	16.9	19 173.9	30.1
拉美	705.1	1.9	1 761.0	4.4	1 633.5	3.0	2 291.6	3.6
欧洲	21 892.8	60.4	20 572.8	50.9	31 670.8	57.9	30 620.7	48.1
欧盟	19 675.8	54.3	17 433.6	43.1	28 301.2	51.8	25 837.9	40.6
亚洲	4 288.8	11.8	5 269.0	13.0	11 577.5	21.2	9 363.2	14.7
东亚	2 741.6	7.6	3 912.2	9.7	8 553.5	15.6	6 932.3	10.9

---

① International Flows of Selected Cultural Goods and Services ［R］，1994 - 2003，UNESCO，2005.

续表

国家	1994				2002			
	出口额	百分比	进口额	百分比	出口额	百分比	进口额	百分比
东南亚	1 319.3	3.6	1 032.9	2.6	2 445.7	4.5	952.5	1.5
大洋洲	204.6	0.6	1 585.0	3.9	351.6	0.6	1 560.9	2.5
非洲	58.2	0.2	452.7	1.1	206.2	0.4	658.1	1.0

资料来源：International Flows of Selected Cultural Goods and Services，1994 – 2003，UNESCO，2005。

（三）实现文化"走出去"战略转型的选择

1. 建立文化产业发展国际化战略的整体性思考

文化产业"走出去"战略首先是作为面对 WTO、中国文化管理与文化产业政策选择提出来的。改革中国的文化外贸体制，建立新的文化外贸制度，制定和实施"走出去"战略，大力鼓励文化产品出口，充分利用 WTO 提供的全球文化市场，参与国际文化市场竞争，是它的主要内容，并且首次提出了"制定国家长远的实施对外文化贸易战略。"这也是有关文化产业"走出去"战略研究的主要内容。服务于国家整体战略需求，并且随着国家相关战略的提出而提出文化产业发展的战略问题和战略问题研究，既是中国文化产业发展战略研究的特点，同时也是中国文化产业发展研究的局限性所在。在关于文化产业"走出去"战略的研究中，存在的一个最显著的特征就是与这一战略本身的规定性相关的"单向性"，缺乏关于中国文化产业发展国际化战略的整体性思考。从目前的文献检索看，一直到 2007 年才有关于中国文化产业发展国际化战略问题研究的论文发表（刘文俭："推进我国文化产业国际化发展的战略构想"，《国家行政学院学报》2007 年第 4 期）。这既反映了中国关于文化产业发展国际化战略研究的现状，同时也反映了中国在文化产业发展战略思路上的一个局限。

2. 文化制度和标准国际化，是"走出去"战略的核心

文化走出去，不只是文化产品走出去。文化产品的走出去，只是整个文化走出去战略一个重要组成部分，但是，不能把文化走出去战略理解为就是文化产品走出去，就只是文化产品的国际贸易（柳斌杰，2008）。在中国一系列积极倡导文化体制改革，大力发展文化产业的研究文章，西方国家的文化经验是所有这些文章观点的重要的理论依据。在所有这些论据中，引用最多的也是影响最大的就是西方国家关于文化产业发展的一系列组织、制度和体制安排，以及以此为核心而形成的文化法律体系。也就是说，在介绍和引进西方的经验作为倡导中国发展文化产业的参照的同时，也使得西方国家的文化体制和文化制度的理论主张和安

173

排模式，在"借鉴"的名义下"走进了"中国的文化产业发展和文化产业制度的建构之中。西方国家的"文化走出去战略"，不仅仅是文化产品对中国的大量出口和"贸易顺差"，而且也包括文化制度理论和制度模式的"对华出口"和"贸易顺差"。中国已经走过了加入世界贸易组织的后过渡期。在今后漫长的中国文化复兴的道路上，中国"文化走出去战略"所遭遇到的不仅仅是好莱坞式的文化产品市场的巨大挑战，更为重要的是文化产品市场背后所蕴藏的整体性的国际文化战略竞争的制度性挑战。

哥本哈根全球气候大会关于碳排放问题之争，是一次重大关于未来人类命运和世界发展的新价值观之争，一次新的全球国际文化战略竞争的预演。低碳问题不仅是经济战略问题，而且也是文化战略问题。话语权和道德高地在今天和未来全球经济发展中具有文化制高点的战略主导作用。因此，面对国际文化战略低碳竞争时代的到来，中国的文化产业发展不能仅仅停留在文化产品的国际文化贸易上，不能仅仅停留在对中国对外文化贸易"逆差"的扭转上，尽管这些对于提高国家文化软实力都是极其重要的。中国要在未来的国际文化战略竞争中真正获得文化战略竞争优势，就必须在文化产业走向世界的进程中实现战略创新，建立起国际文化市场规则的中国标准和文化产业发展的中国经验和中国观念。文化制度和文化标准的国际化，才是"文化走出去战略"的核心与根本。创建不同文明的平等对话和共同发展是建设和谐世界的需要，其中包含着巨大的国际文化新秩序和国际文化产业制度创新机遇。谁能够在这一巨大的历史机遇当中率先获得创新的成功，谁就能形成和拥有巨大的"软实力"和"文化核心竞争力"，谁就将占领未来全球文化产业发展的高地，影响世界文化整体发展的走向，就可以形成新的巨大的话语权和文化资源优势。

文化产业属于低碳经济范畴。但是文化产业也有"低碳"和"高碳"之分，也有"碳排放"问题，也存在着严重的资源消耗和环境污染等问题。文化产业在为转变经济发展方式的同时，文化产业自身也有转变发展方式的问题。"低碳"问题具有全球问题的普遍性价值取向，具有广泛的国际共识和认同。低俗问题、互联网监管问题既是意识形态问题，也是国民基本权益和国家形象、国家主权、国家文化安全问题。一个时期以来，中国文化产业的粗放式发展所暴露出来的一系列问题，不仅一再受到国内舆论和公众的严肃批评，而且也受到国际社会的非议甚至抵制。因此，面对正在重构中的国际文化新秩序，在文化资本利用、文化资源项目引进和开发上，在国际文化贸易等方面，中国应当着手建立自己的基于"低碳"标准的"定价权"机制，明确的以万元产值能耗为标准的"节能减排"指标，并且以此为基础建立起关于发展"低碳文化产业"的中国标准和中国话语，在积极的文化战略创新和制度创新中，缔造中国话语权和国家文化安全。在"低碳"问题上，中国不仅要保发展，也要保主导。不能保主导，就不可能保发展。经济上是如此，文化上也是如此。早在 2005 年美国国会就先后通过了《2005 年广播电视反低俗内容强制法》和《净化广播电视内容执行法案》等法律，在净化社会文化环境、促进文化产业的绿色发展上，我们完全有理由引进"低碳"价值观，以为中国文化产业新发展战略的基础。

3. 以文明转型实现文化"走出去"战略转型

全球低碳时代的到来和文化更深入地与经济发展融合在一起，原有的经济基础和上层建筑的关系正在被互相重构。基础具有建筑性和建筑具有基础性，在现代人们的经济生活和文化生活中正在生动地体现出来。创意产业的提出和文化产业的跨界发展，不仅使得原有的刚性的经济结构朝着更为弹性的"文化经济"和"创意经济"方向发展，而且也使得传统的三次产业划分边界正在被新的经济基础和上层建筑关系消融。产生于一种建筑性基础和基础性建筑的新的社会结构形态正在形成。它既是物质的，又是精神的；精神的物质化和物质的精神化，物质和精神各自互置在对象之中，正在演变成人类社会新的发展趋势。"低碳"的提出是这一正在建构中的新社会结构形态的显著特征。这是人类社会走向生态文明的一个标志。人类社会结构的每一次重大重构都是首先在价值观上实现的。因此，在建构中国与低碳时代的国际文化关系，就需要超越基于经济基础和上层建筑二元思维模式的"文化走出去"和"文化产业走出去"战略。在经济交往中，更深刻地表现和体现对共同市场原则的尊重，在文化交流中，更深刻地表现和体现对共同市场原则的文化应用。把物质发展的精神原则深刻地体现在精神和文化发展的交往原则当中，并且在精神和文化发展的交往原则中创新基于前者的交往原则，从而在这个创新过程中实现新的话语权重构和转移，应当成为中国文化实现从"走出去"战略向"国际化"战略转型的重要思想。"低碳"是当今国际社会正在积极建构的物质发展的精神原则，把这一原则应用和运用于文化建设尤其是在文化产业发展战略中，应该成为我们实现文化"走出去"战略"国际化"转型的文明起点。

中国拥有发展"低碳文化产业"和积极参与国际文化产业战略竞争的资源优势和市场优势。但是，中国在文化产业发展的许多方面和领域都还没有形成比较科学、成熟和稳定的、可供其他国家认可得、进而成为国际标准的、定型化的制度性架构，并未在文化产业发展的知识产权制度建设、文化市场管制创新等方面取得创造性文明成果。现在世界所需要中国的，不只是中国向世界提供电视机，而是能够吸引世界和感召他人的思想理念和价值体系。文明上的先进性应该成为中国文化走出去和文化产业发展战略的新定义。唯有文明上的先进，才是决定性力量。因此，调整全球化背景下中国文化产业发展的战略思路和战略观念，从文化产业"走出去"战略，向文化产业发展的"国际化"战略转型与跨越，实现文化产业发展战略价值目标的战略性转型，进而在走向世界，进一步融入现代世界体系的过程，在大国全球战略竞争的文化博弈中，就不再是一个全球化大国成本转移的承担者、制度和标准的接收者与遵循者、廉价和低端产品的提供者，而是一个积极的国际文化秩序重建的参与者、新文明形态的缔造者，"低碳"文化战略也就成为中国文化产业发展战略转向的重要选择。

二、"文化民权"：国家文化软实力的价值取向

国家文化软实力是一个国家在国际文化战略竞争中所拥有的文化力量形态，是一个国家相对于他国而言的一种竞争形态和竞争力量，是一种只有在国际战略竞争形态的比较存在中才有意义的国家竞争力。

国家文化软实力的理论是最近才提出来并被广泛接受。但是，国家文化软实力作为一种文化历史却早已存在。西域文化成就对中国汉代文化发展的影响，中国的大唐文化对周边国家特别是日本的影响；近代以来的全盘西化，新中国成立以后的"一边倒"，都可以看到文化软实力在中国的历史境遇。当"提高国家文化软实力"成为当前和今后中国文化建设与发展的一项国家战略的时候，如何才能实现这一伟大战略目标，什么才是提高中国国家文化软实力的战略基础，自然地成为当今中国文化发展与国家文化安全的重大课题。

（一）以普通民众生活为基础塑造国家文化形象

一切历史都是当代史。从历史运动的轨迹去寻找和确立当今中国国家文化软实力建构的现实维度，应该是我们思考如何"提高国家文化软实力"的一个重要取向。

在整整一个 20 世纪中，如果从一个国家的文化对中国的影响而言，苏联和美国无疑是两个最具影响力的国家。从"十月革命的一声炮响给我们送来了马克思列宁主义"到创建"苏维埃"政权，实行"一边倒"的国家外交政策；从高尔基的《母亲》、《我的童年》到《卓娅和苏拉的故事》和《钢铁是怎样炼成的》；从普列汉诺夫到别、车、杜的美学、文艺学理论；从《联共（布）党史》到"列宁装"，作为伟大列宁故乡的苏维埃和俄罗斯文化对中国在 20 世纪的影响是全方位的。从国家制度到日常生活，从思想理论形态到青春偶像，这样的一种文化影响力不可谓不大，有的甚至在今天仍然是一代人挥之不去的文化情怀，对苏联早期音乐的念念不忘（电视连续剧《金婚》中关于 20 世纪 50 年代中国年轻人的精神生活的描述，就为我们提供了这样一种案例），以致"莫斯科郊外

的晚上"、"红棉花儿开"、"喀秋莎"至今都是苏联红星合唱团来华演出的经典保留节目。苏联式的计划经济模式和文化管理模式至今都还在中国的经济生活和国家文化生活中留有深深的印记，给今天中国带来改革的深度和难度。更不用说从柴可夫斯基、普希金到托尔斯泰的文学艺术作品对我们灵魂深处的影响了。

虽然，进入20世纪80年代后，在不同的历史发展阶段，我们可以看到不同国家的文化对于重新打开国门睁开眼睛看世界的时候，是怎样地给我们带来了深刻的文化影响。然而，就整体性文化影响来说，能够与苏联和俄罗斯相比较的莫过于美国。

从现代化发展道路的国家制度安排：民主；到哲学社会科学理论的重新选择：作用于国家精英人群，进而影响国家现代化进程和路径选择；以好莱坞电影和美国篮球赛为代表的娱乐文化，同时影响精英和大众两个层面；以麦当劳、星巴克为主要代表餐饮文化，同时影响青年大众的生活方式。也就是说，美国文化软实力是一个由制度文化、思想理论文化、大众娱乐文化和生活方式文化四个方面共同构成的一个文化生态系统，影响着20世纪80年代以来的中国现代化进程的。包括我们现在正在深入研究的国家文化软实力理论，也是在吸收和借鉴了美国外交理论家约瑟夫·奈的"软实力"理论的基础上消化吸收之后提出来的。

无论是苏联还是美国，他们的文化之所以对进入20世纪以来的中国能够产生如此大的影响，其中一个最重要的原因是中国人对于重建自己生活方式的一种根本性价值需求。正是这种需求，导致了先进的中国人从制度文化、思想文化、学理文化和娱乐文化开始了世纪性的全新寻求和全球寻求。正是在这个过程中，苏联和美国先后成为中国效仿的对象。苏联是中国实现"共产主义"的榜样，美国是中国实现现代化的样板。无论是"共产主义"还是"现代化"，对于近代以来落后的中国人来说，都是一种"富裕生活"存在的象征，一种被向往的生活，而所谓苏联和美国的"文化软实力"正是在这个意义上才现实地在中国得到了全面展现。因此，一切所谓制度创新、思想理论创新等都是一种历史表象，在这历史表象的背后，是一个国家和民族努力重建自己生活方式和生存方式的终极关怀和始终不渝的伟大追求。因此，我们不能被这历史的表象所遮蔽。我们应当保持和拥有一种透过表象把握本质的认识能力。特别是当一个近代以来落后的泱泱大国开始重新站立起来的时候，当它看到了曾经的自己以文化的辉煌走在世界前列的时候，经济的发展和经济实力的增强使它又一次看到了文化作为一种力量的存在对于一个和平崛起的国家的全部战略意义和战略价值。因此，要实现和完成"提高国家文化软实力"这一伟大而崇高的战略目标，我们必须把立足点建立在以普通民众生活为基础的"国家文化形象的完整塑造"上。

国家文化软实力首先体现在他国的国民对你的整体生活状态和生活方式整体

性的感觉上。这是一种审美判断。没有对一个国家民众生活文化形象的整体性认同、追求与模仿，无所谓国家文化软实力。如果说，一个国家的硬实力是通过一个国家强大的国防力量集中体现出来的话，那么，一个国家的文化软实力，就是通过它的国民的整体性生活状态和生活方式所达到的自由和文明程度体现出来的。而衡量这一程度的标准集中到一点，那就是全体人民和全民族每个人的自由全面的发展。每个人的自由全面地发展是一种每个人的创造能力得到充分发挥、表达和实现的一种文明状态。它包含着民众对现有生活的审美态度、深刻理解、阐释和认同，因此，从这个意义上来说，它首先表现为一种精神性的，一种精神的自由状态。一切物质性的生活都是这种洋溢于外的精神状态的表达和叙述。一个国家的文化软实力很大程度上表现为国民的精神状态、生活的满意度、意志品格和内在凝聚力。这一切主要来自于民众的社会和新价值体系的认同。而生活方式恰恰是最集中地表现对新价值体系认同的活的载体。不能设想一个涣散的民族会拥有国家文化软实力。因此，作为一个拥有 13 亿人口、56 个民族的大国，要实现中华文化的伟大复兴，没有一个能够凝聚全民族的核心价值体系是不可想象的，因为唯有共同的文化认同才可能凝聚起中华文化伟大复兴所需要的文化创造力量，而也只有这种力量才能从根本上建构起国家的文化软实力。正是这样的国家文化软实力才是国家文化安全的基础。这就是以每个人的自由全面发展为核心内容的普通民众的普遍性生活。

（二）提高普通民众有吸引力的精神生活方式

在"软实力"的竞争中，社会制度、思想体系、意识形态、大众娱乐和生活方式之间的竞争构成了"国家文化软实力"竞争最主要的方面。中国国家文化软实力的构成和战略选择取向也可以是这四个维度。从制度层面、思想理论层面、大众娱乐文化层面和日常生活方式这四个方面建构和提升我国国家文化软实力。美国所有的文化形态都是"美国精神"的具体表现和感性存在。它不是某种外加上去的东西，而是美国人基于自己的文化价值观所建立起来的人与社会、国家与世界的一种系统方式。

国家文化软实力应当是这个国家普通民众日常生活方式合乎逻辑的一种体现，是这种生活方式的集中与提炼，而不是与这种逻辑没有关系的甚或是互相对立。所谓幸福指数就是建筑在这个基础上，并以此为标准的。缺乏幸福指数的生活和生活方式，不可能建立起对他者的吸引力和影响力，当然也就无所谓一个国家的文化软实力。那些表面上看来是一种所谓"茶楼酒肆里的戏曲清唱，街头巷尾中的秧歌表演"，在中国恰恰是国家文化软实力养成的文化土壤和精神基因，是幸福指数的生动表达。它们不仅"与那些耗资巨大的革命历史题材的影片"一样具有不可替代的影响力和吸引力，而且，那些"家喻户晓的电视连续剧"倘若不是和民众关于生命的终极关怀和生命存在的价值有着紧密的联系，又何以能产生"家喻户晓"的社会影响力呢？那些所谓"家喻户晓"的形态不正是"茶楼酒肆"和"街头巷尾"的"吸引力"和"影响力"具体的生态样式吗？在中国，倘若国家文化软实力是与老百姓的这种日常生活没有关系的一种国家存在，是没有意义的，那么所谓社会主义核心价值观又怎样地成为全体老百姓的自觉行为呢？社会主义核心价值观倘若不能体现和落实于人们的日常生活与行为方式，那么这种社会主义核心价值观的价值又在哪里呢？社会主义核心价值观只有成为民众的自觉行为方式和融汇于人民的日常生活方式的价值选择与表达，它才能成为一种力量，成为提高国家文化软实力所需要的凝聚力量。美国文化倘若离开了麦当劳、可口可乐、星巴克、好莱坞、迪士尼，只剩下美国的国家意识形态，美国的国家文化软实力又怎样地具有影响力呢？美国在维护自己的国家安全中的两个非常重要的指标，一个就是美国的价值观，另一个就是维护美国的生活方式。这是被纳入《美国国家安全战略》的，是美国关于国家文化安全的两个最重要的指标。在美国人看来，价值观和生活方式具有战略性，美国的国家文化安全和国家文化软实力就是建筑在这个基础上的。因此，对美国生活方式的世界推广也就自然地成为美国实施国家文化软实力战略的重要内容，从而把美国的价值观深深地交融于对美国生活方式的赞美之中来吸引全世界注意力，以某种乌托邦的形式建构美国国家文化软实力，进而在这个过程中实现美国的国家文化安全。我们为什么可以对中国老百姓赖以存在的生活方式掉以轻心，甚至把它和我们正要建设的国家文化软实力对立起来呢？

在现代公共政策过程中，公众议程是最重要的议程之一，是反映民声、体现民意的最重要的途径和渠道，同时也是实现民众文化权利最主要的制度建构。当今世界已经进入公共外交时代[①]。重视公共文化外交在国际交往和国家文化战略博弈过程中的重要作用已经日益成为西方大国在构筑国家软实力中的一项极其重要的内容。有意识地通过民间的涉外活动提升国家形象的做法越来越成为现代国际社会的普遍选择。在现阶段，当中国的普通民众还不可能通过走出国门展示他们对现存生活方式的价值认同的时候，"原生态"的表达就是最好的"公共文化外交"。而这种"原生态"恰恰就是表现在"茶楼酒肆"和"街头巷尾"这样一些中国式的公共文化空间中。这几年来我们文化建设的一个最大失误就是对"茶楼酒肆"和"街头巷尾"的忽视。正是由于我们的疏忽，那些地方成了我们必须用心加以建设的主要内容。我想这应该是建设覆盖全社会的公共文化服务体

---

① 赵启正："中国进入了公共外交时代"，《社会科学报》2010 年 8 月 5 日。

系的最重要的内容之一。建设覆盖全社会的公共文化服务体系，当然要有硬件的保障，但是倘若不能与其享有均等的文化权利，尤其是确保基本的精神卫生安全和健康的文化权利，而是任凭各种恶俗的文化侵蚀民众生活的健康机体，仅有硬件是构不成体现民众幸福的文化指数的。当然也就谈不上形成国家文化软实力。因为这样的一种生活方式没有吸引力，就没有效仿者。

（三）建立以文化民权为价值取向的国家文化软实力观

国家文化软实力的形成，是全民族文化创造活力所实现的程度的集中表现。一个国家和民族的文化创造活力所达到的高度和程度，直接规定和影响了一个国家文化软实力内在质量构成的影响力和渗透力程度。没有全民族的文化创造力，就不可能有一个国家的文化软实力。在这里，能否和在多大的程度上激活全民族的文化创造活力，直接规定和影响了国家文化软实力形成和提高的可能性。就是要集中到"激发全民族文化创造活力"上来。能否和在多大的程度上"激发全民族的创造活力"，直接关系到"建设社会主义核心价值体系，增强社会主义意识形态的吸引力和凝聚力"这一中国文化建设伟大任务的实现程度。要实现这一伟大的历史任务，只有全民族文化创造活力的充分激发才是可能的。

中共十七大在论及"提高国家文化软实力"的时候，设置了一个极其重要的前提，那就是"激发全民族文化创造活力"，并且落实在"使人民基本文化权益得到更好保障，使社会文化生活更加丰富多彩，使人民精神风貌更加昂扬向上。"一切以人民的根本文化利益为旨归。没有全民族文化创造活力的充分激发，哪来国家文化软实力提高的源头活水？这恰恰是主权在民精神的高度体现。在这里，中共十七大报告实际上提出了一个重要命题：文化民权。

文化民权是建构和提高国家文化软实力最重要的战略基础。民众的文化创造活力是一种最根本的文化生产力，也是文化民权最重要的价值体现，只有这种文化生产力的最大限度地解放，民众的文化创造活力才能获得空前的释放。这就需要我们在文化制度创新过程中引进"生态文明"的新观念，树立"文化生态文明"新文化发展观和新文化建设制度观。民众文化创造活力的充分激发只有在一个有助于这种创造活力激发的文化生态环境中才是可能的。而这种生态环境在当下中国就是在宪法框架下的言论自由、出版自由和表达自由的环境。这是建构国家文化软实力的战略性基础。生活方式、包括物质生活方式和精神生活方式的选择，是最基本的民众文化权利。既然民众选择了国家这种自我管理形态和机制，并且是以让渡自己的某些权利来实现这种管理，那么，在宪法框架下实现包括言论自由、出版自由和表达自由的一系列生活方式，就应该成为民众基本的也是最重要的生活方式，而人们的一切关于生活的再生产和每个人的文化创造活力就是建立在这个基础上的。没有宪法框架下的言论自由、出版自由和表达自由，不可能有每个人的文化创造性活力。同样，不是以宪法为约束的言论自由、出版自由和表达自由，也不能认为是每个人的文化创造活力的充分激活。无政府主义构不成文化软实力。这在当今世界的国家生活中是有现成的例子（如海地）。因此，这就需要我们建立起以文化民权为价值取向的国家文化软实力观，并以此作为我们实现国家文化安全的保障。没有全体民众文化创造活力的充分激发，就没有国家文化软实力。国家文化软实力是全体民众共同创造的生活方式和精神家园的自然体现，而不是单一的国家文化机器的产物。在这里，"保障人民基本文化权益"，"让人民共享文化发展成果"具有特别重要的意义。激发全民族文化创造活力，最根本的就是要创造一种让每个人心情舒畅、生动活泼、充满激情、友善和信任的文化生态环境，使每个人的才华、智慧和创造的冲动都能够得到充分的实现。没有人民基本文化权益的充分保障，就不可能有全民族文化创造活力的真正激发那样一种提高我们的国家文化软实力所需要的文化生态环境。因此，民众文化创造力的充分激发应当是文化民权充分实现的结果。

作为一个国家文化软实力的形象性体现，我们当然不能没有国家大剧院，不能没有高大辉煌的城市剧院，但是仅仅有这些是远远不够的。我们必须要有能够体现和反映我们这个国家全部精神创造能力和水平的文化艺术作品，能够让世界体验到今天中国的文化给予人类进步的伟大贡献，并且由衷地接受这种贡献，就像他们接受孔子和中华文化的古老艺术那样接受我们中华民族今天的全部创造，而所有这一切，都只有建立在充分激活全民族的文化创造性活力才是可能的，只有全体人民的基本文化权益的充分实现才是可能的。没有全体人民基本文化权益的充分实现和全民族创造活力的充分激活，所谓提高国家文化软实力也就成了无源之水和无本之木。

主流文化不是"去民众化"的文化，相反，主流文化只有在融入普通民众的文化生活和精神生活中、在普通民众的参与中它才是有生命的。电影《集结号》之所以取得巨大的成功，特别是获得了广大观众和社会舆论的好评，一个最重要的原因就是以小人物的命运表现了一个重大的主旋律题材。这样的主流文化是与民众相呼应的主流文化，是与民众的感情生活相呼应的主流文化，只有这样的主流文化所形成和产生的力量，才能构成我们这个国家所需要的文化软实力。这种文化软实力来自于和形成于民众对崇高与伟大的认同。只有认同才会产生力量，只有认同的力量才属于国家文化软实力的核心力量。提高国家文化软实力，就是要提高这样的文化核心力量。从这个意义上说，主流文化不等于主流意识形态，而是反映历史发展趋势的文化形态，反映民意主流的文化形态。意识形态凝聚力是由意识形态内在魅力系统形成的，是国家文化软实力的核心要素和内容。当这种系统的历史表现于我们的文学艺术创作的时候，它所打动人心、给予人的灵魂的精神震撼是任何纯粹的意识形态说教所无法替代的。一部好的文学艺术作品和一部优秀的学术著作，不仅是文化生产力，而且也应该成为社会主义意识形态的吸引力。这种形态包含着对文化民权的尊重和认同。

（四）实现民众思维的主体性建构

中国需要建设中国思维的主体性。失去了这个主体性，思维就容易被美国化或者欧洲化，中国就很难成为一个真正的大国，尤其是一个可持续发展的大国，当然也就无所谓拥有国家文化软实力。思维的主体性建构及其成熟性程度，是衡量一个大国是否真正拥有国家文化软实力的一重要标志。在这里，在学习西方的过程中，超越西方的文化经验确立中国自己的思维方式和思想体系就具有特别重要的价值和意义。因为，正是这种思维的主体性才是确定存在的主体性的唯一标准。而正是这样的标准，才能够把你和别人相区别，你才能具有存在的价值，否则，你的存在就变得没有意义，只是别人存在的一种延伸和方式而已。中国国家文化软实力的建设与提高伟大目标的实现，一个最具战略性意义的任务就是要建设这样的文化主体性。由于这种文化的主体性只有建筑在思维的主体性上才能完成，因此，完成这项革命是实现文化主体性建设的根本性前提。同时，还由于这种思维的主体性具有建构人的心理结构的重要意义，而心理结构和思维方式又是一个民族区别于另一个民族的显著标志，一切文化的生存都是它的外在表现形态。因此，建设中国思维的主体性，不只是要实现中国精英阶层思维主体性建构，更为重要和更为关键的是整个国家和民族、民众思维的主体性建构。因为，只有这样的主体性建构，才能够完成和实现在国家战略竞争层面上的文化软实力的提高。一个国家必须要有一套自己的价值观作为支撑经济社会持续发展的基础，如果仅仅只是把外国的东西拿来，而没有自己的价值标准，那么，要想保持社会文化稳定健康的发展和提高国家文化软实力是很难的。

国家文化软实力是国家发展过程中的战略竞争能力，它是一种与其他国家的文化战略竞争过程中相比较而存在的一种能力。这种能力是通过这个国家和它的人民的整体性力量表现出来的，而不仅仅是它的文化代表性人物，尽管没有这样的文化代表性人物无以集中体现这个国家文化软实力所达到的一个高度。因此，重建"民众"在建构国家文化软实力中的不可替代的作用和确立"文化民权"在这当中的战略基础性地位，应当成为提高中国国家文化软实力的重要价值取向。

三、三位一体、三者并举的文化产业发展道路

（一）"时空压缩"构成了中国文化产业发展的生存特征

与欧洲等发达国家用了几百年时间实现了从传统社会转变为现代社会进而进入后现代社会不同，当代中国的发展问题，既有从传统社会转变为现代社会的问题，又有从农业社会转变为工业社会的问题，还有从计划经济转变为市场经济、计划经济与市场经济相互兼容的问题，更有从封闭的社会走向开放的问题。中国改革开放和社会发展所面临的是前所未有的、西方发达国家所未曾经历和遭遇过的大汇聚、大冲撞、大融合，传统的、现代的、后现代的这三个不同时代的使命和任务集中同时压缩到了一个时空之中，恰如杂技《时空之旅》所表现得那样：既有可能实现相互协调、相互包容、择优综合的目标，又有可能存在相互冲突、相互排斥、相互否定的关系。这就是当代中国社会在融入现代世界体系、参与经济全球化进程之后所产生和形成的"时空压缩"的双重效应。正是这种"时空压缩"的双重效应构成了中国文化产业发展的全部"特色"，左右着中国文化产业发展的基本形式，成为影响中国当前和未来文化产业发展走向的重要因素和条件。一方面，在这一"时空压缩"条件的作用下，中国的文化产业发展同时在三个方面展开，并且试图在不长的时间里完成西方发达国家 200～300 年才能实现的历史任务，实践正在表明中国在文化产业领域里取得了长足的进步；但是，另一方面，中国要在一个比西方发达国家短得多的时间里（20～30 年）达到和实现西方发达国家文化产业发展目标，在国际文化市场上拥有与中国作为一个文化大国相称的文化市场份额，把西方发达国家在 200～300 年文化产业发展中不断出现的、不断解决的矛盾和问题集中到 20 年乃至 30 年的时间里来解决（我们已经确定了时间表），这就使得中国文化产业发展所面临的问题和困难变得异常复杂和艰巨，甚至在某种程度上成为不可能。"时空压缩"这样一个中国文化产业发展的生存特征，使得我们在思考金融危机下中国文化产业战略力量的组织以及发展方向选择的时候，不能不面对这样的所谓"当下性"，并且从这样一个角度来分析中国文化产业战略力量构成的现实国情，思考和选择中国特色文化产业的发展方向与发展模式。

（二）中国文化产业发展的基本国情

中国文化产业是一个历史性的概念。它不仅有着与西方发达国家不一样的成

长历程，而且它还有着与西方发达国家文化产业不一样的形态结构。中国文化产业战略力量必然同时包含历史性和当代性两个维度。而历史性又包括古代、近现代和当代三个不同的历史发展阶段。今天中国的文化产业构造体系就是由这三个方面构成的。因此，建设和发展中国特色文化产业，建构中国文化产业战略力量不能脱离这一基本文化国情。

传统文化产业、现代文化产业与新兴文化产业三位一体并存是现阶段和今后相当长的一个时期内中国文化产业发展的一个基本国情，也是中国文化产业战略力量构成的基本结构形态。占人口三分之二的广大的农村，不仅是中国非物质文化遗产的最主要的空间存在形态，而且也是中国以农耕文化为主要内容形态、以手工业为主要生产特征的传统文化产业的主要空间存在形态。口头及非物质文化遗产的产业化不仅构成了中国现阶段文化产业的主要形态之一，而且还是文化产业满足人们精神文化消费需求多样性的最重要的来源，是体现中华民族共有精神家园和民族文化认同的最主要的载体。河南省宝丰县的马街书会、辽宁的二人转，以及中国覆盖面最为广泛、市场基础最为雄厚、产业能力特别巨大、生产和消费人群特别广泛的中国书画业，各种民间演出业和手工艺业，构成了当前中国传统文化产业最典型的、最富有市场活力的生命形态。这是最集中体现"中国特色"和"文化战略力量"的文化产业形态。中国文化产业战略力量的发展方向与成功实现不能脱离这个最基本、也是最具有中国特色的基本文化产业国情。中国大众的主体是农民，在相当长的历史时期内，中国作为农民大国的基本状况不会改变，即便当中国的人口增长的总量达到15亿的最高值的时候，农民仍占三分之二以上。这就决定了中国文化产业发展的战略力量构成战略性空间形态特征和消费主体构成特征。一个时期以来，中国大力推动文化产业"走出去"战略，把占领国际文化市场，积极参与国际文化产业的战略竞争作为推动文化产业发展，提高国家文化竞争力，维护国家文化安全作为主要的发展方向，这无疑是一项构建中国文化产业战略力量必须坚定不移的方针。但是，仅有文化产业的"走出去"战略是不够的。拉动文化内需、大力培育和发展中国国内文化市场，是中国文化产业战略力量发展同时应该坚持的又一项重要的战略方针。中国最大的内需市场就是拥有八九亿人口的广大农村。数以亿计的农民提高了文化消费能力，全世界最大的文化市场活跃起来了，它就能成为中国文化产业持续又快又好的发展的坚强支撑。然而，要激活这个巨大的文化市场，就必须生产与中国农村和农民的实际生活相适应的适销对路的文化产品，而不是相反的产品。中共中央十七届三中全会通过的《中共中央关于推进农村改革发展若干重大问题的决定》，抓住了开创中国特色社会主义新局面的关键——农村改革问题。而农村改革问题说到底，就是惠及农民的利益问题。农民利益不仅是政治利益和经济利益问题，而且也是文化利益问题。文化利益问题最集中的就是农民的基本文化权益的维护、落实与实现。而这种维护、落实和实现不是从中国农民的基本文化生态状况之外去维护、落实和实现，而是必须从中国农民基本文化生态状况之中去维护、落实和实现。这就是对集中体现了中国农民智慧精华的、以传统手工业为主要生产方式的传统文化产业形态的尊重。

在中国古代的四大发明中，其中有两项在今天看来就属于人类文化产业发展史上最重大的伟大发明：造纸术和印刷术。这两项发明不仅为纸质传媒与文化产业的生命形态奠定了历史性的工具与表达载体基础，而且更重要的是它开创了人类历史上第一个极其重要的文化产业时代：以印刷传媒为核心的纸质文化产业时代。造纸和印刷术的发明，使得此前与此后的一切文化与艺术的表达形式的完形与传播、传承与扩张、成熟与规模成为可能。现今一切文化产业形态在某种意义上来说，都是在此基础上发展起来的。虽然，今天的人类社会已经迈入了电子信息时代，但是，它的基本表达形态和表达方式——读、写并没有发生质的变化。变化的只是由原来的纸张、书本换成了电脑显示屏和键盘。因此，从这个意义上来说，由造纸术和印刷术所形成和建构的文化产业集中代表了以农耕文明为基础的传统文化产业的全部合理性及其对于现代文化产业生成来说不可替代的生态文明基础。正如马克思所揭示的那样：火药、罗盘、印刷术——这是预兆资产阶级社会到来的三项伟大发明。火药把骑士阶层炸得粉碎，罗盘打开了世界市场并建立了殖民地，"而印刷术却变成新教的工具，并且一般地说来变成科学复兴的手段，变成创造精神发展的必要前提的最强大的推动力。"① 然而，恰恰是在这个根本性问题上，文化产业的现代发展在历史的前行过程中造成了对这一"最强的推动力"的最大的破坏。文化生态链接和文化种群基因的断裂，使得传统中国文化产业发展成为不可能，而对世界文化消费者有着巨大的无穷魅力的恰恰是中国传统文化产品的内容含量。这不仅从中国图书出版和版权交易的品种以及数量结构中可以看出，而且从中国影视作品的选材中也可以得到印证。尽管，它们在内容上并不在一个可比较的量级层面上，但是却共同地揭示了一个真实的存在：那就是在构成中国国家文化战略力量的结构中，传统文化产业始终是一个独具中国文化战略力量特色的重要组成部分。

现代文化产业是以工业文明为基础，以大规模机械复制为主要生产方式的文化产业形态，包括现代出版业、广播电视业、电影业、唱片业、报刊业等，集中体现了工业文明的成果。这一部分构成了现阶段中国文化产业的所谓"核心层"，占据着明显的主导地位，符合文化产业发展在工业文明阶段的所有特征，

---

① 《马克思恩格斯全集》第3卷，人民出版社1975年版，第321页。

将长期成为中国文化产业发展最主要的内容和力量形态，并且制约着中国文化产业战略力量的构成和文化体制改革的命题。然而，当代中国现代文化产业发展所面临的发展"困境"是：由于全球性工业危机的来临，世界已经进入了后工业化时代，能源危机、环境污染以及美国次贷危机引发的全球金融海啸所导致的全球经济危机的突现，新的国际战略力量的重组和新的国际机制的形成，中国已经不可能有一场传统意义上的"工业革命"，实现传统意义上的工业化。世界范围内新的工业革命正在兴起，使得中国的现代化目标定位与路径选择的外部环境已经发生了根本性的变化，继续把中国的现代化建设目标及其实现局限于传统的工业化进程，客观上已经成为不可能，否则，中国的发展将严重地陷入"现代化陷阱"，造成国民经济和社会发展极大的危机和风险。现代文化产业包括由此而建立起来的一系列制度和发展模式，是以工业革命建立起来的价值观念为基础的。因此，当现代文化产业赖以建立的工业革命体系已经并且正在遭遇到由它自身所带来的发展危机的解构，并且在推进新工业革命的时候，继续沿着原有的在工业革命基础上建立起来的文化产业发展道路与发展模式，建立起具有同国际文化产业进行战略竞争的战略竞争能力，显然已经成为不可能。这就需要我们在深刻地认识和高度关注正在发生的工业危机的来临和新工业革命兴起的同时，重新思考中国文化产业战略力量的集结及其发展方向选择。否则的话，中国的文化产业发展之路将只能永远步西方文化产业的后尘，难以形成自己战略力量发展构成的独特形态和品格。

（三）中国文化产业发展的双重使命

中国在肩负着完成工业化和城市化的历史任务的同时，又面临着信息化发展的现实要求，这就规定了中国文化产业发展道路和战略力量重组的"双重使命"：既要建构完备的以工业文明为基础的现代文化产业体系，又要迎接信息化发展所带来的后工业化的挑战，大力发展以数字技术为核心手段，以新媒体为主要载体的新兴文化产业形态。虚拟文化经济和实体文化经济的体系性建构同时成为当代中国文化产业发展和文化产业建设的现实命题。正是这样的现实构成了当前中国文化产业发展矛盾的丰富性。同时，也正是由于缺乏对这样的一种矛盾丰富性的科学认识，并且在对这种矛盾丰富性的科学认识上选择和确立自己的文化产业发展道路和发展模式，导致了文化产业发展在中国还刚刚起步的时候，便出现了"创意产业"、"文化创意产业"、"创意文化产业"等各种各样新提法和新实验。其实，任何一种涉及产业政策和发展战略的新提法和新选择，都有其特定的时代内容和所要解决的具体的发展问题的。脱离一定的发展阶段和发展实际，不加区分、不加选择地发展任何一种形态的文化产业，往往容易造成自身发展

"特色"的丧失和比较优势的丢失。中国在 21 世纪上半叶所要解放和发展的生产力，不能仅仅复制"机械文明"那样水准的文化生产力，更不应该重复旧文化发展方式下那种资本、技术排挤劳动的道路。而应是把文化产业升级、核心技术创新和全民族文化创新活力之解放，提升到信息化带动工业化和生态文明的水准和境界，把在资本、技术和劳动更好结合基础上的文化创造活力的解放，提升到能够在我们这样十几亿人口大国实现文化大发展大繁荣的应有水准和境界。因此，中国特色文化产业的发展之路不能脱离它的基本文化国情。当前中国所面临的基本文化国情是传统的、现代的和新兴的（即所谓"后现代的"）同时并存，都拥有它的合理性与合法性，对于任何一个方面的偏废，都有可能造成中国文化产业发展的巨大损失。弘扬中华文化，建设中华民族共有精神家园，运用高新技术创新文化生产方式，培育新的文化业态，是当代中国文化产业战略力量的发展方向。在这样一种背景之下，中国特色文化产业发展道路，应当实行传统的、现代的和新兴的三位一体、三者并举的发展方针，根据不同地区的不同条件和发展文化产业的要素资源禀赋，采取不同的发展方针、选择不同的发展战略，发展区域性特色文化产业。只有这样，中国文化产业发展的战略力量调整和发展方向选择，才可能在金融危机情势下，避免不加区别地发展任何一种形态的文化产业这样一种弊端。

第五章

中国文化产业发展战略重点

战略重点是战略目标实现最重要的途径。如何选择中国文化产业发展战略重点和选择什么样的发展战略重点，直接关系到战略目标的实现。战略重点选择与确定的原则必须从中国文化产业发展的基本国情出发，从亟待解决的严重制约中国文化产业发展战略困境出发。文化产业市场化建设、新兴文化产业发展、文化产业发展国际化、区域文化产业发展布局、国家与社会文化产业协同发展构成了中国文化产业发展的五大战略重点。

一、建立统一的文化大市场

文化产业发展市场化问题是一个中国式命题。它是在中国关于社会主义市场经济体制改革的目标提出来之后才被提及的。文化产业在中国的兴起，首先是文化市场发展的直接结果，是文化产品生产与服务的市场化与经济化；其次是文化体制改革的直接结果，是管理的分类化与国际化。"市场化"是中国正在进行的从计划经济向市场经济体制转轨的一个过程。所谓文化产业市场化，就是发挥市场在资源配置中的作用，按市场发展的规律促进文化产业的科学发展。文化市场分割是严重制约中国文化产业发展最大的障碍。建立健全统一的文化大市场是实现中国文化产业发展最突出的战略重点。一个分割的文化市场，不可能有一个强大的文化产业发展。

1. 建立以大区域文化产业集群功能发展为主要特征的发展机制，优化文化产业管制制度，促进区域文化产业协调发展体制机制建设，创建无障碍流通、全流域开放的文化市场体系

推动区域新发展模式与格局，建设功能发展区是今后相当长一个时期中国国民经济和社会发展的一个基本战略思路，也是中国在新的历史发展条件下建立国家新分工体系的重要战略举措。明确不同功能区国民经济和社会发展的定位与方向，促进形成经济增长、社会进步与资源环境协调发展的新格局，将长期影响中国经济结构的战略性调整和转变经济发展方式的价值取向。区域尤其是大区域作为经济共同体将在这个过程中极大地突破现行以省、市行政区划为制度安排的经济发展和经济交往模式，区域与区域的竞争将成为不同经济体之间最主要的竞争形态。但是，这种竞争将不再是同质竞争，而是不同功能区之间优势互补、比较优势之间的竞争。全国共同市场与区域大市场的形成将极大地改变中国现行的资源配置方式，各种形态的资本流将重新界定原有的区域概念。文化产业无论是作为经济形态还是作为文化形态，作为一种全新的资本形态，文化产业作为一种新的生产资源形态和资本力量由于在经济结构的战略性调整和转变经济发展方式中具有不可替代的作用，都将使得区域文化产业竞争不再是单一主体之间的竞争，而是区域对区域的竞争。因此，在建设中国区域发展战略、建设国家区域发展功能区的时候，通过构建城市群来重构本地区的竞争力量和竞争形态，已经成为中国大地上最令人注目的竞争。在这样的一个大战略态势下，建立以大区域文化产业集群功能发展为主要特征的发展机制应当成为金融危机下中国文化产业新政的又一重要内容。

文化产业是以精神生产为主要内容的产业，是满足人们精神文化多样化消费需求的最主要的形式和渠道。高度创造性的精神生产是影响和规定文化产业能够在多大程度上满足人们精神文化消费需求多样性的关键指标，而如何能够实现这样一种高度创造性精神生产活动，取决于人们能够在多大程度上享有的宪法精神下的表达自由和沟通自由。一切文化产业都是表达自由的工具和载体。文化产业的发达性程度与表达自由的实现性程度存在着正相关关系。核心是公民的文化权利关系。表达自由是公民的权利，文化产业是这种权利实现和表达的工具和途径。表达自由的核心是言论自由，出版自由和新闻自由是言论自由最主要的权利实现方式和载体。而出版与新闻作为产业形态同处于文化产业的核心部位，因此，任何关于出版与新闻业的准入限制和规定，都是对表达自由限制的权力延伸。对于表达自由的控制在多大的程度上是合法的，是表达自由本身内容的重要组成部分，涉及关于表达自由的基本法学原理。没有表达的自由和沟通的自由，不可能有成熟与发达的现代文化产业。然而不受管制的表达自由是不存在的。区别只是管制对于人们的自由表达的限制性程度。无原则的要求对文化产业的市场准入和表达自由放松管制，不仅在国际上没有先例，而且也是不负责任的。因此，问题并不在要不要文化管制，而在于怎样的文化管制才是科学的和发展文化产业必不可少的。虽然不同的国家以及在不同的人群中有着完全不同的理解，以及由这种理解所建立起来的标准，但是，从世界绝大多数国家的文化管制制度设计来看，在巨大的差别背后，却有着一条共同的原则，那就是：国家文化安全。无论是新闻检查制度，还是电影分级制度，或新近颁布的关于网络游戏的分级管理，维护和确保未成年人的精神心理健康和安全，捍卫这个国家最基本的价值观和生活方式是其最基本和最主要的核心内容。这里有两个最基本的维度：未成年人涉及一个国家和民族的兴衰存亡，生活方式和价值观涉及一个国家和民族的文化认同。这是世界上绝大多数的国家文化检查制度和文化产业管制的共同准则，具有人类社会繁衍发展最基本的公共准则。只要不违法和不触及这两条生命底线，表达自由拥有广泛的空间和制度保障。中国文化管制制度的改革与建设，当然要从中国实际出发，当然要有中国特色。那么，当前中国的文化实际是什么呢？中国特色是什么呢？那就是共同的民族精神。这在 2008 年四川汶川大地震这一空前的民族灾难面前，中国人，尤其是年轻的中国一代表现出了完全出乎人们意料之外的表现。互联网作为这一代最善于表达自己意见的工具，前所未有地承担起了肩负起凝聚全民族精神力量的重任。表达自由以它从未有过的空间得到了最充分的实现；不仅如此，当奥运火炬传递遭遇到不应有的阻挠的时候，同样是"80 后"的新一代，还是用互联网最充分地表达了自己捍卫国家和民族尊严的自由心声。这不仅展示了中国人在现代社会应有的成熟，而且也给政府监管部门充分的自信和对文化管制内容和安排的全新评估。2008 年 10 月 17 日中国政府颁布《外国常驻新闻机构和外国记者采访条例》（国务院第 47 号令），"将《北京奥运会及其筹备期间外国记者在华采访规定》（国务院令第 477 号）的主要原则和精神以长效的法规固定下来"，[①] 放宽对外国媒体在华采访的限制。新闻管制是最严格的文化管制制度。在某种程度上说，没有比新闻管制更严格的管制制度了。奥运会帮助我们找到了自信，帮助我们建立起了新的更加自信的新闻管制理念，从而使我们可以建立起优化文化管制制度的新思想、新理论，为中国文化产业繁荣发展创建一个独具中国特色的新文化管制体制，为营造无障碍流通的、全流域开放的文化市场体系提供制度性保障开辟了更加宽广的道路。

———————————

① "外交部举行记者会，就《外国常驻新闻机构和外国记者采访条例》作出说明"，《人民日报》2008 年 10 月 18 日。

现在中国文化产业发展所遭遇到的战略困境还不仅仅是国家层面上进一步放松管制和优化文化管制制度，而且在某种程度上来说是由垄断的利益集团对文化市场的有意分割，从而形成了一种不是政府管制的新管制形态：集团管制。仅以江苏省图书流通体制改革为例。文化体制改革之前，靠近上海的苏州、无锡等城市的新华书店可以根据本地图书消费市场的需要，从上海的出版社直接采购它所需要的图书品种和数量。这一级城市的新华书店拥有自主"采编权"。而在实行了新华书店发行集团之后，所有这一类城市新华书店的自主权就被集团收上去了，苏州、无锡的新华书店需要采购某种图书必须报省发行集团，然后由省集团通过"物流配送系统"来完成。否则，就要受到处罚。我们说文化行政区划造成了文化市场流通的制度性障碍和壁垒尚有某种程度上的历史合理性，然而，以市场经济的名义所形成的对统一的文化大市场的切割，远甚于计划经济模式下的统分统配。这样的一种所谓产业集中度和优化资源配置，完全取消了文化产业城市等级层级体系，把原来大中小不同等级——规模、梯次分权的文化产业城市层级体系，建构成通过行政权力对文化市场资源再配置的以"省级"集团单一的、集权的文化产业体系，而且还不是城市的。这种状况构成了当前制约中国文化产业大发展大繁荣的所必需的无障碍流通的文化市场体系的要求，从而使得文化体制改革的成果被消融和转移成局部的改革利益获得者。越来越多的权力被收到了"新的政府"手里，市场调节的力量被以改革的名义而弱化，文化行政的力量则通过组建文化产业集团越来越强大。政府对文化产业领域里管制趋势由文化产业集团得到了进一步的加强而非削弱，从而在文化产权的重新界定、市场经济框架的完善，还是文化行政权力的约束与规范方面，因文化产业集团对本省属范围里的文化市场的"寡头垄断"，而使得前一轮文化体制改革的积极成果成为中国文化产业进一步发展所遭遇到的新命题，同时也成为中国区域文化产业协调发展必须面临的战略性困境。表达的自由和沟通的自由由于缺乏必要的和宽松的市场空间、由于"集团性障碍"而成为不可能。因此，要使我国文化产业发展在金融危机后真正进入一个良性的文化生态系统和生态环境，就必须对现阶段这种"集团性障碍"所形成的战略性力量进行深度和重大的改革，还权于地方。这几年中国电影业繁荣发展以及取得的成绩，与整个电影产业的深度改革和体制与机制创新密切相关，与重建中国电影产业的战略力量主体密切相关。只要符合国家有关规定，任何投资主体都拥有投资拍摄电影的自主权。放松管制，不等于不要管制，而是要积极借鉴国际社会文化管制的多种经验，充分结合中国文化国情，以优化管制的新文化管制理论来建构中国特色的文化管制制度。

行政区划所形成的地方保护主义和行政壁垒，是当前严重制约中国文化产业发展战略力量重组的制度性障碍，也是严重阻碍中国实现文化产业战略协调发展根本性制度原因。然而，问题的要害并不在于行政区划本身的制度设计，而在于这种制度设计与文化产业发展所需要的制度安排之间的关系。这是因为，我们不能设想取消行政区划，这不仅不可能而且危害很大。那么，我们怎样既不能不要行政区划，又能够使得文化产业在现行行政区划制度条件下得到它所需要的合规律性发展的必要机制，从而为文化产业的全流域发展，创建一个无障碍流通的文化市场体系？制定国家统一的文化产业政策，地方不再独立制定文化产业政策，以促进文化产业发展所需要的全流域无障碍流通的全国文化市场合作机制的形成。这应该成为中国文化产业战略力量发展的一个重要的改革取向。中国地方政府有独立制定产业政策的职权，这与很多发达市场经济国家的产业政策形成机制不同。在地方无序竞争无法在短期内根除的情况下，地方政府就可能选择相似的产业战略，造成产业发展重复建设、产业结构趋同，进而恶化区域竞争，加剧市场分割和地方保护。因此，要最终实现中国文化产业发展所需要的统一的全国大市场的形成，就必须制定全国统一的文化产业发展政策，使产业转移和产业升级协调进行。

2. 改善文化产业结构，完善文化产业区域分工体系，建立区域功能为主要内容的文化产业差别发展指数

长期以来，在实际的政府工作中形成了"以 GDP 论英雄"的价值偏向。在为纠正过去的"以阶级斗争为纲"的条件下，实现中国工作重心的战略性转移，"以 GDP 论英雄"帮助我们迅速地获得了经济的高速发展和国民财富的积累。然而，随着经济社会的飞速发展和各种新问题新矛盾的凸显，尤其是当我们付出了巨大的文化资源和文化环境代价的时候，文化产业发展的评价指标体系就必须导向新的科学发展观和价值观。超越我们已有的关于文化产业管制制度的历史性认识以及由这种认识所形成的历史性局限，把关于文化产业的制度管制从现行的制度体系架构中解放出来，解除对文化产业市场主体的"省级"管理和"省级"垄断，尤其是对原有的"国资"文化企业管辖权利的下放。建立国有文化资产"大国有出资人"的新概念，超越局限于原有政府文化行政管理体制下的文化资产国有出资人的制度性束缚，把在文化领域里的"国有资产出资人"的界定从传统体制中解放出来，从而为建立新的在合理分工体系上的、而不是建立在行政区划基础上的中国文化产业新制度体系成为可能。建立以城市为空间形态而不是以政府行政架构为隶属关系的文化产业新制度安排与文化市场体系，让文化产业脱离现在的国民经济评价指标体系，克服由于国民经济评价指标体系所形成的"政绩观"，以及在这种观念下形成的束缚文化产业"跨境共同体"的体制性障碍，使利润成为文化产业的市场主体在法律规范和道德自律下合法性与合理性的自觉追求，实现国民财富的创造性增长，并且在这个过程中，通过健全的税收杠杆实现国民文化财富的再分配，实现文化要素市场的无障碍自由流动。而政府文化行政主管部门则把文化产业发展所需要的无障碍流通和全流域开放的文化市场体系的建立所需要的政策和规章工作做好。根据中国客观存在的不同区域文化产业功能差别的特点，建立文化产业差别发展指数，以及在同一功能区内不同文化产业城市等级间的层级差别评估指标体系，引导处在不同层级上的文化产业城市根据自己的要素禀赋和比较优势走差异化文化产业发展道路，克服现阶段严重困扰中国文化产业发展的"百城大战动漫产业"这一千军万马都闯独木桥的"市场发展困境"。让市场的力量而不是仅仅是政府的力量，推动以文化产业城市等级规模层级为基础的中国特色的文化产业分工体系，进而在这个基础上实现在不同梯级上的无障碍流通和全流域开放。只有这样，中国文化产业战略力量重组与新发展道路才可能使中国文化产业发展实现目标的最大化。

二、战略性推动新兴文化产业发展

新兴文化产业是相对于传统文化产业而言的。一般来说，下一代产业对于上一代产业来说，都具有"新兴"的意义。但是，并非所有下一代产业形态都具有"新兴"的本质。就文化产业而言，所谓新兴文化产业是指基于重大文化发现和发明而产生的、将改变人类社会文化生产方式和精神生活方式的新文化产品及由此产生的新的文化产业形态。

1. 新兴文化产业首先是文化生产力形态的革命性变化

在人类社会的文化产业发展史上，电影是最具有这一特征的"新兴文化产业"。电影的出现，不仅改变了在农耕文明时代形成的以手工业为主要生产方式的文化生产力形态，而且正是这种文化生产方式的革命性变化，使得人类社会的文化产业发展进入到了以大规模机械生产为主要特征的工业文明时代。人类文明发展由此而从文字符号时代进入到影像文化时代。人们艺术的把握世界方式和方法的革命性变化，不仅改变了人们的社会文化生产方式和精神生活方式，而且由此而带动了包括电影机械生产、电影院系统的建设、电影衍生产品的开发以及电影音乐、电影舞美灯光等一系列新兴文化生产形态和产业形态的"群落性"出现，即所谓由此而产生的新的文化产业群。在整个农耕文明时代，也还没有哪一个传统文化产业形态能够像电影产业那样带动了整个社会的产业革命和社会文化发展的深刻变革。造纸和印刷术的发明虽然从根本上改变了人类文明形态的历史进程，但是，真正使得二者有机结合形成庞大的"印刷业"则是在人类社会进入工业文明之后才取得了规模发展。这就是为什么印刷术由中国人发明，但印刷业却在欧洲得到发展、并直接导致新教革命和资本主义精神形成的原因。这是工业文明带来的文化发展的成果。因此，一般意义上的文化产品载体和形态上的变化，并不标志着新一代文化产业的出现。电影、唱片、电视、网络游戏之所以能够被界定为"一代文化产品"，就在于它无论从内容生产、传播模式还是消费方式等，都不是前一代文化产品的复制或者在载体上的更新，而是从文化和科学创新的层面上，它们都属于一种全新的文化生产力形态。唱片使得人类对声音的记录与传播成为可能，电视突破了电影的生产方式、传播空间和消费形态，使得全球即时文化消费成为可能，电视实况转播则是它的最典型的体现，而网络游戏第一次使得文化消费互动成为可能，虚拟文化产品、文化市场与文化空间的形成，不仅从根本上变革了原有的关于文化产品和文化市场的意义，而且使得人们的社会存在和精神方式发生了根本性的变化，所谓"数字化生存"或"网络化生存"在文化产业领域里集中表现为"网络游戏化生存"。电子书从某种意义上来说并不构成如电影那样的"下一代文化产品"，它只是把"书"的介质改变了，但它还是"书"，并不具有上述"新一代文化产品"的那种不可替代性。因此，无论是"手机报"还是"手机电视"、"数字电影"、"数字出版"都还构不成"新兴文化产业"，更不属于"战略性新兴文化产业"。正如3D电影推出之后迅速地在文化产业领域里掀起一股"追D热"一样，有的甚至推出所谓3D版的"立体报纸"。然而，正如业界和学界的专家所认为的那样：作为传统媒体的"尝鲜"可以偶尔为之，但是，"不可能大规模常态化存在，不能代表报纸未来的发展方向。"① 全部问题的关键不是"新一代文化产品"的原始发明和创造，而只是在原有的产业链上更新了它们的载体形态和技术形态。半个世纪以来，在中国真正称得上属于文化产业领域里的原始发明创新的可能只有"汉字激光照排系统"这一项。虽然，这一系统带来了中国印刷出版业的革命性变化，但是，由于它还不属于"新一代文化产品"，也还仅仅是汉字印刷技术的革命，解决的产品技术的升级换代，并没有形成不可替代性文化产品。因此，就这个意义而言，它还只能属于"准新兴文化产业"，还不是完全意义上的"新兴文化产业"。"新兴文化产业带动战略"的实质是关于"新兴文化产品"的原始发明、创造。进入工业文明时代以来，从电影到网络游戏，还没有哪一个文化产品以及由此而形成的文化产业是由中国发明和创造的。没有"下一代文化产品"的发明创造，就没有新兴文化产业的创造性出现。产业升级的本质意义是在产业链上的升级，而真正决定和制约整个产业链生命周期和价值运动的，就是处于整个产业链高端的拥有自主知识产权的原始文化产品的发明创造。

---

① "立体报纸'呼之欲出'？"，《人民日报》2010年7月15日。

2. **"战略性新兴产业"的提出为中国文化产业发展战略的构成与总体框架的建构提出了全新的战略思路**

下一代文化产品是什么？和下一代文化产业是什么？就成为一个战略性命题。由此而建构未来中国文化产业发展战略的基本内容。网络视频可以是新一代文化产业，但还不是下一代文化产品。它还只是载体，还不是产品本身。第三代移动通信（3G），第四代移动通信（4G）的提出、三网融合等都涉及新一代文化产业发展问题。文化产品的生产方式和消费方式的飞速发展，将从根本上颠覆文化产业的发展形态和发展方向。当载体的革命成为内容革命的表现形式的时候，内容革命将会随着载体的革命而发生更为深刻的革命。把握世界方式的转变，必然导致人们认识世界和改变世界经验的转变。这就是价值观革命、意识形态革命和文化革命，文明形态演化革命。

根据对文化产业成长周期的研究，中国开始进入科技创新活动的上升期，在有些领域已经到了由技术模仿、跟踪转向主要依靠自主创新求发展，进而向产业发展制高点进军的阶段。新一代移动通讯、信息网络、基础芯片、无线宽带等许多基础领域不断取得新突破，使得中国新兴文化产业发展正在逼近产业化突破的"临界点"。下一代文化产业将随着下一代文化产品的出现而诞生。因此，能否和在多大的程度上以及在怎样一个时间段内催生下一代文化产品，将成为中国新兴文化产业发展战略的关键。低层次是生产指导的竞争，高层次是专利标准和知识产权的竞争。专利、标准和规制等独有先入为主和"路径依赖"的特征。一旦被他人抢先，大多数情况下后来者就只能亦步亦趋地在后面跟随。因此，必须从孕育阶段就开始新兴文化产品的竞争，进而通过新兴文化产品的竞争全面带动新兴文化产业的竞争，并且通过这种竞争而带动整个文化产业群的升级换代。

3. 新兴文化产业的早期布局将深刻影响后期国家文化产业的竞争地位

要及早确定发展哪些战略性新兴文化产业。这属于重大文化战略决策，是基于全球视野、战略眼光，持续跟踪科技革命进程、进行文化产业发展规律的深度研究，并根据本国比较综合文化经济优势作出的战略抉择；在认定了新兴文化产业后，应当及早制定知识产权战略，在赢得国际文化市场份额的同时，还要赢得文化产业发展的话语权。

（1）统筹国家科教战略与文化战略的有机结合，组建国家文化科教战略委员会，努力消除文化改革创新的"战略困境"。

部门分工导致的文化改革与发展困境是制约中国文化改革创新的主要障碍。文化战略与科教战略不相衔接，科教战略缺乏对文化战略的足够关注，使得这两大国家战略之间难以建立有效的战略互联。战略建构的结构性障碍严重影响了中国文化改革创新的战略机制和路径选择，特别是战略发展理念的创造性选择。

国家文化科教战略委员会应是一个服务于国家战略的决策咨询机构，由相关部门的专家组成，其主要任务与职能是：充分利用和发挥各领域里专门科学家和学者教授的专长，对世界教科文融合发展趋势进行重大前沿项目的分析研究，特别是现代科学技术和教育发展影响和推动文化发展和文化制度革命领域的研究，从而为中国文化发展的科教支撑体系和助推能力建设提供决策咨询和战略协同服务，最大限度地消解现行体制的不足，最大限度地发挥中国特色的优长，实现国家文化改革发展所必需的制度创新。

（2）适应数字技术和智能互联网正在深刻影响文化改革与发展的战略需要，重构知识产权体系。

现有的知识产权体系主要是在工业文明的基础上建立起来的。数字技术和互联网革命正在深刻地改变着原有知识产权的形成形式。数字出版版权分拆、网上音乐"访问权"制度的设立，不仅有效地解决了网上音乐下载而出现的侵权问题，而且直接挑战现有的国际知识产权制度。中国数字出版和电子书起步不能算晚，为什么会出现后劲乏力的现象，一个重要的原因就是与知识产权保护相关的制度创新和技术创新的脱节。中国要实现文化改革创新和文化大发展大繁荣的目的，就必须适应数字化革命和智能移动互联网发展的新要求，展开前瞻性战略部署，通过制度安排释放文化产能。

（3）大力开展下一代文化产品及其生产能力研发工作，力争在 21 世纪开发出能够取代现有文化产品的、具有鲜明中华文化标志的文化产品形态和文化生产形态。

印刷术是中国对人类社会作出的改变人类社会发展道路的最伟大的文明贡献。然而，一千多年过去了，中国再没有作出能与此相匹敌的文化贡献。汉字输入激光照排技术，使汉字印刷告别了铅与火的时代，解决了中文人机对话问题，对于提高中国的文化生产力发挥了极大的作用。但它还不属于像互联网那样的发明，也还不是像 iPad 那样的创新。下一代文化产品的诞生可能与下一代科学技术发明同步来到。因此，在我们投入大量人力、物力和财力研究下一代互联网的同时，必须组织力量同步研究下一代文化产品。文化改革发展必须着眼于中国下一代文化产品的研发，依赖于科学技术进步和创新人才的培养，只有这样我们才能够在下一个世纪到来的时候，向人类社会作出中华文化的新贡献！

三、实现文化产业发展的国际化

文化产业发展的国际化是在中国文化产业发展"走出去"战略的基础上发展而来的。文化产业发展"走出去"战略是中国关于文化产业发展最突出的主题之一。一方面，它是中国"走出去"战略在文化产业发展领域里的必然延伸，同时也是中国文化市场对外开放的必然结果。更深层次的原因是如何转变加入世界贸易组织后中国文化产业被动挨打的局面，变消极应对为主动出击，通过积极扩大国际文化贸易、克服巨大的文化贸易逆差，维护国家文化安全。

中国拥有发展文化产业和积极参与国际文化产业竞争的资源优势和市场优势。但是，中国在文化产业发展的许多方面和领域都还没有形成比较科学、成熟和稳定的、可供其他国家认可的、进而成为国际标准的、定型化的架构，并且在文化产业发展的知识产权制度建设、文化市场准入制度探索等方面取得创造性成果。因此，调整全球化背景下我国文化产业发展的战略思路和战略观念，从文化产业"走出去"战略，向文化产业发展的"国际化战略"跨越，实现我国文化产业发展战略目标的战略性转型，进而在走向世界，进一步融入现代世界体系的过程中。在大国全球战略竞争的文化博弈中，就不再是一个全球化大国成本转移的承担者，而是一个国际文化战略"利益相关者"，也就成为中国文化产业发展战略转向的重要选择。

1. "走出去"战略的内涵与外延的文化拓展

"走出去"战略是最典型的中国文化产业国际化战略的形象化表述。文化产业"走出去"战略作为中国文化领域发展的重要战略之一，原本并不是在文化领域最先提出的。"走出去"起初是针对中国经济领域提出的一个概念，随着中国经济的快速增长以及越来越多参与国际竞争的发展趋势，"走出去"逐渐上升成为一项宏观发展战略。早在1992年党的十四大报告中就指出，要"积极开拓国际市场，促进对外贸易多元化，发展外向型经济"、"积极扩大我国企业的对外投资和跨国经营"，① 这便是"走出去"发展概念的雏形及最初内容。进入20世纪90年代后期，经济全球化进程加剧，中国融入世界经济体系的步伐加快。2000年10月，在党的十五届五中全会上通过的《中共中央关于制定国民经济和社会发展第十个五年规划的建议》中首次明确提出，要"实施'走出去'的战略，努力在利用国内外两种资源、两个市场方面有新的突破。"与此同时，十五规划中在文化建设领域也首次正式提出"文化产业"的概念，要求"完善文化产业政策，加强文化市场建设和管理，推动有关文化产业发展"。经济上的"走出去"战略及文化产业概念的提出，为不久之后实施文化"走出去"战略部署了重要的政策环境。

全球化浪潮带动的不仅是世界经济一体化，还涉及各国及地区间政治、文

---

① "中共中央关于制定国民经济和社会发展第十个五年规划的建议（2000年10月11日中国共产党第十五届中央委员会第五次全体会议通过）"，《人民日报》2000年10月19日。

化、社会等领域的相互影响和融合。中国在融入全球发展中逐渐认识到文化的重要性，在经济结构转型的过程中逐步提高文化经济的比重，文化产业已经成为国家经济增长的新热点。在这样的发展背景之下，"走出去"战略随之扩展到文化产业领域，成为一项重要的文化政策。2002 年 7 月，在全国文化厅局长座谈会上时任文化部部长孙家正指出："要以更加开放的姿态融入国际社会，进一步扩大对外文化交流，实施'走出去'战略。"① 2005 年，党的十六届五中全会上通过的《关于制定国民经和社会发展第十个五年规划的建议》中明确提出，要"积极开拓国际文化市场，推进中华文化走向世界。"2006 年 9 月，在《国家"十一五"时期文化发展规划纲要》中提出的六项文化发展重点之一就是"抓好文化'走出去'重大工程、项目的实施，充分利用国际国内两个市场、两种资源，主动参与国际合作和竞争，加强对外文化交流，扩大对外文化贸易，拓展文化发展空间，初步改变我国文化产品贸易逆差较大的被动局面，形成以民族文化为主体、吸收外来有益文化、推动中华文化走向世界的文化开放格局。"更加清晰地勾勒出文化"走出去"的途径和目标。在文化部随后出台的《文化建设"十一五"规划》中，中华文化"走出去"战略成为未来五至十年国家文化发展的五大战略之一。自此以后，文化"走出去"战略正式成为中国的一项长期文化战略。

2004 年至今，国务院、文化部、广播电影电视总局以及商务部等国家行政部门在文化政策领域出台了 30 余项关于文化"走出去"的政策性文件，涉及广播影视、新闻出版、演出、音像制品等 11 个文化行业，对文化产业宏观管理、推进国家文化出口项目、支持文化产品及服务贸易、扶植培育出口文化企业、管理国际文化赛事及交流活动等方面问题作出具体规定。在宏观规划上，一部分文件为文化"走出去"提供了政策性铺垫。2009 年，文化部、国务院先后出台的《关于加快文化产业发展的指导意见》和《文化产业振兴规划》体现了国家对文化产业的高度重视，进一步提升了文化产业在国家发展中的战略地位。在电影、动漫、广告等领域都分别出台了产业促进指导意见，意见中均提出推动该文化产业"走出去"的目标。在企业层面，从 2007 年 11 月开始每年发布的国家文化出口重点企业及项目目录②，是对商务部于 2007 年 4 月颁布的《文化产品和服务出口指导目录》具体展开，为优秀文化企业参与国际竞争、提升中华文化的全球影响力提供了政策支持。

从经济领域的"走出去"战略扩展到文化"走出去"战略，从概念的提出

---

① 孙家正："关于战略机遇期的文化建设问题"，《文艺研究》2003 年第 1 期。
② 即《2007～2008 年度国家文化出口重点企业目录》，《2007～2008 年度国家文化出口重点项目目录》，《2009～2010 年度国家文化出口重点项目目录》，《2009～2010 年度国家文化出口重点企业目录》。

到颁布各项具体政策措施，文化"走出去"战略的重要性越加明显，对中国文化产业长期发展具有深刻意义。中国文化领域的"走出去"战略不仅与国家宏观战略部署、经济发展规划相一致，同时也与经济文化全球化的总体趋势相一致。

2. 积极参与国际文化分工

国际文化产业分工体系是一个在发展中不断变动的体系，具有不断增值性的特征。文化产业是一个复杂的系统工程，发展文化产业需要许多资源条件。并不是所有的国家和地区都适合发展任何形态的文化产业的。同样也并不是任何一种文化产业形态都参与国际文化产业分工体系建构，并且影响国际文化秩序建立的。只有那些深刻地构成了当前国际文化秩序建立的重要元素的文化产业，并且深刻地影响了当前国际政治、经济战略运动的文化产业形态才是国际文化产业分工体系建构，才是具有战略价值的。由于不同的历史发展时期文化产业的表现形态和在国际社会生活中的影响是不一样的，因此，只有那些深刻地影响了当下文化生命形态的成长走向和世界文化秩序重构的那些文化产业，才构成了国际文化产业分工的重要内容。在当今世界，最能深刻地影响世界运动行为的就是传媒产业。传媒产业拥有话语权，而话语权是当今影响国际不同力量的建构与世界利益格局变动最重要的影响力与干涉力之一。在某种意义上来说，谁掌握了传媒产业，谁就掌握了世界发展主动权。美国之所以在全球事务中拥有如此巨大的影响力和霸权主义，除了它的发达的经济之外，另一个重要的力量就是它几乎拥有了全世界最强大的媒体集团，以及由此而构成的传媒产业体系。国际文化产业分工体系在今天的运动，很大的一个程度上就是由美国这个"台风眼"形成的。因此，要参与新一轮国际文化产业分工体系的建构，就不能不对国际文化产业分工体系与现状有一个清醒的了解和掌握，从而在这个基础上寻找自己的战略地位。应该寻求最适合自己的文化方式参与国际文化产业分工体系的建构。当单一的传媒产业还构不成参与新一轮国际文化产业分工体系重建所需要的力量的时候，通过建立区域文化产业合作机制，以区域文化产业的综合力量参与文化产业的国际市场竞争，那就有可能借助于国际政治、或地缘政治的力量、游戏规则，演绎国际文化产业分工体系重建所需要的力量形态，获得在国际文化产业分工体系新一轮的建构过程中的话语权，从而使得新的国际文化产业分工体系和国际文化新秩序朝着有利于本国、本地区文化利益最大化的方向发展。因此，从这个意义上说，中国文化产业发展应当在国际文化发展和文化竞争战略的层面上，寻求共同参与新一轮国际文化产业分工体系建构的共同点，并且在这样的共同点上确立合作机制与合作模式，也只有这样才能实现区域文化产业合作战略的效益最大化。

3. 实现"走出去"向国际化转变

中国文化产业发展战略问题始终都不只是中国问题，同时也是一个重要的国际问题。国际政治格局与大国关系的变动，同时也一定是国际文化产业格局的变动，大国关系的任何变动都会使中国文化产业发展走向和发展格局产生更大的变动。在文化产业发展的国际关系中，文化产业任何时候都不是目的，而是手段。所谓为文化产业而文化产业是不存在的。好莱坞在任何时候都是美国国家安全战略的一个重要组成部分和文化战略。日本的"文化立国"，韩国的"文化产业振兴"，新加坡的"文艺复兴战略"等，莫不如此，都是从国际乃至全球的层面来思考从而确定的本国文化产业发展战略。从这个角度看问题，影响中国文化产业发展战略的未来走向和战略因素，至少有三个主要方面：美国、欧盟和东南亚，虽然中亚对于中国的地缘政治安全来说极为重要，但是在文化产业领域里中亚在可预见的时间表还构不成战略的一极。因此，充分地研究上述三个地缘政治板块及其文化产业战略态势对中国文化产业发展战略构成的影响，就成为建构未来中国文化产业发展战略理论和框架必须的参照系。然而，仅有这三个战略支点的考虑是不够的。虽然在可预见的时间表里，中亚地区还构不成中国文化产业国际地缘战略的一极，但并不等于它将来也不是。国际文化产业地缘战略是会随着国际地缘政治的变动而变动。20 世纪 50 年代，整个苏联和东欧国家就曾经是中国对外国际文化交往的核心战略伙伴。这种核心战略地位随着国际地缘政治的变动而发生了巨变。但是，必须看到上海合作组织对于中国地缘战略安全的极端重要性，以及这种重要性对于中国西部地区的国家安全的不可替代性。因此，从长远的战略看问题，中国文化产业发展战略必须同时包括"西部"概念。"西部"问题直接关系到中国国家文化安全问题。在中国文化产业发展的国际战略上，中国可以考虑建设"新三极"：中亚、非洲、南美，从而形成"新三极"和"老三极"战略互补态势，并且在这个过程中寻求和争取战略主动，在拓展文化产业发展世界市场空间的同时，拓展中国文化产业发展的内容创新空间。诚如美国的文化产业发展，没有什么内容不可以成为美国文化产业发展的资源要素：世界的就是美国的。这种战略思维和战略发展眼光可以直接为中国文化产业发展战略所采纳，从而在一个更为广大的空间体系中从内容和形式两个方面，实现中国文化产业发展的战略目的。不能在战略思维上实现自无超越，就不可能有中国文化产业发展的战略创新。

非对称性战略不仅是大国军事安全战略，而且对于思考和建构中国文化产业发展战略具有极高的指导意义。"远交近攻"是中国经典战略理论。在不得不优先考虑和处理三大文化产业地缘战略关系的同时，从长远的战略出发，中国文化产业全球发展战略的视角，可以同时在南美和非洲开辟和拓展未来中国文化产业发展的全球市场和战略发展空间。南美有庞大的华侨华人构成的具有巨大潜力的华文市场，中国与非洲有深广的经济联系纽带，中国的文化经历在非洲同样拥有潜在的市场。虽然这将是一个需要耐心的战略实现过程，然而，只有从未来世界政治和经济地缘大战略的演变来思考中国文化产业发展战略，才能使得中国文化产业发展逐步摆脱三大文化产业地缘政治力量对中国文化产业发展战略的牵制和制约，从而使得中国文化产业发展在赢得未来世界文化市场份额的同时，在战略上也能够逐步地从被动应对走向主动变局，逐步地掌握战略主动权。在这一方面，近年来中国能源战略在国际上的"太极手"不能不说可以为中国文化产业发展战略提供一个可资效仿的战略借鉴。

现在整个国际关系都处在动荡之中。国际金融危机的爆发标志和战略机遇期进入结束前的关键阶段，后金融危机时代将是一个新国际关系的调试期。对于中国文化产业的发展而言，其刚好对应的是在基本完成文化体制改革的基本任务和基本目标之后的"文化产业发展新战略发展的调试期"。所有在文化体制改革中建立起来的新体制和新机制能否如改革目标所确立的那样正常运行，并且有效地按整个新文化制度的建构，这对未来中国整体发展具有特别重大的战略意义。这里不仅一般地涉及文化体制改革本身的成败得失问题，而且还会给中国未来整个发展战略目标的实现带来深刻影响。包括政治、经济、社会、文化等一系列战略性问题。因此，未来10年中国"文化产业发展调试期"如何安排就显得尤其重要。因为，在这个过程中，中国和全球化的关系以及中国和整个世界的关系，无论是大国关系还是和第三世界关系，都将在这个调试期间重构与重组，其所带给中国文化产业发展的战略变数更是不确定的。

相互依赖是现今基本国际经济关系的特征，所谓"金融恐怖平衡"是对这一特征的典型描述。但是，就世界文化产业发展的基本历史线索来看，迄今为止都尚未出现这种相互依赖性。也就是说，在文化产业发展领域里，还不存在把文化产业作为制裁对方的某种战略手段和战略工具，以确保另一种战略意图的实现而不导致自己战略利益损失。这是由文化产业世界发展的非对称性特征决定的。继续谋求与塑造各自的文化市场关系的结构和制度框架，并在这个过程中实现在国际文化市场新秩序建构过程中的作用，这是当前和今后国际文化产业发展基本的战略动因。主导和反主导将成为其最主要的特征。可以说，在文化产业的市场准入领域里，美国决不会像其在经济领域里那样，根据国家战略需求而在一定程度上的谋求战略妥协以获取美国更重大的国家战略利益。这并不是由文化产业的经济属性和经济利益决定的，而是由文化产业的文化属性和文化利益决定的。由于在文化产业的经济领域里美国处在对中国文化产业的绝对战略优势，至少在可以预见的时间里，不存在中国文化产业在整体上超越美国文化产业、成为美国文化产业战略竞争者的可能。美国文化产业的发展不会像其在经济领域里那样与中国文化产业发展存在着战略性相互依赖关系。判断文化产业上相互依赖能否产生影响，双方的平衡状况是一个基本的战略指标，而不仅仅是等式的一边。相互依赖创造了一种与冷战类似的"金融恐怖平衡"，不能互相确保摧毁对方。

"走出去"战略是相对于"引进来"战略而言的，它是中国改革开放发展到一个新阶段提出来的。文化领域里"走出去"战略的提出是对于经济领域里"走出去"战略的应用和延伸。其目的是要通过"走出去"的方式参与国际文化市场的两个配置，提高中国文化产品的国际竞争力和影响力，并且努力通过这种方式克服其在文化产品贸易和文化服务贸易领域里的严重逆差。经济领域里的"走出去"带有中国进一步对外开放、进一步融入世界经济与"国际接轨"的政策意义，因而被国际社会普遍接受，因为这意味着世界经济在中国进一步融入全球化进程的同时，从中国市场进一步开放中获得更多的资本利益。然而，文化的"走出去"、进而文化产业"走出去"，则并没有获得像经济那样的国际社会的广泛认同，相反，被看成是中国向世界的"文化扩张"和"文化输出"。美国加利福尼亚南部大学公共政策教授尼古拉斯·卡尔研究中国在海外通过"孔子课堂"等形式塑造自身形象的问题时就曾专门指出："我肯定，各地都会因此事发生分歧。美国人对外来思想非常怀疑。"有的反对者并不是因为自己有孩子在上学，而是"她觉得有必要保护社区的青少年免受共产主义宣传的影响，"他们认为，"这种宣传或许隐藏在他们看不见的汉语课文中。"当地也有教师把这种行为称为"是麦卡锡主义卷土重来"[①]；同时，还由于所谓文化"走出去"只是一种比喻性的政策表述，它的文本意义就是指发展"对外文化贸易"，扩大文化产品和文化服务的"对外出口"。这本来是无可厚非的一项服务贸易政策。问题是，由于这一贸易所从事的不是一般的物质产品而是文化产品，尤其是那些仅供人们精神文化消费需求的文化产品与生俱来的意识形态属性，这就使得即便是完全正常的国际服务贸易也可能被理解为一种文化的"意识形态输出"，因为，这不仅有先例可循，而且也是"冷战"时期国际服务贸易的一项重要内容，并且至今仍然是国际社会在国际文化战略博弈中经常运用的国际文化战略的重要内容。也正因为文化产品贸易有着如此的历史经验和复杂性，这才使得法国政府在乌拉圭回合有关国际服务贸易的谈判中坚持"文化例外"立场的重要原因。

无论我们怎样表述，一个毫无疑问的基本事实是，中国都在参与世界文化秩序重建，并且深刻地影响这一重建的进程。问题并不在参与重建，而是以怎样的方式参与重建，这种重建对中国的文化产业发展又意味着什么？世界又会以怎样的态度和方式对待中国的这一进程。2010 年 4 月 28 日，美国的《华尔街日报》发表了澳大利亚总理陆克文的一篇题为"新汉学"的文章。在这篇文章中，陆

---

① "孔子课堂在美小镇引发争论"，《参考消息》2010 年 4 月 27 日。

克文分析了中国崛起和世界秩序变化之间的关系，提出，西方"要了解中国在塑造世界秩序中将会、能够并且必须发挥怎样的作用"，就"需要更深入地了解中国，并在所有层面上同中国进行更坦诚的接触"，并认为，现在是到了"建立一种'新汉学'的时候了。"陆克文明确提出要实现此目的，"就必须超越过时的'反华'或'亲华'"这种二元对立的概念。就此，陆克文提出了两项"应对正在崛起的大国的新办法"：其一，"我们应当能够向中国表达我们给予价值观和信仰的看法，同时不令我们同中国的核心友谊质疑"，其二，建立一种"更为成熟的对话"机制，"同中国真诚对话：即一种基于尊重、理解和相互认可对方价值观的对话"，并认为这对西方和中国同样的重要。核心问题是在价值观问题上中国和西方如何从对立走向对话，而前提则是"尊重、理解和相互认可对方价值观"①。这是陆克文"新汉学"的实质和价值所在。这在一定程度上反映了西方主流社会对正在崛起的中国在认知上的一种转变。这种转变说明了西方国家必须面对和接受中国正在崛起并参与塑造世界秩序这一现实。

四、构建多级多层次区域文化产业发展格局

区域文化产业发展不平衡是中国文化产业发展最大的国情。城乡差别、东西差别同属于社会发展初级阶段而处在不同文明发展阶段上社会文化生产力存在的巨大差别，使得中国文化产业发展呈现出多样性。要求任何一个地方都去发展任何一种形态的文化产业不仅不可能，而且也严重脱离中国文化产业发展的基本国情。

1. 区域文化经济存在的历史性与文化产业发展的当代性矛盾

区域文化经济是区域经济和区域文化综合发展的一个结果，它是历史运动的产物。它既反映了一个地区文明发展的水平，同时也反映了一个地区资源和要素的物质性状况以及人们对这种资源和要素的精神的把握情况。资源和要素的不完全流动是人们选择一定的地理条件生存的客观规定，资源和要素的丰俭程度是人们选择生存空间的依据。因此，从人类运动的一般规律来看，人们总是自觉地向着资源和要素丰富的地区运动，并且随着资源和要素丰俭程度的不断递减而递减。这就自然地形成了不同区域经济发展的差异，区域文化经济差异是区域经济差异的反映，区域经济落后的地区不可能有先进的区域文化经济。一般来说，区域经济的先进性程度决定了区域文化经济的先进性程度。历史上，扬州曾是一个东方大港和国际贸易中心。优越的地理位置给它带来了区域经济发展的先进性，

---

① 澳大利亚总理陆克文："西方应对中国崛起需建立《新汉学》"，《参考消息》2010 年 4 月 29 日。

也使它的区域文化经济处于全国领先地位。然而，随着现代铁路业的崛起和运河经济作用的下降，原有的资源优势和要素又是发生了变动，扬州作为贸易中心地位的失去使得扬州作为全国文化经济中心的地位被边缘化了。在这里，对于区域文化经济而言，倘若资源的某一要素在这一区域是相对丰富的，那么，另一区域这一资源要素必定是相对稀缺的。丰富的区域形成文化经济中心，而另一区域只有当这种资源要素发生变化之后才有可能发生变化。只要这种资源要素的配置状况没有发生变化，那么一般来说由此而形成的区域经济文化格局也不会发生变化。而文化产业空间布局往往就是以此为依据的。上海之所以会成为中国现代文化产业的策源地，这是与上海作为中国现代工业的崛起相一致的。要素的不完全流动性是区域经济产生的重要因素，也是区域文化经济产生的重要因素。

文化生产要素的不完全流动性包括两层含义：一是指文化生产要素不是都能够流动的，其中有些能够流动，例如劳动力、资本、技术等，有些则是不能流动的，例如土壤、地形地貌、水文、气候、海拔高度等自然条件。而恰恰是后者决定了前者流动的条件，同时也就决定了前者流向的选择和集中的程度。在中国之所以会出现城市发展、人口密度和经济布局呈现出由东往西梯度递减的规律，就是这些自然条件的不可流动性所提供的人类可生存条件的结果。文化产业的空间布局正是在这样的力的作用下展开自己的生命运动的。二指能够流动的文化生产要素其流动性是有限的、是不完全自由的。这种流动约束来自许多方面，例如国家文化主权，国家文化安全的需要驱使政府对文化生产要素流动作出管制规定，限制资本进入某些文化产业的核心领域。文化利益动机是要素流动的内在原因，资本追求利润和绝对的垄断，文化劳动力向往高收入和高知名度，文化市场法则约束着这些要素的自然流动，违背这些法则，文化生产要素流动自然停止。文化产业空间布局也随之呈现出自己的张弛运动。

空间成本因素是构成区域文化经济存在和发展的又一重要客观条件。空间不仅有距离，而且空间还会有阻隔和障碍，距离的长短和障碍的大小直接关系到文化经济成长发展的成本。距离成本限制了自然要素禀赋优势的发挥和空间聚集文化经济实现的程度，使文化经济活动局限于一定的空间范围。这就是为什么文化产业的空间布局总是比较集中于沿海大城市，比较集中于交通比较发达的平原地带的原因。即便是在已经拥有先进的卫星传输系统和发达的互联网的今天，偏远地区文化经济的发展仍然不能和城市文化经济发展的现代化相比。而正是这种空间成本因素的规定，使得文化产业空间布局的运动不得不以若干个大城市为中心展开，并形成相应的文化产业带。

文化经济活动是不完全可分的，这是区域文化经济客观存在的第三个条件。文化经济活动的不可分是由文化产业的规模经济和聚集经济的特点所决定的。单个文化企业生产规模在一定限度内增大，一般来说可以获得节省单位文化产品成本和提高效率的好处，这是文化企业的规模经济；如果几个文化企业集中于一个地点能够互为因果，形成产业关联，不仅可以为各个文化企业带来成本节约等经济利益，而且还能为各个企业带来新的文化产品创新的利益预期，推动产品和产业结构创新。例如现代创意产业园区，就是这种聚集经济。规模经济和聚集经济使得各生产要素和文化经济单位集中在一个特定的空间，这就规定了现代文化产业空间布局主要是以城市为中心的运动和发展规律，并以此形成了区域文化经济和文化产业发展的差异性。

文化产业空间运动的一个最显著的特点就是它的现代性指向。这种现代性指向集中表现在它内在的随着科学技术的发展而不断实现自己的发展的本质要求上。这种要求一方面反映了社会发展过程中人的现代性要求，即不断追求文明发展的最新表现方式和存在方式，另一方面作为社会经济的一种重要的组成部分和存在形态，它总是不断地承接着经济发展和经济结构调整过程中所体现出来的增长方式转变要求而提出来的产业结构转移的任务。因此，衡量一个地区文化经济发展的现代性程度的一个重要指标，就是看它的文化产业布局在内容上的先进性、完整性和在结构上的合理性程度。文化产业是否是一个地区经济发展支柱产业关键就是要看它在整个区域经济结构中的比重和贡献值。文化产业布局的空间运动主要表现在三种形态上：数量扩张、结构转换和产业升级。这三种形态同时也是区域文化经济发展的三个主要方面。数量扩张是指区域文化经济各个产业的文化生产规模在原有基础上的扩大，例如，20世纪80年代中国出现的出版社扩张运动，即一个总社裂变出若干个具有独立法人地位的文化经济实体。结构转换是指各文化产业文化生产规模伴随着文化生产要素在各产业之间的转移，出现某些产业相对增长较快、某些产业增长相对较慢，甚至出现增长停滞的结构变动现象。例如，电视产业的发展给电影产业发展带来的影响和冲击就是一个典型的例子。这种结构转换当它表现为文化产业的所有制结构转移的时候，由于由此而发生的原有文化资源配置结构的变动和利益格局的变动有时甚至还会出现增长主体转移的现象，这种转移必须等到这种力量出现新的平衡结构转换才会结束。产业升级是指通过技术改造和技术创新使传统文化产业向现代文化产业转变的文化产业变革，通过改变增长方式提高产业的核心竞争力，例如电视产业数字化。

区域文化经济的现代性的存在方式是多样的。文化产业布局及其机构不仅最能反映区域文化经济发展的实质，而且文化产业布局中的产业结构比，集中体现了该区域文化经济的发展方向。区域文化经济发展的现代性与文化产业空间布局的先进性与合理性之间存在着一种力的同构关系。然而，只有当这种关系反映出了它在国家层面上的整体性，才是有意义的。因为，任何区域文化经济的现代性总是国家文化经济现代性在一个特定空间的局部反应。离开国家文化产业布局的整体性，区域文化产业布局及其文化经济的现代性是不可能的。我们不能仅仅从文化企业的区位指向来把握文化产业布局的现代性和科学性。因为各个文化企业总是以追求利润的最大化为决策目标，很难实现区域乃至国家整体效益的最优，某种程度上的资源掠夺式的文化产业发展，甚至导致对区域文化经济发展的破坏。因此，必须从国家战略的宏观层面和区域整体利益考虑区域间合理的文化分工和产业布局。而要做到这一点就必须根据不同文化产业的功能，结合本地文化经济和社会发展的整体可能进行文化产业布局的可行性安排。根据我国国家统计局关于文化产业分类指标体系的划分，文化产业分为核心文化产业、外围文化产业和相关文化产业三大类。核心文化产业处于主导地位，是决定一个国家和地区分工体系中地位和作用的部门，是整个区域文化经济发展核心，但并非所有的区域文化经济都是由相同的核心产业主导的，不同的区域有不同的核心文化产业。例如，在我国有不少地区就是以文化旅游产业作为区域文化经济发展的主导产业的。外围文化产业和相关文化产业则由于不同区域的资源禀赋和历史发展的差异，其在区域文化经济整体发展中的作用和与核心文化产业的关系也是不一样的。外围文化产业和相关文化产业在多大程度上能够与核心文化产业之间形成产业关联，则取决于原有产业结构之间已有的和潜在的关联实现程度。由于核心文化产业在区域文化经济发展中具有主导性作用，决定着区域文化经济的发展方向、速度、性质和规模，其选择合理与否不仅关系到新文化产业本身的发展，而且决定着整个区域文化经济发展和产业结构的合理化。因此，文化产业布局的空间运动，实质上是通过区域核心文化产业的确立，围绕核心文化产业的发展需要实现文化资源的合理、优化和充分配置，最大限度的发展关联产业，从而形成区域文化经济的有机整体。

2. 历史形成的文化产业空间布局的局限性

（1）文化体制的制约。一定的文化产业空间布局本质上都是一定社会历史条件下文化体制的结果。它包括文化行政管理体制、文化经济管理体制和文化意识形态管理体制等方面。文化意识形态管理体制涉及关于文化产业与意识形态关系的认识，事关国家文化安全的核心利益。因此，文化产业空间布局结构的开放性程度，是反映了一个国家文化市场准入程度的。文化经济管理体制是关于以何种文化经济制度来建设和管理文化产业。是计划经济，还是市场经济。不同的国家经济制度下的文化产业空间布局是不一样的。前者是政府主导，后者是市场主导。两种不同的主导原则必然导致不同的文化产业布局的结果。文化行政管理体制事关政府文化行政权力的范围和权力作用的大小程度。在现阶段，中国文化产业布局的一个最大特点就是文化行政分割，这是构成现阶段中国文化产业空间布局运动的最大障碍。

（2）国民经济发展基础的制约。文化产业是现代国民经济发展的产物。文化产业布局不仅是文化生产能力空间运动的结果，而且也是国民经济发展水平和发展程度的一个结果。一般来说，现代文化产业只有在现代工业比较发达的区域才有资本支持的可能。文化产业就其技术本质而言，属于高新技术，它不仅需要有专门的文化人才，而且还需要专门的技术人才和专门的科学技术能力，包括文化产业技术装备能力。没有这两个方面的准备，不可能有现代文化产业的诞生。但是，这还不是最主要的，从产业运动的角度来说，最后决定一个地区文化产业发展水平和空间布局能力的，是一个地区能够在多大的程度上提供文化产业发展所需要的足够的资本能力。文化产业是一个能够产生大量利润，同时又是一个需要足够资本支持的产业门类。没有充足的文化金融资本的支持，很难形成文化产业的现代空间安排。同样，没有一个比较完整的文化产业空间布局体系，也很难使文化产业在区域经济发展中发挥举足轻重的作用。而要发展和形成一个能在区域国民经济发展中发挥举足轻重的作用的文化产业体系，没有一个完整的文化产业投融资体系是不可能的，二者只有依赖于区域国民经济发展能够在多大的程度上为区域文化产业发展提供文化产业空间布局所需要的投资品。现阶段我国文化产业空间布局的结构，实际上就是历史上文化产业空间投资分布状况的一个结果。发展文化产业需要国民经济增长的积累。之所以说，文化产业是综合国力发展的标志，就是因为文化产业发展与国民经济发展之间有着内在的资本支持的关系。尤其是当一个地区或国家还没有形成比较完备和比较发达的国民经济和社会发展体系之前，要在有限的资本总量中拿出相当的资本去发展文化产业，这在决策上是很困难的。对于像中国这样一个长期实行计划经济体制的国家来说就更是如此。

（3）文化要素禀赋的制约。文化要素禀赋在这里是一个历史性的概念，是指一个地区文化产业空间布局规划现有的文化产业基础和条件。包括它已有的文化产业结构所具有的产业关联程度、文化产业体系构成的现代性程度、它的文化市场的成熟性程度、它的文化区位优势、它的整个社会对于发展文化产业的集体认知程度和它的文化消费传统等。这是文化产业发展所需要的特殊的要素准备。这些要素的形成有一个漫长的历史过程。上海之所以在中国整个文化产业体系中会形成一个比较完整的现代文化产业结构，它是和上海所处的特殊的区位以及近代以来整个上海城市发展的现代文化、现代文化技术和现代文化消费的同步发展、并形成了一系列文化产业发展所必不可少的要素有着直接的关系。当这些要素成为一个地区社会发展的一个重要组成部分和文化资源积累的重要体现的时候，它的文化产业空间布局能力的展开显然要比缺乏这些要素的地区具有更大的现实可能性。在这里，文化要素禀赋直接制约着一个地区文化产业布局和规划过程中的文化产业发展领域的选择。不能离开一个地区现有文化要素禀赋的现实条件去选择和规划文化产业布局的选择对象。在 2005～2010 年的杭州市文化产业发展规划中，杭州把发展动漫产业作为自己文化产业发展的支柱产业，而不是把电影业作为杭州文化产业空间布局的核心投资领域，就是基于对杭州文化要素禀赋的科学分析作出的选择。其中，依托于中国美术学院的原创能力是一个最重要的依据之一。

3. 区域发展的多层次化增长和发展，重构我国文化产业的空间布局

历史文化产业运动的结果，客观上形成了文化产业的分工结构以及由这种结构而形成的分工体系。在中国，所谓东、中、西部，不只是一个空间概念，而且也还是一个包括了经济和文化的分工和文化产业的分工概念，标志着这三个不同的区域在文化产业发展上不同的成熟性程度。正是由于这三个区域标志着在发展上的不同的成熟性程度，因此，在中国的区域发展战略的战略系统中分别处于不同的位置上：东部先行、开发西部、中部崛起。表现在文化产业上，在中国公布的第一个《国家文化发展规划纲要》中，中国的东部地区被列为国家重点文化产业发展带。从产业结构的空间配置来看，中国的东部地区也是中国文化产业最发达和最繁荣的地区，是中国文化产业的集群所在。而在整个西部地区，少数民族文化的多样性和自然与人文资源的多样性，使得文化旅游产业普遍成为西部省份发展文化产业的主要内容和动力，其他文化产业形态，基本上也都是以此为轴心而形成的。尽管在个别文化产业领域、个别省份也在全国整体文化产业格局中占有一定的份额，但是，就整体而言东高西低是中国文化产业空间布局的基本结构，而中部地区，恰好处在这样的过渡带。

在中部地区，国务院同时批准成立长株潭城市群和武汉城市群为两型社会试验区，其目的就是要建造中部地区增长的"双核"，促进中部崛起，使其成为中国经济的第五增长极。改革开放之初实施的经济特区战略是以工业化为主导的，综合改革试验区则是以新型城市化为主导的。重庆建设"两江新区"再造一个新重庆，长沙提出建设大河西先导区，目标就是要在发展路径选择上实现新型城市化。新型城市化首先是生产要素集聚的城市化和农村人口转变为城市人口的城市化。同样的城市化，可以有不一样的发展路径和战略定位。文化产业无论是作为要素集聚的重要资源，还是作为人口转变需求的生存方式变革的表现特征，都成为衡量一个城市化是否新型或者说新型化程度的一个标准。这就为中国文化产业区域发展及其战略选择提出了新的要求。如何实现文化产业发展的新型化。

在西部地区，继中央批复关中——天水经济区和广西北部湾经济区之后，成渝经济区作为西部地区有一个大区域规划得到了批准。西部区域发展战略不仅形

成了三大经济增长极，而且层次分明、区域兼顾特点显著，对中国整个区域发展的大战略架构形成了非常有利的战略支点，成为对周边地区具有辐射和带动作用的战略新高点。相比较东部和中部区域发展战略，除了成渝经济区集中汇集了成都和重庆两大城市之外，其他两个西部经济区，在文化产业的空间布局上不仅没有鲜明的区位优势，而且甚至在文化产业空间布局的优化程度上存在明显的不足。一方面的不足和另一方面的优势同时并存，实现文化产业的层次化增长和梯度发展，三足鼎立，互为战略依托，成为西部地区文化产业发展基本战略格局。

4. 以"文化产业城市层级分工体系"重建中国文化产业空间生产形态

突破行政区划限制，遵循市场经济规律，引导生产要素跨区域合理流动，优化国土格局。这是中共十七大提出来的一个非常重要的发展战略思想，强调通过这种流动实现区域的协调发展。这一重要战略思想不仅是针对经济发展战略问题的，同样也是我们研究中国文化产业战略力量发展方向的重要指导思想。长期以来，中国文化产业发展实行的是垂直管理的文化产业制度体系。这一高度集权的文化产业管理体制对于迅速建立社会主义文化生产体系发挥了重要的历史作用。但是，随着社会主义制度的基本建立和建设中国特色社会主义市场经济发展目标的提出，这一高度集权的文化产业制度体系所带来的对于进一步解放社会文化生产力的国家战略需求来说显得不相适应。因此，在中国探索成立一批计划单列市的同时，也对这样的垂直文化产业管理制度作了制度性微调：计划单列市在经济上享有副省级行政权的同时，在文化上也相应地享有副省级文化产业制度设置权，其中最显著的就是出版社的设置。在我国，对于出版社设置的管理是最集权化的管理，最集中地体现了中国文化产业制度设计的特点。是否拥有出版社，不只是拥有稀缺的文化资源，而且还特别地标志着拥有的某种文化权利和权力。因此，对于出版资源空间配置的微调，实际上也表明了决策层对于中国垂直文化产业管理制度是否还继续适用于中国文化产业发展与国家战略需求相适应的战略思考。如何重建中国文化产业制度体系，通过计划单列市的形式探索新文化产业制度从垂直体系向扁平化转变，具有特别重要的文化产业制度创新意义。

城市对于文化产业组织机构而言，只是文化商品生产与交易行为的活动空间，而不是某种权力的象征与标志，尽管城市具有这种特性。例如在美国，作为首都的华盛顿并不就是美国的文化产业中心，而在英国的伦敦和法国的巴黎则就是这两个国家的文化产业中心城市。城市在这里只是产业集聚的空间形态。哪里最有利于文化产业集聚，哪里就可以发展成为一个地区乃至一个国家的文化产业中心城市。由于城市是一个地区文化产业发展的集聚区，集中地代表和反映了一个地区文化产业发展的现代化程度。因此，在实施中国区域发展战略、建设国家区域发展功能区的时候，通过构建城市群来重构本地区的竞争力量和竞争形态已经成为中国大地上最令人注目的竞争。在这样的一个大战略态势下，我们就必须在思考和研究中国文化产业战略力量结构的科学构造与协调发展的时候，确立以城市层级体系来建构中国文化产业制度创新体系新的思想维度。

城市的层级体系以及由此而形成的等级规模是城市生命发展的一个自然结果，是历史选择与社会分工的产物，并且在历史与社会发展的不断分工的过程中呈现出此消彼长的运动特性。历史上扬州与开封都曾经是中国乃至世界性的大都市和文化中心城市，但今天已经不是。在现阶段，从文化产业发展与分工的角度来看，中国的城市规模发展及其规模分布的等级——规模规则，规定和制约了城市层级体系间的文化产业等级规模发展，即并不是任何一种城市都能够按照自己的意图和目标任意选择和发展任何一种文化产业、并形成和发展任何一种等级形态规模的文化产业的。报业、出版业、电影业、电视业、唱片业等，都只有在特级和一级中心城市——在中国主要表现为省会城市——的形成与发展中才有可能。这不仅是因为一级中心城市往往是一个地区的文化行政中心，集中了该行政管辖范围内最核心的文化产业资源，使得由这样一种文化生产力所形成的文化生产能力的形成成为可能，而且，也还因为在这样一个中心城市内往往集中了该文化行政区域内可供支配收入最高的人群，即它天然地构成了文化产业出现和文化产品生产所需要的文化消费群体，以及由这种群体所构成的文化消费能力。这是一个一级文化中心城市的形成所不可缺少的两个起决定性作用的因素。一切关于文化资源与文化财富的再分配、再配置和再分工的政策规则都从这里发出，而其他等级的城市——在我国主要表现为地（市）、县（市）——则由于在制度安排上缺乏这样一些权利而不能发展相关文化产业。因此，在既定的文化权力空间格局没有被打破之前，第二等级的"文化产业城市"要发展成为第一等级的文化产业中心城市是不可能的。文化城市行政的等级差异导致了文化产业城市体向文化产业的城市层级化体系演化，即不同种类、不同规模的城市形成明确的行政性文化产业分工：首都、直辖市、省会城市、地级市和县级市，从而出现"高等级"与"低等级"的文化产业城市层级体系。一般来说，高等级文化产业城市不仅能够从事低等级文化产业城市所从事的一切文化产业活动，而且还会从事其他更多文化产业活动。根据现阶段我国文化制度安排，除了省、市（直辖市）外，只有计划单列市才能拥有出版权——某些经过批准的专业出版社也可以在非计划单列市，例如苏州市以及扬州市的广陵书局等，即便是省会城市也不拥有。出版集中了这个省的核心文化产业资源，不仅是这个省的文化行政中枢，而且也是这个省的文化产业心脏。

然而，由于不同等级规模的城市及其文化产业发展需求是不一样的，希望成为更高一个等级的文化产业城市始终是处于相对较低等级城市文化产业发展的动力。正是这种希望改变现状的冲动性需求，构成了绝大多数城市（在中国主要是省会城市）文化产业发展战略的主要内容，形成了对现行文化产业城市层级体系的挑战——其中最主要和最集中的是对"省"这一超城市形态的文化产业权力的挑战，造成了文化产业发展的现代中国运动。当现行体制下既定的文化产业等级规模无法得到有效突破的时候，寻求新的发展路径和发展新的文化产业形态，在新文化产业形态形成过程中主动地占领战略性空间，从而在这个过程中以新文化产业形态的战略性占有改变原有的文化产业等级——规模规则和文化产业城市层级体系，便成为新一轮文化产业城市层级运动与形成的战略性动因。长沙近几年来在娱乐业、动漫业、图书流通业以及电视产业领域里之所以能够在全国文化产业竞争格局中占有令人瞩目的地位，一个重要的原因就是对原有的文化权利分配机制的调整以及由此而形成的对文化资源配置机制的调整，同时也是各地持续出现的兴办动漫基地、大力发展动漫产业热一个重要原因。因为在现有的文化行政管理的文化产业架构内，这是一个非传统的文化产业领域。新等级文化产业城市层级体系便在这个过程中演变和形成。由于次一等级文化产业城市的作为对现行文化产业城市层级体系的挑战，必然同时构成了对区域整体性文化市场潜力的解构，造成了区域文化产业发展空间的非均衡性，使得该文化区域范围内文化产业发展的最大化成为不可能，这就需要从城市发展的等级——规模原则出发，从一个新的发展阶段和角度来思考区域文化产业发展的空间形态及其功能结构。

今天，当我们在思考和研究中国文化产业战略力量战略性调整和重新确立发展方向的时候，我们所面临的实际上包括了两大问题：一个就是行政区划所形成的区域权力中心和国民经济实体；第二个就是在这一行政区划制度下所形成的文化行政架构下的文化产业等级城市层级体系：直辖市；省会城市、计划单列市、省辖市（地级市或县级市）。由于不同的文化行政架构下的文化产业等级层级体系的内部构造及其相互关系是不一样的，其中最关键的就是相互隶属关系问题。行政省一般来说都拥有比较完整的文化产业等级层级体系，而直辖市则没有。因此，这就使得区域文化产业协调发展战略的主体间是非对称性的：不是城市对应于城市，而是城市对应于非城市形态的"省"的这样一种非对称市场关系。在一个行政省辖范围内的等级城市体系，一般来说是受制于"省"这样一个地区最高权力中心的，"省"作为一个文化行政权力机构拥有对本省范围内文化产业等级城市文化产业资源再配置的权利。因此，如何以及能够在多大的程度上超越"省"权力中心而与非省的同在一个区域内的直辖市建立文化产业关系，就成为一个问题。在这里，"省"这一行政概念具有特别重要的意义。因为，现在造成我国区域文化产业协调发展和跨地区文化产业战略发展的最大障碍就是"省"作为区域文化权力中心的存在，而不仅仅是区域行政。"省"的存在不仅构成了与直辖市两种不同文化空间形态与存在方式的冲突，而且特别地构成了与其所在地——省会城市的文化权利和文化权力的冲突。与此同时，由于在一个区域范围内往往会历史地形成一个乃至几个文化中心城市，这个区域文化中心城市历史的拥有对这一地区的文化影响力和文化辐射力，形成以这个中心城市为中心的区域等级文化层级体系与结构。因此，要实现我国文化产业协调发展，即必须突破"省级"文化行政框架这一战略力量的结构形态，行政"省"不再作为区域文化产业发展的战略主体，把原有的属于"省属"的文化产业市场主体还原于"市"，解除"省属"文化产业战略主体与"省"之间的文化行政隶属关系，从而使文化产业市场主体能够获得像实体经济的市场主体一样，具有自主选择以某一城市为"驻地"来发展自己的文化事业，创新对不同等级城市间发展文化产业的制度性限制，也就是说，如果某文化产业集团认为一个非省会城市的城市更适合于自己的战略力量发展，那么，它就完全可以把自己的"集团总部"移师到一个非省会城市。发挥市场在文化产业资源配置中的基础性作用，克服原有的按照文化行政区划配置文化资源的行政设计，从而在这个基础上，充分调动和发挥在本地区范围内每一个城市发展文化产业的积极性，形成一个错落有致、优势互补、分工恰当、有机竞争和协调发展的新文化产业战略力量发展格局。这样，不仅不同层级关系上的文化产业城市可以根据各自的战略利益建立跨地区间的城市文化产业联盟及其共同体，而且还可以在此基础上以跨城市文化产业联盟为战略投资主体，参与和实施更为广泛领域里的文化产业战略投资——例如文化产业走出去战略，从而使原本比较僵化的文化产业行政体系，因城市文化产业层级体系的建立而获得全新的市场活力。我国文化产业城市布局与城市发展极不平衡。文化资源分布的巨大差异是造成我国文化产业生产力体系和文化产业分工体系非均衡发展的基本国情。不加区分地要求处在不同层级上的城市都去大力发展文化产业，不仅脱离我国文化资源状况构造体系特征和文化分工的实际，而且还会造成对有限文化资源的极大破坏。低水平的重复建设和无序竞争，不仅是区域经济发展问题，而且也是区域文化产业发展问题。实现经济结构的战略性调整和转变经济增长与经济发展方式并不是只有文化产业这"华山一条路"，而且也并不只有大力发展"核心文化产业"这一条路。建立以大区域文化中心城市为核心，以区域中心城市为骨架，以中小成为战略空间的大区域文化产业集群功能发展机制，就是要克服现阶段我国行政区划管理体制对于发展文化产业所构成的体制性障碍，通过将不同行政区划内的文化产业城市实行按照区域功能发展的战略调整，形成按区域功能化的要求而不是按照行政管辖权力结构布局的新文化产业分工体系，实现文化产业再生产类型的科学转变与合理布局。

因此，以文化产业层级体系的空间形态重建我们关于文化产业链建构的思维形态和理论模式，从而实现在文化产业区域发展问题上的"产业链误区"的突破，以"文化产业发展城市层级分工体系"为概念建构关于文化产业链的新思维，克服与超越在区域文化产业的产业链营造过程中的"小而全"的思维定势，创建全新的既实现文化产业发展资源的优化配置，又使得区域文化产业发展各得其所的制度模式，真正把文化产业的发展模式从我们现行的体制束缚中解放出来，而又不造成对文化生产力的伤害，应当成为金融危机下中国文化产业新政的核心战略。

正在全力推进的中国城市化战略，使得无论在速度还是规模上，中国的城市化进程都是以往人类历史上绝无仅有的。资源和环境条件的约束，使得中国在城市化建设过程中把兴建千万人以上的特大型城市作为重要选择。这样的城市人口规模足以抵得上一个国家。如此庞大规模的城市化进程，不仅将从根本上改变中国的城乡面貌和城乡结构，而且将从根本上重新塑造中国的政治、经济、社会、文化和制度。城市是文化生产和消费的集散中心，因而也是文化产业最主要的空间载体。没有城市，无所谓文化产业。城市造就了文化产业，文化产业推动了城市的发展。然而，如何确定文化产业发展和城市发展的战略关系也就自然地成为中国文化产业发展战略的重要组成内容之一。

上海社科院常务副院长左学金研究员曾在"可持续城市化与2049年的全球城市：上海纽约国际论坛"提出"低度城市化"和"浅度城市化"两个概念，用以描述现阶段中国城市化进程存在的问题，并引起学界的关注。然而，这两个概念只是描述了中国描绘了中国城市化进程存在的某些问题的特征，却并没有揭示造成或者说形成这两种城市化问题的原因，他所提出来的用以解决问题的在制度上缩小城市和农村的差距的理论和政策建议，实施"慢城市化"战略以确保足够的时间缩小在快速城市化过程中的城乡差距进一步拉大，以使农村有足够的时间自我修复在快速城市化进程中由于人口流动而造成的农村文化的空心化。人口修复和文化修复，确保传统文化的修生养息。实行"优质城市化"战略，克服和避免由于过度城市化而导致和造成的"劣质城市化"。实施"文化产业城市战略"是避免"劣质城市化"最好的途径。

5. 区域文化产业布局的战略选择

中国文化产业发展正处于产业结构战略性深度调整阶段，具有明显的转型期的特点。文化产业准入的逐步开放，多种资本和多种所有制的进入，使得在未来几十年中，中国文化产业结构与布局将发生前所未有的巨大变化，区域文化产业和文化经济将呈现出整体性混合推进的态势。前市场形态、市场形态与后市场形态将同期存在、同步发展。公有的、非公有的、中外合资的、外商独资的、混合所有制的，这五种经济形态将在同步改变中国文化产业结构的同时，也将对中国文化产业的空间布局产生深刻影响。政府主导和市场主导的矛盾运动，将深刻地影响中国文化产业布局的发展走向。这是在今后相当长时期里中国文化产业革命所呈现出的一个基本特点。在这个过程中，中国既要赶世界第五、第六次产业革命的机遇，大力发展现代服务业，又要打第二、第三、第四次产业革命的基础，为文化产业的现代发展提供丰富的资源准备，在一些地区甚至还要补第一次产业革命的课，完成资本的原始积累和文化发展的现代转型。中国文化产业发展多元化和混合型的具体特征，决定了中国文化产业发展只能采用混合型的产业发展模式，走混合型产业变革道路。只有认清这一点，才能制定正确的区域文化产业发展战略。文化产业作为一种新兴产业经济类型和文化建设形式，将深刻地影响国家的发展道路和发展模式。大力推进文化产业的快速发展，已经成为提高中国区域综合竞争力、调整产业结构、参与世界产业经济功能主动分工与优先发展的关键战略所在。

中国文化产业资源客观上存在着时间与空间上"双梯度"与"双倾斜"的现象，即北方与西部的传统文化资源丰富，南部与东部的现代文化资源丰富，并呈现为以黄河流域为轴心的横向轴线从西到东逐渐倾斜，以长江中下游为轴心的纵向轴线从南到北倾斜。同时又存在着政府主导和市场主导"互相反制"的倾向。这一特点既决定了中国区域文化产业布局的空间特性的矛盾运动，也决定了现阶段中国区域文化产业布局战略选择趋向。由于在现阶段政府拥有对社会资源权威性再分配的权力，文化企业作为市场主体的产业布局考虑更多地还要受制于政府宏观产业政策的约束，因此，一般所讲的区域文化产业布局战略就是指政府主导下的文化产业发展在一定地域空间上的分布与组合。区域文化产业布局战略选择也就是指政府关于发展区域文化产业的战略意图与战略安排。从这样一个基本前提出发，中国区域文化产业布局战略选择主要可以有以下几种价值取向：

（1）空间布局重组与结构性调整相结合。文化产业布局在任何时候都包含两个方面的内容：一方面是文化产业布局与区域国民经济发展进程中原有产业体系的关系；另一方面是文化产业布局与原有文化产业资源分配的力量分布的关系。由于在相当长的一段时间内，中国文化产业体系并没有被纳入国民经济统计指标体系，文化产业布局基本上是根据文化及意识形态建设的需要按照行政区划来布局的，因此，呈现出条块分割、党政主导，与国民经济体系相分离的分布格局。

建设有中国特色社会主义市场经济体制改革目标的确定，和把文化产业纳入国民经济和社会发展整体规划，以及建立文化产业国家统计指标体系的提出，使得文化产业不仅日益成为国民经济和社会发展的重要组成部分，而且成为国家转变经济增长方式和实现经济结构的战略性调整的重要领域和产业形态，已经成为国家和区域发展新的经济增长点。在这种战略背景下选择区域文化产业发展战略，就必须要充分考虑到文化产业布局与区域产业布局和区域经济运动的关系，把区域文化产业布局纳入到区域国民经济整体发展战略中去，在接应经济体制改革发展成果转移的同时，建立起文化产业发展所需要的资源准备和产业关联，克服由于缺乏与区域其他产业体系的内在关联而导致的文化产业布局与发展有效资源配置不足的矛盾，丰富文化产业布局在资源转移过程中所需要的文化投资品的供应链。只有建立起与国民经济其他产业体系的充分的产业关联，才能在接应经济体制改革成果转移的同时，为经济结构的战略性调整提供广阔的空间，进而在空间布局的过程中改变原有的战略力量格局，实现文化产业空间布局的重组与扩张。

大力发展文化产业和深化文化体制改革战略目标的提出，以及国家在文化产业准入领域里的一系列政策的颁布，不仅是中国国家文化管理制度的一次重要变革，同时也是对原有国家文化产业结构的重大的战略性调整。是国家基于整个国家的发展目标以及这个目标与文化产业发展中政府主导与市场主导关系的崭新认识后作出的战略抉择。因此，选择区域文化产业布局战略就必须和国家这一大战略相吻合，在实现区域文化产业布局重大战略安排的同时，推进和实现文化产业结构的战略性调整。特别是关于体现在这个结构中的文化产业主体结构的变动及其比例安排。不能把文化产业主体结构安排的空间变动疏离于整个区域文化产业布局的战略选择之外。从已有的区域文化产业主体结构的变动所带来的区域文化产业布局战略选择的成果来看，正是由于有了宋城集团和横店集团这两大非公有制文化产业主体所带来的文化产业结构变动效应，这才使得整个浙江文化产业区域发展格局呈现出战略溢出效应和仿真效应，成为推动文化体制改革的典范性案例。这两个案例的成功之处，就是同时在空间布局和结构调整两个方面推动和拉动了区域文化产业战略选择的发展走向。

（2）战略产业主导与相关产业辅助相协调。各地区文化资源禀赋上的差异是影响一个地区文化产业和文化企业可能的获利空间的重要因素，进而制约着文化产业和文化企业的地区选择，因此，区域文化资源比较优势是决定文化产业布局的利益机制。虽然这个因素在中国由于受到了行政区划的约束和部门的限制而难以在计划经济体制下的区域文化竞争中充分地展现出来，但是，从本地区文化资源的比较优势出发，选择能够充分发挥本地区文化资源比较优势的战略产业主导战略取向，并以此带动相关文化产业的关联配套组合，则应该是区域文化产业布局又一个战略取向。根据比较优势理论，我们知道，各个区域生产要素禀赋比率是不一样的，不同的商品需要不同生产要素的搭配比例。如果一个地区拥有某种比较充裕的生产要素，在假定需求不变的情况下，该要素的价格必然比较便宜，该地区就能够便宜地利用大量这类廉价要素的产品，从而在该产品生产上拥有比较成本优势，所以，各地区都按本地区生产要素的丰裕和稀缺进行区域分工，从而使生产要素得到最有效的利用。在这里，我们可以把一个地区的区位优势和已有的文化产业体系的完备性程度都看作是一个地区的比较优势的构成因素。问题是能否说拥有了这些优势就一定在区域文化产业竞争格局中获得市场预期呢？答案是否定的。从一些地区文化产业发展的历史进程来看，只有那些能够在全部文化产业的市场竞争中带动相关文化产业同步发展，共同形成良性的文化生产、文化消费和文化流通互动的主导产业，才能最终形成比较竞争优势，一旦这种主导产业缺位，所有其他相关产业由于缺乏"领头羊"产业，而使这个地区整体文化产业丢失竞争力。上海曾经是我国电影、出版、唱片、演出和娱乐等现代文化产业的策源地和中心，但是，在21世纪前几年上海总体文化产业竞争力的下降，不能不说是与上海缺乏战略主导产业有着密切的联系。所谓战略主导产业就是能够在一个较长的时间内主导本地区文化产业的发展格局和行业分布，在区域文化产业竞争中具有明显的竞争优势和领袖地位，较长时期地影响该文化产业在全国的发展走向和力量格局变动的文化产业。战略主导产业是一个地区文化产业核心竞争力的标志，能否形成和拥有战略主导产业将直接决定了一个地区或国家文化产业发展的综合竞争力和"文化领导权"。战略主导产业实际上也是对文化战略资源的主控。没有战略主导产业的区域文化产业是没有竞争力的文化产业，而没有竞争力的文化产业是没有前途的，最终都将会被其他具有战略竞争力的区域文化产业所取代。因此，战略主导产业战略是当前和今后相当长的一段时间内中国区域文化产业布局的一个相当重要的战略取向。

实施区域文化产业布局的战略主导产业，并不等于说非战略主导产业在区域文化产业布局当中是不重要的。战略主导产业的实施需要有一个良好的文化生态环境和文化生态群落的营养，需要有相关文化产业的配套和辅助。单一兵种不可能取得大战略的胜利。多兵种联合作战和互相配合，往往是战略成功的法宝也是区域文化产业竞争战略的法宝。因此，要长远地获得文化产业布局的战略优势，就必须把这两个方面有机地结合起来。既能够满足不同文化消费对文化产品的不同需求，同时又能够为战略文化产业主导提供市场发展的战略空间。必须看到，不同区域的文化资源禀赋是不一样的，不同地区应当选择不同的战略主导产业。现代传媒产业属于文化产业的核心产业，但是，并非所有地区都适合于发展现代传媒产业并把它作为战略主导产业的。不同的文化资源禀赋应当有不同的战略主导产业的安排，只有这样，中国整个文化产业布局和竞争格局才既是竞争的，又是互补的。各自都具有其他地区所不可替代的战略优势，中国文化产业发展战略才能够在国际文化产业发展格局中成为重要的变动力量。

（3）非均衡发展与区域一体化相兼容。一个地区的文化产业发展在任何时候都是非均衡的，主要是由于市场的选择和产业政策的运动等不同的力的作用。这也是区域经济运动的一个基本规律。计划经济时代我国区域文化经济布局的一个最大特点，就是平均使用力量，结果造成了各地都有相对独立的文化产业体系，但整体实力都不强。这样布局的好处是原来的经济文化比较落后的地区，在一个较短的时间里建立起了初步的文化产业体系，改变了原来的区域文化产业布局差距过大的现状。而这样布局的局限性也非常突出，就是在国际上没有形成国家文化产业的综合竞争力，在国内没有形成统一的文化大市场。在一个具体的文化行政区划内，特色文化产业的优势缺乏。相同的文化产业结构与布局，形成了不同地区之间和同一区域内不同文化产业部门之间的没有增长的竞争。建设社会主义市场经济体制是要从根本上建立起通过竞争促进发展的新的国民经济和社会发展机制，在优先培育核心竞争力的过程中，推进综合竞争力的整体性实现。这就需要在选择区域文化产业战略导向时，遵循市场在资源配置中的基础性作用的规律，实行区域文化产业发展的非均衡发展战略，实现文化产业的跨越式发展。它包括两个方面的内容，优先发展文化产业基础较好、体系较为完备的地区，通过制定倾斜性产业政策，把产业政策和地区政策有效地结合起来，集中力量培育和引导文化产业核心区域的形成，以形成明显的"扩散效应"；从产业门类来说，重点发展优势文化产业，追求效率和效益的最大化，在某一两个文化产业门类实现中心突破，以尽快形成文化产业的核心竞争力和"极化效应"。

但是，非均衡战略选择在长远的利益上必须和区域文化产业一体化战略相兼容。区域文化产业非均衡战略是一个"适度"的概念。也就是说，选择非均衡战略的目的不是要无限制地扩大差距，而是在利益适度的差距内尽快形成两个效应："扩散效应"和"极化效应"。只有把"非均衡战略"运用在一个适当的两度之内，它才能最大限度地满足和实现战略主体的价值追求。这一方面是由于原有的文化资源禀赋的差距已经造成了客观的文化分配不公平，另一方面是已有的文化产业属性所形成的市场扩张能力和壁垒，又使得不同的文化产业门类之间造成了主观的生存空间。既要实施区域文化产业非均衡发展战略，又要不造成新的文化分配不公，就必须把非均衡发展战略和区域文化产业一体化战略有机地结合起来。这里包括两个向度：一个是对内，一个是对外。所谓区域文化产业一体化战略是内外两个方面的一体化。

区域是一个多层次的概念。从全球角度来说，区域往往指的是一种地缘政治经济的关系性概念，例如东北亚、东南亚等；从全国的角度来看，是指某种地理空间联系，例如长江三角洲、珠江三角洲、环渤海湾；第三个层次就是指一个具体的行政区划。我们在这里所指的区域一体化，主要指国内存在着地理空间联系的不同行政区划之间的经济文化合作的紧密型状态（在某些特殊的地区也包含它的国际区域合作）和一个行政区划内各地区、各部门、各产业之间的一体化。这就是通常所说的文化产业的跨地区、跨行业、跨媒体经营。在现阶段，区域文化产业战略选择，必然地包括文化体制改革的内容，并且是在改革的精神指导下选择文化产业发展战略。因此，区域文化产业布局战略选择，就必须克服条块分割所造成的文化产业布局权力分布过细、资源配置不公、产业效率低下、政府管理成本过高的弊端，使整个区域文化产业系统无障碍运转起来。实行文化产业区域一体化战略，不仅是不同地区间的文化产业战略合作，而且也是同一地区不同文化产业部门和门类之间的战略合作，以最大限度地消除各种形式的壁垒，和以最大程度地建构完整、有机的文化产业关联，降低区域文化产业运行成本，提高区域文化产业战略规划效益，这应该成为区域文化产业战略规划选择的一个重要价值取向。总之，区域文化产业非均衡发展与区域文化产业一体化相兼容战略，就是要能够做到，既要重点发挥文化产业核心区域的作用，形成"扩散效应"，又要实现区域文化资源的有机整合，缩小各种形式和类型的文化差距，各地区、各部门、各行业之间优势互补，协调发展。

（4）增长极建构与分阶段布局相呼应。文化产业增长不可能以相同强度和速度在每个地区同时发生，而是首先集中出现在某一点或某几点上，通过在点上的能量集聚，然后再通过它们的吸引力和扩散力，在不断扩张自身规模的同时向外扩散，进而对整个区域文化产业发展产生不同程度的最终影响。从文化产业发展的历程来看，在一国或一区域的文化产业增长过程中，由于某些主导部门或者有创新能力的文化企业在特定区域或城市聚集，往往迅速形成一些技术和资本高度集中、经济增长迅速并且有显著经济效益的经济发展中心，由于这些中心具有生产、贸易、金融、信息决策以及运输等多种功能，并能够产生吸引和辐射作用，促进自身并带动其他部门和地区的增长，因而成为一个国家或地区新的文化和经济增长点，这个增长点在产业经济发展理论中也被称之为增长极。这种增长极的形成具有强烈的主观色彩，或者说在某种程度上它就是政府积极干预区域文化产业布局，通过强有力的政府计划和公共财政支持主动建立的结果。在我国的一些省市创建的文化产业园区或文化产业创意园区就属于这一类。但是增长极的布局是一个建构过程，它需要许多其他的因素相呼应。它需要有主导产业和推进型企业，要有适当的文化生态环境，包括有利于增长及发展的地理位置、交通条件、地区资源及其空间组合、经济结构和经济活动、技术发展水平以及国家的区域产业政策等。如果增长极中的主导产业和推进性文化企业属于技术先进的现代化大型文化工业，而周边地区又缺乏与之相适应的资源、环境和条件，那么，增长极通过产业关联效应和空间扩散效应所形成的乘数效应就难以在区域内实现，并有可能形成增长极恶化，甚至还可能会引起增长极的文化产业增长和所在的地区相脱离，使增长极变成独立与周边地区的"孤岛"，难以对周围地区产生应有的扩散效应，从而造成文化产业空间布局上的二元文化经济结构。同时，它还需要一个高效畅通的区际增长传递机制，克服增长极在发展过程中所可能出现的净溢出效应负值增大，导致区域文化产业发展不平衡进一步扩大的矛盾，这就必须使增长极战略布局达到一定的起始规模，有一个空间延展战略与之相适应，这就是区域文化产业空间分阶段布局战略。

从区域文化经济发展的空间过程来看，文化产业的发展，总是首先集中在少数条件较好的地区，呈点状分布。这种产业点，就是区域增长极。但是，仅有一两个增长极并不能确保区域文化产业战略发展的长远利益，区域文化战略利益的实现是一个不断增长和变化的过程，正是在这个不断运动变化的过程中，才有可能形成比较科学和完善的区域文化产业体系以及由此而形成的区域文化产业的核心竞争力和综合竞争力。因此，从区域文化产业发展的战略利益的时间展开来看，区域文化产业布局战略作为战略主体的战略意图的实现，在空间上并不是一次性完成的，而是多次性完成的，并且在完成的过程中不断地进行战略性调整的过程。这就决定了区域文化产业战略布局展开具有阶段性发展规律，体现在增长极的建构上，就是：一个地区要形成一个布局合理、规划科学的现代文化产业体系，和整体性的文化产业综合竞争实力，就必须建立若干个增长极，并且使这些增长极之间建立起合理的、呈网状结构的战略关联，通过这种网状结构的文化产业系统的建设，来最终形成一个地区科学、完整、合理的区域文产业布局，而这一战略目标只有分阶段、分步骤才能完成。因此，区域文化产业布局中的增长极建构的战略选择只有与分阶段布局相呼应才能获得预期的战略成果。

文化产业布局战略具有一般的产业布局所没有的特殊规律，因此，区域文化产业战略选择不能一般地套用产业布局的现成理论，而是应该借鉴产业布局理论中的积极成果，从产业布局理论中汲取智慧，选择和形成适合于本地区文化产业发展国情的区域文化产业布局战略，并且在这个过程中总结出属于文化产业空间布局运动自身特点所需要的文化产业布局理论作为我们战略选择的依据。从区域文化发展战略的基本理论看，区域与区域之间必然构成一种战略竞争关系，而胜出者必然是占据相对文化中心地位的重要区域。在经济实力获得增强的情况下，以此为依托，采取主动的文化发展战略，形成区域文化中心的绝对支配地位，就能形成文化引力和同质化的效应。因此，在区域文化产业战略选择当中，有针对性地选择发展特色文化产业，就不仅具有加大区域文化经济整合的意义，而且具有提高国家整体文化产业竞争力的文化战略的意义。

五、推进国家与社会文化产业协同发展

以政府的力量大力推进中国文化产业的发展，通过建立国家文化产业体系来建构加入世界贸易体系后的中国文化产业战略力量形态，是中国文化产业第一阶段发展战略的显著特点。毫无疑问，没有这第一推动力，便没有今天中国文化产业发展的战略格局。然而，制度性依赖，也给中国文化产业战略力量的科学发展与可持续发展造成了严重的"发展战略困境"。"地方政府对市场的过度干预和企业对政府的不良博弈"[①]，社会文化产业战略力量发育不足，使得"国家文化产业"在应对金融危机和转变经济增长方式和发展方式中，承担了超限战略负担，制约了国家文化产业战略力量主体在提升国家文化软实力、维护国家文化安全中的重大战略责任。因此，必须重组中国文化产业战略力量的主体结构，大力发展社会文化产业，实行国家文化产业与社会文化产业发展并举战略。

1. 转变文化产业战略发展观念，重建国家与社会文化产业战略发展关系，为中国文化产业战略力量的协调发展提供保障

文化产业就其本质来说属于非公共物品领域，市场配置和成熟与发达的社会文化产业应该是其最主要的特征之一。然而，长期计划经济主导下的中国国有文化产业集中度过高直接导致了中国社会文化产业发展、发育不足。国有文化产业的高集中度所形成的文化产业制度的刚性结构，不仅构成了政府对文化产业组织的垂直领导，而且由于在现有的体制机制下文化产业组织所创造的经济和社会效应又直接地成为政府的有效政绩的体现。因此，这就使得文化产业的发展不只是文化产业组织的市场和企业主体行为，而是政府间竞争行为和竞争内容的实现方式。在文化产业发展核心部位——集中在出版业和广播电视业——有效的社会文化产业发展不足，于是便成为我国文化产业战略力量协调发展的最大结构性障碍。

中国已经发展起来的文化产业联盟，主要集中在社会集中度相对较高的文化产业部门，例如会展业、演出业等，在这些领域较少存在产业发展和市场准入的刚性竞争和地方壁垒。虽然诸如"演出联盟"最初也是由地方文化行政演出管理部门组织起来的，但是，由于演出产业的社会化程度很高，开放度大，市场流通性好，政府与社会文化产业组织间存在有利益同构的相关性，这就使得区域和跨区域演出联盟在协调区域演出产业发展和演出市场繁荣方面发挥了积极作用。从这个意义上说，区域文化产业发展战略的可协调程度与区域社会文化产业发展的成熟性程度相关：社会文化产业力量发展的成熟度越高，区域文化产业发展可

---

① 张晓明、胡惠林、章建刚：《2008 年：中国文化产业发展报告》，社会科学文献出版社 2008 年版。

协调性越高，反之则反。新闻出版业之所以区域间可协调程度低，一个重要的原因就是这些文化产业部门的过度行政垄断所导致的文化产业战略力量构成的社会化程度低。国有文化产业的高集中度和社会文化产业的低集中度，直接影响和导致了在这些文化产业领域战略力量发展的可协调度。而恰恰是在这些领域的文化产业所提供的文化产品具有很大程度上的准公共性。因此，在坚持政府必须有效地为社会提供公共物品的同时，还必须同时认识到，随着经济社会的发展，政府不可能提供所有的公共物品。由于信息不对称、财力有限等原因，政府不可能满足人们多层次、多样化的公共需求，而市场又存在提供排他性技术的非公共物品的功能，当这类公共物品的边际效益大于其边际成本的时候，市场就存在自愿供给公共物品的动力。这种动力来源于需要建立一种新的、以多维复合机制为主要特征的机制，以补偿政府有效供给的不足，从而使政府、市场、国家文化产业与社会文化产业在文化产品中形成战略伙伴关系，并且在这个过程中逐步地弱化区域间在文化产业的核心层面上存在的过度刚性的组织结构，增强产业组织之间的市场弹性。因此，必须转变文化产业战略力量构成的发展观念，建立国家文化产业与社会文化产业的新型与合理发展关系，通过社会文化产业组织发展和职能发挥，促进政府转变文化产业管理方式，通过重构国家文化产业与社会文化产业互动发展的比例关系，提高文化产业发展战略间的可协调度，从而实现我国文化产业协调发展的战略目标。

在这里，我们必须克服与超越在文化产业产业组织属性问题上的"公"与"非公"的二元对立。尽管"非公"概念的提出对于发展中国文化产业的市场化发展具有重大意义，但是，由于这一政策性概念无法包括"非公"概念之外的其他文化产业资本形态在中国整体文化产业制度建构中的实际存在，并且在实际运作中经常构成"公"与"非公"的二元抗性和对"非公"的政策性歧视，因此，提出"社会文化产业"这一概念并使之于"国家文化产业"相对应，用"社会文化产业"来取代由"非公资本"而造成的"民营文化产业"等概念，这不仅可以消除"公"与"非公"在中国文化产业发展中的二元对立，切实反映中国文化产业多元发展的实际，规范政策范畴，而且有利于国家文化产业整体发展战略建构，以"国家"和"社会"两大范畴来统筹我国文化产业的制度建设与理论政策。

2. 创新改革理念，让渡产业空间，大力发展社会文化产业，实现从文化体制改革的转企改制向转制改制的战略性转变，提高区域文化产业发展的可协调度

空间的有限性是文化产业发展的重要特征之一，主要是指在一定的产业结构的市场主体构成的饱和度。没有一个产业的空间是可以无限扩张的。在有限的产业空间结构中如何实现主体结构的最优化，对于最大限度地实现有限空间效益的最大化具有特别重要的意义。在现有的文化产业空间构成的主体比例中，国有文化产业资本几乎占据了核心文化产业的绝大部分，社会文化资本占有率很低，有的领域，社会文化产业资本甚至处在零占有率。这不仅使得国有文化产业面临着市场的高风险性，而且由于产业空间的狭小，刚性的文化产业空间结构缺乏应有的弹性系数，这就使得区域文化产业发展战略在核心文化产业的协调发展几乎不可能，从而使得区域文化产业协调发展缺乏应有的社会自治能力。因此，要实现中国区域文化产业协调发展，尤其是核心文化产业的协调发展，需要适度让渡产业空间，培育和大力发展在这一领域里的社会文化产业，进而通过造就新的文化市场主体，消除现有文化产业空间的刚性化程度，来培育国家文化产业协调发展的战略机制，提高区域文化产业战略发展的可协调度。

转企改制是近几年来中国文化体制改革的核心内容之一，但是，由于这一改革措施没有从根本上改变文化产业发展单一的国家战略主体结构，原有的体制性障碍与结构性矛盾依然是阻碍着我国文化产业发展最主要的战略性矛盾。集中在一点，就是文化产业发展的新制度性建构没有获得应有的战略性突破。近几年来，中国电影产业发展获得了很大的成功。2003～2005 年，面对加入 WTO 后我国电影市场对外开放所出现的"狼来了"的生存困境，国家密集出台了国产电影改革与发展的一系列政策措施，包括提高电影创作质量、推进国有电影制片单位转企改制、鼓励民间资本参与拍摄影片、积极推进院线制改革、理顺电影管理体制，加大电影合拍力度等，极大地激发了中国电影的活力。其中最为显著的就是电影生产面向社会资本开放，从而形成了国家与社会资本共同推进我国电影产业发展的战略格局。特别是商业大片对世界电影市场的开拓，极大地改变了中国电影产业发展的市场格局。在这里，以华谊兄弟传媒股份有限公司为代表的民间资本所形成的社会文化产业力量发挥了不可替代的作用。没有以华谊兄弟传媒股份有限公司为代表的民间资本所形成的社会文化产业力量积极参与，中国的电影产业在今天可能是另外一种景象。2006 年，招商银行首开先河，为华谊兄弟拍摄《集结号》放贷 5 000 万元，2009 年 3 月，中国工商银行北京分行又向华谊兄弟放贷 1.2 亿元，以支持这家公司 2009 年至 2010 年 4 部电影的拍摄与发行。银行的放贷行为不仅是对华谊兄弟信用的肯定，而且更重要的是它向我们传达了这样一个坚定的信息：没有社会力量的主力参与就没有中国文化产业发展的战略性崛起。中国要培育具有国际战略投资能力的文化产业战略投资主体，培育一批像华谊兄弟这样的"中国报业"和"中国出版"的社会主力战略，就必须在"报业"和"出版业"这两个战略主战场引进社会资本的战略投资主体，彻底改变在"报业"和"出版业"这两个制度层面上的单一的投资主体结构；就必须直接建立银行业与文化产业的直接融资体系，而不是由政府代替文化产业投资主体去和银行签署战略合作协议，借助于金融机构的投融资优势，解决文化产业战略发展的融资瓶颈。只有这样，中国才能培育起像美国新闻集团那样的报业集团、像培根那样的国际出版集团和像迪士尼那样的综合性娱乐产业集团。仅仅是转企改制，国家文化产业无法承担起如此重大的战略使命。没有"盛大网络"的率先破题，中国的网络游戏产业很可能还要在国际网络文化产业发展中走更长的路。因此，要从根本上解放文化生产力，为中国文化产业战略力量协调发展提供一种可支持的制度性建制，就必须实现从转企改制向转制改制的战略性转变，实现从国家文化产业战略向国家文化产业与社会文化产业并举的发展战略转变，大力发展社会文化产业，重构在文化体制改革和文化产业发展问题上的制度性设计，只有这样，中国文化产业协调发展战略才可能在战略机制上实现战略性突破与创新，重组文化产业战略发展力量也才是可能的。

3. 改革社会资本进入文化产业准入制度，实行适度宽松的文化产业准入和分类管理

设置文化产业准入制度是国际通例，中国当然也不例外。在尚未建立和形成有效文化产业管理制度之前，适度从紧的文化产业准入制度对于政权稳定和新文化制度建构是必要的。这在国际社会也是一个通例。但是，在实现和基本完成了新的文化制度主体性建构之后，实行适度从宽的文化产业准度制度，以解放文化生产力，繁荣文化市场，通过让渡产业空间将原本属于市场和社会的那一部分的产业空间还原给市场和社会，进而调节国家与社会之间的文化紧张关系，释放政府办文化所承担的无限责任与压力，则是一个成熟的国家和政府文化执政能力高度科学化的一个标志。改革开放30多年来，中国在文化领域内的改革开放已经经历了一个从文化流通领域内的开放逐步地向文化生产领域开放的历史过程，非公资本进入文化产业已经成为中国一项重要的文化产业政策，对于促进中国文化产业从国家文化产业向社会文化产业发展转型，国家文化产业与社会文化产业协调、互动发展发挥了积极的作用。由于已有的文化产业的非公资本准入已经不能完全适应和满足中国文化产业发展飞速发展的形势需要，因此，当不进一步改革社会资本进入文化产业准入制度便不能有效地克服当前制约中国文化产业发展活力不够、动能不足的一系列体制性障碍和结构性矛盾的时候，改革社会资本进入文化产业准入制度，实行宽松的文化产业准入，就成为中国文化产业协调发展与文化产业战略力量重组的一项重要制度创新。其中最主要的就是在现阶段放松在报业和出版产业领域里的准入制度，允许已经存在并且已经在我国出版产业中发挥着重要补充作用的各类工作室以各种产业组织方式合法进入出版业，创建以多种股份制形式为内容的新型报社和出版社，明确其作为出版主体的市场地位，通过培育一大批新型出版社并以此为基础发展社会出版业，进而鼓励通过市场机制，在宪法和法律规定的框架内各种文化资本形态相互间的参股和兼并，以市场经济的方式探索一条全新的跨行业、跨地区、跨所有制的新型出版主体，为进一步实现中国文化产业协调发展在文化产业核心层的突破，创建制度性经验。当然，在这一制度性创新过程中必须要有一套科学的分类管理机制，制定和颁布国家《出版法》和《新闻法》，建立新的准入标准，在降低准入门槛，简化登记程序的同时，也要建立有效的准入秩序，实行"出版登记"和"工商登记"的"双轨制"；建立相关的行业协会，实行行业自律，通过行业组织的自律机制推进文化产业组织间的合作发展，通过发展社会出版产业的方式破解制约中国社会文化产业协调发展在文化产业核心层领域里的体制性障碍，推进中国文化产业战略力量协调发展和整体制度创新。

第六章

文化产业正义：文化产业发展的
历史地理学问题①

文化产业正在改变中国。文化产业发展不仅和政治、经济、文化发生了一系列的矛盾和冲突，而且也和人们的社会生活的其他方面产生和发生了一系列的矛盾和冲突，例如文化产业发展和历史地理的矛盾和冲突。这就提出了一个问题：当我们大力发展文化产业，实现文化产业正义的时候，如何同时也能够实现其他各个领域和各个方面的正义？这是一个深刻而重大的理论研究的命题，需要做许多非常深刻的研究，本章仅从文化产业发展的历史地理学问题这一角度，试图就此作一个初步的探讨，并以此提出关于文化产业发展新战略理论的思考。

所谓文化产业发展的历史地理学问题，是指文化产业发展与历史地理之间出现的某种矛盾和冲突所形成的紧张关系而构成的历史地理发展困境。这一命题至少同时包括三个纬度：文化产业发展与历史的关系、文化产业发展与地理的关系以及文化产业与历史地理的关系。广泛涉及文化产业发展对自然与社会环境的改造；文化产业发展对自然与社会发展序列的改变；文化产业发展对自然与社会景观话语的重构；文化产业发展对自然与社会资源力量的解构，等等。

一、文化产业：建构还是解构历史

不仅任何一种形态的文化产业的诞生都只有在一定的时间里才有可能，而且

---

① 本章内容发表于《上海交通大学学报》2009 年第 5 期。

225

也只有在一定时间与空间才能得到发展。文化产业在一定的时间与空间里诞生，不仅改变了一个具体的地理空间的内部和外部社会生活结构的变化，缔造了一种新的社会生活方式与结构，而且也还在这个过程中使得在时间中建构的历史发生了变化，无论是内容还是历史形态。

文化产业发展与历史的关系至少有三个方面：第一，文化产业发展与过去历史的关系；第二，文化产业发展与创造历史的关系；第三，文化产业发展的历史态度——对待历史的关系。

文化产业无论是形式还是内容都是历史的产物。文化产业作为一种有机生命形态，它既是技术发展史的一个结果，同时也是人的精神发展史的一个结果，而且还是人的表达史的一个结果。作为技术发展史，它是一种生产力形态，是一般意义上的生产力形态向文化生产领域延伸和扩散，在形成文化生产力形态过程中，完成了生产力形态的历史丰富性，从而使生产力构成中最核心的要素得到了解放了的形式；作为人的精神发展史的一个结果，不同历史条件下不同的文化产业形态，不但清楚地记载了在不同历史条件下人的精神发展的面貌和形式，而且还记载了这种精神发展所达到的历史形式的高度，印刷出版业及其与资本主义精神在欧洲的形成与传播的关系，就是一个最典型的精神发展历史学案例。一定形态的文化产业的形成和出现，是一定历史阶段人的精神发展史的一个标志。从这个意义上来说，任何文化产业史都是人的精神发展史。因为，任何一种文化产业形态的出现和诞生，都是一次重大的表达革命与表达解放。而表达在本质上就是人的对于世界的理解和意见的公开性陈述。表达在本质上也是自由的。但是，自人类发展进入阶级社会以来，本质意义上的表达自由都是不存在的。这一方面是因为任何一种意义上的统治集团为了维护它所代表的他那个阶级和阶层的利益，它必须要主导舆论，乃至控制舆论，这就使得表达自由成为不可能；另一方面统治着物质生产的阶级，一般来说也都统治着精神生产，也就是说统治着表达的工具和载体，因此，除非制度设计，在文化生产力形态不变的条件下，表达自由的机制（载体）不变。因此，被统治阶级一般来说在精神发展史上是无所谓"表达自由"的。每一次文化生产力的解放和文化产业新的载体形态的出现，都是一次表达自由的获得与解放。本雅明正是在这个意义上发现了文化产业对于实现艺术民主的价值和意义①。这一历史学性质，在互联网出现并发展成为全新的文化产业形态的时候，表达自由的历史被改写了。人的表达自由权因为互联网的出现而进入了一个新时代。就像"文化工业"刚刚诞生的时候那样。一部文化产业发展史就是一部人类的文明发展史、文明社会发展史。没有文化产业的历史发

---

① 本雅明：《机械复制时代的艺术》，重庆出版社 2006 年版。

展形态，就没有今天人类社会的发展形态。从这个意义上说，文化产业在本质上是建构的，但它也是解构的。它是在解构已有的历史合理性的同时，重建新的合理性的历史。

文化产业是历史进程中的重大事件和事变的载体，是人类文明发展的动力和工具。当然，这里的文化产业首先是作为整体性的概念使用的。但是，所谓文化产业的整体性概念本身就是一个历史性的概念。这是因为，在历史发展的进程中，在它的发展每一个阶段，文化产业的整体性表现是不一样的。就文化产业的现代性而言，文化产业的整体性概念，首先就是表现为现代印刷业，以及由此而产生的现代图书出版业和新闻报业。虽然印刷术是中国发明的，但是，它并未在中国的历史进程中，引发现代意义上的革命性的事件。而在欧洲则不同。现代活字印刷的出现以及海德堡现代印刷机械革命的成功，迅速导致了现代印刷业的革命和现代图书出版业和期刊业的出现。恰逢欧洲新教革命，现代出版业便成为资产阶级和新教运动的工具，并且借助于这样的工具推进欧洲宗教改革，从而最终帮助欧洲的资产阶级赢得了资产阶级革命，而书报检查制度正是在这个过程中诞生的。

卢米埃尔兄弟发明了电影，开启了现代大众文化时代，使得艺术民主成为可能，并且是直接地把工业文明的成果应用于文化形式的再创造：视觉文化、影像文化，从而开辟了人类文明的电影时代。但是，电影的出现，并不意味着电影产业形成。正如报纸的出现并不意味着现代报业的形成一样。真正作为产业形成的标志是：电影市场的形成、冲突与竞争，并由此而催生电影制度的出现。在世界电影史上，法国和美国之间关于电影贸易之争是一个标志性事件。因为，在这一事件中，电影反映的市场冲突，不仅是一般地表现为不同电影企业之间的市场争夺，而是资本对这一新兴市场的发现。这一发现是由电影已有的规模和潜在的规模，以及隐含在这背后的巨大的利润被发现而引发的。正是由于这一潜在的巨大规模的财富效应，空前的为资本的利润追求提供了一个前所未有的新天地。因为基于对世界市场的瓜分、争夺和垄断，两国政府都被资本卷入其中。出于对与本国电影市场和电影产业维护，尤其是对本国资本集团和利益集团的保护，所谓的配额制度诞生了。配额制度开启了人类文明发展史的一个新时代：电影产业时代。配额制度和教会关于书报审查制度不一样。书报审查制度主要是基于意识形态控制，而电影配额制度的出现和形成，则是关于文化商品交易制度的建构，一种全新的以交易制度建构的方式实行对本国文化产业和文化产品市场的保护。前者是基于宗教和意识形态的控制，而后者则基于对市场的控制：新的交易规则。如果说，前者具有鲜明的不公平性和历史的反正义性的话，那么，后者，则显而易见的是试图建立一种基于市场的公平的交易规则。历史不仅在这里拐了个弯，而且还在这里开启了文化产业发展、进而人类文化发展史的一个新时期：制度交易时期。由于在近代以来一部世界发展史几乎就是由欧洲来主导的，因此，一部近代欧洲文化产业发展史也就成为另一部欧洲文化发展史和社会发展史。近代欧洲离开文化产业这样具体的载体形态，近代欧洲的文化发展和社会发展很可能是另外一番情景，甚至不能完全排除近代欧洲的文化仍然处在中世纪。问题是资本对于世界市场的开拓，正如马克思所说的，不仅使世界各民族的局限性成为不可能，而且形成一种世界文学①。马克思在这里不仅极其深刻地洞见资本改造世界的力量，而且更为重要的是他发现了一部世界近代史是如何被建构的，一种"世界的文学"是怎样在历史的演进中发挥它不可替代的作用的。在这里，所谓"世界文学"我们完全可以把它作为文化产业的代名词来解读。因为，文化产业以它全新的载体形态建构了前所未有的世界文化图景：文化产品的全球流通。

这在近代以来的中国文化发展的现代演变中也同样清晰地表现出来了。早期电影进入中国，几乎经历了与美国大致相同的发展历程。然而，真正作为中国电影产业的主体性建构的是中国电影意识的出现和形成，以及关于电影审查制度和配额制度的建构。胡霁荣的上海早期电影研究，为我们提供了这样一个时间表和路线图②：

1911年（清宣统三年）6月，上海城"自治公所"公布了"取缔影戏场条例"。条例规定："不得有淫亵之影片"；等等。

民国成立后，上海"市政厅"袭用了上海城"自治公所"的"取缔影戏场条例"这个条例，算是中国电影检查制度的雏形，但是此条例对于电影传播的监管效用不大，还算不上真正意义上的一种监管制度。

20年代中期，民间组织了江苏省电影审阅委员会，开始对在上海放映的影片进行审查。但由于江苏电审会属于民间组织，缺乏行政权力的依托和支持，对电影传播无法产生强制力的作用，因而其实际效能有限；1927年国民党政府上台之前，电影检查在上海基本未能进入实质有效的监管阶段。

1928年上海特别市党部宣传部戏曲电影审查委员会成立。这是在上海出现的第一个具有强制性行政权力的地方电影检查机关。该委员会公布《电影审查细则》，并自1929年2月1日起施行。

1929年9月12日，上海特别市电影检查委员会成立（次年7月1日，改称上海市电影检查委员会），后于10月4日和11月9日分别公布《上海特别市电影检查委员会规则》和《上海特别市电影检查委员会检查电影片规则》，规定其

---

① 马克思、恩格斯：《共产党宣言》。
② 胡霁荣：《植根与传播：上海早期电影研究（1870～1937）》，香港中文大学历史学硕士学位论文，2007年。2010年4月，该论文以《中国早期电影史（1896～1937）》为书名，由上海人民出版社出版。

工作为检查进口及在本市摄制之中外影片及取缔不良影片。

1930年11月3日国民政府正式出台《电影检查法》，将电影检查权归集于中央。

1931年2月25日，教育部和内政部代表中央组成电影检查委员会，开始实施全国统一的电影检查制度，标志着由中国国家政权统治当局第一次出面大力操刀监管电影传播，也意味着一个具有国家强制力与约束力的中国电影制度的初步形成。

自中央电影检查委员会成立至全面抗战爆发，在1934～1937年，总计检查影片1696部，其中外国影片1216部（占检查总数的71.7%）；禁映影片37部（占检查总数的2.2%），其中外国影片30部（占禁映总数的81.1%）；修剪影片182部（占检查总数的10.7%），其中外国影片98部（占修剪总数的53.8%）。中国政府当局的电影审查制度对国外制片商产生了威慑力，令美国片商在制片时也自省内容。美国论者言，"在二十世纪三十年代，原先美国影片里反映的关于中国和中国事物的那种荒唐的概念，由于中国政府注意的结果，开始进行了部分的修正。到了三十年代的中期，美国电影业也开始自觉地对它所描绘的中国主题、背景和人物，重新进行审查和估价。"

过去我们研究这一段历史的时候，这些内容是常常为我们所忽视的。胡霁荣的研究不仅把这一历史的本来面目恢复给我们看，而且还让一段几乎被遗忘的历史在整个现代中国历史的文化建构中还原了，补上了至关重要的一环，还原了近代以来中国早期文化发展史中的一个重要组成部分：中国电影主体性建构的历史性完成：电影主权制度建构。这是电影审查制度、电影制度交易、进而电影文化产业制度交易的中国方式。这是因为在早期，中国电影产品主要的还是以输入为主，电影产业主要的还是表现为好莱坞对中国电影市场的垄断，尚未形成中国电影输出的主体能力。但是，这并不等于在这方面中国的电影产业是无所作为的。通过建立中国式电影审查制度来有效地保护初露新芽的民族电影工业发展来赢得中国电影的世界话语权，并且以这种方式来实现对外国电影，特别是好莱坞电影在中国（上海）市场份额的控制，从而为新兴的中国民族电影获得发展所需要的必要的市场空间，因而具有与配额制度同样的效力。这就是中国电影产业出现的历史状态。因此，这一事件本身不仅标志着现代中国电影审查制度的形成，而且也标志着中国文化产业市场准入制度的形成，在现代中国文化发展史上标志着中国文化产业主体性建构的实现，是国家主权的文化表达和制度表达。电影作为现代文化产业的核心形态，在完成和实现中国电影产业主体性建构的过程中，改变和创造了中国历史，即改变了以好莱坞为代表的西方电影对中国市场的垄断，开启了现代中国民族电影工业时代。中国近代文化发展史也就在这里拐了一个弯：现代中国文化产品交易制度时代的出现。

　　作为整体性概念的文化产业生命形态的形成是一个历史演变过程。迄今为止，谁也不敢说文化产业作为一种生命形态已经发育完成，而只能说，文化产业发展的当代形态是什么。文化产业的生命形态的演化，取决于历史的需求以及在这种历史的需求过程中人在历史的发展进程中的文化发现与文化需求。文化产业的整体性概念本身所揭示的就是一个文化产业自身不断成长的历史过程。它包括两个含义：一方面它是它自身的生命演化史，另一方面是它自身的生命演化史作为人的、社会的历史演化史的一部分表现着历史，传递着历史以及创造者历史，是历史自身的生命演化形态及其发展的阶段性。

　　近代以来，中国文化产业空间生命运动的历史轨迹，基本上是沿着现代城市生命运动的路线图走过来的。城市是文化产业的主要集聚地。虽然，在抗日战争时期，战争一度造成了中国文化产业生命迁移的市场路线的改变，但是，战争一结束，这样的生命运动规律便迅速地得到重建。制度性的文化产业迁徙是在1949年新中国成立以后。中华书局和商务印书馆是中国图书出版业北迁的最重大的文化产业事件。文化产业是被建构的。文化产业是一个过程，因此，必须在历史的背景下考察文化产业。

二、文化产业：消费历史还是生产历史

　　文化产品的生产与消费是文化产业构成的核心要素。没有文化产品的生产与消费也就没有了文化产业。所有文化产业的当代形态都是围绕着文化产品的生产与消费而建立起来的。由于所有的文化生产本质上都是关于内容的生产，因此，在所有的关于文化产品的内容生产过程中都不可避免地以当下的身份表达了生产主体对历史的态度：是消费还是生产？

　　当文本作为一种历史的存在，或者它本身已经构成历史的一个重要组成部分的时候，对这一文本的任何一种史学态度，都将直接影响到这一文本构成的历史原型存在的合理性与合法性。尤其是当这一文本已经成为某种民族传统文化和人们精神历史的一个重要的历史性存在，同时具有文化资源价值和精神象征价值的时候，任何对这一文本的建构还是解构，都将直接影响着这一文化资源的价值属性和民族文化心理的颠覆还是继承。

　　利用历史文化资源生产和提供当代人的文化消费品，是今天文化产业运动的最主要的生产机制之一。因而改编、重写，进而"戏说"便成为一种主要生产方式。过往在这个问题上所表现出来的许多争论，人们往往在历史的惯性作用下局限在意识形态领域。然而，当电影《无极》被《一个馒头的血案》"恶搞"

而感到无限愤怒的时候，实际上我们已经对许多被"恶搞"的历史熟视无睹。表面上看来是对一部作品或一个人的"恶搞"——例如电视连续剧《林海雪原》对杨子荣的"恶搞"，《大话西游》对文学经典《西游记》的"恶搞"，实际上都是对构成我们往日记忆的那段历史的"恶搞"，以及通过和借助于这种"恶搞"解构我们在往日的历史进程中已经形成的对历史的认识，以及由这种认识而建构起来的精神世界。这种"恶搞"，是解构了我们人自身以及之所以是自身的历史。为什么？因为那些属于我们自身体历史的一部分的，正是确证我们当今存在的全部合理性与合法性之所在。这就是为什么在德国，人们不赞成恶搞希特勒①，在印度不能恶搞圣雄甘地②的原因。被颠倒了的历史应当被颠倒过来，还历史的本来面目。但是把颠倒了的历史再颠倒过来与"恶搞"历史是两种完全不同性质的历史态度。前者是恢复历史正义，而后者则是毁灭历史正义。一个国家和民族不可能在"恶搞"历史的行为中恢复历史正义。正是在这个意义上，文化产业发展的历史学问题才应该引起我们的严重关注。同时也正是由于我们在这个问题上存在的误区，使得我们今天的文化产业发展在空间规模生产导致了对历史地理存在的全部合法性与合理性的消解，进而造成了文化产业发展与历史地理时空冲突和紧张关系：一方面，我们不惜工本、大兴土木，以"实施文化产业重大项目带动战略"的名义兴建文化产业园区和新的仿古景观；另一方面，我们又为了发展文化产业和推进城市化进程而不惜毁掉具有重大文化产业发展价值的"历史街区"和"名人故居"。在这个过程中，真实的历史被虚假化了，对历史内容的历史性表达的景观被"去地理化"了，从而使得历史和地理都成为没有生命体征的物体。法兰克福学派当年就是从文化产业与人的精神性创造的关系性层面上提出了对"文化工业"的批判，并由此而建构了它的社会批判理论。这就是从人类精神发展史，特别是从艺术精神创造发展史的角度提出的一个重大命题：文化产业是生产还是消费历史？如果是消费，文化产业应如何消费历史？

在这里，所谓消费历史包括两层含义：第一层意义是指我们通过任何一种形态的——文字的、口传的、视觉的——关于历史的表达物的阅读增加知识，进而满足精神愉悦，人在这个过程中感悟历史，获得人的自我存在方式的提升；第二层意义是指我们为了某种功利性目的——政治的和经济的——而对任何一种形态的历史根据目的性需求而重新进行剪彩和组合，进而构成与已有的历史表达内容不一样的历史。不是按照历史的本来面目来消费历史，而是按照自己的目标来消费历史，并且在消费历史的过程中解构和消解历史的真实性，最终使得历史在碎

---

① "希特勒被恶搞，德国人难受"，《参考消息》2007年1月13日。
② "'恶搞'甘地视频激怒印度"，《新华每日电讯》2007年1月15日。

片化的过程中背对其在历史的深处。

我们今天面对的历史，绝大多数是由文本形态构成的。无论是物质的还是非物质的。离开了具体和特定的文本形态——历史存在的载体，我们便无法接触历史。文本不仅构成了一段文化史、文学史，而且构成了一段精神史和审美现象史。它是社会进步的文明展现方式，如果我们不能承认这一方式的历史合理性，以及它在构成一个民族文化心理和精神历程中的不可替代性，那么，我们今天在解构或者在颠覆意义上的"改编"的历史合理性又在哪里呢？这里就涉及一个问题：历史能否被解构？倘若回答是肯定的话，那么紧接着的一个问题是：怎样的历史才能被解构？解构历史当然不是目的，解构历史的目的也许有无限个。但是，一个最基本的目的就是：重建历史——要么还原历史，要么创造历史？如果是还原历史？是还原什么样的历史呢？你还原的历史，是否就是历史的本来存在呢？历史本来就是一个被确定的对象。因为我们现在所面对的历史和所阅读的历史以及所表达的历史，都是每一个"我"看到的、面对的和写下的历史。因此，这个所谓的"历史"只是整体性历史的极小的一部分。我们的历史观就是由这一小部分的历史养成的。

人类的文明发展史和文明进化是从某种程度上来说，确实是在不断的否定过程中前进的。当人类文明在其进化过程中不能勇敢地否定自己便不能实现新的伟大文明的创造性飞跃的话，积极的否定就成为人类文明进化不可替代的历史动力。毫无疑问，人类社会形态的进步与发展，是人类文明在进化过程中不断否定自己的最好例证。但是，这里有一个最基本的历史前提：那就是这种否定能够在多大程度上推动历史的前进与跨越，也就是说，当不否定这种文本所体现的精神性存在，便不能推进社会的文明进步与发展的时候，这种精神性存在由于其已经成为历史发展的一种障碍的时候，解构或颠覆它存在的合理性与合法性，也就历史地成为历史发展的必然要求。那么，无论是"红色经典"还是《红楼梦》所体现的精神构成了我们今天这个社会文明进步的障碍性力量了吗？

文化产品作为文化产业具体的生命表现形态与历史的关系。任何文化产品都是与历史有关的。文化产品利用历史，陈述历史、记录历史，表达历史和创造历史。历史的消费与满足。文化产业发展的历史观和历史感。消费历史几乎是所有电影大片永恒的题材。然而，电影大片在消费历史的过程中也在重塑历史，甚至是篡改历史，按照编剧所理解和要求的那个样子来重新安排历史，从而为自己的行为获得历史的合法性。2004 年 8 月 1 日，英国《独立报》发表了专题报道，英格兰遗产委员会负责人指责好莱坞篡改历史①。当历史成为文化产品，进而文

---

① "英专家指责好莱坞篡改历史"，《参考消息》2004 年 8 月 12 日。

化产业的消费对象，谁在讲、谁来讲和怎样讲历史就变得很重要：是还原历史？展现自己的历史？还是重构历史。还原真实，让国民看到是怎样的一种国际形象。谁在消费历史？谁在创造历史？历史的天使飞向未来的时候，我们的面孔是面向历史的还是消费历史的？文化产业不是消耗历史——文化资源的机器，而应该是创造历史——文化资源再生的工作母机。

三、文化产业：地理符号建构与文化习性迁移

文化产业不只是在历史中生产和建构历史，而且所有的文化产业也都在空间、在一定的地理中发展。由于任何形态的文化产业都是一定地理中的人们的文化生产实践和社会文化生产力发展的结果，因此，就文化产业生命运动的自然历史来看，一定地理条件下的文化产业无不打上它的地理标志。尤其是那些依托于或者借助于地理自然条件发展起来的以景观文化表达为主要实现形态的文化产业样式，对于改变地理空间、地理面貌产生了深刻的影响，改变了原有地理地貌的生命形态。现阶段中国普遍的文化产业发展战略规划运动，在本质上都是对人们和社会赖以存在的地理空间的人文生态环境的解构，是对原有的地理生态链的重组。由文化产业而新建的地理景观，不仅改变了人们的文化生活中原有的视觉符号和视觉空间的时间存储，而且导致了一定地理范围内的人的生活习性和文化习性的迁移。

上海的"大世界"，是近代中国最具有代表性的现代娱乐形态。大世界以及其他与大世界一样的景观性娱乐场所，如迪士尼，一旦建立，便改变了在这个空间范围内人们的原有的生活行为：即每到某个具有纪念意义的假日，这个地方的居民便会像要完成一个盛大仪式一样，去这样的"大世界""狂欢"，倘不如此，便仿佛使生活失去了某种属于意义的东西。久而久之，这样的一种行为便成为习惯，成为一种集体无意识，我称之为"习性"：季节性循环和周期性循环。人作为一种社会性动物，也和其他所有生物性动物一样，也有习性，只不过这种习性是在社会中形成的，具有鲜明的区域文化特色，即具有非常鲜明的历史地理色彩。区别只是在具体日期选择上的差别。例如具体选择哪一个假日。并且正是这样的活动，成为人们的社会生活中的一个重要内容，一种话语身份。这就构成了一种活法：一种在一个特定的空间，如上海，生存方式合理性的确证。否则，就不称其为"上海人"。在20世纪的上海发展史中没有比"白相大世界"更能表达和体现上海人的文化生活习性了。一个大世界，半部上海史。上海人是如此，对于外地人来说，也是如此。曾经在一个很长的时间内，不管外地人是以何种方式来上海，是来上海走亲访友、还是出差、开会，说是没有专程去"白相大世

233

界"——这近乎于具有一种朝圣的意味——这等于说他没有来过上海。就如去北京的人第一次去北京而没有专门去天安门等于没有去过北京一样，尽管这是两种完全不一样的景观形态和景观话语。是否"白相大世界"是鉴定它是否来过上海的一个衡量标准。这同样是一种社会生物习性使然。而之所以会形成这种习性，是由"大世界"这样一个特殊的地理景观所拥有的特别的价值和意义。在那样一个往日的时间里，它意味着一种经历：现代性体验，是一种走过大码头、见过大世面的标志；而对上海本地人来说，这是他不断的得以炫耀的一种身份确证和文化认同，必须不断地重复行为以加强这种身份的"宗教意识"。表面上的大众娱乐和庙会式的狂欢，在构成了旧日上海一幕永不落幕的生活场景的时候，也养成了在那样一个时间里上海人所特有的空间行为，在那样一个地理上的生物习性，并且不断地改变着，造就着上海人的生活样式和生活态度，从而使得"大世界"或"白相大世界"成为上海人最典型的无界别公共话语。虽然，一个世纪来"大世界"在地理位置上没有发生任何的空间挪移，但是，作为一种城市的地理标志，以及在这期间形成的文化景观却始终处在不断的变化之中。这种变化是上海城市和文化变化的一个缩影，同样也是上海人的文化生物习性变异的一个缩影。"大世界"是近代以来最代表现代文化娱乐业的城市景观和地理符号。浓缩了一部近代以来的上海文化发展的历史，尤其是上海，乃至中国现代娱乐业发展的现代性。

深圳的大芬村原是一个地处深圳偏远地区的一个小村庄，面积不过 0.4 平方公里，原居住村民 300 多人，长期以来以种田为主是它的主要生产结构和社会结构。1989 年香港某画商把油画加工、收集和转销这项特殊的产业带到大芬村，从而形成了以典型的"三来一补"为主要特色的深圳"大芬油画村"。以油画产品的来料加工而形成的文化产业形态，不仅为大芬村带来了脱贫致富、转变经济增长和经济发展方式的深刻变化，对大芬村的社会发展和居民生活造成了深刻影响，而且对大芬村的整个社会生态结构带来了巨大的变化。出租房屋几乎在一个晚上改变了大芬村农民长久的农作习惯和生产方式。财富和收入来源方式的改变，改变了大芬村人的生活习性。收受房租成为大芬村村民的主要生活方式。大芬村原有的空间功能以及生存方式的改变，不仅改变了大芬村聚落发展史，而且改变了它的功能特征及其景观话语。时空汇聚被压缩在同一个空间，使得大芬村的历史地理被彻底改写，在这个过程中大芬村和大芬村人"被文化产业"了。同样，大芬村因文化产业而兴业有可能因文化产业而衰。我们不能设想一旦支持大芬油画村兴起的市场因素不存在了，那么因油画加工复制产业而兴起的大芬油画村留给我们的将是怎样的一番景象呢？已经在这个过程中被改变了"文化习性"的大芬村人又该寻找怎样的生存与发展空间，并适应自己已经改变了的文化习性呢？正如美国的底特律市因汽车工业而盛也因汽车工业而衰，我国的阜新市因煤而盛、而衰一样。因产业的转移而导致的一个地区空间功能的转换，它带给我们的地理问题将是巨大的。因产业的转移而导致的一个地区空间功能的转换而带给我们的人的"文化习性"的迁徙所造成的问题可能更大。这是因为，在现代中国，任何一个历史地理问题都可能是一个社会发展与稳定问题。因此，如何在大力发展文化产业和积极兴建文化产业园区当中，确保文化产业发展与历史地理发展的可协调性、可持续性，确保历史地理正义，在实现当代人的正义的同时，实现多代人的正义[①]，就成为现阶段以及今后中国文化产业发展必须认真对待的一个不容回避的战略问题。

四、文化产业：改变和再造景观与文化认同

改变和再造景观是近几年来中国文化产业发展中最重要的运动之一。杭州宋城、浙江义乌横店影视城都是这方面几个典型的案例。把文化资源优势转变为文化产业优势（浙江义乌的国家影视产业试验区是一个反向案例：因资源贫乏而建成），是现阶段中国文化产业发展的基本模式和基本价值取向之一。

景观是具有思想的文化产物，而且是非常复杂的文化产物。人们总是在不同的历史阶段和社会发展时期营造不同的文化景观，以寄托自己的某种理想和追求，表达对于某种生活的愿望：祈福或者消灾等。因而，营造景观是人们心灵诉求和心灵寄托的需要。即便是人们最为必须也最为简单的"屋"的构造，也是为了营造一个"家"归属性景观标志，而使自己有所依归。不同的景观表达了不同的心理意义。不同的景观是不同的世界观的对象化[②]。但是不同的景观所体现的心理结构和思维模式是一样的。尽管在作为景观存在形态的可视符号上完全可能存在着根本区别，例如人们把毛泽东当作崇拜对象和把释迦牟尼佛最为崇拜对象在符号形象上是不一样的，但是，在寄托人们的某种心理和精神则完全可能是相同的。这就是为什么"山"会有"神山"，"水"会有"圣水"的原因。因此，景观的营造和生产的实质不是要建造一个符号系统，而是人们的精神心理结构。而正是这种精神心理结构是文化认同最为基本也是最核心的要素。没有它，无所谓文化认同。文化认同是以共同的、心灵可寄托的文化符号来表达和体现的。虽然，现在的人谁也没有见过"炎黄二帝"，但是由于在人们的心理精神构

---

① 邓正来关于"一代人的正义观"与"多代人的正义观"理论，是对罗尔斯"代际正义"理论的进一步拓展，对于思考中国文化产业发展战略是一个非常重要的命题。见"全球化与中国社会科学的'知识转型'"，《文汇报》2009 年 8 月 9 日。

② ［法］居伊·德波，梁虹译：《景观社会评论》，广西师范大学出版社 2007 年版，第 4 页。

成的最基本的要素上有着对"炎黄子孙"深刻的认同，因此，被认真创作出来的"炎黄二帝"作为一种景观符号还是被人们所接受。无论是"祭陵"还是"拜祖"，之所以能为全球华人和两岸所接受，概出于此。因此，往日景观的形成与意义，反映与建构了过去的人们生活于其中并加以创造的社会以及这个社会的文化特性。正是这种特性所具有的文化记忆性，从而使之具有延续的意义。正是这种延续性使得在这样一个景观记忆的时空中生活的人能够凭借这种特性而找到回家的路。因此，早在 1870 年景观就被形象地比喻为"人类以自己的构想塑造了自己所生活的国家。"① 正是在这个意义上，景观具有文化认同的象征性，或者说景观是文化认同的标志物。

迪士尼被认为是美国文化产业的典范。其实，迪士尼决不仅仅是一个可被复制的旅游娱乐项目和文化产业发展的商业模式。迪士尼从一开始就是为了追寻一个美国梦的实现而被创造出来的。被认为是"能发明历史并能培养对某种神秘过去的怀旧情怀，"目的是"能使商品拜物教文化永久化，而不是对它进行批判。"② 作为一种空间形态的乌托邦，美国的价值观和生活方式深深地蕴涵在所有的迪士尼的娱乐项目之中。虽然，那样一个美国梦不乏每个人在童年时期的共同期盼，尽管它的内容和形式会不一样，但是，在今天，迪士尼无论就其形象所构成的景观话语，还是意识形态的美国标志，它都是美国文化霸权的一种象征，在美国之外的任何一个地方被再造，都将毫无疑问地会造成对该地区对现存景观话语的解构及其历史文化的解构。因为，迪士尼本身不仅凝聚了美国历史而且也是对美国历史的一种精神心理演绎、表达和阐释，同时以美国式的内容缔造和再构人们心理的历史内容，因而是美国精神和文化认同的载体和象征。通过迪士尼景观系统的建构而重建对美国文化的景观认知与认同，并以此同时取得巨大的商业价值，这是美国文化产业战略的过人之处。

长期的历史地理创造了特别的社会生态环境和生活方式的地理拼嵌图，这种地理拼嵌图直观地表现在人们的视觉感官时，它是以景观形式出现的；然而，当它以人们的精神心理体验的时候，它表现为人们行为方式的"内视性"，而正是这种"内视性"成为人们借助于和通过景观识别实现文化认同的根本心理基础。这是因为"这个地理拼嵌图是人类多种行为随着时间而不断加深的产物。"③ 文化产业发展作为一种空间规模生产方式对于一个地方空间形态的重构，它所解构

---

① 转引自〔英〕阿兰·R. H. 贝克，阚维民译：《地理学与历史学》，商务印书馆 2008 年版，第111 页。

② 转引自〔美〕大卫·哈维，胡大平译：《希望的空间》，南京大学出版社 2006 年版，第 161 ~ 162 页。

③ 〔美〕大卫·哈维，胡大平译：《希望的空间》，南京大学出版社 2006 年版，第 78 页。

和建构的不是一般意义上的可视性文化景观，而是内蕴于人们心理结构中的文化识别和文化认同。这就需要我们在发展文化产业、选择文化产业发展项目，建设文化产业园区等这样一些广泛的涉及历史地理，以及蕴涵在历史地理中的精神心理结构和文化认同的时候，就必须对项目持一种审慎历史主义态度。从这个意义上说，任何对现存的地理面貌进而景观形象和景观系统的改变，都是对建筑在该地理空间中的历史地理和人们的精神心理结构与文化识别及其认同机制的改变。"每个成熟的民族都有其象征景观。他们是民族形象的一部分，是维系一个民族的思想、技艺和情感交集的一部分。"① 某些特殊的景观意象成为国家各地区的识别标志和象征。

因此，景观不是建筑材料的随意堆放，而是有思想见解塑造的，对景观的恰当理解必须基于思想意识的历史再现②。"封"山的目的不在山，而在乎人。这就决定了任何一种景观营造作为一种文化产业项目开发，或者说任何一种文化产业项目，特别是大型游乐项目和旅游项目这一类具有可视性符号特征的文化产业项目开发，就必须思考和关注它和项目所在地人们的精神心理结构的关系，并且以能否最大限度地与这样一种精神心理结构相契合为依据来决定这一类文化景观项目的设计、开发、建设。由于人们的这种精神心理结构是在一个长时段的过程中形成的历史产物，并且还通过居住形态（建筑物）表达出来，使人们的文化认同的重要表现形态。因此，文化产业景观项目的设计、建设与开发就必须与这样的历史、与人们在这样的历史过程中形成的文化认同的精神心理同构。任何离开了这样的历史环境所形成的特殊的精神心理结构和文化认同体系而开发的文化产业景观项目，很少有不失败的。这在我国近30年来的主题公园的建设中是最典型的。也是造成我国30年来主题公园产业发展基本不成功的最主要的原因③。伟大的历史环境变成了低层次的游戏场所，也就丢失了自身的核心价值④。因此"景观构想不仅仅是反映或缓和更为紧迫的社会、经济或政治问题，它经常是知识与社会信奉的一种强势模式。各种话语与实践，从工程学到政治经济学，普遍存在与许多意象之中。而艺术家并不是将所有话语与实践置于景观构想之中。话语与实践常常被各种背景激活或引入，在各种背景中，形象得以展示、复制与讨

---

① 转引自：［英］阿兰·R. H. 贝克，阙维民译：《地理学与历史学》，商务印书馆2008年版，第157页。

② 同上，第144页。

③ 据《中国文化报》调查，截至2008年全国2 500个主题公园耗费了1 500亿元投资，其中70%处于亏损状态，仅有10%左右盈利。"主题公园：是诱人蛋糕，还是商业毒药？"，《中国文化报》2009年8月17日。

④ 余秋雨："八公山下·思考"，《解放日报》2009年7月10日。

论。"①"景观作为展示国家特性的一种特色所具有的势能,"② 使得景观具有一种不可替代的象征意义。长江、长城、泰山、黄河、天安门所构成的景观系列之所以成为今天中国的国家和民族自身的形象标志,作为民族认同和文化认同的标志,它们获得了国家形象的地位,其根本原因就在于这样的景观与中华民族共有的精神心理结构的一致性,没有这样的文化认同的一致性,就没有中国的今天。

这就涉及两个概念"消费认同"和"价值认同"。"消费认同"与一个人的身份无关,而价值认同则是一个人的身份属性表达。一个喜欢喝龙井茶、看越剧的外国人,并不一定认同中国的价值观,但是作为消费者,他有消费偏好,这就是所谓"消费认同",即便是一个长期生活在中国文化景观环境下的外国人,有着对中国文化的深刻了解和理解,但也并不等于他就认同中国的价值观,美国人司徒雷登就是一个典型的案例;"价值认同"则不同,"价值认同"是涉及"我是谁?"的问题。涉及一个人的终极关怀,诚如一个人去了教堂,而另一个人去了佛堂,身份表达和价值归属是不一样的。在这个时候,这种"价值认同"的差异性就在人和景观的关系中表现出来了。尽管,在它们之间也存在着某种共同之处,即所谓的"普世价值",这就是当年司徒雷登曾经努力过的,但是,司徒雷登没有成功。这就需要在今天的中国文化产业发展中,要把"消费认同"和"价值认同"有机地融合在文化产业景观的设计与建设之中,以"价值认同"为导向,融"消费认同"于"价值认同"认同之中,并以此来建构文化产业正义:实现人的、民族的和国家的正义。正是在这个意义上,把迪士尼项目引入中国大陆构成了对建设"中华民族共有精神家园"这一国家文化产业发展战略的矛盾和冲突,同样也无法通过引进迪士尼项目来提高"国家文化软实力"。因为,在景观的文化认同上它构成了对中国文化产业的"逆正义性"。

五、文化产业规划:新人文生态环境缔造与误区

当下的中国正处于文化产业历史地理的空前巨变之中。时空会聚与时空压缩及其在这当中主体构成之间的剧烈变动,造成了近百年来中国文化产业发展前所未有之大分化、大改组、大变局。通过和运用文化产业规划推进文化产业的发展是这一大变局的主要特征。2006 年以来的全国性的文化产业发展战略规划制定,是一场史无前例的对文化历史地理生态系统的大规模改造,是一次有计划、有

---

① 转引自:[英]阿兰·R. H. 贝克,阚维民译:《地理学与历史学》,商务印书馆 2008 年版,第146 页。
② 同上,第 157 页。

步骤地对原有历史地理生命系统的颠覆与再造。在当代中国，似乎还没有哪一种产业形态有如此能量改变着中国的历史地理人文生态的。文化的自然历史的生成过程是一种生态演化过程，具有鲜明的渐进性特征。它和人类选择易居生活空间的迁徙习性的文化路径依赖密切相关。它也会演变成某种爆发式增长的激进性、突发性，但这往往是在原有的文化基因在外力的作用下发生突变而造成的。

文化产业的区域发展规划，尤其是在一个特定的历史文化空间范围内，它所规划——改变和营造的，不只是开发和建设几个项目，而是在缔造一个全新的人文生态环境，一种诱导人的文化生物习性变异的文化生物环境和生物场。嵩山少林寺为什么从一个庙相庄严的佛门净地而变成了一个蜚声中外的旅游胜地和娱乐产品，原因就在于少林寺的功能性变异。从而导致了来少林寺的人们文化生物习性的变异：人们来少林寺不是为了拜佛，寻求超度和灵魂慰藉，而是为了实现对少林寺传奇的好奇性满足——在这里，电影《少林寺》无疑是催生这一好奇心的催化剂。宗教精神消费转化成了文化旅游消费——到此一游。"少林寺"演变成了意见文化消费产品。这就提出了一个文化产业发展的中国问题：我们今天的文化产业发展规划如何延续人的文化生物习性——是原有的文化生态环境和空间的时间逻辑的合乎规律的演化发展？还是通过创意、规划、设计、建设一些与原有的历史完全没有关系的"文化生物物种入侵"，从而导致一个地区所特有的文化生物史的中断。任何一个物种生存环境的大规模解构，必然导致原有生态群落生物链的断裂。自然界是如此，人文界也是如此。离开历史地理原有的生命纹理和脉络系统，任何意义上的文化产业发展规划，都将不可避免地由于规划主体对于历史地理信息系统重要性认识的缺乏而造成对历史地理的技术主义破坏，进而最终导致原有的在这个系统形成的文化认同的无所归依和载体寄托。这也许是出乎文化产业规划主体的主观意志之外的。因此，我们不能为了经济目的而忘了文化景象对于我们今天文化认同的意义。把文化资源优势转化为文化产业优势，实际上提出了一个历史地理和文化产业发展的关系性问题。这是因为，任何资源都是历史文化资源，都是在一个特定的地理空间在历史的实践发展中积淀形成的。它不仅因历史而具有不同年代、时代造成和留下的属性，而且也正因为历史在不同的年代形成和造成不同的属性。因此，在不同的地理空间所形成的文化资源优势是不同的；同时也正因为文化资源属性的历史性构成是受着它所存在的地理空间制约的。因此，这又构成了在不同的地理空间、相同的历史年代里形成完全不同的文化资源。任何文化资源的形成都是历史地理相互作用的结果。离开了具体的历史地理条件，任何人的活动所创造和形成的文化资源都是不存在的。历史以及在历史所存在的地理空间的依托，便与在这地理空间的人类活动、人类生活有关系。提出要把文化资源优势转变为文化产业优势，不仅提出了一个文化产业发展的历史地理学命题，而且也提出了文化产业发展与往日和今日人类活动的关系。

任何一个规划目标的实现都有一个时间长度，而任何一个规划实现的空间有都是浓缩了的时间长度。在今天，人类所生活和活动其中的任何一个空间，没有一个不浓缩了这样的时间长度的，这就是历史。因此，在今天任何文化产业规划及其规划目标的实现，都是对以往历史地理现状的改变。这就提出了一个问题，如何在文化产业发展的规划空间里，以及如何在规划的目标中与历史的趋势相衔接，与地理的脉络相吻合。文化产业发展规划的目标选择与制定，应当是历史的合理性延伸，是地理的合法性塑造。不能把文化产业发展规划目标的选择与文本的制定看作是对历史地理的随心所欲的乔装打扮。当前我国文化产业发展规划存在的一个普遍性问题，就是误入了城市规划的轨道，用城市或区域规划中的概念和理念来规划文化产业的发展。所谓"纵、横"、"园、区"、"发展带"、"圈"等都是城市规划或工业经济规划中的空间表达，严格意义上来说不是关于文化产业规划的本体性表达。所谓产业规划，一是对产业发展本身的未来安排，包括产业结构、产业布局、产业政策等，二是对体现规划精神和落实规划战略目标实现的重大项目规划，包括涉及产业升级换代的重大科研攻关项目、战略产业和重点产业的重大投资建设项目等。严格意义上来说这是关于一个产业的宏观发展规划，其核心是战略规划和政策规划，是对全局具有指导意义和规范作用，具有某种程度上的法的和行政约束力，涉及一个国家和地区发展的整体性战略目标和国计民生。而任何一个重大项目的投资建设在被列入规划之前都是必须要经过反复的可行性论证的。这就一般意义上的产业规划而言。文化产业的发展当然也需要有科学的规划，否则，就很有可能因为缺乏必要而科学的规划而使我们的文化产业发展陷入盲动之中。在这当中，城市或区域发展规划中的某些概念和理念并非完全不可以运用于文化产业，例如"集聚区"等。但是，文化产业发展的一个很大的特点就是，文化产业的形态发展和"集聚区"的形成很大的一个程度上不是被规划出来的，而是依照文化产业生命运动的内在逻辑以自然生命的方式成长起来的。例如，近几年来，所谓创意产业和创意产业园区在上海、北京、杭州等一些大城市的出现，就不是被规划出来的。在上海、北京、杭州等大城市制定的最初的有关文化产业发展战略和文化产业发展规划纲要的文件中，都没有关于发展创意产业和建设创意产业园区的内容安排。无论是上海的田子坊、北京的798，还是杭州的LOFT49等著名的创意产业园区，都是在艺术发展寻找新的创作与生产空间的过程中，与经济结构的战略性调整与转型过程中需要寻找新的生命空间所形成共同需求而产生的。"内需"与"转型"是现代创意产业与创意产业园区诞生的两大基本动力。离开了这两大基本动力，所谓"创意产业园区"是不可能出现的。这就是文化产业成长的规律。"创意产业"和"创意产业园区"的出现是如此，其他文化产业及其形态在一个地区的出现也是如此。例如网络游戏产业在上海的出现，也是在上海 20 世纪 80、90 年代的文化发展战略和文化产业发展规划中所没有的，而它之所以率先在上海出现，直接和上海这样一个国际性的大都市以及在这个大都市的地理文化环境中形成的历史意识和历史感觉密切相关。因而，从这个意义上说，上海盛大网络的出现也是一个自然历史过程。文化产业的发展，特别是一种全新形态的文化产业的出现它是需要许多先决条件的：正如没有印刷术的发明便没有印刷出版业、没有近代工业革命便没有电影工业一样，没有互联网就没有网络游戏产业。而所有这一切，都是文化生产力发展到一定阶段上寻找新的生命空间和表现形态的产物。因此，文化产业发展很大程度上是文化生命形态运动自然选择的一个结果。"创意产业"和"创意产业园区"的出现，它和产业结构的调整与转型有关，而与文化产业规划无关。但是，一旦这种产业的出现发展成熟为一种发展范式和"可复制"的转型模式，那么，发展这一类文化产业就可以成为他人（地区）或下一个文化产业发展规划的内容而被列入规划。这应该是文化产业发展与文化产业发展规划之间的一种科学关系。而这样一种关系之所以可以被认为是一种科学的关系，是因为这样一种关系同时在历史和地理两个纬度上实现了合规律性成长。一方面，"创意产业园区"保留了一个地区的文明形态曾经有过的表现方式，使得往日的历史不仅得以保存记忆，而且这种表现是在以原有的景观形态和景观话语为基础和载体的，因而具有很强的"地理标识"。这种"地理标识"是解读、认识、认同一个地方的文化和历史最重要的"文本"。离开了这样一个"文本"不仅无法解读、认识、认同一个地方的文化和历史，而任何对这样一个"文本"的"去历史化"和"去地理化"颠覆，所造成的都只能是走向未来之路的时候，无法依凭往日经验的迷茫。这是人类社会进入"后现代化"时期才获得的认识。因而所谓"创意产业"意识便率先在英国这样的"老牌工业国"觉醒，进而成为英国政府在进入 21 世纪之前作为规划"下一个十年"的国家战略和国家政策。这一战略和政策不仅为英国的经济结构调整和产业发展转型提供了战略指导，而且还用文化和艺术的方式拯救衰退了的旧工业文明遗存，使得往日衰落了的码头仓库和驳岸被改造成为艺术家园区和市民的休闲场所。在延续历史的空间形态中，又使人们在面对眼前所熟识的景观中、在对景观的形象识别与回忆中，体验今天生活的价值和意义。这才是中国文化产业发展规划的研究与制定应当借鉴的英国经验。

六、"三跨"战略：中国文化产业的历史地理学革命

任何一种文化产业形态都是人们用以生产文化、传播文化、表达文化和塑造文化的载体。人们并不满足于文化自由的一般性和文化多样性的一般性。这不仅是因为作为社会存在物的人天生地具有塑造自己的欲望和能力，而且还因为，当任何一种形态的文化产业被创造出来以后，它都会被迅速地异化为一种异己的力量。文化产业具有对文化传统具有拆卸与解构的功能。这种拆卸与解构具有进步的历史性，同时又具有对历史的颠覆性。这对已经占统治地位的统治思想来说，后一种颠覆是一种不能接受的挑战，于是通过制度设计和制度安排是指朝着有利于自己意愿的方向发展，便成为新文化产业的一种宿命。新文化产业也由此从一种新的表达自由的主体方式，演变为少数人对大多数人的意识形态和精神生活的一种控制方式。这种控制同样具有两面性。一方面它要拆卸与解构具有无政府主义特征的表达方式的任意泛滥；另一方面，它要构造与建立一种新的复合主体目的性的文化架构。这就提出了一个文化产业运动的历史性与反历史性的问题。然而正是在这种历史性与反历史性的运动中，人、社会、政府与文化产业的关系被表现得淋漓尽致：把科学技术成果应用于文化的生产、传播和表达之中，塑造了新的文化形态，由于这种新的文化形态的出现改造了社会已有的文化生态环境和结构，造成了对传统社会生态的精神性破坏、拆卸与解构。因此，为了一方面发挥新的文化产业形态创造社会财富，推进社会进步的功能，另一方面又不使国家、社会和个人陷入精神生活的领域的无序状态，而造成社会生活领域的无序结构，占社会统治地位的力量集团就不可避免地以建立与构造新制度规范的方式，来重建社会秩序，包括社会精神生活秩序，实现新文化管理与控制，从而保障国家和社会的有序进步。在这里，任何历史性倒退都不符合历史的主体利益。

跨地区、跨部门、跨行业并购重组，是近年来中国提出的未来中国文化产业发展最重大的国家发展战略之一。文化产业跨地区并购与重组战略的提出，是一次深刻的文化产业政策的地理学调整，将迅速导致我国文化产业地理空间划分的迅速重构。这将是一次深刻的中国文化产业发展的历史地理学革命。文化产业力量从一个地理空间迅速地向另一个地理空间扩散和重新集聚，造成了原有文化产业分布格局空前的地理运动。文化产业被大规模集聚、重组的同时，也在大规模地被挥发：集聚和重组不只是文化产业空间形态的一般意义上的重组。由于这种重组与原有的文化权力和文化权利的配置具有深度的政治关联性，因此，这就使得这样的重组具有文化产业的空间政治学意义，即这种重组是文化权力和文化权

利的地理学重组和空间生产，由此而引发的反兼并、反重组很可能蕴涵着深刻的文化产业地理学危机。因此，文化产业政策生产不仅再生产文化产业空间规模生产的地理形态，而且还再生产文化产业地理的生产关系。

文化产业是建构历史地理遗产、文化形式和人们的特殊生活方式的一种重要力量。这种力量在现代社会生活中无所不在。由于历史地理遗产、文化形式和特殊的生活方式一旦形成便成为一种重要的文化生态环境而建构人们的精神心理结构和成为在这样一种精神心理支配下的行为方式。因此，文化产业在任何一种意义上的时空建构，都不仅仅是对一种历史地理文化遗产的"今日"变动，而且更为主要的是对建筑在此基础上的人们精神心理结构的解构和重建，从而使文化产业发展具有超越与文化产业自身定义的历史地理学意义。文化产业在不同地理空间的不同发展选择，导致了在已有的区域发展不平衡的基础上形成了新的文化产业发展的不平衡地理。从这个意义上说，文化产业跨地区、跨部门、跨行业发展的"三跨战略"，就物的本源性而言，是本来就应当如此的。但是，由于长期以来形成的按照行政区划和行政层级来配置文化权力资源和文化权利结构被制度性固化了，这种固化由于蕴涵了深刻的重大利益关系。因此，"三跨战略"提出，实际上是在挑战在这个基础上形成的人们在往日的文化权力空间建构过程中所形成的价值利益观及其精神心理结构。制度的惯性是一种极其可怕的力量。建构一种制度不容易，颠覆它更困难。在现阶段正在深入推进的文化体制改革中，谁都想做大做强，实现跨地区、跨行业、跨部门兼并重组，打造中国文化产业的"第一航母"。但是，谁都只想自己做大做强，并购重组别人，而不想让自己被"三跨"了。这既是重大利益问题，同时也是重大思想观念问题，是在文化权力的行政化配置过程中所形成的重大理论问题。而要实现这样的"三跨"，仅有体制内的制度革命是不够的，还必须要有体制外的革命，因而文化体制改革是中国文化产业发展的一次整体性革命。由于往日的中国文化产业发展的制度性安排排挤了社会资本参与和发展文化产业的主体地位、权力和权利，在造成了一种意义上的文化产业发展不平衡历史地理的同时，还造成了另一种意义上的文化产业发展的历史地理的不平衡：不公平的不平衡。因此，要重建文化产业发展的新历史地理学关系，就必须建立和树立"文化产业正义"这样一种的新的文化产业战略理论和战略观，从而使得"文化产业正义"转变成"文化产业发展的历史地理学正义"，用文化产业的历史地理学正义观，建构中国文化产业正义和新的文化产业发展战略观。

第七章

再论文化产业正义：文化产业权力与权利

作为一种改造和重建中国秩序的力量，文化产业正在深刻地影响着中国政治、经济、社会和文化的现代化进程及其走向，构成了当今中国区别于传统权力形态的又一种权力形态：文化产业权力，与此形成对应性关系的是"文化产业权利"。这就产生了一个问题：文化产业如何成为权力？文化产业权力是从哪里来的？谁给了它那么大的权力？文化产业权力的边界在哪里？又如何界定文化产业权利，并且这种权利是不可侵犯的？"被文化产业"的对象性存在，是否也还有自己存在和发展的权利？人、社会、国家在文化产业权力和权利结构中怎样的分配才是公平和正义的？然而，不管涉及哪一种类型的"正义"问题，它实际上都提出了"文化产业权力与权利如何分配才是正当的"和"文化产业权利在怎样的意义上才是正义的公正表达和实现？"直接关系到文化产业生命运动本身动力机制的"文化产业正义"的基本范畴和命题。

一、文化产业权力与权利：自生成、被赋予与人的本质力量的对象化

所谓文化产业权力，是指文化产业影响、干预和塑造人、社会、国家行为的一种能力和力量系统。权力是一种支配性力量形态。它的特征是能够规定或强迫对象能干什么或不能干什么。权利是一种自在的力量形态，是应当享有的不可侵犯的正当性。

文化产业权力是被生产出来的。它的形成主要有两个来源：自生成与被赋予。前者是一种自然历史生成，后者是社会历史生成。文化产业是为满足人的精神消费需求生产和提供文化产品和文化服务的精神活动系统。人类社会之所以会产生在物质活动系统之外的精神活动系统，其中一个最重要也是最初始的动机就是要认识自然，以及人和自然的关系。当人要把这种认识通过和借助于某种工具和符号表达记录下来让所有人知道，并且用它来建立人与自然的信息系统，处理人和自然的关系，建立新的人与自然关系的恰当定位时候，文化就诞生了。这就是马克思所讲的艺术的和精神的掌握世界的方式。文化的诞生是以人们有意识的生产符号性的文化产品的行为的出现而出现的，且不管这一符号是刻画符号、文字符号还是人的肢体符号（音乐和舞蹈）。符号性文化产品形态的出现标志着人类社会开始进入"文化认同时期"。这种认同是以共同的文化符号系统的出现为标志的，也就是说，是以掌握世界的共同认知为标志的。正是这种共同的文化符号系统塑造和建构了人们共同的生活方式，在这里，共同的文化符号系统具有初始价值的意义，这就是人类社会的"固有价值"①。因此，文化的诞生一开始就具规制的意义，那就是对人的精神和物质行为系统的约束。因为，初始的理由告诉人们只有行为一致才能处理好人与自然的关系，只有处理好人与自然的关系，每个个体的人才能够存活下去，这个时候接收并依据这样的符号系统所建立起来的规范，就成为每个人的自觉选择，正是在这个过程中，每个人都让渡了个体的某些权利。这就使文化的权力形成，这就构成了文化权力形成的两个来源：一个是在建立人与自然的过程中自然生成的，是自然权力的延伸；另一个是在承认了这种自然权力的延伸形态"合法性"之后人让渡个体权力的社会历史生成，是社会的物权力的延伸。文化权力是这两个方面的有机交融。从这个意义上说，文化权力是初始分配正义的产物，属于公权力。在文化权力面前人人平等。由于文化产业只是这一权力形态的延伸，因此，从理论上说。在文化产业权力面前人人平等。这也同样是文化产业分配正义原则的固有价值。就文化产业而言，前者源于它自身通过产品的生产、消费和流通而形成的影响力，后者源于关于它的历史的被赋予之后建构起来的政策力，一种政治性力量，谁是否具有从事文化产业的资格成为他的权力存在的象征。然而，无论是前者还是后者，都是人能力的延伸与扩张，进而成为人的权力和权利的生物体，体现的是人的权力意志。前者是人的艺术的把握世界的能力的延伸，而后者则是人控制世界、塑造世界和管理世界能力的延伸。就文化产业的固有价值而言，文化产业是社会生产力文明发展的产物，但是由于每一次新的文化产业革命都同时包含着对权利分配的正义诉求。因

---

① "固有价值"概念引自［美］汤姆·雷根：《动物权利研究》，北京大学出版社 2010 年版。

此，这就使得每一次文化产业革命，即新的文化产业形态的诞生，都伴随着一次深刻的权力再分配和权利利益格局重组正义运动。网络游戏产品及其产业的出现，满足和实现了人对过去和未来的超时空的掌握，把以前借助于和通过联想和想象的符号性建构转变成参与性建构，并且在建构过程中重新塑造对象世界，从而把自己的本质力量对象化到对象世界——虚拟世界当中，实现对自己本质力量的把握。

文化产业权力形成于文化产品对人、社会和国家的影响力。这种影响力是通过对人的精神世界的解构和建构形成的。人的一切思维形式、感觉方式和生活方式的选择与形成，均受制于人的精神世界的构成解构和动力结构。人的精神世界构成解构和动力结构的任何变化，都会造成人与社会、人与国家关系的更大变化。早在中国春秋时期，孔子就已经发现了文化产品对人、社会和国家关系的权力价值，提出了著名的"兴观群怨说"："诗，可以兴，可以观，可以群，可以怨。迩之事父，远之事君"。因此，当关于文化产品的生产和供给形成为一个系统的时候，形成为"文化产业"的时候，以这种系统性的形态影响人、社会与国家的力量形态便出现了，这就是"文化产业权力"。文化产业权力是影响和控制人、社会、国家发展走向的建构性力量与力量形态。谁掌握了它，谁就掌握和控制了影响人、社会和国家的发展走向。这就是毛泽东所说的：凡是要推翻一个政权，必先造成舆论的道理。而文化产业正式制造舆论和控制舆论的工具，谁掌握了文化产业，谁就掌握了舆论权力。在这里，文化产业权力和舆论权力具有同构性。文化产业具有巨大的干预社会生活的能力，当这种能力一旦被人为地、有组织地操纵并且成为影响人们的社会行为取向和价值判断的时候，它就演化成一种权力形态。这种权力形态在政治上能形成舆论导向，构成政治压力，成为颠覆国家政权的工具。这种权力形态在文化上能形成价值导向和审美导向，构成一种社会文化生态环境，成为颠覆社会价值系统的工具，进而改变文化和社会运行的文化取向，使之成为革命的手段。根据社会发展的整体性需求和人的全面发展，有必要对文化产业全力进行制度性制约，以确保社会的健康发展。因此，关于文化产业权力的争夺与控制，便自然地成为文化权利诉求的真正目的。文化权利的诉求，其实质是关于文化产业权力的再分配。以寻求文化公平的正当理由，寻求文化产业权力分配的公平与正义。在这时候，"文化产业权利"就成为"文化产业权力"的另一种价值形态。因此，"文化产业权利"具有"反文化产业权力"的性质。

作为权力形态的文化产业，就其自然历史生成而言，文化产业属于公共权力范畴。由于文化产业本质上是人把握世界和表达世界的存在方式，是人的文化和精神的存在的一种方式。因此，这是任何人都应该拥有的一种权利，即自然历史权利。然而由于人们通过和借助于文化产业把握世界和表达世界的方式，不是文化产业的载体形态，而是它的内容形态，也就是说，人们是通过对文化产品的生产来实现的，且不论这种产品是精神的还是艺术的；而又由于这种实现是通过他人的文化消费行为进而通过对影响人们的思维和行为方式而达到的，这就使得文化产品具有影响和支配他人的一种力量。在这个过程中，谁拥有的这种文化产品的生产能力越大，谁拥有的对他人精神和文化存在的支配和控制的力量（即权力）就越大。而关于文化产品的生产恰恰是构成文化产业全部力量形态的核心。正是由于文化产品具有影响人、支配人和控制人的精神文化行为的能力，因此，掌握和控制文化产品生产能力就成为人类社会发展的一种最重要的社会权力形态之一，成为现代国家最重要的国家权力之一。所谓文化产业的市场准入、文化产业政策、文化审查制度等，也就成为对文化产品生产、进而文化产业的控制形态。这是一种力量对另一种力量的控制。正是这一种具有反力量性质的控制形态的出现，文化产业由自然历史生成而成为社会历史的重要权力形态，成为现代国家的重要国家形态，这就使得文化产业由原来单一的力量形态裂变为双重的力量形态，这就是所谓的公权力和私权力。公权力由国家掌握，私权力表现为社会分享。控制了生产也就控制了表达，控制了表达也就控制了人们掌握世界的方式，以及掌握的可能性。由于所谓掌握是人们认识世界和改造世界最重要的力量形态。因此，对掌握的控制，也就控制了人们认识世界和改造世界的能力。控制人类社会文明进步的必要机制，没有可能控制，任凭人类社会进步的丛林状态，人类社会就不可能进步。因此，问题不在于要不要控制，而在于怎样的控制？控制到一个什么程度？怎样的控制才是人类社会的文明进步所必要的力量形态。就人的社会权力而言，所谓控制就是剥夺人的一部分权力。当剥夺人的某一部分权力是更有助于人类社会的整体性进步的时候，对于这种权力的剥夺就是必不可少的。同理，当被剥夺的这一部分权力不利于或无助于人类社会的整体性进步与发展的时候，对于这种权力的剥夺就构成了对人权的侵犯。那么，衡量的标准是什么呢？就看它是否最大限度地激活个体的创造活力，也就是说每个人与生俱来的创造性是否得到了最大限度的发挥，即最大限度的表达。表达的能力和表达的程度以及表达的空间的深度与广度最集中地反映了一个人精神和艺术的把握世界的程度，即认识世界和改造世界的能力程度。因此，表达自由在任何时候都是人的最基本的也是最不能剥夺的权利和权力。为了集体正义，个体可以让渡自己的某些权利和权力以形成公权力。但这并不等于说，他同时也把自己作为社会权利人的存在的最基本的自然权利也被剥夺了。自然正义和社会正义在这里高度地交织在了一起。表达自由与言论责任与权利和义务的同时并存。任何权力主体在享有充分的表达自由的同时，必须承担与之等值的言论责任，即宪法和法律所规定的道德责任和法律责任。不同的秩序之间要相互尊重。人伦秩序是一个社会最需要尊重的底线，表达自由当然不能逾越一个社会秩序共同遵守的人伦秩序的底线，权利和义务相等必须严格地体现在表达自由与言论责任同一性当中，任何权利主体都不应当有豁免权，这当然也是文化产业正义题中应有之义。

二、文化产业权力与权利：非均衡与反权力

文化产业权力的形态，不同文化产业权力的大小，因不同文化产业形态而区别。文化产业权力结构的非均衡性，即不同文化产业形态之间在现实中发挥和产生的影响力与干预力是不一样的。不同的文化产业形态因其对人、社会和国家整体的影响力的大小而形成不同文化产业权力的差异性，并进而呈现出不同的文化产业权力生命周期。一般来说，越是对人、社会和国家精神和意识形态影响较小的文化产业，其权力质量较小；对人、社会和国家精神和意识形态影响较大的文化产业，其权力质量构成较大。因而，在文化产业权力与权利两种不同力量形态的运动方向上便呈现出逆运动特征：文化产业权力质量构成较大的那一部分文化产业形态市场准入的权利较小，而文化产业权力质量较小的那一部分文化产业形态市场准入的权利较大。文化产业权力质量的大小与文化产业权利社会实现之间成反比例运动关系。文化产业正义实现的程度和能够在多大程度上实现，完全取决于这一基本矛盾的相互转化以及转化的程度。这是就文化产业权力和权利矛盾运动一般关系而言的。由于关于文化产业权力质量大小的认定和一定历史时期社会对它的整体性认知程度有着直接的联系，因此，关于文化产业权力的质量界定有着很大程度上的主观性。要改变文化产业权力分配的不公正，首先必须在观念和认知的层面上重新建立关于文化产业权力质量的衡量标准以及它和文化权利诉求之间可转换程度。

仅以艺术品及其产业形态为例。艺术品是同时兼具财富和权力双重价值的文化产业载体形态。当艺术品成为财富的载体和象征的时候，艺术品就成为可以用来换取权力和交换权力的工具。艺术品的含金量和权力之间存在着等价关系。财富可以直接转换为权力，从而使得财富本身也成为一种权力的形态，进而构成"艺术品权力"。这也就是为什么艺术品可以成为"贿赂品"的原因。而这一现象在其他文化产业形态中几乎很少存在（在这里，我把文物归类为艺术品）。所谓"盛世收藏"，一方面固然是因为安居乐业导致文化消费需求上升，另一方面就是因为艺术品作为权力交换的需要。因此，就艺术品产业来说，其权力的生命周期常常表现为"盛世"和"乱世"的周而复始。与其他的文化产业形态不同，艺术品产业很少会因其他文化产业的兴衰而表现出沉浮。虽然，艺术品也有某种

程度上的意识形态问题。中国古代的"春宫画"常常因其"丧风败俗"而遭到禁止，欧洲文艺复兴和法国大革命时期的艺术品也常常成为革命的号角。但是，相比较图书印刷、新闻出版这一类文化产业形态来说，由于艺术品的艺术性和财富的增值性。因此，它的意识形态性往往在整体性上被遮蔽而获得另一种文化产业权力。也正因为如此，关于艺术品产业的市场准入在某种意义上，可以说没有准入限制。也就是说，凡是希望和要求准入的都可以享有艺术品产业的从业权和经营权。在艺术品产业领域里，人们拥有最大限度的文化产业权利。而妨碍个人和组织进入该产业的恰恰是个人和组织是否拥有进入该产业的非意识形态因素的限制。而这正是其他文化产业权力形态所不具有的。这也正是导致艺术品业作为一种古老的文化产业形态历经弥久而不衰的重要原因。而同样作为古老的文化产业形态，表演业则不同。一种文化产业形态权力的大小，完全因其产品对社会效用的大小而转移。在这一点上，艺术品和电视剧没有本质区别。但是社会效用的价值表现和表现形态是不一样的。艺术品更多地表现和体现在其投资价值上，虽然艺术品的投资价值是由它的艺术价值决定的，是艺术价值不可复制的稀缺性构成了一件艺术品的投资价值，但是人们往往忘记了这一点。而电视剧产业则除了表现其投资价值外，还突出地表现为其塑造社会精神秩序的价值。艺术品产业按消费人群的总量来说，它属于小众文化，而电视剧产业则属于大众文化。社会影响面的大小直接规定了文化产业权力和权利分配的格局。一般来说，塑造社会精神秩序的价值越大，则其表现出来的文化产业权力越大，反之则反。然而，由于价值本身是可以表现为正、负两个方面的，当负面价值表现越大其呈现的文化产业塑造社会精神秩序权力越大时，这种文化产业权力便会因其负面价值超过了一个社会建构及其秩序重建所能接受的程度的时候，限制、直至剥夺这一类文化品构成的文化产业权力，就会成为国家的一种文化政策选择：以权力制约权力。21世纪以来中国广电行政主管部门对于"超级女生"一类的电视选秀节目和"非诚勿扰"一类的婚恋节目的处理就是典型案例。它所表现出来的正是关于文化产业权力和权利关系的背反运动。这其中包含着关于"市场经济正义"与"文化产业正义"的深刻冲突。在与传统电视节目内容的生产和传播方式的博弈中，其新生代的一方实质上就是要获得一种能够充分体现和表达自我个性的权利，以获得一种新权力的方式来表达自己的权利。但这种权利以它所操控电视节目的直播方式表现出来的时候，它所呈现的实际上是一种关于权力欲的满足：我有权。其实，就他个人而言，他是没有这个权力和权利的。因为，作为一个无论是电视节目的制作人还是节目主持人，他都只是权力和权利的"雇员"，真正的权利和权力拥有人和行使主体都是电视台——我称之为公共主体或公共权利人。然而，问题是电视台对他现在所拥有的权利和权力满足吗？回答是否定的。无论是人还是组织对于权力的获取都是无止境的。因此，任何文化产业博弈的背后，都是权力对权力和权力对权利的较量。通过对传统信仰方式和信仰内容的颠覆，是为了建构一种新的信仰方式和信仰内容，并通过这种方式培养和组织自己的"信众"，从而以"信众"的力量建构自己新文化产业权利空间和新文化产业的权威主义，这就是围绕 2010 年中国电视"婚恋节目"而展开的文化产业权力博弈的背后意义。在某种程度上，这种博弈具有"暴力"性质。这样的博弈还会继续下去。从"超级女生"到"非诚勿扰"反映的就是这样一种态势。不到文化产业权力结构以社会进步的方式进行再分配不会结束。因此，如何进行文化产业权力再分配，从而实现文化产业分配正义，就成为文化产业权力发展和权利运动必须加以解决的命题。

任何一种权利与权力结构都同时构成它的反面：权力与反权力。在权利被剥夺到一定的程度的时候，争取权利的组织和行为就成为一种反权力的存在形态与存在方式。如何把权利和反权力的运动控制在一个可接受的弹性区间，就成为政府中枢决策系统在设计和制定政策实现分配正义时必须考虑的问题。文化产业发展的现实深刻地反映了它所生存于其中的社会生态的良性化程度。这种良性化程度的结构模型与构成比例，由于存在着与政治、经济、社会、文化和生态的不同构成关系。因此，这种结构模型与构成比例同时深刻地反映了表现上述五个方面的良性化程度。而正是这种良性化程度决定和规定了文化产业自由发展的程度。政治的良性规定了文化产业市场准入的开放度，经济的良性规定了文化产业市场配置度，社会的良性规定了文化产业行为取向的价值度，文化的良性规定了文化产业存在的永续度，生态的良性规定了文化产业发展的环境共生度。一个社会一旦在权力和权利安排方面出现比较严重的失衡，势必会使社会阶层结构即社会力量配置结构方面出现比较严重的失衡。这种失衡直接导致的一个结果，就是"反权力"力量的出现。这种"反权力"的出现是在"维权"的名义下酿成的。这种"反权力"现象常常表现为两种状态：一种状态直接挑战现行权力配置方式和分配原则所形成的制度体系，另一种状态是以非传统的方式直接诉诸"新权力形式"的建构，以非传统方式对传统权力配置资源方式的解构重建权力空间。以网络游戏为代表的网络出版业就是近几年来迅速崛起的新文化产业权力形式。文化产业权力和权利构成的不平衡，是中国文化产业发展最大的不平衡，是中国文化产业发展最大的"发展战略困境"。建立起基本公平的文化产业权力结构与权利结构，从而使得文化产业权力与权利相平衡，这是中国文化产业发展的基本战略需求。文化产业发展内外需不振是制约中国文化产业发展的重要战略困境之一。需求不能仅仅看作是对文化产品消费的需求拉动。在对需求的关注过程中，我们比较关注文化产品的消费需求对内需的拉动，进而又关注文化产业重大投资项目对内需的拉动，前者期望于普通百姓的文化消费需求，后者侧重于政府投资。所有这些都有它的正当性。但是，我们很少关心社会对文化产业权力与权利消费需求的满足程度和关于文化产业分配正义的诉求。没有社会对文化产业权力与权利消费需求及其分配正义的充分满足，很难有实质意义上文化消费对内需的拉动。试想，在应对金融危机过程中，倘若没有中央及地方政府的投资拉动，会有文化产业的所谓"逆市上扬"吗？制度缺陷必然造成社会整体利益失衡。强势群体不恰当地侵占弱势群体合理利益的情形，必定会导致此群体利益的增进往往是以彼群体利益受损为基础。权力配置结构的不平等，必然导致发展权利的不平等。要求所有的参赛选手在不平等的起跑线上进行公平的竞争，不可能导致公平的结果。由于这一结果是预设的，因此，表面上对这一结果的接受，必然造成对这一制度设计的不满。

三、文化产业权力与权利：公权、私权的博弈与文化产业分配正义

文化始终具有力量形态和权力形态的意义。把文化作为国家软实力的重要组成部分和提升国家文化软实力正是在这个意义上提出的。作为这种力量形态和权力形态的载体和表现工具，文化产业一经诞生便具有改变和重塑人、社会和国家力量格局和权力格局的意义性。因此，一切关于文化产业的制度安排，无论是审查制度还是准入制度，都是对于现存文化制度和文化力量格局的改变或维护，都是对现存的文化权力和文化权利的分配公平的态度。

文化产业发展中的公权与私权的博弈是影响当前和今后中国文化产业发展最重要的问题之一，也是最能动态地体现文化产业权力与权利分配正义的运动形态。当权力寻租时，权利便被消融在权力的交易之中。公权要政绩，私权要财富。当通过寻租实现公权有效的价值转换时，政绩和财富同时互换为财富和权力。部行之间的文化产业战略合作协议，确实使得一部分文化企业，特别是民营文化企业获得了融资，解决了发展中的融资难问题。但是，却使得更多的中小文化企业文化产业发展的融资变得更加困难。由于银行的放贷都要通过文化行政主管部门，表面上看来是为了确保融资安全，并且确保融资的两个效益，但在实际上，它却使得文化产业发展的投融资问题的解决丧失了应有的公平性和公正性。由于大多数中小民营文化企业进不了国家文化行政主管部门的"名单数据库"，在我国现行的投融资管理体制下，这些文化企业要想得到银行的项目投资贷款和融资几乎是不可能的。部行协议在试图解决文化产业发展投融资问题上的不公平的同时，由于其所制定的是非普惠性的文化产业投融资政策，这就又造成了新的

文化产业投融资不公平的制度架构，从而进一步增加了投融资难的合法性。其实，像对现在已经获得融资的这一类文化企业来说，当它们完成了第一次资本的原始积累之后，并不存在企业发展的投融资难的问题，银行贷款对这些企业不是难题，而只存在投资投资品的时候存在融资难的问题。这可以从这些文化企业这些年的企业发展的投资规模和资本结构的分析当中可以看出。像这一类已经发展起来，并且已经形成规模经济形态和影响的文化企业，还不是真正需要特别扶持的对象，真正需要扶持的对象是那些初始文化产品市场前景很好而又一时无法获得发展所需要的"解困"资金周转的中小文化企业。在现阶段，这是最需要在投融资领域得到"雪中送炭"的，而不是像现在已经获得融资的那一部分文化企业。对已经获得融资能力的那一部分文化企业来说，并不缺乏融资渠道和融资能力。在这个结果下，对绝大多数中小文化企业来说，离开这样的机制去获取银行融资几乎是不可能的。这样一种制度安排，对银行来说，把可能的文化产业放贷风险转移给了文化部，获得了金融安全保障系数；对文化部而言，虽然在原有的文化行政权力架构的基础上又获得了进一步的扩权，但是却增加了原本不属于它的安全风险。诚如文化部部长蔡武 2010 年 9 月 4 日在中央电视台财经频道的"对话"节目中所言，这是以文化部的信誉作担保的。也就是说，文化部在签订部行合作协议时，实际上它是以政府的公信力也就是公权力为担保的。以政府的公权力来担保作为私权力的民营文化企业的投融资，如果发生了民营文化企业的还贷风险，那么又如何确保公权力对于所有人的正义性？由于这样的信誉担保具有很大的风险性，因而存在双重文化安全危机。在今天不断深化的文化体制改革进程中，在创新体制和机制这样的文化体制改革的目标追求中，应当寻求通过设置公共评估机构来进行这一项工作，实现文化产业权力分配正义。文化体制改革和实现体制机制创新的一个重要前提就是政府不能代替市场下结论。其实投融资完全是属于银行工作的分内事，对于需要放贷的文化企业的投资资信评估，也应该是银行的业务。文化部作为国家文化行政主管部门的首要职责是行使国家文化权力，制定包括文化产业在内的文化政策；银行应该是根据国家文化产业政策来制定与此相关的金融政策，相互之间的权力边界应该是很清楚的。更何况，银行属于商业机构，尤其是作为股份制银行，在市场经济条件下是以营利为目的的。模糊了政府文化行政部门与商业机构的界限，这就为可能发生的权力寻租留下了程序上的"后门"，这是需要警惕的。应当建立基于市场的科学、可控的、独立于政府文化行政权力之外，同时又受国家宪法与法律约束的公共服务平台。政府文化行政主管部门应当是这样的文化产业投融资政策的制定者，而不应当是直接成为它的裁判者。对提出融资要求的文化投资项目和文化企业资质评估，应当由银行独立或者委托第三方作出。这就是对所有的优融资需求的市场主体来说的公共性和公平性，也就是文化产业权利均等性。

当权力分配不公，社会形成对实现文化权利最大化的诉求出现的时候，这种诉求便转化成权力的一种力量形态，并使之成为一种资源，一种可供交换的资源，从而再寻求最大化。这就构成了权力和权利之间的循环经济。在这里，公平的权利就具有特别重要的意义。每一次这样的权力重组都是对公资源的再分配。当我国的文化产业发展进入到"国家动漫"和国家文化产业示范基地发展阶段的时候，政府与文化产业投资主体的关系，已经不再仅仅是政府和市场主体之间的关系了，而是成为在制度的博弈过程中"政绩"和"财富"的转移支付关系。由于国家文化产业进入到"动漫产业"发展阶段，从而在动漫产业的发展过程中形成了一个较大的"卖方市场"，有品牌和原创能力的动漫企业十分短缺，他们可以在对此有着巨大需求的地方政府间选择，关注的是有关发展动漫政策的优惠性程度与动漫企业可获得利润和利益之间的关系。各地关于发展动漫产业出台的优惠政策形成了一个地方政府之间的政策博弈，以及地方政府和动漫企业之间的政策和财富的转移支付之间的政策博弈市场。这是一种非典型性文化市场。我把它简称之为"政策交易市场"。这是一个由政府间和动漫企业之间不同的权力博弈机制所形成的文化市场。它没有交易规则，也没有交易的空间形态，更谈不上应有的市场管理。有的只是政府提供的各项优惠政策和基金。有实力的动漫企业根据当地政府提供的各项政策的优惠性程度来选择企业入驻地点，因为，这是可能产生最大利润空间的领域，而并不在意这里是否具备有利于动漫产业创作和生产的文化生态环境（当然，并非所有动漫企业都是如此）。这里面包含着一系列的权力与权利分配要素。比如土地价格的优惠程度、动漫产业扶持基金的数量幅度、税收的优惠年限及其比例，通常所谓的产业准入门槛等。其实在所有这一切的背后，地方政府的政绩需求和动漫企业的财富转移支付需求之间的相关性所组成的相互作用成为这一市场发展的主要来源。而动漫企业正是在这样的交易市场成为卖方市场。这也是近几年来我国动漫产业基地遍地开花的主要原因。很显然，这种"动漫公司"只能"速生"于对它有特殊需求的地区，并且也只能在那些不断提供优惠条件的地区才能产生"需求的效率"，一旦当这种需求效率下降，这类公司便如候鸟般的迁徙到另一个有需求的地区，继续创造"需求效率"。这在我国文化产业发展过程中只有动漫产业发展才诞生了这样的"候鸟公司"。而由这一类公司所建筑起来的动漫产业园区特殊的商业周期，也因这些"候鸟公司"的迁徙周期而运动。决定"候鸟公司"迁徙周期的最直接因素就是相关产业政策的"政策衰变期"。已经见诸于报端的石家庄国家动漫产业示范基地就是一个典型案例。这在某种程度上说明，中国的动漫产业发展周期不是由创新驱动和创新周期决定的，而是由投资驱动和投资周期决定的。这就是为什么中国动漫产业发展，乃至整个文化产业发展是投资驱动型的而不是创新驱动型的一个非常重要的原因。

文化产业生产要素市场不健全，尤其是资本市场不发达，被普遍认为是制约中国文化产业发展的最重要的原因之一。文化产业的资本要素市场不发达，不是市场原因，而是制度原因。文化产业市场准入壁垒使得社会资本进入市场不可能。一方面是社会资本进入市场不可能，另一方面又通过制度性设计来解决文化产业投融资难的问题，这是一个悖论。不能有效地从制度上解决文化产业的市场准入，也就是文化产业权力资源的再分配，社会资本不能在法律框架下有序地进入文化产业生产要素市场，参与文化产业的资本市场竞争，文化产业的投融资问题就永远是制约中国文化产业发展的战略性制度障碍。因此，文化产业投融资问题，不是市场问题，而是文化产业权力资源的再分配问题。进一步在法律框架下重建中国文化产业权力资源再分配的制度格局和市场格局，把属于市场的要素配置权还给市场，政府对这种使用权实施有效的法律监管，应该成为从根本上解决中国文化产业发展投融资障碍的根本战略选择。政府当然要对文化金融资本进行有效的监管和控制。但是，这并不等于不放开文化金融资本市场，更不等于严格文化产业的市场准入。有效的文化金融资本监管和控制，应当是通过法律来实现的，而不是通过集权来达到的。

地方、区域和国家具有塑造文化产业体系的权力，不仅在他们之间本身已蕴涵先天性的反塑造的权力需求，而且，作为市场主体的文化企业在市场的无政府主义的作用下更具有根据自身的利益诉求塑造自身的权力需求。这就构成了文化产业发展过程中的权力与反权力的构造运动。"招商引资"是在经济权力分配不公，而又要克服"短缺经济"的发展困境所需要的资金支持的情势下而制定和实施的重要经济政策。这一政策的实施对有效缓解改革开放之初中国所面临的资金困难发挥了积极和重要作用。但同时，也造成了"路径依赖"的反发展思维定势——不招商就不能引资，不能引资就不能发展。经济发展是如此，文化发展也是如此。全国各地在编制文化产业发展规划、制订本地文化产业发展战略的一个重要内容就是"招商引资"，并且把是否在文化产业发展上实现"招商引资"作为本地是否有能力发展文化产业和衡量一个地区文化产业发展水平的唯一指标。问题不在"招商引资"政策本身，而在于把它作为衡量一个地区是否发展的唯一指标，本地区发展文化产业的"本土化"积极性和创造力在这个过程中被消解了、被抑制了，从而使得一项本来具有积极战略意义的政策成为积极调动各方面资源优势发展文化产业的障碍。而之所以会如此，因为这是体现它的权力价值含量的政绩工程，也是能够彰显它所拥有的文化产业权力资源程度的可考核指标。因此，应该建立通过优化文化产业发展所需要的权力与权利结构调节文化产业发展的战略需求，以文化产业权力与权利需求的最大满足来实现文化生产力的最大解放和文化消费需求的最大满足，从制度上克服和消除严重制约中国文化产业发展的根本性障碍。

四、文化产业权力与权利：权力均衡与再生产——国家文化安全及其获得

互联网实验室共同创始人兼董事长方兴东，在谈到中国互联网在经历了 15 年的发展，并取得了多项值得骄傲的成就的同时，不无警示地提出："必须清醒地看到，除了规模第一之外，中国互联网发展最根本的灵魂——创新活力依然不足。"从 10 多年前的 Web 1.0，到 Web 2.0，以及即将到来的即时网络，原创性的技术、产品和应用基本上还是发源于美国。对于快速发展和谋求产业升级的中国来说，如何打造中国的 Google、中国的 Twitter、中国的 Facebook 和中国的 Myspace，成为中国互联网发展战略新选择。从互联网发展的历史来看，几乎所有互联网的重大创新都不是来自大公司，而是小公司和个人。从万维网、浏览器、搜索引擎，到 BBS、博客、门户等，主要的互联网创新技术和模式无一不是由初期的个人和小公司完成的。Yahoo、eBay、Facebook、Google 等互联网巨头无一不是从个人网站起步，从一些个人爱好出发，逐渐成为引爆全球的互联网主流应用。在中国，无论是盛大网络，还是阿里巴巴的成功也都市沿着这条道路走过来的。针对我们在发展互联网方面存在的一些深层次的问题，方兴东特别提出，在我们还没有成为"吸引全球富有创新活力和创业精神的人才施展身手的最佳阵地的时候，"我们可能犯下的错误就是："损害互联网创新的环境，破坏互联网创新的活力，削弱自身创新的能力。这种损失将是影响深远的。"[1] 建立部行战略合作机制的初衷，我相信完全是为了克服和解决文化企业发展，尤其是中小文化企业发展的融资难的问题，但是，由于这样的制度设计和安排从另外的一个层面上使得同样需要发展资金的中小文化企业失去了获得融资的可能性，不仅这一部分中小文化企业的文化产品创新由于资金瓶颈而成为不可能，而且在一个更广更深的领域里使得激发全民族的创新活力成为不可能。毫无疑问，这样的后果绝对不是我们的制度设计者和战略设计者的主观愿望，而是客观效果，很可能在维护和确保国家金融安全的名义下，使得一大部分亟需融资发展的中小文化企业被排除在维护国家文化安全的网络之外。因此，从这个上意义上说，方兴东提出的警示，对当前中国文化产业发展的制度设计和战略安排具有普遍的安全预

---

[1] 方兴东："中国互联网如何提升创新能力"，《人民日报》2010 年 3 月 23 日。

警作用。在这里，如何建立起源于个人的创造性和国家文化安全的互信机制，不仅对于中国文化产业发展，而且对于整个互联网产业的发展都具有特别重大的国家战略安全意义。

表达权是一种重要的文化权利。表达权实现的程度是衡量一个国家和民族文化创新能力及其重要的标准。没有表达权在宪法框架下的充分实现，就不可能有文化的创造性发展和文化产业的创造性发展；没有文化产业的创造性发展就不可能有文化产业发展对人、社会和国家的深刻影响，也就无所谓文化的软实力，文化产业权力当然也就无从谈起，也就不可能有国家文化安全。在某种程度上，国家文化安全是建筑在公民享有表达权充分实现的基础上的。当一种表达权由于制度设计而不能达到自由实现的时候，一旦某种在原有的制度设计中尚未进入议程设计的时候，充分地利用和借助于这一新的表达性质和表达机制带实现表达权，就会成为社会公众的集体选择，并由此而建构起某种话语权，网络舆论就是最典型的案例。分权是最重要的权力制衡机制之一。通过分权实现对权力的有效制衡也是权利实现的重要保障。没有权力制衡机制，无所谓权利的实现。而绝对的权力必然导致绝对的腐败。文化产业是文化权力制衡的重要机制。通过恰当的权力制衡使得每一方都获得自由。应当把在文化产业领域里的权力制衡作为实现公民基本文化权益的重要内容。通过文化产业制衡建立新的中国文化力量地理学。我们应当回到基本的地理知识角度来了解文化产业的发展，因为地理格局清楚地显示了中国今天文化产业权力格局及其优势位置。

不能把安全问题成为剥夺他人合法权益的借口，更不能把安全问题当作垄断利益的工具和借口。"兵民是胜利之本"。一个国家文化软实力的构成，毫无疑问，是否和在多大程度上拥有战略性跨国文化产业集团是它的重要标志，但不是唯一的标志，在这里，是否和在多大的程度上充分调动广泛的社会力量和民意基础，同样是构成国家文化软实力的重要组成部分，而且是更重要的组成部分，在某种程度上具有决定性意义。王缉思在分析美苏两个超级大国在冷战博弈过程中所采取的不同战略和达到的不同结果时，专门指出"美国赢得对苏联的冷战，靠的是内功，根基在国内意识形态的一致性，而不是外在的实力地位和外交战略"，这里的所谓"国内意识形态的一致性"指的就是"国内的民意基础"。这种国内的民意基础，不是建筑在某几个精英集团基础上的，而是以"全民政治共识"的土壤①。美国的经验和苏联的教训对于今天的中国在如何培育和缔造科学的"国家文化软实力观"、选择和制定符合当今国际软实力战略博弈所需要的国家文化软实力战略具有不可替代的战略价值。在这里，重建我国的"国家文

---

① 王缉思："美国夸大中国实力的背后"，《东方早报》2010 年 3 月 24 日。

化软实力观"、"藏实力于民",在广泛的民意基础上建构提升国家文化软实力,以"文化民权"缔造国家文化安全战略,只有这样,中国国家文化安全的维护与保障就不仅是几个人或几群人的事,而是全民的自觉意识和自觉行为。而要做到和实现这一战略目标,就必须重建我国文化产业发展的权力结构与权利结构,建构提升国家文化软实力所必不可少的文化产业发展中的"国民待遇体系"和"文化民权"制度。亨廷顿有一句名言:国家之间的主要区别,不在于政权的形式,而在于政权的能力。国家能力之核心,即在基层动员能力。国家如何才能最大限度地获得对基层最大的动员能力,不在于一个政权掌握国家机器,而在于民众拥有多少本就应该属于他们的那一部分权利。"关于明清衰亡,议论很多,但近代以来,能看到中国封建主义根源就在土豪劣绅、黑社会把持地方,从而使得国家完全丧失信用与能力这一点的,只有中国共产党人而已。"① 今天中国文化产业的发展对于建构民众的表达自由而言,具有一般的经济发展所不可替代的权利性。这种权利是在社会进入到互联网时代所必不可少的作为社会主体性存在的一种身份确证。当没有它便不能有效地确保自己作为社会的主体性存在的时候,争取和获得这种权利便成为他们不可避免的行为选择,这就是所谓"反权力"形态形成的根源和社会机制。因此,要建立一个符合国家和民众利益的文化产业发展机制,建立文化产业发展所必不可少的公平与正义,就必须建立在文化产业权力与权利之间的均势关系,从而使得国家和社会之间形成一个合理的文化产业权力和权利的分工体系,以及在这中间所形成的一个必要与合理的张力。只有这样,国家才能够在建构国家文化能力,亦即建构和提升国家文化软实力上拥有足够的对基层最大的动员能力。2010 年 3 月 23 日,巴西的一家法院作出了对谷歌处以罚款的决定,原因是谷歌旗下社交网络网站 Orkut 没有封锁肮脏消息的网页。法院命令谷歌对于这种网页每保留一天处以 2 700 美元的罚款,并且令其停止发布类似内容。据巴西的法官称,谷歌的诉讼案是两个少年提出的,他们称被 Orkut 网页上的内容冒犯。法官在驳回谷歌辩解的理由时称,谷歌已经在中国对其网页采取了这种监管②。国家的权力用以维护国家的文化主权和本国公民的合法权利,这是最大的国家文化安全实现。

公平和正义比阳光还要光辉。一个不公正的社会注定是不稳定、不和谐的③。而一个公正社会的建立和实现,有赖于公民基本权利和权力的拥有和实现。一个公民不能拥有基本权利和权力的社会,不可能是一个公正的社会。文化产业权利是现阶段中国公民最重要的基本文化权利之一,构成了现阶段建设一个

---

① 韩毓海:"主权货币与现代国家",《文汇报》2010 年 3 月 22 日。
② "巴西法院判谷歌停发'黄段子'"《东方早报》2010 年 3 月 25 日。
③ 温家宝语:"温家宝与北大学子共度'五四'青年节",《新华每日电讯》2010 年 5 月 5 日。

公正社会最基本的文化单元。这是因为就文化产业的本质而言，它不是一般政策和统计学意义上的所谓"行业的集合"，而是公民社会表达自由的重要实现方式和社会机制。能否拥有和实现公民的表达自由和自由表达，很大的一个程度上取决于公民是否拥有实现表达的载体。文化产业是现阶段公民社会最重要的表达载体和工具。能否和在多大的程度上拥有这种载体，直接影响和规定了公民实现自由表达和表达自由的程度。而正是这种程度体现和反映了一个社会的公正性、稳定性与和谐性程度。不能认为一个公民缺乏最基本的表达自由工具的社会是一个公正的社会。从这个意义上说，公民文化产业权利的实现直接在文化上阐明和表达了现阶段我国社会的公正性程度，以及权力的制衡与权利的实现。

第八章

三论文化产业正义：文化产业的公共责任①

文化产业正在深刻地改变着我们的生活，改变着我们所赖以生存与发展的社会生态环境和文化生态环境。文化产业作为新的财富创造和增长形态正在被人们所充分认识，尤其是在金融危机下文化产业被认为具有"反经济周期性规律"的特点而能"逆势上扬"的语境下，大力发展文化产业获得了前所未有的战略性支持；但是，作为公共领域的延伸，文化产业的公共责任似乎在 GDP 被忽视了。2009 年 3 月广东妇联开展"净化网络，护卫孩子——万名母亲网络护卫行动"，11 万多名妇女网上签名，参加"万名母亲护卫"，以及 2009 年上半年中国政府连续开展的对文化市场清理整顿专项行动②，反映出公民和国家对同一问题的正义诉求：文化产业的公共责任。

一、文化产业公共责任的起源

1. 公共责任的定义

人们知道，当某一种物品一旦成为人们日常生活的必需品的时候，不管这是一种什么样的物品，这种物品便被赋予了一种责任，一种对所有人以及由这样一

---

① 本章内容以"论文化产业的公共责任"为题发表于《社会科学》2009 年第 5 期，《新华文摘》2010 年第 6 期全文转载。

② 2009 年 4 月 12 日至 5 月中旬，全国"扫黄打非"工作小组办公室开展清缴整治低俗音像制品专项行动，全国先后共有贵州音像教材出版社等 16 家出版复制低俗音像制品单位被点名处罚，有的被吊销音像制品出版许可证。

些人所共同构成组成的社会的存在与发展的责任，这就是公共责任。

一切为了人、属人生产的物品都有它的公共责任。只要这种物品是提供给人们消费的，无论这种消费是物质消费还是精神消费，它都必须是有益于、有助于人的生存、发展，并且是健康的生存与发展的。因此，凡是有害于人类社会这一整体性消费需求的物品都将在被禁止之列，而不论这一物品是物质性的还是精神性的。卫生检疫和文化检疫，在这里没有本质的区别。无论是作为公民还是作为社会组织，都必须自觉地承担这一责任。由于这一责任不是针对某个人，而是针对整个公共社会的，因此我们就把这一责任称之为"公共责任"。

2. 文化产业的公共责任是由文化作为公共领域的公共属性以及文化产业所生产和提供的文化产品的功能性属性规定的

文化产业是人类精神文化创造的重要表达方式与载体，然而，文化产业，尤其是核心文化产业①却是以文化产品作为其存在方式与表现形态的。没有文化产品也就没有文化产业。文化产业及其所生产的文化产品是人类参与生产的物品中，除粮食之外的唯一的生存必需品。它既是人类艺术与精神的把握世界的方式，同时也是艺术和精神的阐释自我、表达自我和解放自我的方式，是人的存在方式。正因为有了这种方式，人类社会才得以运用这一文明形态——相对于科学技术——不断地克服自我、超越自我中发展演化。没有文化产品的创造性生产，人类社会也就没有艺术和精神的把握世界的方式，也就没有人类社会在遭遇到经济危机的时候能够获得精神慰藉的空间。而没有这种原创产品的规模化生产也就无法使得人类成为在精神领域里的共同体。正是在这个意义上，文化产品成为人类社会共有的、须臾不可缺少的精神食粮，而文化产业正是生产和提供这一精神食粮的工作母机。物质产品消费和精神产品消费构成了人类社会两大最基本的必须消费。在现代社会生活中，文化产品就像粮食和空气与水一样，是人们须臾所不可离开得物品。特别是在处在危机中的人们需要得到某种精神上的调节的时候，文化产品带给人们心灵上的慰藉和满足是其他任何物质食品都是无法满足的。而这也正是我们今天给予文化产业发展以高度评价的重要原因。

通过制度性设计与强制性行政手段来确保这一原则的实施，就是政府提供的"公共产品"。这就是为什么既要对一切危害人类健康、有害于人类社会生存与发展的物质产品的生产和销售进行管制，也要对一切危害人类精神健康、有害于人类社会生存发展的精神产品的生产和销售进行管制的重要原因。这就是为什么人们可以在物质产品消费上要求无论是私人物品生产者和提供商，还是公共物品生产者和提供商，都必须确保产品的消费安全的重要原因（"三鹿奶粉"事件以

————————

① 以中国国家统计局关于文化及相关产业分类指标体系为范围。

及其他食品安全事件均是如此）；这也就是为什么人们在精神产品消费上同样要求无论是私人物品生产者和提供商，还是公共物品生产者和提供商，也都必须确保文化产品消费安全的重要原因。如果说，在文化领域里，公共文化物品属于公共文化产品，而公共文化产品主要是由政府来提供，属于公益性文化事业的话，那么，作为经营性文化产业所提供的主要是私人文化物品。私人文化物品属于非公共文化产品，而非公共文化产品则主要有文化企业通过市场来提供，这就是在中国被界定为"经营性文化产业"。由于无论是公共文化物品还是私人文化物品，都必须承担在满足人们物质与精神消费的同时确保人们的消费安全，这就自然地形成了这两种不同性质的物品的共有的公共责任。这是由文化的公共性决定的。文化的生产可以表现为公共生产和非公共生产，但是，文化的公共性决定了无论是哪一种生产都应当是这种公共性的自然体现。因此，文化产业的公共责任不是外在于文化产业的某种力量形态或者强加于文化产业的意识形态，而是由文化内生于文化产业本体的规定，生成于文化产品作为人类生存的必需品的质的规定之中。

二、文化产业公共责任与人的文化安全

1. 文化的安全性与公共文化安全

作为人类社会生存的必需品，由于文化产品所建构起来的精神营养体系直接地影响到它消费对象的主体精神建构和文化认同与否，因此，必然衍生和导致它的第二属性的自然生成：安全性——文化的安全性。这是由文化产品所具有的公共性所决定的。在我国现有的关于文化产业一般界定和理解中，文化产业是被"经营性"来界定的。"经营性"是文化产业的市场身份，而不是它的"公共身份"，因此，文化产业属于"私人性"而非"公共性"范畴。文化产业的"公共性"属性，并不是体现在它的行业的一般产业经济学分类上，而是体现在作为一个整体它所提供给社会的文化消费品的内容成分上，以及消费者对文化消费品所应当提供的公共价值的诉求上。正如消费者对所有的食品消费需求一样，安全性需求是除了生存性需求之外所有需求中最核心的需求。因为，安全问题会直接影响生存需求的实现与实现程度。由于文化产品的安全性是由生产该产品的文化生产系统决定的，因此，提供和维护公共文化安全也就自然的构成了文化产业公共责任的又一项重要内容。

维护人的文化安全的需求，尤其是未成年人的精神和心理健康安全的需求。这是最普遍的文化安全需求，也是最具普世价值的文化安全需求。现在世界上所有关于电影分级、网络分级的制度安排，对于色情网站的打击与控制，首先就是

从未成年人的身心健康安全着眼的。未成年人的成长质量对于所有的国家和民族来说都是最直接地关系到这个国家和民族的未来发展的战略生命线。在中国的广大农村，生活在其中的广大农民，他们虽然没有现代社会所有关于公共文化安全的理念和意识形态尺度，但是，他们有最基本的用以判断是否涉及对下一代精神心理健康安全的本土尺度，那就是：是让孩子"学好"还是"学坏"。这是中国农民诞生于农耕文明社会所建立起来的关于公共文化安全最基本的底线表达。在这里，关于"学好"还是"学坏"的拷问，直接关乎一个孩子、进而一个家庭、乃至一个家族前途与命运。只要触及"好"与"坏"这最后一条底线，维护未成年人的精神心理健康安全需求便立即成为他们本能的文化抵抗。这也就是为什么那些严重侵犯未成年人权益的各种色情网站、淫秽音像制品和所谓人体表演艺术一再会在农村遭到文化抵制的根本原因。2007年，美国联邦通讯委员会就以美国哥伦比亚电影公司等36家电影公司违规放映联邦通讯委员会所规定的影片进行行政处罚，就中一个最主要的原因就是这36家公司在涉及未成年人的心理精神健康安全问题上，违反了联邦政府有关法律规定。从这个意义上说，公共文化安全与意识形态无关。最大程度地维护未成年人最基本的精神心理健康卫生与安全，是所有国家和民族都必须首先要提供的最大的民族与国家的公共产品。正是这种根本的安全需求内在地规定了所有文化产品的生产者和提供商的公共责任与社会义务。国家通过制度设计与制度安排来规范不同文化产业的内容生产、内容提供与内容消费行为，就是以制度性安排的方式规定了文化产业所必须要承担的公共责任。这是由文化产业作为文化内容的载体形态这一本质属性规定的。网络游戏产业是近几年来我国发展的最快的一种文化产业形态，然而，它也是造成我国现阶段公共文化安全问题最严重的领域。网吧经营业是网络游戏产业最主要的市场形态，据调查显示，我国90%以上的青少年网瘾患者经常出入网吧，是网吧最主要的消费者。"我国青少年网络成瘾是全世界最严重的，网络成瘾直接影响到社会和谐。"[1] 调查已经显示：当前我国青少年网络犯罪呈增长趋势。1999年我国立案侦查的网络犯罪案件为400余起，2000年增至2 700余起，2001年为4 500余起，2002年为6 600余起。青少年网络犯罪已经成为严重的社会问题[2]。而在我们的一些关于金融危机下文化产业"逆势上扬"的统计中，这恰恰成为最具有"反经济周期增长"典型例证。更不能容忍的是，"一些正规出版社竟成'制黄'帮凶"[3]。殊不知，在这背后，国家、民族、社会、家庭承担着怎

① "挣脱'网瘾'，拯救'童心'"，《新华每日电讯》2009年6月1日。
② "网游给青少年带来的伤害最大"，《光明日报》2009年5月19日。
③ 江西文化音像出版社、汕头海洋音像出版社、贵州音像教材出版社、陕西文化音像出版社等；《新华每日电讯》2009年5月26日。

样的安全风险。我们不能以牺牲整整一代人为代价来换取文化产业的 GDP 增长。"谁来救救我"！这是百度贴吧里一个孩子的呼救①。在今天中国，还有比维护这样的公民和民族的根本利益更大的公共责任吗！

2. 公共文化安全必然衍生国家文化安全

当公民把自己的某一部分权力让渡给集体并且组建国家的时候，国家文化安全的实现程度在某种程度上规定了公共文化安全的实现程度。不能认为一个国家文化安全处在危机中的国家的公共文化会是安全的。在这里，法国小说家都德的《最后一课》为我们提供了一个极为经典历史文本：普鲁士占领军剥夺了一个法兰西小镇小学教授法语的权利，不只是法兰西国家文化主权的丧失，而且也是对包括这一小镇居民在内的所有法兰西公民文化权利的剥夺。一个国家一天没有粮食就会引发社会恐慌，同样一个国家如果一天没有精神食粮，也会引发国家和社会秩序的全面崩塌。这就使得文化产业具有国家文化安全的意义。在是否提供安全的文化产品问题上，每一个文化产品的生产商和提供商实际上都在以市场经济的方式承担着提供国家文化安全与否的角色和责任。某种程度上说，他们所担当的国家文化安全的使命与责任的程度，直接影响和规定了国家文化安全的实现方式与实现时间。问题是这并没有被大多数文化产业发展战略的决策者和实践者认识到。对于衡量与判断文化产业的社会贡献度，GDP 几乎成为唯一的指标。文化产业的文化属性被淹没在所有关于文化产业的经济原则当中。在今天，所有关于文化产业在金融危机下的"逆势上扬"各种报道无一不是用具体的 GDP 数字来表达。"提升国家文化软实力"的国家战略追求被消融在经济的"硬指标"当中。巨大的文化产业认知偏差背后潜伏着巨大的精神食粮安全危机。而所有这一切，很可能是以国家文化软实力的巨大文化安全为代价获得的。因此，我们必须认识到文化产业作为文化产品生产和流通系统的战略品属性，必须认识到文化产业的文化属性。这就是文化产业作为一种国家文化软实力的重要实现方式，它的巨大的国家文化战略安全的缔造力量。如果仅仅把文化产业看成是经济领域里的一个产业部门，就不可避免地片面强调文化产业的产业功能，从而损害了文化产业的文化功能的发挥。

精神力量的存在是人类得以最后战胜一切困难的最后力量，这是人类之所以是人类的唯一的自我确证的存在。而人类社会在发展到民族国家的历史阶段的时候，国家间的力量构成除了物质力量、进而发展成一个国家的国防力量之外，另一个能够改变国家间力量对比关系的就是文化。当文化产业发展到现代已经成为一个国家文化力量发展水平的重要标志的时候，文化产业及其文化产品就具有一

---

① 江西文化音像出版社、汕头海洋音像出版社、贵州音像教材出版社、陕西文化音像出版社等；《新华每日电讯》2009 年 5 月 26 日。

种战略价值和战略意义，成为一种战略品。一个国家不仅要有足够的物质力量——军事实力保卫其疆土安全，而且还要有足够的精神力量——文化实力保障其文化精神领土的神圣性。文化尤其是通过文化产品形态输入的文化天然的拥有一种改变人们精神世界和文化行为，进而改变现存的一切文化关系和文化秩序的能力。这就使得文化及其产业形态具有了战略的属性。战略就是改变还是维护现状的力量系统和力量形态。当文化的这种能够改变还是维护现状的能力以文化产业的具体形态呈现出来的时候，文化产业便成为一种重要的战略品。这也就是为什么无论是在"冷战"时期，还是在国际战略竞争中、进而在寻求克服经济危机的时候，文化产业都始终是国家文化较量的重要战略工具的重要原因。文化产业是提供提升国家文化力量的竞争能力的最重要的战略手段。对一个大国而言，它不仅要大力发展文化产业，实施"文化走出去战略"，而且还要把文化产品的进口，控制在一个与国家文化战略力量相平衡的一个范围内。

3. 文化产业的文明使命与责任

文化产业是文化产品生产与流通的过程系统和制度体系，是文化存在的最重要的生命形态。在今天，没有文化产业的现代生命形态就没有文化的存在和发展。由于文化产业的现代生命形态是通过文化产品生动的表现出来的，因此，从这个意义上说，文化产品的价值实现对文化产业来说具有终极性。提供价值系统和内容系统是文化产业的核心。虽然文化产业也创造巨大的货币价值，是现代经济发展与经济竞争的重要领域。但是通过和借助于文化产业的全球性扩张在获得巨大的货币财富的同时，推行和输出价值观体系却始终是世界文化产业大国的国家文化战略。对文化产业市场准入的限制和对市场准入制度的挑战，都不只是经济行为，更重要的是文化政治行为，是以市场经济的名义实施文化外交与文化扩张的国家行为。因此，一个国家能够在多大的程度上拥有在国际事务中的话语权和影响力，除了它的政治和经济影响力之外，一个最重要的实现方式就是它的文化产业在国际文化贸易活动中实现国际文化贸易顺差的程度。一个拥有巨大的国际文化贸易顺差的国家一定是拥有在国际事务中最大话语权的国家，也是最具国家文化竞争力和影响力的国家。一个国际文化贸易严重逆差的国家不可能拥有巨大的国家文化力量。这种文化力量不是通过本国文化消费量来衡量的，而是由国际文化消费量来衡量的。这种文化提供不只是一般意义上的大众文化消费提供，更重要的是关于精英文化消费的提供。这种文化消费品的提供包括思想、理论、概念等，所有有关人类与世界问题与现象的解释。大众文化与精英文化两个方面共同构成了国家文化力量的战略要素。不管文化产品的生产者与提供者是否愿意，在客观上所提供的都是文化安全、文化产品安全和文化主权功能。

文化产业是文化建设与发展的重要载体与表达形态。在今天，没有文化产业的具体形态就没有人类文化的创新与传承。特别是由于作为当今人类社会精神文明发展最主要的生产力形态，当不发展文化产业便不能有效地推进人类文明发展进步的时候，发展文化产业就成为人类社会文明进步最重要的自我选择。因此，能否和在多大程度上推进人类社会的文明进步和文明发展就成为文明赋予文化产业的一个重大使命。正是这一使命规定了文化产业自它诞生的那一刻起的公共责任。印刷术的发明催生了图书出版业，使得人类社会的精神文明跨时空传播成为可能，人类社会精神文明交往开始了文明发展的"全球同此凉热"的时代；近代科学技术的发展诞生了电影业，使得人类社会文明发展的图像和影像的生产、记录和保存成为可能，不仅使得后来的人类社会可以通过活动影像系统了解和看到前人类社会的生活方式，而且，在今天更为重要的是为苦难中人们提供了一种让心灵和精神得到重新发现的愉悦和慰藉。而录音技术的发明以及由此诞生的现代唱片业，则推进了人类声音文明史的发展，使得人类对于人自身天籁般的声音系统的发展不断地超越人自身的文明局限。与此同时，为了使得这一切都能够符合人类社会的文明进步和发展，书包检查制度、电影分级制度等一系列文化管理制度也同时诞生了。虽然，这些制度的诞生无不经历了不断完善的历史过程，有的时候，甚至还给人类社会的文明进步与发展带来了灾难，但是，所有则一切文明发展的灾难，并不能消除文化产业在他的历史发展过程中所承担的推进人类文明的使命和责任，如果不是这样，就没有人类社会不断探索新的文化生产力以及新的文化业态的必要。人类社会的文明递进就是在这个历史进程中演化过来的。

三、文化产业公共责任普世性与差异性

1. 文化精神物品的文化主权功能

文化产业的公共责任不是一个凝固不化的抽象概念，而是不断地随着人类社会的发展而不断增值的活态系统。由于文化产业主要是以文化产品的存在方式作为它主要生命形态的，创新、传承和表达文化是它的最主要的功能和职能。因此，一旦当这种文化功能表现为一个国家和民族文化身份和文化认同的生态存在的时候，它就演变和发展成为一种人类社会的权力方式和权利形态，在现代国家权利构成中，成为国家主权的重要象征和重要内容。这就使得文化产业及其所生产和提供的文化物品具有文化主权功能。在现代国际文化体系中，文化产品和文化产业的市场准入制度，就是这一文化主权功能的集中体现。主权在民。主权丧失，民亦丧失。维护文化主权，就是维护一个国家最大的公民利益。而这种利益就是在文化上确认"我是谁"的根本文化认同。人类之间当然需要不断的文化

和文明交流,这是人类社会的生命活力之所在。但是,在今天,尊重人类社会的文明多样性和多元文化共存,是国际社会的基本共识,遵循和恪守这一原则,是联合国宪章所规定的共同行为规范,而所有这一切,都是建筑在对国家文化主权的确认基础上的。这就构成了一个普世性的文化产业的公共责任。然而,也正因为文化产业具有文化创新、文化传承、文化认同和文化表达的功能,因此,对一个国家文化产业发展制度和发展原则的冲击与解构,进而颠覆这个国家的文化产业秩序,也就成为现代国际文化战略竞争中一些文化大国实施的重大战略。这就进一步深化了文化产业公共责任的现代内容。因此,正是在这个意义上,关于文化产业领域里的电影分级制度,实际上就成为集中体现文化产业的这种公共责任的文化主权设计与制度安排。无论是作为文化产品的内容提供商,还是作为文化产品的内容服务商,承担起这样的公共责任应当是文化产业人的自觉行为和行业规范。尤其是在文化产业遭遇到发展困境的时候,绝不能以牺牲文化产业的公共责任和让渡文化主权来换取文化产业的一时发展。

2. 文化产业公共责任的基本形态

在文化产业公共责任的构成中有两种基本形态,一种是普世性的,一种是非普世性的,即公共责任的差异性。所谓"普世性的",即适合于和适应于不同文化背景、不同国家意识形态的公共责任,例如,对未成年人的精神心理健康的维护,就属于这一类,最集中反映这一普世性公共责任的就是世界大多数国家所实行的电影分级制度。电影分级制度的产生和设置会有许多种原因,但是,毫无疑问的是,首先是对未成年人的精神心理健康安全权利的维护。对于任何一个国家和民族来说,维护未成年人的精神心理健康安全就是维护这个国家和民族的未来和文明进步的希望。所谓"非普世性的",即公共责任的差异性,是指不同文化传统和国家意识形态背景下的公共责任,是指在一个主权国家范围之内的、一个国家和民族所选择的社会制度和意识形态在文化产业作为文化意见的表达工具和价值实现主要手段中,应当得到维护,因为它涉及一个国家的核心利益。虽然,在这个问题上,不同的国家和国家集团处于不同的国家利益和意识形态会有分歧,甚至是很大的分歧,但是,就这个国家文化产业来说,对这个国家核心利益的维护就是一个不容置疑的公共责任,例如,我国的台湾和西藏问题涉及国家主权这一国家核心利益不容挑战。这是中国文化产业与生俱来的公共责任。正如美国的文化产业系统不能挑战美国对阿拉斯加主权一样。这就构成了文化产业公共责任普世性与差异性的冲突,构成了文化产业公共责任的实现方式的不同内容与不同空间。如何处理这种矛盾和冲突,美国的经验值得重视。例如关于淫秽色情物品的处理和管制。在美国比较典型的办法就是,首先由社区作出鉴定,确认那些令人厌恶的材料为淫秽色情物品,公开宣布那些色情材料及其行销机构视为好公共利益的东西。法院然后就可以禁止行销这种材料。如果这些行销继续进行，有关推销人员就会立刻接受简易诉讼程序的裁判。在这样的法律程序中，社区一方往往会占上风，被告极少受到法律保护。进一步说，社区只要证据充分，而不只是一种怀疑，就能够证实色情材料的存在。各法院都同意这种控制方案，理由是维护安定、秩序以及社区声誉方面州的利益要比个人的所谓权力更重要①。在这里，"公共利益"具有特别重要的意义。而所谓文化产业的公共责任便诞生于这种"公共利益"之中。尽管这种"公共利益"也还只是"州的利益"，甚至这种局部的"州的利益"很可能并不完全与美国的"第一修正案"相一致，但是，并不妨碍法院根据"州的""公共利益""同意这种控制方案。"这就是文化产业公共责任构成中"差异性"公共责任。由此可见，文化产业发展既不能为了公共责任的"普世性"，而忽视文化产业公共责任构成中的"差异性"；同时也不能强调文化产业公共责任的"差异性"而拒绝它的"普世性"要求。而是应当在实践的基础上，不断地在文化产业公共责任的"差异性"中提炼和融入"普世性"原则和精神，在公共责任的"普世性"当中贯彻"差异性"原则。只有这样，在文化产业公共责任的过程中才能做到。

四、文化产业公共责任的三维空间

1. 文化产业具有建构与解构社会的功能

印刷术在欧洲的使用直接导致了资本主义精神和新教伦理在欧洲的传播，最终导致了资产阶级在欧洲的崛起。印刷术以及由印刷术的普遍使用所导致的欧洲图书出版业的革命，不仅解构了建筑在政教合一的中世纪社会文化秩序，而且建构了欧洲的以资产阶级为主导的资本主义社会新秩序。没有印刷术在欧洲的使用以及图书出版业在欧洲革命的成功，就没有欧洲的宗教革命和近代欧洲的资产阶级革命，也就没有今天欧洲的文化秩序和社会秩序。然而，文化产业这种解构与建构功能，首先是对一种文化权利秩序的解构以及对于建立一种以实现文化公平与正义新秩序的诉求。任何一种现代文化产业形态的诞生之初，大众性往往是它的主要特点，是大众对于精英文化统治秩序及其社会文化权利结构的否定，同时也是对自己应当拥有的公平的文化权利的正当诉求。出版业是如此，电影业也是如此，即便是今天的以互联网为主要载体的网络游戏产业也是如此。从这个意义上说，一部人类文化产业发展史就是大众文化不断地追求公平与正义的发展史，就是不断地维护自己的正当文化权益与权利的公共文化秩序建构史。只要当这种

---

① ［美］伦纳德·D·杜博夫：《艺术法概要》，中国社会科学出版社 1995 年版，第 180 页。

文化权利与权益所建构起来的文化秩序已经不能再满足自己不断增长的精神文化需求的时候，通过新的文化产业发展来重建文化秩序便成为文化产业发展不绝的历史原动力。因此，能够在多大程度上实现公民的文化权益和权利，并且以这种权利和权益为基础建构公平的社会文化秩序，就自然地成为文化产业公共责任的又一重要内容。如何提供一个社会的进步与发展所需要的和谐的社会文化秩序就成为文化产业发展应有的公共责任。

2. 公民、社会和国家构成了文化产业公共责任的三维空间

文化产业是文化权利和权力实现方式的象征和空间形态。因此，如何在这一三维空间中体现文化权利的公正性与公平性，就成为文化产业公共责任构成中的一项重要内容，和关于文化产业公共责任的重大命题，即文化产业的公平与正义。

权利和权力关系是最重要的公平与正义的实现方式与秩序建构关系。人人生而就是"文化人"。这不仅是因为人本身就是"文化"的产物，而且，文化因人而获得生命。因此，从这个意义上说，文化之于人，就像空气和水之于人的一样，是人人应当自由享受的权利。文化权利的缺失，必然导致文化的公平与正义问题。文化不公平必然意味着有些人的文化权利的被剥夺。在今天，当文化产业已经成为文化生命形态的重要存在方式，当不发展文化产业人便不能有效地促进自己生命形态的演化与发展的时候，发展文化产业便成为人的全面发展的重要权利与实现形式，成为建构公共文化秩序的和实现社会公平与正义的生命形式。要体现与反映公平与正义，是实现和体现文化公平与文化正义的载体和制度。公民不仅享有政府提供公共文化的权利和享有基本文化消费的权利，而且也有文化生产和参与文化分配的权利。在现代社会，公民在某种程度上来说，是一切文化生产和文化创作的主体。因此，能否和在多大程度上拥有这种文化生产和文化表达的权利，集中体现了一个社会文化公平与正义实现的程度。

文化产业是人们表达和传播自己各种言论体系的工具和载体系统。这是规定了文化产业具有公共性属性的重要特征。人们能够在多大的程度上自由地使用这一工具系统，直接关系到人们的表达自由程度。文化产业是以精神生产为主要内容的产业，是满足人们精神文化多样化消费需求的最主要的形式和渠道。高度创造性的精神生产是影响和规定文化产业能够在多大程度上满足人们精神文化消费需求多样性的关键指标，而如何能够实现这样一种高度创造性精神生产活动，取决于人们能够在多大程度上享有的宪法精神下的表达自由和沟通自由。一切文化产业都是表达自由的工具和载体。文化产业的发达性程度与表达自由的实现性程度存在着正相关关系。核心是公民的文化权利关系。表达自由是公民的权利，文化产业是这种权利实现和表达的工具和途径。因此，任何关于文化产业的准入限

制和规定，都是对表达自由限制的权力延伸。对于表达自由的控制在多大的程度上是合法的，是表达自由本身内容的重要组成部分，涉及关于表达自由的基本法学原理。没有表达的自由和沟通的自由，不可能有成熟与发达的现代文化产业。然而不受管制的表达自由是不存在的。区别只是管制对于人们的自由表达的限制性程度。无原则的要求对文化产业的市场准入和表达自由放松管制，不仅在国际上没有先例，而且也是不负责任的。从这个意义上说，无论是文化产业的准入制度和审查制度的建构，还是放松管制，它都应当是社会公平与正义的文化产业反映，进而与文化产业的公平与正义产生密切的关系。当这样一种反映和关系体现和表现为一个国家的文化主权的时候，围绕着文化产业的市场准入与管制的价值标准和制度设计，也就自然地关系到文化产业的国际公平与正义和国际文化秩序建构的公共责任。这也就是为什么围绕着文化产业市场准入会成为国际地缘政治博弈的重要内容的重要原因。

因此，问题并不在要不要文化管制，而在于怎样的文化管制才是科学的和发展文化产业所必不可少的。虽然不同的国家以及在不同的人群中有着完全不同的理解，以及由这种理解所建立起来的标准，但是，从世界绝大多数国家的文化管制制度设计来看，在巨大的差别背后，却有着一条共同的原则，那就是：公共文化秩序。无论是新闻检查制度，还是电影分级制度，抑或新近颁布的关于网络游戏的分级管理，维护和确保未成年人的精神心理健康和安全，捍卫这个国家最基本的价值观和生活方式，进而维护和确保一定的价值观基础上的社会稳定是其最基本和最主要的核心内容。这里有两个最基本的维度：未成年人涉及一个国家和民族的未来兴衰存亡，生活方式和价值观涉及一个国家和民族的文化认同。这是维护最基本的公共文化秩序的根本基础，也是世界上绝大多数的国家文化检查制度和文化产业管制的共同准则，具有人类社会繁衍发展最基本的公共准则。只要不违法和不触及这两条生命底线，表达自由以及文化产业的市场准入拥有广泛的空间和制度保障。这就建构起了一个社会基本的文化秩序：公民、社会和国家在文化产业的制度安排中分享不同文化权利的时候，也承担了各自不同的公共文化责任。尽管公民也有维护国家文化安全的责任，但是，毫无疑问，维护国家文化安全则是政府应当承担的主要责任和提供的主要公共文化产品。因此，在这里，在公平中所体现的权利和责任是有区别的，正是这种区别，构成了在文化产业发展过程中的公民、社会和国家间的分工体系，并且由这种体系来建构一个国家和社会的文化秩序和文化产业公平与正义的制度表达。维护国家文化安全和公共文化秩序是国家发展文化产业承担的责任，当这一部分责任还不能通过完全的放开市场而由公民以及公民经济组织承担的时候，政府就必须承担维护国家文化安全和公民文化安全的全部责任。同样，当公民及社会组织不断要求国家在文化产业领域里放松管制的时候，国家也有理由提出所有的公民和社会组织对国家、公民和社会文化发展"负责任"——公共责任的要求。

3. 实现文化产业的公平与正义

在当代中国，文化产业发展一度只是政府的事。单一的文化产业投资主体，不仅造成了我国文化产业的发展困境，而且也使得公民合法的文化权利没有得到应有的实现方式和表达自由应有的空间形态及其制度保障。文化公平无法实现，文化正义无法得到伸张，造成了一定时期内公民、社会与国家文化关系与文化秩序的紧张状态。国有文化产业所建构起来的刚性的国家与社会文化秩序，使得公民文化权利的自由实现和表达丧失了它应有的弹性机制。扭曲了的文化产业制度形态和秩序结构不符合中国的国家文化利益，也不符合中国国家法律关于公平和正义的宪法精神。中共中央关于非公资本进入文化产业的决定，以及国家新闻出版署 2009 年对"出版工作室"合法性的确认，不只是一般意义上的文化产业准入制度变革，它所贯彻和体现的就是这样的一种文化领域里的公平与正义。一个社会与国家的文化秩序是由公民的基本文化权益的实现程度建构的。当文化产业成为公民基本文化权益的主要实现方式和载体的时候，有效地建构社会和国家文化秩序就成为文化产业不可或缺的公共责任。这就是文化产业的公平与正义。

第九章

创新两岸文化产业合作发展

两岸文化产业合作发展，充分利用大陆广阔的文化市场发展台湾的文化产业，积极借鉴台湾发展文化产业丰富的国际市场拓展经验，建立两岸共同文化市场，发展中国文化产业正日益成为两岸文化产业发展共识。研究思考中国文化产业发展战略，必须同时拥有港澳台的战略视角，而现代化可以成为两岸发展的共同主题。

一、文化助推两岸和平发展[①]

从两岸文化产业合作的外部环境来看，两岸已形成全方位的交往格局，两岸政治、经济、社会领域的沟通全面展开，并在不断增进了解、积累共识，拓展共同的利益空间，为两岸文化产业合作创造了良好的发展氛围。

2012 年是"九二共识"达成 20 周年，两岸关系在"九二共识"的基础上进一步巩固发展，取得重大转折。年初，国民党主席马英九在中国台湾地区领导人选举中胜出，连任台湾领导人职务，被认为"九二共识"成为台湾民意的"最大公约数"[②]。3 月 22 日，中共中央总书记胡锦涛与中国国民党荣誉主席吴伯雄会见时，首度共同确认"两岸同属一个中国"。胡锦涛强调"大陆与台湾同

---

① 我的博士研究生段莉参加了本章一、二、三节的起草。
② 张华："2012 年台湾'大选'选民投票行为新特点及其对两岸关系的影响研究"，《台湾研究集刊》2012 年第 5 期。

属一个中国的事实没有改变。确认这一事实，符合两岸现行规定，应该是双方都可以做得到的。"而吴伯雄则明确表示："海峡两岸并非国与国关系，根据双方现行体制和相关规定，两岸都坚持一个中国，在此基础上求同存异，同的是'两岸同属一中'"①。这些表述引起了学界的高度关注，认为是一种较"九二共识"更鲜明的"强共识"，两岸当前固有的矛盾和分歧是如何将"两岸同属一中"提升为新共识的政治性阻力②。与此同时，台湾地区领导人马英九也多次提到"和解制度化"问题对两岸发展的意义和重要性。这就为两岸文化产业合作发展提供了重要政治基础。

2012 年底召开的中共十八大对近年来两岸关系发展做了总结，认为，两岸关系"实现重大转折"，开创了"和平发展新局面"。同时报告提出要"增进维护一个中国框架的共同认知"，要持续推进两岸交流合作。深化经济合作，厚植共同利益。扩大文化交流，增强民族认同。密切人民往来，融洽同胞感情。促进平等协商，加强制度建设。希望双方共同努力，探讨国家尚未统一特殊情况下的两岸政治关系，作出合情合理安排；商谈建立两岸军事安全互信机制，稳定台海局势；协商达成两岸和平协议，开创两岸关系和平发展新前景。

从 2012 年台湾政界、学界、民间的一系列观点表述和调整来看，"两岸关系和平发展已从'理念'变为现实，影响到台湾社会各个阶层"③。从近年发展来看，政治与政策的优化仍然是两岸交往最强有力的支撑。未来两岸关系发展将持续在政治互信深化的基础上，依托政策红利，向交往的制度化方面发展，从而切实推进两岸关系系统性地和平发展。

两岸文教交流与合作方面的常态化发展以及两岸对文化产业发展的高度重视，为文化产业领域交流与合作的深化创造了条件。2012 年，大陆"十二五"规划把文化产业发展作为重点，将发展成为支柱产业，文化部《"十二五"时期文化产业倍增计划》中也提到："'十二五'期间，文化部门管理的文化产业增加值年平均现价增长速度高于 20%，2015 年比 2010 年至少翻一番，实现倍增。"中国台湾地区"黄金十年"规划把文创产业列为着重发展的支柱产业之一。从具体的政策环境层面来看，自 2010 年《海峡两岸知识产权保护合作协议》签署实施以来，两岸相关部门积极协调细化该协议的相关内容并逐步落实。截至

---

① 吴亚明："胡锦涛会见吴伯雄强调　像一家人一样推动两岸和平发展"，《人民日报海外版》2012 年 3 月 23 日第 1 版。

② 参见：李义虎："推动形成'两岸同属一中'新共识，提升两岸政治互信水平"，《第八届两岸经贸论坛论文》2012 年 7 月 29 日。

③ 端木来娣、陈斌华、张勇："和平发展开新局——以胡锦涛为总书记的党中央推动两岸和平发展纪实"，新华网 2012 年 11 月 4 日，链接为：http://news.xinhuanet.com/politics/2012 - 11/04/c_113598283.htm? bsh_bid = 152231670。

2012 年 9 月底，大陆共受理要求中国台湾地区优先权的专利申请 8 601 件，中国台湾地区共受理要求大陆优先权的专利申请 5 770 件。2012 年 7 月召开的第八届两岸经贸文化论坛再度提出多项涉及两岸文化交流与合作的"共同建议"，其中很多建议都根据两岸文化产业合作发展的形势而特别加强了针对性和可操作性。大陆相关文化部门也不断出台对台湾业者的优惠政策。例如，2012 年底国家广电总局电影管理局颁布的《关于加强海峡两岸电影合作管理的现行办法》，进一步放宽台湾电影、合拍电影、投资影院等各项条件。

在这种大环境之下，2012 年两岸文化产业交流与合作在 2010 年、2011 年两岸形成的共识与协议框架内，进一步纵深化发展，取得了进一步改善，两岸文化、教育、新闻等各个领域的交流合作都有了显著的强化。

产业对接全面展开，呈现出多层次、多领域合作的态势。2011 年在台湾举办的"富春山居图"两岸合璧展标志着两岸文化产业领域双向对接的全面展开和成效显现。2012 年两岸文化产业交流与合作在一种不断优化的宏观环境和现有产业合作基础和框架内顺利展开，并且呈现出交流频繁化、合作密切化态势，出现了文化产业各产业业态间的多渠道、多形式对接，合作综合效益不断提升和优化。这种业态对接伴随着大量的交流性因素及合作性项目，成为两岸文化交往中最主要的内容和渠道。两岸文化产业对接全面展开具有两个明显的特征：一是两岸文化产业合作领域的多元化，二是大陆多地与台湾不断深化的文化产业合作关系。

1. 多领域合作深化

文创产业成为两岸合作新的焦点，既是提升两岸经济交往水平与层次的必然要求，也是两岸各自经济转型的客观需要。目前两岸合作较为紧密的文化产业业态主要有出版、影视、文博、演艺、动漫、会展、创意产业等。

两岸出版业基于 20 多年的交流与合作基础，不断开始探讨更紧密的合作关系和更优化的产业合作模式。大陆的《读者》和台湾的《丰年》先后实现在海峡对岸发行，《福建日报》与旺旺中时媒体集团共同创办的《两岸传媒》杂志，成为两岸传媒业界、传媒学术界交流与传播的最新成果和公共平台。两岸出版业加强贸易往来，进一步推动了产业对接。2011 年，两岸版权贸易和出版物进出口持续健康发展，两岸版权贸易也保持增长势头。其中，两岸图书、报纸、期刊、音像、电子出版物等进出口品种达 48.66 万种，进出口额为 2 243.76 万美元，分别比 2010 年增长了 16.67% 和 22.66%。海峡两岸图书交易会、海峡新闻出版业发展论坛等业界交流合作平台规模不断扩大、影响力不断增强、议题逐步深入。新闻出版总署近年先后出台了对台湾地区业者试点开放音像制品发行和制作等投资领域的相关政策和《关于加快出版传媒集团改革发展的指导意见》，提出要"支持出版传媒集团参与建设两岸出版交流实验区，在两岸出版交流合作中先行先试"。

演艺产业是最早开展合作交流，也是发展最快、普及面最广的两岸文化产业合作领域，大陆文化部出台的《演出经纪人管理办法》，以及中国演出行业协会与台北演艺经纪人文化交流协会签署的《成立两岸演艺联盟的议定书》，实现了台湾业者可就地（台湾）申请办理大陆演艺经纪人资格证的政策便利，并在著作权保护、艺人经纪等方面尝试制度规范。2012 年 10 月 26 日，2012 海峡两岸演艺产业发展论坛在厦门举行，论坛以"海峡两岸演艺产业互动发展"为主题，探讨两岸演出产业的现状与未来发展，促进演艺产业市场机制创新，推动两岸优质资源共享和区域合作联动的平台建设。2011 年依托两岸人才和资源创造的中文版音乐剧《妈妈咪呀》在北京、上海、广州等地热演，是两岸演艺合作的代表剧目之一。此外，青春版《牡丹亭》、中国大陆和澳门和台湾版《暗恋桃花源》、台湾与上海联袂演出的昆剧《梁祝》、台湾与厦门合作的《蝴蝶之恋》等，都是两岸演艺界合作的经典剧目。

两岸影视合作方面是受政策性推动性最强的方面之一。2011 年大陆取消台湾电影在内地上映的配额限制后，2012 年国家广电总局电影管理局又颁布了《关于加强海峡两岸电影合作管理的现行办法》，进一步放宽台湾电影、合拍电影、投资影院等各项条件。自 1979 年两岸成立合拍公司以来至 2012 年 5 月 31 日，两岸共拍摄完成了 72 部合拍片，13 部协拍片，如《大红灯笼高高挂》、《五个女子和一根绳子》、《五魁》、《画魂》、《旋风小子》、《南京大屠杀》、《风月》、《哥们儿》、《烟雨红颜》、《梁山伯与祝英台》（动画片）、《云水谣》、《赤壁》、《新鲁冰花：孩子的天空》、《大灌篮》、《LOVE》、《痞子英雄之全面开战》等。2001～2011 年，大陆与台湾合拍电影共 39 部，占大陆合拍片的 9.8%，2012 年将是自 1979 年以来大陆与台湾合拍影片数量较多的一年①。

随着两岸经贸往来的加密，两岸会展产业合作渐成热点。两岸每年举行各类产品展销会不仅在数量上大有所增，在会展质量和成果方面上也有很大提高。2011 年由台北世贸中心、四川省贸促会、成都市博览局共同主办了两岸会展产业合作及交流会议，之后由台湾会展与旅行业者组成的"后 ECFA 两岸会展合作访问团"，先后赴上海、成都、西安、厦门 4 地举办交流会议及对接会，推广台湾会展服务及推介台湾旅游。以文化为主题的博览会也成为两岸经贸文化交流的热点，为两岸文化产业的优势互补、文化投融资项目的对接合作开拓了广阔的空间。近年来，台湾厂商已开始固定参展北京、深圳等地举办的国际型文化

---

① 张恂："论海峡两岸合拍电影的概况与发展前景"，《当代电影》2012 年第 8 期。

创意产业博览会，海峡两岸（厦门）文化产业博览交易会已成功举办五届，大陆也多次组团赴台举办"海峡两岸文化创意产业展"。其中，海峡两岸文博会已成为国家级展会，签约项目从首届的 109 个，签约总金额 58.7226 亿元人民币，发展今年的 155 个项目，签约总金额 359.71 亿元人民币，签约项目和总金额已是首届的 1.4 倍和 6.1 倍[①]，2012 年台湾地区有 600 余家参展，较上届增长 71%。

两岸文化（创意）产业合作已从原先的单一项模式合作开始向整体性、系统性合作发展。2012 年，在杭州召开的"首届两岸文创产业合作论坛"上，提出将在杭州设立两岸文创产业合作基地，建议在台湾各县市积极评估成立相当的试验区。两岸开始从文化资源利用、文创产业链整合、全球品牌拓展、文创交流平台建设、资本平台建设、文创人才培养、理论研究、知识产权保护等方面开始系统性合作，两岸文创产业合作的重点、平台和融资形式都在逐渐清晰。新兴文化产业方面，两岸动漫产业合作渐上正轨，随着大陆各地动漫产业园区的快速兴建和各地优惠政策的频出，台湾企业在大陆投资动漫企业的成功个案不断增多，如入驻福州动漫产业基地的神画时代公司等，这些企业为两岸动漫产业对接和合作深入积累了大量实践经验。互联网业的交流对话及合作也在积极推进，百度台湾版的推广和发展，中华妈祖网、中华妈祖手机报、妈祖 Wap 移动网站、妈祖 App 阅读终端的推出等。

2012 年，由福建日报报业集团牵头发起，联合海峡出版发行集团、福建投资开发集团、信达国际共同建立的"福建海峡文化产业投资基金"签约，总规模 30 亿元人民币、首期规模 10 亿元，为两岸文化产业合作提供了新的融资平台。

2. 地区间互动升温

随着两岸文化产业领域交流的热络，以中国台湾经验汲取、内地市场开拓为动力的两岸地区间文化合作不断升温。内地许多城市与台湾建立了城市间的交流关系，并以此为基础展开了各种形态的两岸文化产业合作。这种地区间互动与合作的升温表现为以下几个方面：一是城市互访式的地方特色文化传播；二是共同就特定文化内容举办大型节庆活动；三是内地众多"两岸文化产业园区"项目的建设；四是福建作为对台工作试点地区所取得的显着成就。

两岸城市互访扩大了两岸文化交流的传播与受众面，使两岸文化间的相互理解深入民间，并且已培育形成了一批精品交流项目。例如由中华文化联谊会主办

---

① 马跃华、高建进："两岸文化产业的饕餮盛宴——写在第五届海峡两岸（厦门）文博会开幕"，《光明日报》2012 年 10 月 23 日第 5 版。

的"情系系列"两岸联谊活动已成功举办十届，先后参访了大陆十多个大中城市，对于深化两岸合作交流机制，进一步凝聚两岸各界文化共识，共同推动和促进两岸和平发展，实现中华民族和中华文化的伟大复兴，产生了广泛而深远的影响，已经成为两岸文化交流的重要品牌。两岸城市文化节的开办，使两岸不同城市文化的体验分享普及为一种城市文化层面的大众共享，已有北京、上海、广东等地与台湾共同举办了两岸城市文化节，取得了很好的社会效益。这种两岸文化互动意识已普及为一种地方共识，"走进去"向台湾推荐地方文化，成为区域性产业合作的序曲。浙江、四川等八省先后分别由省领导组团赴台湾经贸文化交流，都分别把"台湾·浙江文化节"、"四川成都大庙会"、"北京文化周"、"赣都文化台湾行"、"津沽文化宝岛行"、"武汉台湾周"等文化活动作为访问的亮点。台湾来大陆交流地的选择，不再仅仅局限于北京、上海等大城市，而向浙江、安徽、四川、广西、贵州等内地城市不断拓展。

产业园区方面，既有台商在北京、上海、江苏、浙江、福建等地创办的文化产业园区，也有各地政府推动的园区建设。目前已列入规划或已开工建设的园区有：福州海峡两岸文化创意产业中心、厦门闽台文化产业园、海西文化创意产业园区、两岸旅游文化综合体、海峡两岸文化创意产业中心、漳浦妈祖闽台文化产业园等，这些园区多具有经贸文化的综合性功能。例如，2012 年天津"京滨新城"规划的"创意台湾"文化产业区项目由海峡两岸文化创意产业集聚区、海峡两岸数字科技产业集聚区、海峡两岸生态创意农业示范区三大板块组成。两岸文化产业园区的形成发展较为集中地涉及两岸产业链整合、资本引进的保护及优惠政策，以及合作模式创新等问题，是两岸文化产业发展最值得关注的领域之一。2012 在上海嘉定举办的两岸文化产业（南翔）论坛，以"园区对话与合作"为主题，就两岸文化产业园区的发展和合作机制展开了广泛的讨论。

2011 年底国务院批复《厦门市深化两岸交流合作综合配套改革试验总体方案》，这一方案提出要"建设一批两岸文化交流合作平台和文化产业基地"，标志着两岸文化产业合作发展的制度创新迈入了新的阶段。

二、产业合作进入深水区，克服发展瓶颈提上日程

两岸文化产业交流与合作渐入深水区，无论在政策制度层面还是在实践操作层面都有所反映。从政策制度层面看，历届两岸经贸文化论坛共同建议内容的调整和重点重复，既是两岸文化产业合作深层次推进的标志，也反映出了两岸文化产业合作制度化进程的难度；从实际操作层面看，各领域合作发展的瓶颈和结构

性问题正在逐渐显露。

1. 制度空间调适

两岸文化产业合作与交流领域实践基本受益于历届两岸经贸文化论坛"共同建议"逐步落实所形成的交往格局，并在各种制度性调适中渐入合作深化期。分析 2010～2012 年两岸经贸文化论坛的共同建议可见，对于两岸文化产业领域的合作方向和重点已日渐清晰，并聚焦于三大方面：

其一，市场共建方面，以两岸知识版权保护为突破口。2010 年提出"建立出版物交流合作规范、推动落实两岸知识产权保护合作协议"；2011 年提出"落实两岸知识产权保护合作协议，提升两岸知识产权的创新、运用、管理和保护水平"；2012 年进一步强调"落实海峡两岸知识产权保护合作协议，共同维护两岸出版市场秩序"。

其二，产业合作有四大重点业态在制度共建中不断成熟。2010 年重点为广播、影视、出版；2011 年以"文化产业交流与合作"概括，提出扩大两岸出版物贸易、版权贸易及影视业合作，加强技术合作与项目合作，共同开拓海外华文市场；2012 年再次强调两岸在旅游、出版、广电影视的合作，但合作方向及内容有所细化，比如"共同建立书刊进出口平台"和数字出版合作等。

其三，合作模式优化方面，以对话平台、制度化建设、政策磋商细化为重点。2010 年提出"尽快实现两岸媒体互设常驻机构"、"支持制定两岸合作发展文创产业的规划及相关政策"；2011 年提出"推动建立两岸文化交流与合作的机制"，"实现两岸文化交流的制度化与常态化"；2012 年提出"持续推动两岸文化交流与合作的制度化建设"，"规划召开两岸文化论坛"，"营造有利于两岸文化交流的政策环境"。

从两岸共同建议的分析中可看出两岸文化产业合作领域所取得的政策性互动成果，但从个别重点议题的重复强调，结合其落实的实际情况来看，可见其共识细化的复杂性和制度推动的难度。

2. 产业合作瓶颈突显

根据表 9-1 数据显示，受 2008 年两岸政治政策环境影响，2009 年两岸交流达到峰值，大陆赴台人数和赴台交流项目数、人员次数的增长率均创历年最高。之后几年里，这一趋势逐渐放缓，趋于平稳，可见两岸人员往来与文化交流项目已呈现出常规化发展的态势。这从另一个侧面反映出，在现有制度框架和合作模式下，无论是项目推动型，或是系统规划型的文教交流都已基本得到了机制性的交流保障，成为两岸关系发展中波动较少的常态项。然而，当两岸文化交流深化至合作层面时，合作的瓶颈和结构性问题正在逐步显现，亟待互利的制度性安排来进一步规划结构，理顺关系，调适系统。

表 9 - 1　　　　　　　　　两岸人员往来与交流统计一览表

年份	台胞来大陆（人次）	增长率（%）	大陆居民赴台（人次）	增长率（%）	赴台交流项目（个数）	增长率（%）	赴台交流人数（人次）	增长率（%）
2008	4 367 594	- 5.6	278 712	21.2	8 393	12.34	46 832	12.13
2009	4 483 865	2.66	935 505	235.7	13 243	57.79	103 300	120.6
2010	5 140 554	14.65	1 661 877	77.64	19 089	44.14	146 729	42.04
2011	5 263 014	2.38	1 844 980	11.02	21 715	13.76	143 833	- 1.97

资料来源：国务院台湾事务办公室。

出版业进一步合作方面，目前尚未改变大陆出版社无法参与台北国际书展的状况，交流与合作的不对等关系依然存在。与此同时，两岸出版业存在管理体制和运作模式不同的情况，业界合作时存在诸多结构性问题。比如两岸对等开放可以控股或独资的出版社试点、两岸书刊进出口平台、两岸出版业合作模式创新等问题都是下一步两岸出版合作深化的突破点。两岸新闻业务间交流与合作的深化方面，目前尚无法突破现有互动模式，开放传媒长期驻点、互设办事处的建议虽经三年沟通，但无明显进展。此外，媒体互刊广告、互联网业内合作方面仍然存在很多限制性条件。

影视合作方面，大陆近年来多次出台台湾影视产业内地发展的优惠政策，而台湾政策调整较为缓慢。2012 年，大陆电影申请台湾电影配额的申请日开放后，数日里即有 19 部大陆影片报批，年度配额很快用完，显见大陆电影界进入台湾市场热度已高，两岸电影开放政策碍于"对等原则"而突显合作瓶颈。此外，两岸目前电影市场所面临的国际竞争状况不同，其分配机制和产业结构体制也有所不同，随着国际市场压力的进一步加大，两岸（甚至包括中国大陆、香港、澳门、台湾在内）影视产业目前的疏离和竞争状态，将使华语影视产业面临整体性压力。两岸应尽早建立更为有效的对话和合作机制，寻找双向政策支持、市场机制设计的突破点，共同探索有效的产业链整合和产业一体化模式，尽早搭建共同的制播及发行平台，形成产业合力。

两岸文化产业内的深度合作面临诸多亟待解决的法律问题。在文博产业合作方面，2012 年，两岸多次举办论坛，共同探讨了两岸文物交流法律层面、资源保护等的理论难题，反映出了这一领域基于共同规则、双向互动的制度化创新的迫切性。投资保护方面，受制于台湾企业投资大陆文化产业的股份比例限制，实践中存在部分台湾业者采取经内地企业运作，或以大陆投资者名义投资的投资行为模式，投资风险、国民待遇、双重征税问题等都是台湾业者在资金及产业向大陆转移过程中最为关注的方面。此外，版权管理模式仍是两岸需进一步细化的内容，对两岸文化共同市场的秩序建设有着重大意义。

两岸文化交流虽然在民间层次表现得较为热络和顺畅，但中国台湾与大陆文化产业发展状况不同，由此自然具有一种特定的产业内流动性特征。大陆不断出台优惠政策，对台湾业界产生了很大的吸引力，这更容易制度化形成一种不对等的产业流动。这种政策的不对称和壁垒一定程度上可起到保护作用，但长期而言，不利于整个产业资源的合理流动、优势互补和市场共建。两岸文化交流及产业合作有必要进一步加强制度化协商，以最大程度保护相关业者的积极性、创造性及合法权益，引导两岸文化产业和文化市场的健康发展。

三、机制化、制度化：两岸文化合作发展新的对接点和突破点

基于以上分析可见，两岸文化产业交流与合作在 2008 年之后形成的框架内，受政策红利的推动而得以快速发展。相比近年来两岸关系发展，以及两岸经贸领域的合作状况，两岸文化产业合作在两岸政策互动层面的突破较为有限。两岸文化交流制度化呼声大、阻力大、速度缓，且存在同水平重复等问题[1]。两岸文化产业合作的深化是一个受政治、经济、文化影响，又互为影响的系统性问题，有赖于体制性突破、系统性解决。从目前两岸交往经验来看，制度化是重要的方面之一，有必要在深入研究、积极对话中寻找有利于共同发展的新对接点与突破点。

根据两岸交往的经验来看，制度化对两岸关系发展、两岸经贸合作有着重大推动作用。2008 年 6 月 13 日"两会协商"重启之后，胡锦涛在与台湾海基会董事长江丙坤的会谈中高度肯定了恢复两会协商的意义，并提出"两会就今后商谈的议题和步骤作出合理规划，以利推进两岸制度化协商。"[2] 台湾领导人马英九也多次提出"两岸的和解制度化"问题，认为其作用在于"除了要减少误判可能性之外，更重要的是，还要让任何扭转此种趋势的成本增加"[3]。近年来，两岸在政治协商、经济合作方面不断尝试"制度化"发展，取得了显著成效。在此基础上，2008 年大陆提出商签"两岸文化教育交流协议"的愿景，以"推

---

[1] 全国人大常委会原副委员长、中华文化促进会名誉主席许嘉璐的观点。参见：石龙洪："两岸文化交流热络 深化仍需破局"《中国新闻网》2012 年 12 月 25 日，链接为：http：//www.chinanews.com/tw/2012/12 - 25/4436437.shtml。

[2] 吴亚明、王尧："胡锦涛总书记会见台湾海基会董事长江丙坤"，《人民日报》2008 年 6 月 14 日第 1 版。

[3] "未来四年台湾的政治发展与两岸关系"，《中国评论》2012 年 1 月。

动两岸文化教育交流合作迈上范围更广、层次更高的新台阶"①。2009年7月11日，贾庆林在第五届两岸经贸文化论坛上提出，两岸"实现两岸文化教育交流制度化、规范化、长期化"②。当天，吴伯雄也谈到要探讨如何"把文化交流纳入到制度化、常态化的发展轨道之上"③。正是基于这样的同识，2010年两岸经贸文化论坛发表的《共同建议》将"交流制度化"列入议程。

两岸关系的制度化发展虽然已成为两岸共同认识，但在具体实践过程中，却有着极为复杂的情况。比照对两岸经济合作发挥了重要作用的两岸经济合作框架协议，文化交流和文化产业合作领域尚缺乏一个整体性的框架性协议。相对于大陆方面的诚意，台湾方面对文化协议签订、互设常设机构等讨论已久的问题迟迟未有实质进展。台湾文化行政部门负责人虽然提出了召开"两岸文化前瞻论坛"的想法，却以"两岸文化协议不是文化部单一部门可以决定的，还需要政府整体的决策"为由，表示"暂不考虑与大陆签署文化协议"。然而也有"正在整理两岸文化交流不属于ECFA谈判项目的障碍列表"的表示，同时提出"如果要签署文化协议，希望能具体排除交流困难、增进合作"，以及"文化创业产业发展拓展大陆市场方面可以透过两岸ECFA协商"的观点。可见台湾在与大陆文化交流合作制度化方面的矛盾心态和政治复杂度。

制度化是"组织和程序获取价值观和稳定性的一种进程"④，"交流的制度化对于理解民族的想象共同体具有特殊的重要性。"⑤ 制度化过程包括凝聚共同价值，制定规范，以及建立机制以确保规范的有效履行⑥。有学者认为，台湾存在将文化等问题"泛政治化"的现象。学者杨立宪在分析两岸文化交流制度化的制约因素时认为，两岸综合实力不对称影响台湾的信心；岛内政治生态对国民党当局的大陆政策造成极大的制约；两岸文化交流政策的政治功利性影响了两岸文化交流的深化；价值观歧义影响了两岸文化交流的推进步伐⑦。台湾学者李建兴则认为，两岸制度上的基本差异影响了两岸文化制度化发展。他认为，台湾多以

---

① 胡锦涛："携手推动两岸关系和平发展　同心实现中华民族伟大复兴——在纪念〈告台湾同胞书〉发表30周年座谈会上的讲话"，《新华月报》2009年2月下，第12～13页。

② 贾庆林："大力加强两岸文化教育交流　建设两岸同胞共同精神家园——在第五届两岸经贸文化论坛开幕式上的演讲"，《人民日报》2009年7月12日第2版。

③ 《第五届两岸经贸文化论坛开幕式文字直播实录》，来源：湖南在线，2009年7月11日，链接为http：//hunan. voc. com. cn/article/200907/20090711118304323. html。

④ [美]塞缪尔·P·亨廷顿：《变化社会中的政治秩序》，三联书店1989年版，第12页。

⑤ [英]纳什、斯科特，李雪、吴玉鑫译：《布莱克维尔政治社会学指南》，浙江人民出版社2007年版，第302页。

⑥ 赵春山："从'利益共享'到'价值共构'：推动两岸和平发展关系的'制度化'途径"，《第八届两岸经贸文化论坛论文》2012年7月28日。

⑦ 参见杨立宪："再论新形势下如何深化两岸文化交流"，《重庆社会主义学院学报》2012年第6期。

高自主性的民间社会为主体，主管部门虽制订整体方向，但多为辅助者的角色；在大陆方面，政府的权力较为集中，民间社会的自主性较之下较低。此种差异各有特色，然而就两岸文化的交流与合作而言，尤其是文化产业的谈判方面，实为根本上的障碍①。

鉴于两岸文化交流制度化对两岸文化产业交流与合作的重要性，大陆相关部门提出可从任意两个方面展开沟通：一种是签订整体性、框架性的协议；另一种从签订具体领域着手，例如文化创意产业、文化遗产等，推动商签相关协议。也有业内人士认为，目前两岸文化交流的迫切在于台湾文化产业转移和产业升级的内在需求，因而民间热情较高，随着事业的发展，可能出现一种自民间力量推动政策优化的倒逼机制，以推动两岸在这一领域内的深层次对话与制度设计。政府不应该成为民间文化扩大交流需求的障碍和阻力，而应该顺应民意创新两岸文化交流机制。

"两岸最大的合作基础在于文化，但两岸交流最艰难的障碍也在于文化"②。就目前情况来看，两岸文化制度化发展不仅是一个结构性问题，而且是一个系统性问题，需要正视"两岸之间长期存在的历史性分歧和结构性矛盾，尤其是台湾社会在政治转型过程中，所人为制造的国家、民族认同的问题"③，从政治、经济、文化的系统整体性考虑出发，系统推进两岸关系的深层次发展。仅从文化交流与合作方面看，要通过更多渠道的沟通平台，深入分析台湾政治、产业、文化层面的难点和顾虑，从共识最多，最为迫切、争议最少的方面开始，共同探讨公平、可持续的合作模式。通过进一步深化对话，寻找对接点，从而实现政策层面的突破，才可能依制度化的路径促进两岸文化产业健康、有序、快速的发展，逐步改善两岸文化交流不平衡、不对称、不稳定、不深入的现状。

两岸文化合作领域的拓展，以及文化合作机制建立的最终目标是推动两岸文化共同体的构建，其作用与影响主要表现在制度建设、文化共同市场与社会文化融合三个方面④。制度化是一个不断完善的过程，例如 ECFA 框架协议签署后，仍需一个长期、深入、细致的具体实施过程才可能为实践所益。两岸文化交流制度化"迫切需要找准对接点，不断充实文化内涵、创新交流形式，加强两岸文化交流机制化建设，推动两岸文化交流与合作更加广泛、深入、持久和常态化地

① 李建兴："推动两岸文化教育交流与合作制度化"，《第八届两岸经贸文化论坛论文》2012 年 7 月 28 日。

② "两岸文化论坛达成八大共识"，《环球时报》2010 年 9 月 8 日，链接为：http：//taiwan. huanqiu. com/exclusive/2010 - 09/1083007. html。

③ 余克礼："维护政治认同与互信基础　深化两岸和平发展"，《第八届两岸经贸文化论坛论文》2012 年 7 月 28 日。

④ 严泉："两岸文化交流合作机制与文化共同体的构建"，《台湾研究两岸关系》2011 年第 4 期。

开展下去"①。

四、构建两岸共识：实现中华文明的现代化

走向现代化的可持续发展的中华文明的伟大复兴，应当成为两岸文化产业交流合作、创新发展的共同主题和战略基点。也是中国文化产业发展战略的重要内容。

现代化是一种文明进程，是一种文明变化的趋势性。根据何传启先生的定义，现代化包括三个层次的变化：文明内容的变化、文明形态的变化和国际文明体系的变化，因而是文明发展、文明转型和国际文明互动的一个过程系统。但并非所有的文明变化都是现代化。只有满足三个标准的文明变化才属于现代化：即要有利于社会生产力的解放和提高，又不破坏自然环境；有利于社会的公平和进步，又不妨碍经济发展；有利于人的自由解放和全面发展，又不损害社会和谐。文明内容的变化是文明现代化的根本。

现代化不是选择今天，而是选择未来。我们应该选择什么样的未来，或者说什么样的未来才是值得我们选择的。这里面既包含理想，也是对现实的考量，更是一种价值观。我认为，这个未来用我们中国人的价值观来说，就是"天人合一"。也就是说，现代化应该是人、自然、社会的和谐一体，共生同构的现代化。这是一个基于人类文明和社会可持续发展的现代化。基于这样的认识，可持续发展的价值取向，就不仅仅是指环境的、生态的，而且还应当是包括经济、政治、社会和文化的。这是一个有机整体，互相联系而不能分割。现代化应当是一个可持续发展的概念与人类社会的发展模式。在今天，现代化并不是简单的等同于工业化。全球化进程已经为我们提供了这样一种可能，即超越工业化的现代化。工业文明给人类社会带来了巨大的进步，同样，工业文明的弊端也正在严重地影响着人类文明的进一步发展。其对资源的消耗和对环境的破坏，已经到了地球所能承受的极限。可持续发展是对工业文明的克服与超越，也是对传统意义上的现代化的超越。以此来思考文化产业的现代化和两岸文化产业的合作发展，可以为我们从文明发展史的角度提供一个共同的基点。应当赋予中国文化现代化和中国文化产业现代化以新的文明发展的内涵，那就是中华文化的可持续发展和中华文明的可持续发展。

中华文明是一个自我沟通的文明系统，这是一个在封闭循环的过程中不断沟

---

① 石龙洪："两岸文化交流热络　深化仍需破局"，《新华网》2012 年 12 月 26 日，链接为：ht-tp://news.xinhuanet.com/yzyd/culture/20121226/c_114159078.htm。

通的自我再造系统，它既具有操作上封闭性特征，又具有对于环境的开放性特点。沟通是中华文明系统中文化生产与再生产的最后元素，因而，这是一个能够全面包括所有相互间可感知的沟通行动系统。这是一个复杂的文明交往系统。其复杂性使得它在面对环境的影响时，会出现各种内在的危机和各种不平衡现象，迫使中华文明不断地进行复杂性的还原和自我区分化以化解危机。中华民族和中华文化就是通过多途径的整合实现差异中的统一且在不断分化中进化。

以人为本，就是以人的共同体为本。离开了人的存在的共同体，孤立的以人为本是不存在的。因此，在今天，面对世界的文明冲突、文明竞争与文明融合发展的现实，对于中华民族而言，以人为本就是以中华民族的繁荣昌盛为本。"民本"思想在中国有着悠久的历史，孔子讲"仁者爱人"，孟子讲"民为贵，社稷次之，君为轻"，都表达了对人的价值的肯定，是几千年来中华民族最重要的价值观之一。发展到了现代，当中国人面临列强入侵，可能亡国灭种的生存危机的时候，"中华民族"这四个大字第一次体现和表达出中国人的现代意识和现代性，第一次表现出炎黄子孙对自己身份的文化认同，并且使炎黄子孙第一次以"中华民族"的共同体身份屹立于世界民族之林。从这个意义上说，中国的现代化是从"中华民族"的身份建构开始的。同时也是中华文明现代化的标志。这是我们讨论中国现代化的历史起点。从这个意义上说，没有中华民族的伟大复兴，没有中华文明的现代进步，就不可能有对于我们每个人来说更好的生活愿景——一个两岸和平发展的中国，一个可以保持自由、开放、包容的中国，一个与世界现代化进程同步的中华文明的现代化。

1. 中华文明现代化是两岸共同责任

文化产业是文明进化和文化现代化的生产方式和表达方式。它既是一种文明发展最高形态的总结，同时也是文明现代化的革命手段。当已有的文化生产方式已经不能满足人类文明发展的需求，一种代表新的文明时代到来的文化产业革命也就发生了。印刷术代表了农耕文明时代最高的文明成果。印刷术是中华文明贡献给人类文明最重要的文明成果之一。印刷术不仅给欧洲带来了资产阶级的新教革命，更重要的是带来了欧洲文明的现代转型。印刷术是中国发明的，但是在中华文明发展史上却没有给中华文化的现代化进程带来向欧洲那样的革命性变化，其中一个最重要的原因，就是缺乏以能源革命为基础的工业文明革命。印刷术迅速地走出手工业生产方式而走向大工业生产时代，其中一个最重要的原因就是蒸汽机的发明和煤炭作为新能源的大规模应用于蒸汽机的生产，从而使得人类文明的思想文化成果的大规模复制而成为可能。蒸汽机和煤炭加快了信息流通的速度，它们让大量印刷廉价报纸成为可能，同时提高了民众的受教育的比例。如果没有一大批受过教育的劳动力，是无法运用好第一次工业革命的。正是印刷术传入欧洲和印刷术革命开启了人类工业文明时代的到来。

经济和社会变革总是来自新能源与新通信方式的交汇。这是美国宾夕法尼亚大学教授杰里米·里夫金在他的《第三次工业革命》中提出的观点。他认为，在人类社会经历了 20 世纪以电力为代表的新能源革命与电话和广播电视相交汇之后，以 2008 年的全球金融危机为标志，第二次工业革命开始走向终结，一场以能源互联网为标志的第三次工业革命正在向我们走来，并且已经开始影响文化产业发展的现代化进程。媒体业和音乐产业是两个影响最为突出的行业。有了网络，网民可以在传统渠道外分散信息片段，音乐分享网站和电信企业在数字音乐里的巨大影响力，使得传统的唱片业发展步履维艰；而数字媒体更是让有着一百多年历史的《大不列颠百科全书》宣布纸质《百科全书》的终结。互联网正在创造一个与传统文化产业完全不同的文化经济模式，并且以这样一种文化经济模式改变和重塑人类社会的文明形态。

中华文化、中华文明在人类社会的现代发展和现代进步中落后了。在印刷术发明之后，中华民族再也没有向世界贡献过影响人类社会文明进程的标志性成果。巨大的文明欠账，恰恰为两岸的中国人，为中华民族提供了巨大的创造性战略机遇。两岸人民同属中华民族，同是炎黄子孙，拥有共同的血缘、历史和文化，因而也承担着共同的推进中华文明现代化的责任。我们错过了第一次现代化，我们赶上了第二次现代化的末班车，第三次现代化，即第三次工业革命即将到来，中华民族和中华文明的现代化不能再和第三次现代化擦肩而过。

大陆有东西部发展不平衡的困难，台湾有南北部发展的差异。这是两岸文化产业发展的基本现状。文明发展的阶段性是以生产力发展水平为依据的。农耕文明、工业文明、信息文明构成了迄今为止人类社会演变的三大生产力和生产方式的文明形态。从某种意义上说，文明本身无所谓先进和落后。工业文明比农耕文明进步，是现代化的标识，然而，今天当人们提倡大力发展文化创意产业的时候，有不少成功的案例恰恰是在用农耕文明时代的手工业生产方式在医治工业文明留给当今社会发展的不可持续性。绿色经济、低碳经济在某种程度上说，恰恰是农耕经济的主要特征。从这个意义上说，农耕文明在某些方面具有后现代性，因而是我们今天在推进现代化发展进程中亟需继承和发扬的人类文明遗产。

中华文明是诞生于农耕文明时期的原生文明形态。但是，它又是一种在文明发展的进步历程中不断充实、完善、提高的一种具有生生不息的内生机制的文明形态。它坚持自己的本质，同时又具有很强的自我修复能力；它勇于吸收人类社会其他文明成果，但又在吸收中融会贯通，不断丰富中华原生文明的内涵。因而，它既是传统的，又是现代的。不断地现代化是五千年中华文明的本质指向。这个现代化是可持续发展的现代化。今天中国的现代化作为中华文明现代化在今天的表现和表达，不管你是否愿意，它也依然是可持续发展的现代化。这是由中国文化的"天人合一"观决定的。因此，从这意义上说，以农耕文明为基础，以手工业为主要生产方式的传统文化产业，以工业文明为基础，以大规模机械复制为主要生产方式的现代文化产业和以信息文明为基础，以数字技术和互联网为主要生产方式的后现代文化产业，共同构成了两岸文化产业发展的普遍性特征。在当今世界文化产业发展的格局中，还很难找到这样的同构的共同体。

2. 以中华文明可持续发展推动两岸文化产业合作发展的制度创新

可持续发展不是一个瞬间就可以实现的目标，它是一个过程，在这个过程中包含着很多选择。两岸文化产业的合作发展，站在中华文明现代化的角度和现代化可持续发展的角度，我想表达以下几点认识：

（1）中华文明现代化是包括两岸在内的中华民族的现代化，不是两岸间单一方面的现代化。台湾的现代化进程对大陆有帮助，大陆的现代化对台湾有促进，同样，港澳的现代化对大陆和台湾也都有影响，因此，中华文明的现代化不是现代中国哪一个方面的现代化，而是中华民族整体性文明进步的现代化，我们应该从这个维度来认识中国的现代化命题，并且以此作为我们思考两岸文化产业合作发展的基点。

（2）两岸文化产业合作发展是中华文明现代化的重要实现方式和共同责任。两岸文化产业发展在实现中华文化现代化进程中应建立和遵循共同而有区别的原则。尊重两岸文化产业发展模式在现行架构下的差异性原则，但同时又不应成为承担共同责任原则的障碍。推进两岸文化市场的双向对等开放，创建符合中华民族核心文化利益的两岸文化贸易和投资体制，共同促进两岸文化产业的共同发展与繁荣，这是在实现中华文明现代化进程中两岸的共同责任，两岸文化产业合作发展过程中的一切分歧，都应该在这个基础上求大同存小异。

（3）两岸文化资源属两岸人民所共有和共享。两岸应精心设计跨海峡文化交流制度改革与建设规划，使两岸文化产业发展真正享受到优秀的中华文化资源在现代化进程中的收益。大力推进两岸文化产业深度合作发展。加强和深化两岸和平发展的新格局，客观上要求加快推进两岸文化交流的机制化和体制化建设，使两岸人民真正平等分享两岸和平发展带来的红利。

（4）两岸文化产业的合作发展必然构成对两岸原有构架下的文化体制和制度的挑战。共同推进两岸文化体制改革，共同建构符合中华民族共同文化利益的两岸文化产业合作发展的体制和机制，这是成为两岸文化发展现代化和文化可持续发展难以回避的问题，同时也为两岸克服原有架构下的文化制度性障碍，创造性地建构两岸文化共同而可持续发展的现代化提供了历史性的机遇。没有基于两岸文化现代化可持续发展的基本认同，就不可能有真正惠及两岸民众和两岸和平发展的可持续发展的文化现代化。

（5）积极开展提升中华文化国际竞争力的合作与交流，鼓励两岸文化产业界在全球文化市场，尤其是亚洲文化市场的联手合作，共同实施中华文化产品"占领亚洲，走向世界，惠及全球华人"的共同发展战略。两岸文化产业合作发展，不能只局限于两岸文化产业合作发展的 GDP，虽然这对衡量两岸文化产业合作发展的广度和深度非常重要，但是，两岸文化产业发展共同面对的是全球文化市场的挑战。尤其是在文化产品市场和文化制度设置领域里的挑战。两岸文化产业的合作发展应当积极探索在全球文化市场领域里的"定价权"：即文化市场交易制度的议程设置。两岸文化产业合作发展的世界眼光应当成为两岸共同关注的战略基点。没有两岸文化产业合作发展的"世界观"，很难有两岸文化产业合作发展的大历史观和大战略观。超越前人，而又不拘泥于现状，应该是我们炎黄子孙共同具有的胸襟。

（6）基于两岸和平发展的共同目标，两岸文化产业的合作发展，既要有眼前的短期目标，也要有长远发展的共同目标。这就需要建立一个共同机制和工作机构。没有机构，没有人来实施。任何目标都无法实现。我建议，可以建立一个由两岸有关方面人员共同组成的两岸文化产业合作发展工作小组，对两岸文化产业合作发展进行评估，并且联合发布评估报告。两岸文化产业合作发展需要这样一份报告。这不只是一份简单的例行公事报告，而是要对两岸文化产业合作发展中的问题进行思考：问题是什么？它们之间的联系是什么？我们要解决什么问题？要让所有不同的利益相关者参与到报告的工作过程中来，并且在这个报告中，不断地凝聚共识，并且用它来指导两岸文化产业合作的可持续发展。报告不是一个新闻发布，而是用它来推进两岸文化产业的合作发展的机制。因此，我建议成立一个两岸文化产业合作发展的理事会，研究两岸文化产业合作发展的可持续发展的目标，对两岸文化产业合作发展进程进行评估，做得怎么样，问题解决了没有，产生了哪些新问题，需要在哪些方面进一步采取行动等。这一工作必须有其他非政府部门的参与，包括民间组织和社会机构，尤其是文化企业。

（7）意识形态分歧是现阶段影响两岸和平发展的重要障碍之一。但是，我认为，两岸在意识形态问题上有分歧，也有共识，那就是实现中华文明的伟大复兴。中华文化和中华民族的伟大复兴也是意识形态。两岸应当以此为基础，同构共建基于中华民族和中华文明伟大复兴的新意识形态观，并且以这样一种意识形态观建构两岸文化产业合作共建机制。只有这样，才能实现两岸文化产业发展的双向三通：通人、通文、通市。所谓通人就是两岸的文人、文化产业人的互通有无；所谓通文，就是两岸文化交流文化产业合作发展畅通无阻；所谓通市，就是建立两岸共同文化市场。

（8）两岸文化产业创新、合作与发展是以两岸所共同遵循和坚守的中华民族的共同信仰为价值基础的。中华民族信仰的核心，无论是其政治信仰、文化信仰、民族信仰还是宗教信仰，都体现出其追求"大一统"即整体共在的这一核心价值。从政治信仰、文化信仰、民族信仰和宗教信仰对中华民族的维系来看，都可以发现其对中国社会独特、持久的整体性和一统性传统及其发展惯性的注重和神圣化。"大一统"政治及文化理念的坚守，既需要求同存异，也允许和而不同。中国的现代发展已经进入多元社会的氛围之中，人们希望一种多元并存的局面，却没有丢掉这种"大一统"共在的价值共识，这种维系与坚持正是中国信仰的文化力量，而正是这种"信仰共同体"，构成了中华文化的价值基础。两岸文化产业创新、合作、发展的"最大公约数"就在这一共同的价值基础。这个基础也是中华文明现代化的价值基础。

因此，两岸文化产业合作发展需要我们共同建立大历史观。一部中华民族和中华文明发展史告诉我们，中华民族和中华文明在它的进化过程中都曾找到过非凡的方法走出僵局和困境，说明各自都有克服进化危机的某种机制。这在我们今天共同探寻两岸文化产业合作发展的创新机制的时候显得尤为重要。事实上，我们共有的是中华民族和中华文明的历史，是人类圈的历史，不管文化多元化或全球化的浪潮如何变幻，我们的生存机制却是大同小异。我们面对的要么是中华文明的现代化又一次与人类文明的现代化失之交臂，中华民族再一次面临百年之前的种族危机，要么共渡难关，共克时艰，共创中华文明新的辉煌。从这个意义上说，两岸文化产业合作发展，是中华文明现代化实现的必然途径，也是实现中华文化现代化的必然机制。

第十章

文化产业发展的数字化与数据化

一、技术长波理论与文化产业成长周期[①]

科学技术发展与文化产业运动的关系随着文化产业在我国发展的深入,已经越来越引起学界的关注,并成为文化产业理论研究的一个新的重要课题。这个问题不仅涉及人们对文化产业运动规律的认识与把握,而且对我国文化产业发展战略的制订有着重要的意义。对此祁述裕等提出了"文化作为商品进行生产和消费古已有之。但文化产品成为大规模的工业化生产,文化产业的业态、种类和格局发生深刻的变革,则往往有赖于科技进步之功"[②] 的观点。孟晓驷认为"文化产品生产从原始的手工操作、口头上的叙述和流传,一直到今天的影视、激光、卫星等方面先进技术的采用,这一科技进步的过程表明了文化产品生产的发展过程,也表现了文化产品生产与科学技术相互关系变化的轨迹"[③]。胡惠林则在《文化产业学》一书中更进一步提出了"文化产业增长周期"的重要概念和理论假说[④]。文化产业是随着现代科技的产生而产生,并随着科技的发展而发展的。这种产生与发展究竟存在着怎样的一种内在联系,我们将试图采用熊彼特等人的

[①] 本章一、二节系与我的研究生尤芬、解学芳合作完成。

[②] 祁述裕、韩骏伟:"新兴文化产业的地位和文化产业发展趋势",《马克思主义与现实》2006 年第 5 期,第 97 页。

[③] 孟晓驷:"文化产业发展机理解析",《光明日报》2004 年 6 月 2 日。

[④] 胡惠林:《文化产业学》,高等教育出版社 2006 年版,第 76 ~ 77 页。

技术长波理论作进一步分析。

1. 经济长波理论

经济长波通常是指经济发展过程中存在的持续时间为 50 年左右的周期波动。最早系统、明确地提出长波理论的是俄国经济学家康德拉季耶夫，他在 1925 年的《经济生活中的长期波动》提出，经济长波是由主要固定资本产品（如蒸汽机、发电机和电动机等）的更新换代引起的。他把 1780 年到 1920 年 140 年的资本主义经济运动分为两个半长波：第一个长波是从 1780 年到 1844 ~ 1851 年；第二个长波是从 1844 ~ 1851 年到 1890 ~ 1896 年；之后的半个长波是从 1890 ~ 1896 年到 1920 年（见图 10 - 1）。

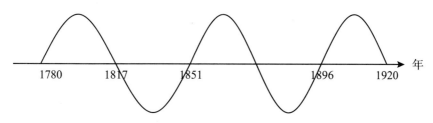

图 10 - 1　康德拉季耶夫的长波示意图

继康德拉季耶夫之后，美籍奥地利经济学家熊彼特提出了以创新理论为基础的技术长波理论。熊彼特认为，经济长波周期源于那些影响巨大，实现时间长的创新，即以产业革命为代表的技术创新活动，如铁路的兴建、蒸汽机的广泛应用以及电气化和化学工业的兴起等。他以三次重大创新为标志划分了三个长周期：第一个长周期，从 18 世纪 80 年代到 1842 年，是以纺织机等创新为标志的"产业革命时期"；第二个长周期，从 1842 年到 1897 年，是以蒸汽机和钢铁生产创新为标志的"蒸汽和钢铁时期"，或被称为世界铁路化的时代；第三个长周期是 1897 年以后以电力、化工、汽车创新为标志的"电气、化学和汽车时期"。熊彼特进一步将每个长周期细分为上升波和下降波。他认为，这些重大技术发明及其普及应用均会出现大的创新活动浪潮，引起经济高涨，形成长周期的上升波。当新技术的普及应用达到一定程度后，产量大幅度增加，超额利润消失，价格下跌，很多企业亏损或破产，经济不景气出现，形成经济长周期的下降波（见图 10 - 2）。

荷兰学者冯·丹因在熊彼特技术创新长波论的基础上，提出了"创新生命周期"理论，并以此构建了自己的长波理论。冯·丹因认为，任何一项基本创新活动都要经历引进、扩散、成熟和下降四个阶段，这四个阶段构成基本技术创新的生命周期。冯·丹因进一步将经济长波的四个阶段和基本技术创新生命周期的四个阶段联系起来，认为经济长波的繁荣、衰退、萧条和复苏分别对应于创新生命周期中的扩散、成熟、下降和引进阶段。在创新生命周期的带动下，经济出现了长周期波动。长波的发展阶段是由创新生命周期的发展阶段所决定的（见图 10 - 3）。

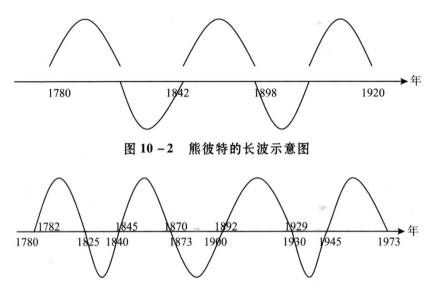

图 10 - 2　熊彼特的长波示意图

注：冯·丹因在划定长波周期起始年份时，考虑到战争的影响，因此年份并不完全连续。

图 10 - 3　冯·丹因的长波示意图

2. 文化产业相关产品的发明与创新时间回顾

1450 年古登堡发明了铅活字印刷，图书出版业自此发展起来。1877 年爱迪生发明了留声机，标志着音像唱片业的诞生。1895 年法国卢米埃尔兄弟发明了电影，标志着电影业的产生。1925 年贝纳德发明了电视，1936 年英国伦敦进行了第一次正式的电视系统的公开广播，电视从此深入千家万户。

表 10 - 1 回顾、梳理了各门类文化产业如出版业、音像业、电视业、电影业、网络文化产业等发展过程中相关产品产生的时间脉络：

表 10 - 1　　　　　文化产业发展历程中主要发明与创新

	发明、创新	时间	发明者（创新者）
一、印刷业	活字印刷	1041～1048 年	中国　毕昇
	铅活字印刷	1450 年	德国　古登堡
	激光照排	1981 年	中国　王选

	发明、创新	时间	发明者（创新者）
二、音像唱片业	留声机、圆盘唱片	1877 年	美国　爱迪生
	78 转 SP 胶木唱片	1888 年	美国　贝里纳
	钢丝录音机	1898 年	丹麦　保森
	电声录音	1925 年	美国
	磁带录音机	1935 年	德国　弗里奥莫
	软塑胶唱片	20 世纪 50 年代	
	盒式录音机	1960 年	荷兰　Philips 公司
	数码录音唱片	1972 年	日本　Denon 公司
	Walkman	1979 年	日本　Sony 公司
	CD	1980 年	Sony 公司 &Philips 公司
	VCD	20 世纪 80 年代	中国
	MP3	1993 年	德国英国
三、电视传播业	电视原理	1884 年	德国　尼普科夫
	黑白电视	1925 年	英国　贝纳德
	第一次正式的电视系统的公开广播	1936 年	英国伦敦
	彩色电视	1951 年	美国
	磁带录像技术	1956 年	美国　Ampex 公司
	电视卫星	1962 年	美国
	数字电视	20 世纪 90 年代初	德国
	手机电视	2000 年	
四、电影业	黑白默片电影	1895 年	法国　卢米埃尔兄弟
	有声电影	1927 年	美国
	彩色电影	1935 年	美国 & 英国
	宽银幕电影	1953 年	
	立体声电影	20 世纪 50 年代	
	全息电影	20 世纪 70 年代	
	数字电影	1999 年	美国

	发明、创新	时间	发明者（创新者）
五、计算机网络业	电子计算机	1946 年	美国　莫里奇
	微型计算机	1971 年	美国　Intel 公司
	Internet 正式命名	1989 年	美国
	网络游戏	1997 年	美国 EA 公司
六、手机业	手机	1973 年	美国　Motorala 公司
	与现代相似的手机	1987 年	美国
	彩铃	2002 年	韩国　SK 公司

资料来源：乔治·萨杜尔：《世界电影史》，张讴：《世界电视史话》，汤恩比克·谢尔曼：《音乐的故事》，Joseph R. Donimick、张海鹰：《电子媒体导论》及互联网。（注：有些发明创新出现的年代、创造者难以稽考，故未能一一标出。）

将表 10 - 1 按年代划分，可以得到表 10 - 2 和图 10 - 4：

表 10 - 2　　　　　　　39 项文化产业发明、创新分布图

年份	分布
1000 ~ 1250 年	1 项发明、创新
1250 ~ 1500 年	1 项发明、创新
1870 ~ 1880 年	1 项发明、创新
1880 ~ 1890 年	2 项发明、创新
1890 ~ 1900 年	3 项发明、创新
1900 ~ 1910 年	0 项发明、创新
1910 ~ 1920 年	0 项发明、创新
1920 ~ 1930 年	3 项发明、创新
1930 ~ 1940 年	3 项发明、创新
1940 ~ 1950 年	1 项发明、创新
1950 ~ 1960 年	6 项发明、创新
1960 ~ 1970 年	1 项发明、创新
1970 ~ 1980 年	6 项发明、创新
1980 ~ 1990 年	4 项发明、创新
1990 ~ 2000 年	6 项发明、创新
2000 ~ 2006 年	1 项发明、创新

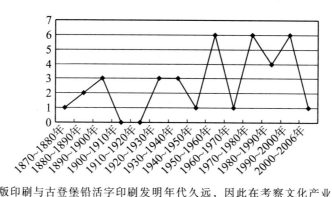

注：因雕版印刷与古登堡铅活字印刷发明年代久远，因此在考察文化产业发展周期时忽略不计。

图 10 - 4   37 项文化产业发明、创新分布图

从以上图表可以看到三个文化产业产品发明、创新涌现的高峰，第一个高峰是 19 世纪末 20 世纪初，各类文化产业逐渐发端；第二个和第三个高峰是 20 世纪 50 年代及 70~80 年代，文化产业各行业出现了关键性的技术、产品突破与创新。

根据上述数据、图示并结合熊彼特等人的技术长波论，我们可以得出文化产业发展周期波形图如图 10 - 5 所示：

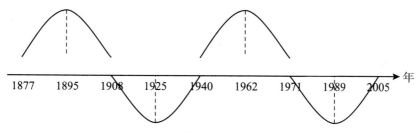

图 10 - 5   文化产业发展周期波动图

3. 经济长波与文化产业发展长波周期的关系

根据熊彼特与冯·丹因等人的观点，经济长波由技术创新推动形成，那么文化产业发展周期是如何形成的？经济长波与文化产业发展长波之间又存在着怎样的关系？下面我们将文化产业发展长波与经济长波进行比较说明。因为康德拉季耶夫和熊彼特划定的经济长波年代久远，数据不够充分，难以与文化产业发展进行对应比较。而冯·丹因的长波理论一方面以熊彼特的技术长波理论为基础，另一方面他划定的长波周期起点、终点年份与熊彼特划定的年份接近，因此我们选择冯·丹因的长波周期与文化产业的长波周期进行对应比较。两者比较图示如图 10 -6 所示：

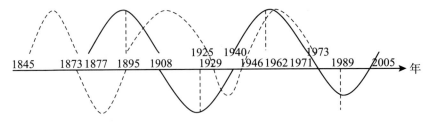

注：——为文化产业发展长波，┈┈为冯·丹因划定的经济长波。

图 10 - 6 经济长波与文化产业周期波动的对应关系示意图

从图中我们可以看出，经济波动发展带动了文化产业的波动发展，1845～1892 年经济长波与 1877～1940 年文化产业发展长波周期互相对应，1892～1946 年经济长波与 1940～2005 年文化产业发展长波周期互相对应，经济起伏波动之后紧接着文化产业的起伏波动。经济发展使得人们生活水平提高，对于文化产品的需求提高。一方面这种需求推动了文化产业相关产品发明、创新的发展，另一方面当这些新发明与创新涌现出来后，适应了人们的消费需要，具备较大的盈利空间，吸引了资本的涌入，逐渐发展壮大成为新兴的产业或部门，从而推动了文化产业的发展及其波动周期的形成。而文化产业作为社会经济组成的一部分，其发展在某种程度上又反过来影响了经济的波动发展。表现在图示上，文化产业长波周期总是介于两个经济长波之间，与前一轮长波相比具有滞后性，与后一轮长波相比又具有一定的超前性。

从表象上看，文化产业发展长波周期受经济长波推动形成，从根本上来说，受科学技术的推动形成。也就是说，科技不仅推动经济波动起伏发展，同时也推动了文化产业的波动起伏发展。下面将采用熊彼特、冯·丹因等人的长波理论做具体分析。

4. 文化产业发展长波周期分析

由图 10 - 4 可以看到文化产业第一个发展周期为 1877 年至 1940 年，历时 63 年。第二个发展周期为 1941 年至 2005 年，历时 64 年。两个周期时长都约为一个康德拉季耶夫周期。

首先来分析第一个周期（见图 10 - 7）。

从表 10 - 2 和图 10 - 7 可以看到，1877～1892 年与 1925～1940 年两个阶段涌现出一批发明、创新，因此笔者将其划归于第一个周期的上升阶段。

19 世纪下半叶正值第一次科技革命尚未消退，第二次科技革命逐渐兴起的时期。1877 年至 1940 年这段时间内的文化产业相关产品发明与创新无不是在两次科技革命的成果中孕育产生的。18 世纪末 19 世纪初第一次科技革命中蒸汽机的广泛应用带动了机械生产，作为唱片业起始的爱迪生发明的蜡筒留声机采用机

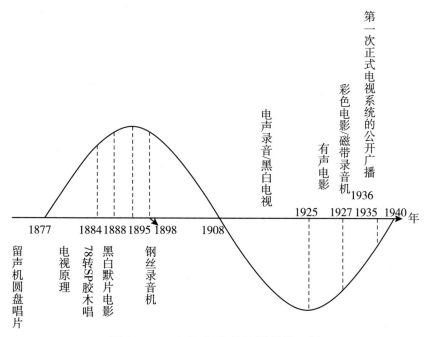

图 10-7 文化产业发展周期第一波

械装置和扩音结构，开创了音响记录传播音乐的历史。1844 年尼普科夫发明了机械扫描圆盘的方法，提出了基本的电视原理，即用电流传送看到另一方的影像，为电视的发明奠定了基础。而电影"产生的根基在于 19 世纪科学和技术领域的一切发明，是仪器、机械、光学领域研究的新发展，是照相暗箱、各式各样的图片生成器、放映机等设备问世之后所必然相应产生一种全新的艺术表现手段"①。

　　冯·丹因的"创新生命周期"理论认为，基本技术创新的生命周期分引进、扩散、成熟、下降四个阶段。在文化产业发展过程中，相关技术、产品的发展进程确实表现出了上述几个阶段性的特点，但这些不同阶段之间却并不是界限绝对分明的，不同阶段之间可能会出现交错和衔接的现象。1877 年至 1898 年的这些发明与创新，如音像唱片业中的圆盘唱片到后来的胶木唱片及 1895 年发明的黑白无声电影，可视为文化产业新技术、产品的引进、扩散，初进入市场，消费者开始认识并使用这些文化产品，市场逐步扩大，较高的利润空间吸引了资本注入，形成新的企业或公司，推动了文化产业发展上升波的形成。而 1892~1924 年中一方面上述产品、技术进入成熟、衰退阶段，市场需求逐渐呈饱和趋势，产品过剩；另一方面，上一时期投入其中的投资已经逐渐撤出，再加上第一次世界

---

①　李兴国主编：《影视艺术与高科技应用》，中国传媒大学出版社 2005 年版，第 1 页。

大战阻碍了这一时期技术发明、创新的涌现，因此文化产业发展处于停滞状态，形成周期波动的下降波。

19世纪下半叶第二次科技革命中对电与磁的各种效应的研究，出现了电解、电声等一系列电力技术，对电影、电视、音像的改进、提高、完善、普及以至成为世界性的产业起到了极大的推动作用。20世纪20年代，过去机械式的留声机被电力装置所取代，人们利用电磁原理发明了磁带录音机，完善了音乐的录制、传播技术与设备。由于光电管的发明和感光材料的进步，声音有了记录在感光胶片上的可能，电影中的录音问题得以解决，实现了电影历史上最大的变革。彩色胶片的研制成功使电影进入一个有声有色的世界[1]。这一系列改进、创新都发生于1925年至1940年，意味着这一时期新技术、产品又进入引进阶段，再次出现了新的需求、新的市场、新的投资，文化产业发展逐渐复苏。这一时期蒸汽机动力技术带动了交通运输技术的进步，火车、铁路的出现为文化产品如报纸、书籍、唱片等的运输与传播提供了便利，也在一定程度上促进了文化产业的发展。文化产业发展长波再次趋于上升。

再来分析文化产业发展第二个长波周期（见图10-8）。

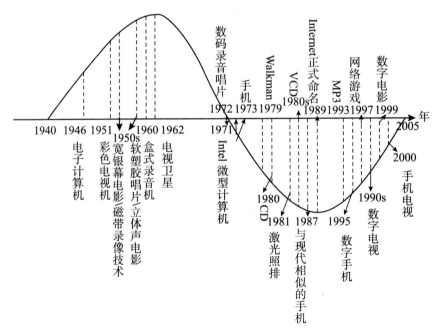

图10-8　文化产业发展周期第二波

---

① 李兴国主编：《影视艺术与高科技应用》，中国传媒大学出版社2005年版，第6~7页。

20 世纪 40 ~ 50 年代，文化产业受第一个长波周期的后续影响，在电视、电影、音像等行业涌现出一系列创新，这些技术不断扩散，消费者对文化产品的需求也逐步扩大，产业利润提高，生产也随之进一步扩大，从而推动了文化产业发展第二个周期高峰的形成。"二战"结束后，一些国家开始重建电视产业，20 世纪 50 年代，由于电子工业飞速发展，为建立大规模的电视系统奠定了基础。但"电视在被采用后仅数年就出现了销售高峰。1950 年以后，甚至出现了轻微下降的趋势。电视由迅速增加到成熟可以归因于被压制的消费者的需求。在第二次世界大战期间，这种需求被完全压抑"[1]。

1962 年美国电视卫星发送成功象征着这一时期文化产业发展的顶峰。卫星技术的发展使人们的文化娱乐活动跨越了国界的限制，更进一步促进了文化产业的发展。此后至 70 年代，电视、电影、音像等传统文化产业的技术已经发展成熟，逐渐出现了下降的趋势，投资与需求减少，使得文化产业发展有所衰退，进入下降波趋势。

1971 ~ 1973 年出现了两件深刻改变人类生活的物品——手机和微型计算机，但在当时它们在文化产业中的应用普及尚未展开，相关技术仍处于孕育、积累时期。这一时期的重要发明等到下一个上升阶段开始时才得到大规模应用。1973 年以后直至 1979 年都未出现较大的技术创新与突破，原有的行业技术出现衰落，投资进一步萎缩，文化产业发展仍处于低谷状态。1981 年王选研制的激光照排成功及 1987 年与现代相似的手机出现，预示着文化产业发展的恢复，开始逐渐进入周期发展的上升波阶段。

1989 年 Internet 正式命名，这成为文化产业发展第二波周期至关重要的转折点。此前 10 多年微型计算机已经逐渐在社会生产、生活各方面普及开来，计算机和网络带来的信息技术、数字技术、网络传输技术进入引进、扩散阶段，这些技术在文化产业上的应用引起了文化产业的深刻变革，传统文化产业得以改造升级，开始向新兴文化产业发展、转变。如基于纸质媒体的图书出版在数字技术的改造下，形成了数字图书、数字化出版，基于模拟信号的电视在数字技术的改造下形成了数字电视，基于卫星传输技术形成的移动电视、车载电视，基于胶片制作的电影，在数字化技术的改造下形成了数字电影[2]。同时，以网络技术、信息技术为支撑的动漫产业、网络游戏、手机游戏及以其他多媒体产品为代表的新兴文化产业逐渐发展壮大起来，20 世纪最后 20 年也由此而成为文化产业发展第二波周期的复苏期，这一时期文化产业的蓬勃发展孕育着下一发展周期高峰的

---

① 外国经济学说研究会编：《现代国外经济学论文选》第 10 辑，商务印书馆 1986 年版，第 88 页。

② 祁述裕、韩骏伟："新兴文化产业的地位和文化产业发展趋势"，《马克思主义与现实》2006 年第 5 期，第 98 页。

到来。

5. 文化产业的创新 "蜂聚"

熊彼特所指的创新包括五种形式：一是引进一种新产品，或提供一种产品的新质量；二是采用一种新的技术或者新的生产方法；三是开辟一个新的市场；四是获得一种原材料新的供应来源；五是实行一种新的组织形式。熊彼特的 "创新" 是一个经济概念，而不是一个技术概念，它是指把现存的技术革新引入新的经济组织，形成新的生产能力。

具体到文化产业上，唱片、MP3、手机、计算机等产品的出现可以视为 "新产品的引进"，铅活字印刷和激光照排技术则属于 "新的生产方法"。这其中有许多产品，如盒式录音带、Walkman、CD、网络游戏等是企业本身为了开辟新的市场，满足新的消费需求而研制开发的。所以表一中的各项技术发明、创新并不仅仅是 "技术创新"，他们都符合熊彼特经济概念上的 "创新"。图 10 – 7 和图 10 – 8 显示 19 世纪末至 20 世纪 20 年代、20 世纪 50 ~ 60 年代初出现了大批文化产业相关产品，表明这些时期创新多，出现了熊彼特所说的 "创新的群集"。"创新的群集" 是推动文化产业发展周期波动的重要原因。

对于创新出现的形式，熊彼特认为 "创新不是以连续的方式进行分配"，而是 "蜂聚" 在某些时间里。其原因在于 "一旦社会上对于某些根本上是新的和未试验过的事物的各种各样的反抗被克服之后，那就不仅重复做同样的事情，而且也在不同的方向上做类似的事情，就要容易得多了，从而第一次的成果就往往产生一种蜂聚的现象"[①]。在文化产业发展周期中，除了上述的技术创新之外，还存在着由技术创新引起的市场创新及企业组织形式创新两个动力因素推动着周期波动的发展。

（1）市场的创新。19 世纪末 20 世纪初，西方主要国家在工业革命的推动下社会结构出现了较大的转型。由于机械化生产的普及以及城市化进程加快，城市人口大量增加，人们逐渐有时间、有能力关注、满足自己的精神需求，文化消费需求扩大，形成了一批文化产业的优势消费者。随着全球化趋势加强，世界上大部分国家都被纳入全球体系之中，世界愈发形成一个完整而联系紧密的市场，贸易壁垒的逐步减少有利于国际文化产品贸易，交通运输的发展为文化产业海外市场的拓展提供了便利。

（2）企业组织形式的创新。科学技术的每次重大进步，都会导致制度选择空间的扩大，都会带来制度的重大变革。第二次技术革命推动了股份制与企业内部研究开发制度的形成和发展。坎菲写道 "到 19 世纪末……两项制度变迁发生

---

① 熊彼特著，何畏等译：《经济发展理论》，商务印书馆 1990 年版，第 294 页。

了，一方面，使所有权可转让和实行有限责任的现代公司的兴起；另一方面，是由公司融资的研究开发（R&D）部门的兴起。研究开发的企业内部化也在第二次技术革命中得以发展，创新所需的资源投入增多，独立研究机构和发明人愈发难以成功地进行科技创新活动①"。在这种情况下，许多公司纷纷在内部设立研发部门推动了文化产业的发展。从表 10 - 1 我们可以看到 19 世纪末许多文化产品都是个人的技术发明，而 20 世纪中叶以后则是以公司的名义推出新产品。Motorola 公司研制出手机，个人通信业务得以大力发展，也正是因为手机的出现才使得今天的手机短信、手机彩铃、手机电视等业务出现与发展。美国 EA 公司推出的第一款成熟的网络游戏为今日网络游戏产业的繁荣奠定了基础。德国 Fraunhofer – Gesellshaft 公司研制的 MP3 技术更是音乐传播史上划时代的革命性技术。

6. 长波周期中的短波周期

熊彼特认为，"创新"不是单一的，而是多种多样、千差万别的，因而对经济的影响就有大小久暂之别，经济周期波幅也有大小长短之分，从而资本主义运行存在"多层次经济周期"。这里的"多层次"指的是熊彼特提出的经济长波中还存在着历时约 10 年的中波——朱格拉周期和历时约 40 个月的短波——基钦周期。笔者目前尚不能证明文化产业发展周期内也存在这样的"多层次周期"。但是有一点值得注意，从表 10 - 2 中可以看到，文化产业发展周期之前（即 1877年以前）的科技发明、创新都较为有限，而第一波、第二波周期中发明、创新数量明显增多，发明涌现的密度逐渐变大。或者说，第一波周期中发明创新的平均周期比这之前的发明创新平均周期短，而第二波周期中发明创新的平均周期又比第一波中的平均周期短。

在 19 世纪末 20 世纪初，新的科技发明、创新应用于文化产业生产发展的平均时间较长，以至人们不易察觉到科技对文化产业的促进作用。如从毕昇发明的活字印刷到德国古登堡发明的铅活字印刷隔了四个世纪之久。而之后从电视原理提出到黑白电视的问世用了 40 年，从黑白电视到彩色电视的改进用了 25 年；音像唱片业中的产品，从胶片唱片到钢丝录音机，从电声录音机到磁带录音机，从 CD 到 MP3，都只用了约 10 年的时间。科技在这其中发挥的推动作用可见一斑。"文化产业发展的历程已经表明，随着科学技术进步周期的不断缩短，以高新技术手段为载体的文化革命和产业生长周期也在不断缩短"②。这也说明，"越是取决于技术创新决定的文化产业，其生命周期越短；越是由内容决定的文化产业形

---

① 这一部分内容参考了尚林、林泉的《论技术创新和制度创新的关系——从四次技术革命中得到的启示》，http://www.ynst.net.cn/jctj/200406040007.htm。

② 胡惠林：《文化产业学》，高等教育出版社 2006 年版，第 76 页。

态，其生命周期越长"①。对于后者，如以古希腊悲剧为开端，在欧洲各国发展起来继而在世界广泛流行的戏剧，从远古人类欢庆收获、祈神驱鬼发展而来的歌舞等表演艺术，展现的是人的动作、姿势、表情，主要依赖人的创造力和表现力。科技对表演艺术的影响主要在于灯光、音响及舞台背景装饰等方面，人自身的发挥与表现才是表演艺术最核心、最独特、最有吸引力的地方。所以表演艺术作为文化产业的一种形式，经历了上千年的变化与发展，其更新发展周期相当长久。

7. 文化产业发展第三个周期及其对我国的启示

回顾文化产业发展历史，我们可以得出这样一个结论：技术的不断更新与突破决定着文化产业的历史进程，文化产业发展史 = 发明物 + 它们付诸应用后的结果②。这一点对未来我国文化产业发展道路，即文化产业发展第三个长波周期中的发展战略制定具有重要的启示意义。

我们预计文化产业发展的第三个长波周期应该是 2006 年至 2060 年，波形如图 10 - 9 所示：

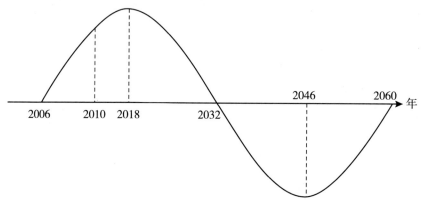

图 10 - 9　文化产业发展周期第三波

从图 10 - 9 中可以看出，目前到 2018 年是未来文化产业发展的关键时期。这一时期文化产业发展第二波周期中的数字技术及信息技术将进一步沿用，推动文化产业和文化资源数字化、网络化建设的发展。我国于 2006 年颁布了《国家"十一五"时期文化发展规划纲要》，强调要重点发展影视制作业、出版业、发行业、印刷复制业、广告业、演艺业、娱乐业、广告会展业、数字内容和动漫产业九大门类，为我国未来数年文化产业的发展指明了方向。在今后一段时间内，

---

① 胡惠林：《文化产业学》，高等教育出版社 2006 年版，第 76 页。
② 注：这个观点是李兴国在《影视艺术与高科技应用》一书中提出的，用以归纳总结电影产业的发展。笔者通过回顾文化产业其他几个门类的发展，认为这一观点可以在整个文化产业发展进程中推而广之，故此处借用之。

文化产业将以信息业、媒体业、通信业三者结合的方式向前发展，报纸、电视、电影、网络、手机等将融合共享，从而推动文化产业发展第三个长波周期发展高峰的形成。我国应该抓住这一时机，确定优先发展的领域和项目，加强相关的技术自主创新。此外，技术创新的引进和扩散是文化产业发展周期长波形成的重要推动力量，要发展文化产业，必须要响应、跟进新的科技革命。在加强自主创新的同时要引进国外先进技术，并强调对技术的消化吸收，使其真正发挥推动经济增长、文化产业持续发展的作用。

另外，虽然技术的发展的确在文化产业中发挥着极重要的作用，但是任何一种新的技术手段的生命力及其作用并不仅仅取决于它们本身先进与否，而很大程度取决于人们对这种技术手段所表现的"文化内容"的喜好。随着信息技术的发展，文化产业"内容"日益成为文化产业发展的关键因素，内容的不可替代性和原创性是文化产业核心价值所在，吸引人们注意的是文化产品所提供的文化内容，而不是内容所依附的介质。当前数字技术在提升传统文化产业形式的同时，也拓展和延伸了文化产品的内涵。举例来说，原来的手机只能传送文字信息，现在的彩信业务实现了图像、动画、贺卡、照片等实时传送，具有更完善的表现形式和更广泛的应用空间，刺激了手机等终端信息处理系统中娱乐功能的发展[1]。此外，动漫、电脑游戏、影视特技制作等大量应用了现代数字技术，丰富了其自身所表现的内容。这些产业也成为新的产业增长点。因此我们在大力推动科技发展来改变、完善、丰富文化产品载体形式的同时，也必须注重科技对文化内容的提升。

二、科学技术发展与文化产业管理制度建构

从长期来看，科学技术发展与文化产业管理制度建构间形成了互动和谐的耦合关系；但在短期视域内，文化产业管理制度与科学技术进步之间往往存在耦合时滞，呈现出非耦合、低耦合度的状态，特别是技术反文化特性与管理主体利益初衷导致两者存在明显的"时间差"问题。总体观之，科技进步与文化产业管理制度建构间的关系可以回归到耦合路径、耦合机理、耦合时滞等共性规律上。因而，基于科学技术发展所导向的文化产业管理制度的建构应以耦合关系作为出发点，以"制度塑造产业"为诉求，建构起文化产业预警制度，以预见性、预警性的文化产业管理制度来缩短与科技发展间的"时间差"，推动文化产业健康、快速发展。

---

[1] 《当代内容产业的历史性出场》，http：//www. ak326. com/showart. asp？art_id = 407&page = 7。

现代技术的本质是以对象化方式表示世界，即技术不仅是手段，技术还是一种展现方式。就国外研究现状来看，1996 年"数字技术与管制范式间搭桥"会议召开，对科技进步带来的产业融合与相关管制政策进行了讨论，在学术上建立起了技术与制度的关联。而后，Prossor 研究指出，传统的电信、广播、电视媒体产业的管理主要集中于媒体服务管制和内容管制，如通过电影审查等手段保护国家特征、形象和民主过程等。Farrell 则从媒体内容角度指出，互联网技术带来的"冒犯性"行为，是受公众质询频率最高的问题和对互联网进行管制的焦点。与之相反，Crispen 则认为没有必要对网上"冒犯行为"制定新制度，因为网民的自我管制以及在线管制的规定已足够[①]。而就我国目前研究来看，大多侧重探讨科技进步与制度创新的关系，而对科技发展与文化产业管理制度的关联研究尚为空白。

（一）科学技术发展与文化产业管理制度建构间的和谐关系

从理论视域来看，佩雷兹和弗里曼较早地论述了技术和制度的关系，认为康氏长波不仅是一种纯经济现象，而是表明技术经济范式与社会制度框架间的一种匹配或失配现象[②]。实质上，创新既包含技术创新，又包含制度创新，技术创新与制度创新密不可分。而文化产业管理制度变迁实质是一个制度创新的过程。所谓文化产业管理制度，从广义上说是文化制度的一种构成形态与组织形态，是关于文化产业层面的制度安排和制度设计，文化产业政策、文化产业法律法规和文化行政组织安排都是文化产业管理制度的重要内容[③]。虽然技术并不决定文化产业管理制度本身，制度也并未决定技术，但技术对制度具有极强的助推作用，而新文化产业管理制度的建构也会成为加速技术扩散的力量[④]。于是，两者形成一种对立统一、相互促进的辩证关系，并将之归纳为耦合关系。所谓"耦合"原本是用于不同模块间相互依赖的紧密度的度量，在此移用于形容科技发展与文化产业管理制度建构这两个不同独立主体间的关系描述，其中耦合强弱取决于两者关系的紧密度。

1. 科学技术发展与文化产业管理制度建构的耦合表征

从科学技术发展与文化产业管理制度建构间的耦合表征来看（以三个典型行业为例），如图 10 - 10 所示：

---

① 张磊：《产业融合与互联网管制》，上海财经大学出版社 2001 年版，第 5 页。

② J. S. Schumpeter（1988）：Business Cycles：a Theoretical，Historical and Statistical Analysis of the Capitalist Process［M］. Vol. I，New York：Mc Graw - Hill.

③ 解学芳："文化产业制度：一个全新的学术研究领域"，《学习论坛》2007 年第 8 期，第 42～46 页。

④ 曼纽尔·卡斯特，夏铸九译：《网络社会的崛起》，社会科学文献出版社 2001 年版，第 8 页。

时间/技术创新	技术	制度	技术	制度	技术	制度
2000s 信息技术网络技术	数字印刷彩色中文印刷	著作权法，图书质量管理规定，黄色出版物法，印刷业管理条例，标准出版管理办法，电子出版物管理规定，美国数字千年版权法，违纪违规报刊警告制度实施细则，出版管理条例，出版物市场管理规定，期刊出版管理规定，报纸出版管理规定，互联网版权侵权责任限制法案，世界知识产权组织版权条约，信息网络传播权保护条例	数字电视网络电视	广播电视管理条例，澳大利亚广播及在线服务法，美国儿童电视法案，有线电视管理规定，美国电讯法，卫星传输广播电视节目管理办法，加快广播影视高新技术应用的实施意见，有线广播电视传输覆盖网安全管理办法，信息网络传播广播电影电视类节目监督管理办法，广播电视无线传输覆盖网管理办法，广播电台电视台审批管理办法，电视剧管理规定，电视剧审查管理规定，境外卫星电视频道落地管理法	MD VCD DVD MP3 MP4 数字录音机	录音像资料管理暂行规定，音像制品管理条例，世界知识产权组织表演和录音制品条约，英国录像制品法，音像制品出版审查办法，音像制品内容审查办法，音像制品复制管理办法，音像市场整顿规范方案，音像制品进口管理办法，音像制品出版管理规定，巴西音像法，美国信息汇集反盗版法
1990 网络技术卫星通讯技术	汉字激光照排	版权法，关于公共图书馆加强查禁书刊管理，图书、期刊、版权保护试行条例，日本著作权法，美国版权法，英国版权法，期刊管理暂行规定，关于认定淫秽及色情出版物的规定，英国版权、设计与专利法	立体电视卫星	美国有线电视法案，关于对部分影片实行审查放映分级制度的通知，关于实行电视剧制作许可证制度暂行规定，法国广播法，韩国广播公司法	CD唱听/数字录音机	录音录像制品管理暂行规定，录音录像制品版权保护暂行条例，美国录像法，英国录像制品法
1980 集成电路；激光技术	激光照排	伯尔尼公约，美国联邦版权法	闭路电视卫星	美国公告广播法令，美国黄金时段播放条例	匣式/盒式/数字录音机	保护表演者录像制品和广播组织罗马公约，保护录音制品作者未经许可复制其录音制品日内瓦公约
1960 晶体管微波技术，集成电路机	手动光式照排	世界版权公约，韩国出版物临时措置法，英国黄色出版物法	电缆/彩电晶体管	日本广播法	密纹唱片/立体袖珍录音机	新西兰录像法，英国录像法
1940 光电无线电	胶印	北洋政府著作权，法美国报纸新闻规约，美国版权法	摄像管黑白电视	美国广播协会电视规约，1934年通讯法案，法国广播法	磁带录音机	——
1920 1900 技术	铅排技术	大清著作权律，美国版权法，德国文学与音乐作品产权法	电视机	——	留声机圆盘唱片	——
	技术创新	出版业		电视业	音像唱片业	主要产业类别

图 10–10　科学技术发展与三大领域文化产业管理制度建构

　　一方面，在出版业，从毕升的活字印刷到德国古登堡铅活字印刷、到王选激光照排术等科学技术的发展变革了书报书写、印刷及运作的方式，间接推动了用于规范书报内容及运营的新闻审查制度、印刷特许证制度和印刷出版版权保护制度的出现。而随着网络技术在出版业的应用，出版载体开始汇聚文字、图像、声音为一体，在同一网络空间传递，加速了非健康的电子出版物的肆意传播，客观上要求相关制度的出台：美国颁布了《数字化千禧年》和《互联网版权侵权责任限制法案》来加强对网络出版版权的保护[①]；欧盟则针对"网上出版的非法和有害内容"进行规制；而英国发表《管制通信信息时代融合》绿皮书，提出对数字出版物加强管制[②]；我国则出台了《关于严厉查处网络淫秽色情小说的紧急通知》，强调对互联网出版内容的监管，等等。

　　另一方面，在电视业，电视技术的大发展导致电视节目趋向雷同和重复，美国由此颁布《黄金时段播放条例》禁止过多播放自己节目或从重播中获利的行

---

　　① 陈鸣：《西方文化管理概论》，山西人民出版社 2006 年版，第 174 页。

　　② Charles. Oppenheim（1999）. International Institute of Electronic Library Reach，World Information Report［C］. ISBN，Unesco Publishing：534.

为；而有线技术的崛起为不健康内容的传播提供新渠道，间接推动了《有线电视法案》和《儿童电视法案》等付诸实施①，特别是美国颁布《1996年电讯法》规定"电视业建立分级体制，对不健康题材进行分级并播出等级标志"；而卫星技术、数字技术在直播系统和多频道发送服务（MMDS）的应用导致"擅自利用卫星方式广播影视节目的事故隐患"，推动着我国出台《广播电视有线数字付费频道业务管理暂行办法》、《境外卫星电视频道落地管理办法》等来予以规范。

此外，在音像业，随着录制技术的日益简单化与低成本趋势，盗版音像制品泛滥成灾，针对这一窘状，我国出台《录像制品管理条例》、《音像制品内容审查办法》等；而英美等国纷纷颁布《录像制品法》来打击音像盗版。而随着21世纪数字音乐产业的兴起，数字技术为盗版者提供了便利——依靠数字化拷贝的简单易行和网络的开放性与难控制性而肆意盗版，给知识产权法提出全新课题，推动着新制度——《关于音像制品网上经营活动有关问题的通知》、《关于网络音乐发展和管理的若干意见》等应势而出。

2. 科学技术发展与文化产业管理制度建构的耦合图

基于上述历史视角对科技发展与文化产业管理制度耦合关系的审视，以及由图10-11可以看出，在文化产业的主要领域，科学技术发展与文化产业管理制度建构总体上表现为很强的趋同性。由此，笔者拟出科技发展与文化产业管理制度建构间的耦合关系图（见图10-12）。

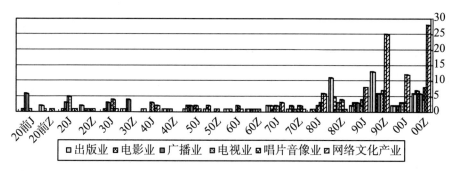

图10-11　20世纪以来文化产业六大领域重大科技发展与制度建构比较②

---

① 罗伯特·拉罗斯，熊澄宇译：《信息时代的传播媒介》，清华大学出版社2002年版，第120页。

② 图10-11是基于图10-10、表10-3及现有研究总结绘制。其中，"20前J"和"20前Z"分别表示表示20世纪初至20世纪20年代以前的主要技术创新和制度建构；"20J"和"20Z"分别表示20世纪20年代与文化产业相关的重大技术创新和主要的文化产业制度建构；"30J"和"30Z"分别表示20世纪30年代的主要技术发展与制度建构；其他时间以此类推。而00J表示21世纪以来到现在的主要技术创新和主要制度建构。

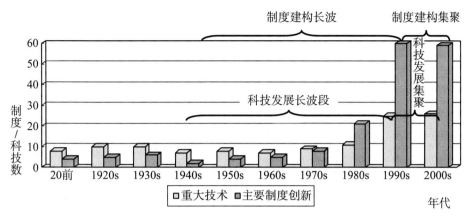

图 10 – 12　文化产业领域总体上的重大科技发展与制度建构耦合图①

　　由图 10 – 12 可以看出，步入 20 世纪以来，从总体上来看，在较长时期内，科技发展的速度、强度与文化产业管理制度出台的速度与强度表征为趋同一致性，而且越是科技发展活跃时期，文化产业管理制度建构强度越高，说明两者的耦合关系表现得越为明显。特别是进入到 20 世纪 90 年代以来，新技术与文化产业管理制度相匹配的制度框架开始建立起来，科技发展与文化产业管理制度建构出现了高度耦合性。我们知道，科技发展是在旧技术范式的生产率增长潜力达到极限时出现的，即当旧技术范式在旧文化产业管理制度框架配合下推动文化产业发展至最高点时，也正是旧技术所发挥的生产率增长潜力耗尽之时，于是，新科技与新制度框架匹配开始。② 如图 10 – 12 中的 20 世纪四五十年代至 20 世纪后期是技术创新的长波段，在这长达四五十年的时期，各种新技术层出不穷，而恰是这个技术长波突破了原有传统文化传播路径，提升了文化生产率，推动了文化产业各行业的诞生、发展和繁荣，形成了文化产业发展长波；此时文化产业领域的各种新问题日益显现与膨胀，内容的非安全性问题开始攀升，原有制度安排已不能满足现有产业形态发展需求，于是相关制度应需出台，从而表征出两者极高的耦合度。其中，最为明显的是 21 世纪前后，计算机技术、通信技术、多媒体技术和网络技术突飞猛进，形成了科技发展的"集聚"，文化产业形态更新换代步伐加快，网络文化产业崛起与网络空间文化失范同步，推动了各国开始重视网络和数字技术所需要的制度安排，纷纷出台相关规范，扶植和管理文化产业的法规、政策，推动了新兴文化产业的蓬勃发展，并预示着新一轮技术进步与文化产业管理制度建构间高度耦合的出现。

_____

　　①　图 10 – 12 是基于图 10 – 10 和图 10 – 11 的总结绘制，主要指 20 世纪以来每个年代文化产业领域的主要技术创新指数与文化产业制度建构的比较。

　　②　王建安："技术创新与制度创新的匹配机制研究"，《科研管理》2001 年第 3 期，第 79 ~ 63 页。

3. 科学技术发展与文化产业管理制度建构的耦合互动

鉴于上述对科学技术发展与文化产业管理制度建构的耦合模型的描述，两者的耦合互动可阐述如下：

（1）耦合互动一：科学技术发展加速着文化产业管理制度建构。制度安排是内生变量，它取决于已有的宪法秩序和规范性行为准则，并受现有技术水平的影响、制约；而科学技术的进步内含着制度的创新[1]。于是，技术构成了一种新的文化体系，并寓以经济活动中，凭借内部力量推动了文化产业形态的变化，并相应要求文化产业管理制度发生渐进变化，体现出两者的协调发展。实际上，科技对制度创新发展的促进或阻碍作用表现于现存文化产业管理制度与科学技术发展匹配度的高低，即处于高耦合度时，科学技术发展会成为推动新文化产业管理制度建构的重要力量，反之亦然。

科学技术发展间接加速着文化产业管理制度的建构步伐。文化产业管理制度建构是一个游戏规制定权归属的转移和游戏规制内容的变更过程，其目的在于降低旧制度框架下的高交易成本，减少败德性机会主义行为，提高文化经济的整体效率，增加社会效益。而科学技术作为现代文化生产力发展的决定力量，改变了文化生产要素的配置，创造出各种新的文化生产要素组合，且这种组合状况是高价值高效率取向的。于是，科学技术发展的演进造就出新的文化生产方式和产业形态，但旧制度往往不适应新技术所要求的文化生产秩序的构建和运行，于是，新文化产业形态的规范运作势必引发制度安排的重新调整，一系列管理制度应运而生。而现代文化产业的发展受到网络技术逻辑的推动，客观上激发了新产业制度创新潜能，使科学技术发展与文化产业管理制度建构进程实现了动态跨越。如网络技术的发展加速了网络文化产业的崛起——互联网具有高传播速度、广度及影响力，可以自由连接、发布信息，而基于因特网价值是来自使用者的知识和创造力由用户驱动的，于是，凭借技术产生的消极外差效应严重影响了文化福利，而呼吁政府的积极干预，于是管理者措手不及的同时加速了相应网络文化制度的制定，并由此推动着制度的"汇聚"：如政府基于内容安全的考虑加速制定了《互联网新闻信息服务管理规定》，要求具有新闻登载资质的网站只能转载省级以上新闻单位发布的新闻，不允许网站自行采写、发布新闻等；澳大利亚广播局（ABA）针对网络舆论现状出台《澳大利亚广播服务修正案》（1999），修改了广播法，并制定《广播及网上服务法》，添加了诸多规范网络内容的条款；而新加坡广播局（SBA）为了网络文化的健康发展，而采用多元管理方法，管理网络舆

---

① 王洪涛：《制度经济学——制度及制度变迁性质解释》，复旦大学出版社 2004 年版，第 18 页。

论的内容、实行内容事后审查与推行执照分类制度等①；美国为了解决万维网给儿童带来的危害，特此修正联邦通信法，推出《儿童在线保护法》来限制网络有害内容对儿童的侵蚀②。

科学技术的发展为文化产业管理提供了新方式和新手段。科技的支配性、扩展性已渗透至文化产业的各个领域，为文化产业的发展设置了全新的框架。在文化产业发展领域，由数学逻辑和实验观察所支撑的理性和实质的技术逻辑已延伸和渗透到各个行业。特别是网络信息技术的骤然增加，凸显出制度性创新的支点——现有制度的过时或漏洞，以及原有管理方式的不合理性、管理效率低、互动性差等不足，客观上推动着新的管理方式成为可能：一是科学技术发展降低了文化产业管理制度安排的操作成本和管理成本。计算机、网络、卫星通讯工具等技术创新，实现了实时互动、异步传输的快速运作，加快了政府与网络主体或公民间的沟通速度和效能，降低了文化产业管理的成本③。二是科学技术的发展提供了新的文化产业管理方式和手段。"在大众传播史上，第一次体验不必是有大资本的个人就能接触广大的视听群，因特网把所有人都变成了出版人，这是革命性的转变"④，经典阐述出网络技术创新所带来的巨大变革，即网络技术创新提供的越来越多的互动式电脑网络和新管理设备⑤，为管理方式变革创造了外部环境和内在驱动力，为文化产业管理建构提供了新方法和新管理流程。如科技进步使得网络终端安装网络游戏防沉迷系统成为可能；新技术制止未经授权而取得或使用有版权的材料，以及制止非法传播受版权保护的作品成为现实。特别是数字技术不仅提供了强大而开放的信息系统，促使不同层次的文化行政单位摆脱传统的层级管理方式，也推动政府"有形之手"和市场"无形之手"之外的"社会耦合"成为文化产业管理主体之一⑥。如新媒体技术推动德国电视业管理进入双重体制，即从管理的内部形式到合作协作的管理方式⑦。

---

① Elliot King. Redefining Relationship – Interactivity between News Producers and Consumers [J]. Convergence: The Journal of Research into New Media Technologies. 1998, winter.

② 陈晓宁：《广播电视新媒体政策法规研究：国外法规与评介》，中国法制出版社 2001 年版，第 70 ~ 76 页。

③ 熊絮茸："网络扩张下政府政治社会化功能探析——构筑和谐社会之网络生态环境"，《理论界》2006 年第 6 期，第 10 ~ 12 页。

④ 约翰·布洛克曼：《未来英雄——33 位网络时代精英预言未来文明特质》，海南出版社 1998 年版，第 108 页。

⑤ Warren, P (2001). The content industry – Convergence and diversity [J]. Journal of The Institution of British Telecommunications Engineers, APR – June, No. 2: 59 – 66.

⑥ 尼古拉·尼葛洛庞蒂：《数字化生存》，海南出版社 1997 年版，第 274 页。

⑦ Windeler, A (2001). Project networks and changing industry practices – Collaborative content production in the German television industry [J], Organization Stduies, 22 (6): 1035 – 1060.

（2）耦合互动二：文化产业管理制度建构提升科技创新速度与扩散视域。制度创新是科学技术的发展的有力支撑，它对新技术发展的认同和保护，加速着技术变迁的过程。而科学技术的发展若没有相应的制度作保证，就不可能有效发挥促进文化产业发展的作用，因而，制度创新提供了一个确保科学技术发展的制度环境，为文化产业的崛起提供了有效保障。而文化产业管理制度建构，作为一项新的制度安排，界定了人们选择和获取技术信息和资源的空间范围，规定了在文化市场进行社会交易的基本规则，确保创新主体获得合理的创新收益预期；更为重要的是，文化产业管理制度建构一定程度上是作为科学技术发展动力存在的，即文化产业管理制度通过对文化产品的专利、商标、版权、商业秘密等知识产权与各种专属权的界定和保护，对科学技术发展给予普遍、持久的激励，从而推动技术创新的推广和扩散。而新技术扩散后会迅速扩展各种用途，反馈技术创新，并加速技术扩展的范围，从而间接地推动了文化产业新形态的出现。此外，文化产业管理制度的创新还有利于促使人们对新兴文化产业树立正确认识，推动其思维方式、价值观念的更新以及管理方式等方面的基础性调整和变革，从而成为科学技术发展的推动因素[①]；也有利于改变社会博弈的收益结构，防止有损公共利益的技术在文化产业领域的普遍使用。

当然，在文化产业领域的科学技术发展的不同阶段，科学技术发展与制度建构的耦合度不同，即文化产业管理制度建构对科学技术发展的推动作用会有所不同（见图 10 - 13）。

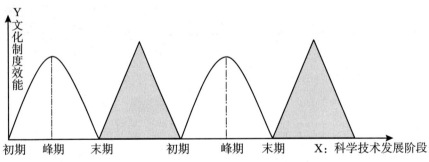

图 10 - 13　科学技术发展阶段与文化产业管理制度建构耦合关系演变

如图 10 - 13 所示，在科学技术发展的初期，新的文化产业管理制度出台后，它会及时弥补长期制度缺位的窘状而适应技术的特性与要求，成为推动技术迅速发展的重要因素之一（科学技术发展其根本动力还在于生产力诸要之间形成的动力），从而出现了科学技术发展与文化产业管理制度的高度耦合期（波峰），

---

①　董本云："浅析技术创新与制度创新"，《工业技术经济》2004 年第 1 期，第 37 ~ 38 页。

即文化产业管理制度建构对科学技术发展的推动作用达到高峰。而在科学技术发展的末期，技术的快速发展会推动先进文化生产力不断突破原有的文化生产力，而导致原有的文化产业管理制度难以适应和支持新技术的再创新，此时的科学技术发展就会受到制度建构滞后的限制，而文化产业管理制度建构滞后也就成为文化产业发展的障碍。若将科学技术发展与文化产业管理制度建构看作一个个单独的子系统，那么在两者到达一定的临界点前，子系统之间的关联弱并不能束缚子系统独立运动的程度，这时科学技术发展与文化产业管理制度建构本身的无规则而独立的运动将起着支配作用，从而使得两者之间易呈现无序状态[①]；但随着外界控制参量的不断变化，如文化产业的发展、文化政策的投入等将科学技术发展与制度创新推进临界点时，两者之间所形成的关联便逐渐增强。诸如在出版业发展早期，其政治功能未得到广泛认知，相关规范、保护性制度缺席；于是，出版业发展相对缓慢；但与此相反，无线电技术、默片技术的应用，却使得电影刚刚出现就被纳入到管理范畴，为电影产业提供制度支持，从而推动了电影业的健康发展，反过来又间接推动了电影技术的再创新。此时，为了适应文化生产力发展和科学技术发展的要求，现有文化产业管理制度开始大量调整（三角形部分），于是，制度对科学技术发展的作用又开始彰显，特别是当文化产业管理制度建构已成为一种客观的、必然的趋势时，制度与技术的互动会继而推动新一轮科学技术发展阶段的开始，从而实现文化产业管理制度建构与科学技术发展的再次互动。例如，WCT和WPPT条约的实施，保护了新的文化作品形式及新的传播形式，间接推动了数字技术的创新与推广，而欧盟对电视产业的内容管制等以及出台的鼓励文化精品原创的激励性制度等都会间接成为技术发展的催化剂[②]。

（二）技术反文化特性与文化产业管理制度建构的"时间差"

1. 耦合时滞寓意里的"时间差"的表征

虽然从长期来看，科学技术发展与文化产业管理制度建构存在着和谐的耦合关系；但从短期来看，科学技术发展与文化产业管理制度建构间存在的耦合时滞成为常态，即两者存在明显的"时间差"。如图10-14所示，在以下的几个文化产业业态里，科学技术发展与文化产业管理制度出台时间形成了明显落差：如在我国电影业，制度滞后于技术的时间差为84年；在电视业，时间差为61年；在通讯文化产业，时间差为35年……其中，"时间差"在电影产业表现得尤为明显；而网络文化

---

① 郭治安：《协同学入门》，四川人民出版社1988年版，第24~29页。

② Christopher H. S（2000）. US Communications Industry Ownership and the 1996 Telecommunications Act. Professionals and Policies. London：Routledge.

产业技术创新与制度出台的时间差最短,这两个行业的特殊性尤为值得关注。

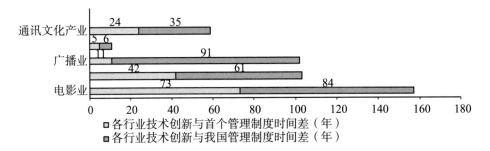

图10-14 各行业科学技术发展与管理制度出台时间差比较①

在电影产业,电子技术、光电管、彩色胶卷等技术的出现实现了电影从黑白到彩色、从无声电影到有声电影的转变;而电声技术、激光技术等非常规制作技术促使"环幕、巨幕、球幕、动感"电影出现,推动了电影放映多样化,而电影内容也趋向鱼龙混杂的局面——电影中亵渎、暴力色情内容同步增多,于是,在管制主体对电影产业形成认知的前提下催生了电影审查制度。但事实表明,从电影技术的出现到电影管理制度的出台却存在很长的"时间差"。具体而言,从表10-3可以看出,电影摄影机于1895年发明,并同年诞生了第一部无声电影,但最早对电影内容进行管理的制度雏形是1909年英国的《审查分级制度》,而绝大部分国家的电影管理制度则是在七八十年后才出现,如美国电影协会1968年颁布《电影分级制度》,而我国于1979年才有了规范电影业的《电影剧本、影片审查试行办法》,并最终在1996年颁布实施《电影管理条例》。可见,电影的出现与我国电影管理制度出台竟然跨越了整整100年。此外,磁带录像技术于1956年开始应用于电影产业,而录像机技术的推广使得电影侵权或非法复制活动日益猖獗,导致电影业损失攀升,但相应的管理制度却是30年后才出现,如1984年的《英国录像法》、1987年的《新西兰录像法》、1996年的加拿大《电影法》等用以规范电影链中的侵权行为。进入20世纪90年代,数字技术在电影业中广泛应用,并于1995年诞生第一部数字电影,但对数字电影的管理与规范却是跨越至21世纪才出现:如美国等国家开始修订《版权法》或《电影法》以解决数字电影版权保护问题;我国则在2002年实施《数字电影管理暂行规定》,以此加强管理,规范摄制、发行和放映(播放)数字电影的行为。由此可见,科学技术发展与电影管理制度建构间存在明显的时间差,而且在我国制度建构中耦合时滞表现得更加突出,这显然不利于电影产业的健康发展。

---

① 图10-14是根据表10-3以及现有研究的归纳总结整理。

表 10 - 3   科技创新与电影、网络文化产业管理制度耦合时滞

	科技创新	产业形态变化	代表性管理制度
电影产业	留声机（1877）；电影摄影机（1895）；蒙太奇裁剪技术（1914）；电声技术、激光技术（1950s）	无声电影（1895）；有声电影（1927）；彩色电影（1935）；球幕/宽银幕（1952）；立体电影（1953）；星球电影（1986）	英国审查分级制度（1909）；美国电影分级制度（1968）；电影剧本、影片审查试行办法（1979）；进口影片管理办法（1981）；电影发行放映技术管理条例（1984）；电影审查暂行规定（中，1993）；新西兰电影、录像和出版物分级法案（1993）；电影管理条例（中，1996）；加拿大电影法（1996）
	磁带录像机（1956）；光盘（数字）录像技术（1987）	电影产业链（电影光碟、CD）	英国录像法（1984）；新西兰录像法（1987）；芬兰录像和其他音像节目检查法案（1987）
	数字技术应用电影业（1993）	数字电影（1995）；无胶片数字电影（1999）	数字电影管理暂行规定（2002）；关于发展我国影视动画产业的若干意见（2004）；数字电影发行放映管理办法（2005）
网络文化产业	第一台计算机（1946）晶体管计算机（1953）；PC机（1981）；万维网出现（1991）	首个网络游戏（1989）；网吧产业（1995）	美国通信风化法案（1996）；英国3R安全规则（1996）；法国互联网宪章（1996）；新加坡网络管制（1996）；计算机信息网络国际联网管理暂行规定（中，1996）；德国多媒体法（1997）；美国1998年儿童在线保护法案
	网络技术在文化产业领域的广泛应用；P2P技术；3G网络技术出现（2004）	网络出版（2000）；网络电视/网络电影/网络（数字）音乐（2003）；数字广播（2003）纷纷登上历史舞台	互联网站从事登载新闻业务管理暂行规定（中，2000）；美国未成年人互联网保护法（2000）；印度信息技术法（2000）；互联网上网服务营业场所管理条例（中，2002）；互联网出版管理暂行规定（中，2002）；美国反垃圾邮件法（2003）；互联网等信息网络传播视听节目管理办法（中，2004）；关于保护未成年人身心健康实施网络游戏防沉迷系统的通知（中，2007）
	手机出现（1973）；手机短信技术（1992）；手机与网络技术融合；WAP（1999）	手机游戏（1998）；WAP手机（1999）；手机音乐（2000）；手机TV（2003）；手机广播（2003）；手机电影（2003）；手机报纸（2004）	德国信息和通讯服务法（1997）；美国通信规范法（1998）；马来西亚通讯及多媒体（1998）；通信短信息服务管理办法（中，2008）

网络文化产业，作为新兴产业形态，直接建构并依赖于科学技术的发展。在过去的 10 多年里，网络爆炸性的演进使其已成为现代社会的支配性技术[①]，促使个体以信息化方式解蔽世界，创造出了不同于工业时代的全新社会环境和场域，推动了网络平台衍生的文化产业形态，即网络文化产业的崛起，并表现为以网络游戏/动漫产业为代表的网络文化产业形态，依赖网络技术产生的网络出版、网络电影、网络电视、网络音乐等形态，以及基于手机而出现的通讯文化产业。但网络文化产业管理制度建构较之科技发展明显滞后。从表 10－3 中可以看出，1991 年万维网出现，但对网络进行管理的制度 5 年后才出台：美国颁布《1996年电信法》和《通信净化法》强调要限制网络色情和暴力信息的传播；而为防止网络技术给儿童提供猥亵内容，又于 1998 年出台《儿童在线保护法案》；德国则实施《多媒体法》以确保互联网的健康发展；英国颁布《三 R 安全规则》致力于指导和协助网络行业建立自我管理机制[②]；而我国至今未出台专门立法，只颁布《计算机信息网络国际联网管理暂行规定》等。此后，专业化的管理制度在 2000 年出台：如美国的《未成年人互联网保护法》、印度的《信息技术法》，我国的《互联网站从事登载新闻业务管理暂行规定》等，一定程度上迎合了网络信息技术所带来的网络文化产业崛起的挑战，但这些制度的出台与技术形成了近 10 年的时间差。实际上，互联网技术的迅速普及在文化领域酝酿的最伟大的变革是网络游戏产业的崛起。网络游戏本身就是技术创新的产物，但在技术带动网络游戏产业消费群体不断扩大的同时，也将承载色情、暴力等内容的非健康网络游戏扩大化，影响了青少年的健康成长。虽然在 1989 年首个网络游戏就已出现，但相应管理制度却在 2002 年出台，如韩国推出《网上游戏等级分类和标准案》，细化分级标准和双向监督机制；美国则在运用技术对网络信息进行过滤的基础上实施游戏分级分类制度；我国却到目前为止也未出台网络游戏分级制度，而是在 2004 年、2007 年分别推出《中国绿色游戏评测与推荐制度》和《关于实施网络游戏防沉迷系统的通知》，以此解决未成年人沉迷网络游戏的问题。

此外，就通讯文化产业而言，手机新媒体凭借网络技术汇聚各项增值服务，如手机短信、手机游戏、手机电影、手机电视、手机报纸、手机上网等融为一体，被誉为一个通讯文化产业形成。实际上，1992 年第一条手机短信就已诞生，但相关规范制度 5 年后才出台，如德国的《信息和通讯服务法》，美国的《通信规范法》等。而后，手机在 1999 年获得全面推广，并日益承载更多的功能，如手机音乐、手机广播、手机电影、手机报纸等，同时也为不健康内容传播提供新

[①] 牟焕森："网络文化研究的'缺省'视野——技术哲学"，载于《网络文化研究》，中国言实出版社 2006 年版，第 107 页。

[②] 陶善耕、宋学清：《网络文化管理研究》，中国民族摄影艺术出版社 2002 年版，第 51～55 页。

渠道。但由表 10 - 3 可知，手机短信出现 16 年后，我国才出台规范手机短信的《通信短信息服务管理办法》(2008)，而且仅针对短信犯罪行为，未关注内容的健康性。可见，通讯文化产业的健康发展还需加快管理制度的建构步伐，降低耦合时滞。

2. 科学技术发展与文化产业管理制度间的耦合时滞模拟图

根据图 10 - 14 以及前文对科学技术发展与文化产业管理制度间的时间差的分析，并结合康式长波发展周期——弗里曼和佩雷兹把西方自产业革命以来的经济发展归纳的五次康氏长波[①]，其中，20 世纪以来的经济长波主要有三次[②]，笔者模拟出在康式长波寓意中的科技发展和文化产业管理制度建构的耦合时滞图（见图 10 - 15）。

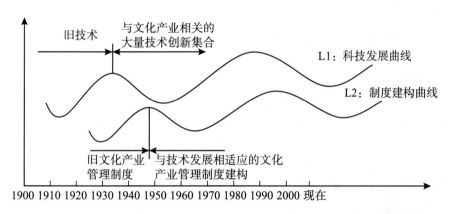

图 10 - 15　科技发展与文化产业管理制度建构的耦合时滞模拟图[③]

由于制度的惰性，文化产业管理制度一般滞后于科技的发展，这时，文化产业的发展速度通常会慢下来。如图 10 - 15 所示，模型中的制度创新曲线与科技发展曲线并不是同时演进的，而是存在一定的时间间隔，即曲线 L2 落后于曲线 L1，暗示了制度建构滞后于科技发展的事实，而滞后的时间差越大，表示两者的耦合时滞越明显。从图 10 - 15 可以看出，在 20 世纪二三十年代以前，技术发展缓慢，但相应管理制度出台异常缓慢，即此阶段科技发展与文化产业管理制度

①　即 18 世纪七八十年代至 19 世纪三四十年代的早期机械化康氏长波；19 世纪三四十年代至 19 世纪 80 年代的蒸汽动力和铁路康氏长波；19 世纪八九十年代至 20 世纪三四十年代的电机和重化工业康氏长波，20 世纪三四十年代至 20 世纪八九十年代的福特式大量生产康氏长被，以及现在正在兴起的信息和通讯康氏长波。

②　N. D. Kondratiev（1988）：The long waves in economic life［J］Review of Economic Statistics，Vol. 17，Nov1935：105 - 115.

③　此模型根据前面图表内容模拟而成，主要是模拟科技进步与文化产业管理制度建构的时间差问题，未经严密的数学测算。

间的"时间差"大，耦合时滞表现得明显；而40年代中期至50年代末，信息和通讯技术的核心技术——电子计算机、集成电路等已产生，但真正的规范制度在80年代才陆续出现，这一"时滞性"导致文化产业在当时并未取得明显发展。到了70年代，随着信息、通讯等新技术的扩散，文化产业发展速度加快，但旧文化产业管理制度框架并未有多大程度的改变，导致新技术与旧文化产业管理制度间的冲突日益严重，产生制度形式合理性与实质公正性矛盾，致使两者存在的"时间差"拉大，制度功能性失效，预期的制度建构未能实现，文化产业未能释放其发展潜能。进入21世纪以来，"时间差"越来越小，意味着科学技术发展与文化产业管理制度建构间的耦合时滞呈现缩小趋势，如在20世纪90年代后因特网普及，而后各国针对互联网技术出台了一系列法规政策，时滞性降低，从而出现文化产业管理制度的"集聚"。

总之，由图10－15可以看出，科技发展与文化产业管理制度建构间的耦合时滞在未来的一个阶段里依然存在，只是时滞间隔有所缩短，但这仍是一个不容忽视的客观存在的问题，并不利于文化产业的健康、快速发展。

3. 耦合时滞及溯源：技术反文化特性与管理主体利益初衷

综观上述史实与图10－15解析，在较短的一个时期里，耦合时滞往往表征为科学技术发展与文化产业管理制度建构间的分离状态。"我们塑造了工具，而工具也将塑造我们"①。新技术的影响并不是被控制在有限的人类活动范围内，技术变革不是数量上增减损益的变革，而是整体的生态变革，它改变一切。特别是一种新技术向一种旧技术发起攻击时，围绕旧技术的制度就会受到威胁，制度受威胁时，文化就处于危机之中②。于是，对技术的批判不绝于耳，如波兹曼指出"电视技术的出现，带给观众的是娱乐而不是信息，不仅人们被剥夺了真实的信息，而且人们正逐渐失去判断什么是信息的能力"③。技术也带来了新的难题——虽然技术催生新产业形态，而技术的宽泛性却导致文化产业管理难度系数的大大提高。特别是数字和网络技术的发展，许多视频元素在网络媒体出现，使得数字鸿沟和信息鸿沟扩大化问题在文化产业管理制度背景话语中的影响日趋上升；虽然最大化地拓展了消费者使用新媒体的机会；但其潜在对社会精神文明构成的威胁、传输方式和形式的倍增给知识产权的专有权、地域性和时间性等传统特征带来巨大冲击，给知识产权保护的利益平衡带来新的问题，加大了对内容审查和管理监控的难度④。如数字技术将声音、文字、动画等信息均以数字0和1

① 埃里克·麦克卢汉：《麦克卢汉精粹》，南京大学出版社2000年版，第424～441页。
② 尼尔·波斯曼，何道宽译：《技术垄断——文化向技术投降》，北京大学出版社2007年版，第9～10页。
③ 尼尔·波斯曼，章艳译：《娱乐至死》，广西师范大学出版社2004年版，第139～183页。
④ 熊澄宇：《信息社会4.0：中国社会建构新对策》，湖南人民出版社2002年版，第114～116页。

来表示，加速了数字解密技术的普及，并导致盗版浪潮泛滥[①]；而版权保护的关键是限制数字解密技术的应用，这又很大程度上限制了科技的进步，使得文化产业管理制度的创新处于两难困境[②]。

而科学技术发展与文化产业管理制度建构的分离状态主要表现于制度滞后于技术的事实，即时间差问题。技术的爆发性创新不断打破现存的管理秩序。而文化产业管理制度平衡被科学技术发展所打破，就如同生物免疫系统作为防御细胞生长失控的机制失衡而导致有机体细胞生长不能正常进行、有机体紊乱一样，原有的文化产业管理制度在新技术创造的环境下就不能有效防御文化产业发展的失控和原始初衷的脱轨，致使新旧文化产业管理制度间的矛盾层出，一定程度导致整个文化产业生态系统与文化产业制度体系的失衡，导致制度的时序性和连续性比较差，越发彰显制度的无能为力，进而使得文化产业管理制度的滞后性成为文化产业发展的主要障碍之一[③]。如面对网络上的不良信息泛滥、网络犯罪、网络侵权等事件的增多，在必须对网络文化产业进行管理的呼吁中，不仅在制度上缺少完善而有效的法律法规政策，而且在技术上也缺乏有效的网络监控运行系统，这样的情势无形中加剧了文化产业管理制度与新技术的"分离"。尤其是随着科学技术发展的周期日益缩短，即技术从生成到应用，再到新技术出现或科学技术转化为生产力并产生经济效益的过程的短期化；文化产业管理制度建构的周期却没有因此调整，于是，滞后性的文化产业管理制度选择将会把科学技术发展引离文化产业发展的正常轨道，或扼制技术创新。

从溯源来看，科学技术发展与文化产业管理制度建构间的耦合时滞的形成可以理解为技术反文化特性与制度利益初衷综合作用的结果。技术所带来的影响是双向度的。爱因斯坦曾说："科学是一种强有力的工具。怎样用它，究竟给人类带来幸福，还是灾难，全取决于人类自己。"技术从本质来说是"人们改造世界的物质手段和方式的总和"；而技术本身的自然属性在被作为人类创新的手段和成果时，就会负荷人类的实践目的，并带来了诸多不可预测的负效应，呈现出反文化的特质——对科技成果的误用、滥用、非道德使用以及导致的文化泛娱乐性可能带来现实的或潜在的危害。例如，商业机构为了谋求利益而利用无极限增长、无代价的技术任意解读、侵蚀传统文化符号，造成文化的削弱；又如网络技术致使知识产权受到新侵权方式的威胁，导致计算机信息网络犯罪攀升，传统法

---

① SJ. wang（2003）. Recontextualizing Copyright：Piracy, Hollywood, the State and Globalization［J］. Cinema Journal 43. No1, Fall.

② Markus Fallen bock（2003）. On the Technical Protection of Copyright：The digital Millennium Copyright Act［J］. International Journal of Communications Law and Policy, Issue7, winter.

③ 尼尔·波斯曼，何道宽译：《技术垄断——文化向技术投降》，北京大学出版社 2007 年版，第42 页。

律制度显得无能为力；而互联网络和手机短信技术的结合凭借其匿名性和随意性，将具有感官的挑动性和情绪的宣泄性的不健康话语和图片肆意传播而将个体的道德感和社会责任感弱化到底线之下①。而文化产业管理制度，作为一种有效规范和约束人们行为的游戏规则，能提供一个相对稳定有序的活动空间，规范和约束人们的非理性和非制度化行为，降低科技成果的非道德使用对社会造成的危害，实质是纠正科技反文化的特性。

此外，耦合时滞存在的缘由也可以从主体认识论视角上进行审视，如以电影产业为例：从电影发展历程来看，电影技术的出现导致电影产业最初的生存状态只能是在贫民窟里，但随着技术的进步以及大众对电影的偏好和追捧，电影产业日益发展起来，并逐渐成为大众表达意志的工具和载体，成为一种新的意识形态表达模式和权力模式。所以各国的统治阶级意识到电影所承载的不仅仅是作为一个产业而存在时，就开始控制并驾驭电影，使其发展朝向自己有利的方向，并将其上升为国家统治的机器，此时的电影产业一定程度上就是作为一个全新的国家意识形态工具而存在的，恰如波兹曼所言"各种各样的专制者深谙通过提供给民众娱乐来安抚民心的重要性，也很清楚严肃话语和娱乐间的差别，所以常依靠审查制度"②。这就成为对电影产业及其他文化产业进行管制的缘由所在。此外，电影中所诠释的内容是否符合国家、社会利益（不健康内容），也成为对电影产业进行管理的内源。以此类推，电影产业及其他文化产业不仅仅是作为"产业"而存在的，更多的是"文化"属性，决定了其承担着"内容"的传承，导向着社会精神文明建设的航向，客观上要求通过管理制度来确保"文化"属性的张扬，而不是一味地考虑产业的经济效益而忽视社会效益。可见，文化产业管理制度的主体从排斥到逐渐认知文化产业所带来的综合效应，到相关规章制度的出台，经历了一个很长的过程，这也为"时间差"的存在提供了一种诠释的视角。

实质上，制度建构与科学技术发展间的耦合时滞还源于技术并不是推动文化产业管理制度建构的唯一动力的事实。文化产业管理制度范式反映着技术融合度越来越高的事实，并表现于制度建构将是技术创新、理论创新、政府体制创新、经济发展以及全球化等多元力量共同作用的结果。这也是为什么科学技术发展与文化产业管理制度建构在耦合度较低时：技术创新度低但制度创新同样很活跃，或技术创新活跃而文化产业管理制度建构却缓慢的缘由之一。如 20 世纪八九十年代新技术层出不穷，出现了技术的"聚合"，但从整个世界的文化产业管理制

---

① 曹劲松、陈奎庆："信息生态危机与媒体管理策略"，《学习与实践》2006 年第 11 期，第 133 ~ 138 页。

② 埃里克·麦克卢汉：《麦克卢汉精粹》，南京大学出版社 2000 年版，第 424 ~ 441 页。

度来看，以美国为主的国家却采取了"放松管制"的体制，并推动了文化产业在当时的迅速发展①；又如，文化产业所提供的文化产品引发的社会舆论以及潜在的对青少年和社会构成的威胁增强了公众对文化产业现状的焦虑，于是，新制度的出台也成为社会力量推动的必然之势②。

(三) 科学技术发展与文化产业管理制度建构规律

科学技术发展与文化产业管理制度建构的耦合关系以及反耦合关系（耦合时滞的存在），应该说是对两者关系的一种代表性的表述，除此之外还存在其他的不同关系表述，倘若我们回归到科学技术发展与文化产业管理制度建构关系的共性来考虑，可以简单归纳出两者内含的几个基本规律。

第一，基于科学技术发展的文化产业管理制度建构遵循了这样一个路径，即"科学技术发展——技术应用——文化产业出现——技术推广——文化产业崛起——产业问题攀升——文化产业管理制度出台"，而且这一路径是一个循环的过程，是在不断的反复循环过程中实现科学技术发展与文化产业管理制度建构。这可以作为"为什么技术的使用会导致制度的出现"问题的一般学理性解释。即科学技术发展的结果是新技术的出现；而随着新技术在文化产业领域的应用推动了新型文化产业（或文化产业产业新形态）的出现；此后，伴随技术的推广和再创新，新型文化产业（或文化产业新形态）快速发展起来；但在快速发展的同时由于产业本身的逐利性和相关管理措施的缺位（或滞后），而出现了诸多与产业发展预期相背离的问题，导致非合理性、非公平性文化市场行为以及社会负效应扩大，并引起管理主体以及社会各层的关注；于是，用于控制负效应、规制或者代表管理主体意志、实现市场主体合理权益的文化产业的管理制度（或制度修正）相应出台。由此，一个完整的路径分析框架形成。虽然并不是所有文化产业管理制度的出现与这一路径相吻合，但从技术导向视角来看，大部分文化产业管理制度安排遵循了这一逻辑路线。而且，新技术的层出不穷将会不间断地推动新制度的出台。

第二，基于科学技术发展的文化产业管理制度建构的内在机理主要源于文化产业管理制度设计的初始目标。一般意义上制度建构有两个目的：一是推动文化产业的发展；二是规范文化产业。而后者一定程度上是对文化产业的束缚，阻碍其按照文化产业原始路径进行发展，而这往往易成为制度建构的首要目标。毕竟

① Hernan. Galperin（2002）. The Regulation of Interactive Television in the United States and the European Union. Federal Communication Law Journal. vol. 55. No1.

② 金冠军、郑涵：《国际传媒政策新视野》，上海三联书店 2005 年版，第 3～31 页。

文化产业管理制度设计是文化的政治表现形态，是国家文化意志的体现，其初始目标要实现国家的文化利益，推进社会精神文明建设，满足公众的文化利益和创造社会福利（虽然制度也关注文化产业的健康、快速发展）。实质上，这一制度逻辑目标的实现过程始终内含着对"文明"因素的关注。从"文明"因素与技术在文化产业发展过程中的关联来看，"科技不仅带来了新的文明，也在产业发展的过程中一定程度上造成了对社会文明的破坏"。毕竟技术可以被任何人应用，也恰是技术的这种宽泛性在文化产业领域的应用，增加了文化产业形态的丰富性和多元性，也易导致文化产业发展的变异，即文化产品在传播路径、传播方式及传播内容方面与其初衷背离。实际上，在不同国家对文化产业发展的制度考量是不同的。虽然美英法德等国家都倡导文化产业发展的"自由"，但实质也并不是所倡导的那样，同样实施了诸多管理制度来规范文化产业的发展，如美国从制度上剔除色情网站，而西方诸多国家也纷纷在电视电影内容上进行分级，从而说明对文化产业进行管理是全球的一个共性问题。所以，在未然状态，普世意义上的文化产业的制度设计就需防止利用科技反文化、反文明破坏现象的出现；而在已然状态，文化产业管理制度安排则需降低科技所带来的文明破坏的危害性，防止破坏的严重化。而此时也彰显出技术的重要性，即反其道用之，而不是被科技破坏性的表征掩盖其技术优势，应充分发挥出技术创新对制度出台和实施的启发作用，即寓科学技术发展于一定的文化制度环境中，实现科技发展与文化产业管理制度建构间的高度耦合。如网络游戏分级制度、电影分级制度、电视内容分级制度等的出台可最大程度降低不健康的网络游戏、电影电视内容所给青少年成长和整个社会文明所带来的负面影响，防止负面效应的扩大化。

第三，科学技术发展与文化产业管理制度建构的关系是一种动态的双赢博弈。基于科学技术发展的文化产业管理制度建构意味着，处于文化产业管理制度结构博弈中的科学技术发展与文化产业管理制度建构间是相互促进、相互补充的关系，并显示出基于动态性技术创新而表现的动态性关联，即在技术不能很好化解文化产业所带来的负效应时需加快文化产业管理制度的出台来规避风险。毕竟制度作为一种必须遵守的秩序和规范，是一种外在的强制力量，可以减少和缓解文化活动过程中的行为冲突以及复杂性和不确定性，提高文化产业主体的行为合法性和相互合作成功的效率；而在文化产业管理制度缺席或不足导致无法有效解决文化产业所带来的问题的时，则需通过技术手段进行辅助和配套解决。如我国对网络游戏产业的规制，就是通过在电脑终端安装网络游戏防沉迷系统来降低网游产业负效应的；而美国政府为确保电视内容分级制度的实施则要求在电视里安装"V"芯片技术，对非健康节目进行自动过滤，为实现电视内容健康发展提供了技术支撑。

第四，科学技术发展导向的文化产业管理制度建构的逻辑支撑点是"内容"，即文化产业管理制度规制主要针对内容层面，而不是技术层面，是国家权威的集中体现，是国家出于文化安全的考虑和政府公共责任的体现。实际上，制度创新对技术的推动作用更多的是一种客观结果。因为，制度的建构主要不是针对技术本身的，而是针对内容的，即内容规制与政治上的考虑远远多于技术层面。换言之，制度的出台通常是要考虑不同产业形态内容的特点以及表现对社会精神文明、社会发展的影响度来确定制度选择的，即文化产业管理制度与文化产品或服务所引致的经济效益与社会效应是密切相关的。这一定程度上有助于理解"为什么有些产业形态制度规范少，甚至没有？为什么相同的产业形态在不同时期有不同的制度要求？"的问题。而从管制内容来看，文化产业管理制度（或借助技术平台辅助）主要是摒除不健康内容，为社会公众提供安全、健康、优秀的网络文化产品和服务；合理配置网络文化资源，防止内容的单一化与趋同，促进文化内容的多样化。而从保护和促进文化内容的角度来看，制度所具有的对文化生产活动和行为方式的激励和导向的结构和功能，体现于文化产业管理制度要保护合法文化产业开发商和运营商的权益，确保文化产业在统一、公平、有序的文化市场体系中成长，并能针对 WTO 条款出台民族文化资源和文化成果的保护条款以及激励性制度等。

第五，科学技术发展与文化产业管理制度建构的逻辑关系说明，两者的耦合关系应是核心和关键，但耦合时滞却在现实中成为常态。一方面，制度建构与科学技术发展偏离轨道，存在着明显的"时间差"，即前者严重滞后于科学技术发展速度，而这一滞后性成为两者进一步发展的障碍。文化产业形态更新日新月异，但没有在相应的文化产业管理制度安排上下功夫，有效的文化产业政策法规大量缺位；另一方面，科学技术发展与文化产业管理制度建构间的耦合时滞状态还意味着不同的文化产业形态、不同的文化产业发展阶段、不同的国度和地区以及其他诸要素的差异性都会导致两者的耦合关系偏离轨道而表现出特殊性。这也就决定了对两者关系的理解以及用于分析不同产业问题时需具体问题具体分析。如欧美国家对网络产业的管理由最初的"自由放任"，到"规制"，到"放松管制"，再到"放松还是管制"的进退两难的过程，体现出文化产业管理制度与技术以及其他要素关联的复杂特质——文化产业管理制度的建构随着产业融合的趋势而成为政府、企业、第三方组织等共同主导的结果：企业往往施压要求改变旧有的文化产业管理制度来拓展产业发展空间；政府则要求文化产业的发展服从于国家利益的需要，但也开始考虑服务于新兴文化产业而逐步从微观管制中退出，并给予了文化产业发展更多的优先权；而第三方组织则在要求"放松规制"的同时呼吁考虑社会效益，于是在这些不同力量的作用下，文化产业管理制度的建构与科学技术发展的关联往往会体现出特殊性。因而，适时理性地考虑科学技术发展与文化产业管理制度建构间的特殊关系也是科学理解的应有之意。

第六，科学技术发展与文化产业管理制度间存在的"时间差"问题可以从管理主体和管理对象层面进行追溯。从文化产业管理制度主体来说，基于国家意志和主体倾向的管理制度与文化产业发展的内在规律存在冲突。实质上，不同国家是按照自己的方式来建构文化产业管理制度的，其共性在于其初衷来源于——科学技术发展推动着文化产业新业态的出现，对文化产业的管理主体和原有的文化形态提出巨大的挑战，并由此导致文化生态的改变、挑战着已有物种（现有的政治、经济、社会关系）的利益相容性与相关性，破坏了原有的生态平衡。此时，管理主体开始关注文化产业发展所承载的不仅是作为一个产业而带来的社会效用时，就开始控制并驾驭其发展，使之朝自己有利的方向前行，从而成为国家进行管理的工具和载体。可见，文化产业管理主体从排斥文化产业，到逐渐认知到产业所带来的综合效应，直到制定出合适的管理制度，这个过程需要一定的周期。而从管理对象来看，文化产业的发展未能按照原始路径发展，破坏了现有的文化生态格局，超出了制度能够控制的局面。实质上不同的文化产业形态，对原有文化生态的挑战和破坏是不同的，而其相应的内在制度设定也有所不同。其中，网络文化产业就是一个典型的产业形态，它给整个文化生态带来的挑战是前所未有的，如网络色情的无边界传播、网络游戏的沉迷、网络盗版的防不胜防等，则需要管理主体以前瞻性姿态相应进行规范和管制，以此来维持整个网络文化生态的平衡，而这个过程同样是一个认识深化并逐渐过渡到操作层面的长期过程。

（四）技术导向的文化产业预警制度诉求

《第三次浪潮》作者托夫勒曾强调"经济的快速发展，新时代浪潮的形成，关键不在科技，不在于人，而在于制度"，从而说明制度对产业发展的推动作用不可忽视。而科学技术进步与文化产业管理制度建构的内在规律说明，发展文化产业需关注科技进步与文化产业管理制度建构的耦合关系和耦合时滞。特别是基于数字技术、网络技术的短周期和开放性，文化产业管理制度的建构，应将科技进步与文化产业管理制度建构间的耦合关系作为出发点，积极进行制度创新来缩短或消灭耦合时滞问题，降低制度的滞后性，建构起基于技术创新的文化产业预警制度，为文化产业发展作出预见性制度安排，形成一个"文化产业管理制度塑造产业发展"的态势。

1. 文化产业预警制度的价值取向

文化产业预警制度的建构不仅要实现管理制度的前瞻性，为文化产业的发展提供预见性安排，缩减、排除各种可能导致文化产业非健康发展的风险因素；还要建构起预见性应急管理的法律体系，探究法律框架体系中的保护性规则在文化产业领域的适用性问题①，把网络文化产业涉及的内容控制在其制度规范的区域内，而不是让科学技术发展冲破现有制度的制约②；并建立起我国文化产业发展的预警性保护体系，利用科学技术的发展来发现入侵倾向和潜在的或可能的威胁，使其在合理或不合理的国际竞争压力下正常生存和发展。

文化产业预警制度需实现制度的系统化。一方面，文化产业预警制度是自成体系的，其本身就是建构于科学技术之上由监测—评价—预警一体化构成的系统③；另一方面，信息技术实现了各项新技术的汇聚，导致文化产业的发展模糊了原有界限而出现产业融合，进而推动着文化产业管理制度走向多元融合，这就要求我们面对文化产业出现的种种问题，不要"脚疼医脚、头疼医头"，而需将其作为一个完整的系统，预见或发现文化产业发展过程中显性或隐性的问题，及时制定相关法规政策和制度间的互动而不是相互排斥来实现管理的目标，如针对文化产业发展过程中的色情影视、网游沉迷等问题，需健全内容分级制度和内容审查监督体系，加大激励性文化产业管理制度的出台④。

文化产业预警制度需实现双赢目标，即文化产业预警制度不仅要考虑利于对文化产业的管理，更要有利于"塑造产业"，推动文化产业的健康、快速发展，实现文化产业规制和发展的同行。特别是在政府和秩序构成的网络社会与匿名、无序和跨国界的网络虚拟社会结合构成的新社会形态里，文化产业预警制度的目标就需实现从"规制"到"建构"的跨越。一方面，要针对文化产业发展现状及其潜在问题作出预见性安排，加快制定管理和规范文化产业各业态的法律法规，将破坏文化产业发展环境和文化市场秩序的行为消灭于萌芽状态，将对文化产业发展构成的危险和危害降到最低；另一方面，文化产业预警制度要求政府在对文化产业实行科学管理和法规约束的同时，需把文化建设作为"主旋律"，即相关制度的制定一定要能引导、鼓励科学技术发挥其开发、保护我国优秀文化的作用，积极推动并重点加强社会主义文化建设，将弘扬我国文化主旋律与提倡文化多样化有机统一起来，为民族本土文化占有率的提高搭建平台⑤。总之，文化产业预警制度的建设是一个长期的、不断完善的工程，只有充分利用高新技术提

---

① 李琦、丛志杰："对我国合作网络预警系统的思考"，《行政与法》2007年第3期，第88~89页。

② 熊澄宇："营造和谐的网络生态"，《瞭望》2007年第31期，第61页。

③ Theophilopoulos, Nick, Stelios GEfstathiadis, et al. ENVISYS——Environmental Monitoring Warning and Emergency Management System [J]. Spill Science&Technology Bulletin, 1996, 3（1-2）：19-24.

④ 郭亚莉：《媒体政策与法规》，中国传媒大学出版社2006年版，第191页。

⑤ 张冠文："论信息时代国家文化安全面临的挑战与对策"，《山东社会科学》2004年第11期，第102~106页。

高文化产业发展的预警能力，才能适应各种复杂情况，积极培植新文化经济增长点，促进文化产业健康、快速发展。

2. 文化产业预警制度建构

在今天的网络时代，信息流动的加快、技术更新周期的缩短以及网络所带来的不确定性的增加，导致文化产业的预期增长与非安全性问题增生同步，而文化产业预警制度的建构就必须根据科技发展逻辑为文化产业作出预见性安排。

一方面，政府需加快现有文化产业政策法规的修订步伐，把原有法规的有关条款扩大到适用互联网络，推动文化产业前行。现有的大部分文化产业法规政策滞后于文化产业发展速度，而其管理的价值出发点、功能以及对网络文化资源分配的公平性和公正性较差，与文化产业的发展步伐、文化产业的动态特性间存在明显落差，导致其应有的对文化产业内容、产业结构、产业组织调整，对文化市场规范、国内文化产业的保护性效能无法有效发挥。特别是在网络时代，互联网本身是一个瞬息万变的信息领域，现有网络法规政策不是一劳永逸的事情，应根据新问题及时调整、修正，就要求政策法规制定者根据文化产业特性以及发展态势，以超前的发展眼光，在对社会发展趋势正确判断的基础上，及时修正现有文化产业管理制度，发挥"引导、支持、鼓励、规范和保护"我国文化产业健康发展的制度效能。如及时调整、修正已有的出版、电影、广播电视、音像管理等条例，将对数字出版、数字电影、数字电视、网络电视、网络音乐的具体管理办法纳入到管理条例中；面对手机新媒体承载越来越多文化功能的趋势，应在原有通讯管理制度中添加新条款，增加对手机短信内容、手机电影电视、手机报纸等进行制度预警的内容；针对网络世界非安全因素的增生，应及时增补确保青少年在网络空间健康成长的法律法规，保护其身心健康免受不健康网络内容的毒害。如美国从 1996 年起至今就通过了 4 部相关法律[1]，并采取了电子文化产业政策，实行远程无线监控管理，提高了规范文化产业的时效性[2]。

另一方面，政府应预见科学技术进步所带来的权变态势，出台预见性与预警性文化产业法律法规政策，做到事前防范与治理，为文化产业大发展提供制度保障。具体而言，文化产业管理制度主体需及时把握与文化产业相关的最新技术动态，变被动为主动，确保所制定的规章制度的前瞻性。其一，需适应局势，加快网络版权法规和政策的制定。目前来看，几乎所有的版权产品都能成为数字化作品，如书刊、软件、音乐、电影电视、游戏等版权产品都可通过网络进行下载，

---

[1] 徐淑红："网络文化与我国文化安全"，《东北师范大学》（硕士论文）2006 年。

[2] Vaidhyanathan S（2005）. Remote control：The rise of electronic cultural policy. Annals of The American Academy of Political and Social Science［J］The ANNALS of the American Academy of Political and Social Science，Vol. 597，No. 1，122–133.

这一过程夹杂了非法下载、非法复制等问题，并且随着数字化产品领域的扩展，网络侵权问题有严重化趋势，并最终将导致整个网络文化产业价值链的萎缩。例如，美国电影业业内人士估测，每天有大约三至五百万侵权电影文件通过 P2P 文件共享平台下载，给电影业带来巨大损失；而全球唱片业的销售额由于网络盗版从 1999 年至 2004 年下降 25%①。由此，针对知识产权专有性与网络无国界特性的交融，应加快制定与国际版权制度相一致的网络版权法，推进网络版权保护制度的"国际一体化"进程，弱化版权保护地域性冲突，发挥虚拟空间知识产权保护政策的激励作用，鼓励网络文化产业的健康、快速发展；并针对网站管理"政出多门"的状况，明确网站新闻发布管理部门权限以及网上新闻失实责任追究制度。其二，针对网络文化产业管理制度的空白点，加快各项法律法规政策的出台。我国从 20 世纪末开始出台一系列与网络文化产业相关的行政条例、政策办法，但没有制定专门法，难以适应网络快速发展的需要。因此，政府应把网络文化产业管理的立法工作纳入到国家整个法制建设框架中，加快网络数据库保护法、网络信息商品法、数字媒体法、虚拟财产法、数字签名认证法、计算机安全监管法等配套法规的制定，并确保各条例规章的"与时俱进"，从而制定出更广阔、多元的文化产业政策法规，并通过适当的空间战略，参与到文化产业的发展过程之中②，改变规制过程中依据不足或无法律依据的窘况。如针对网络世界不健康内容的无边界扩展，应参照电影和电视内容分级的做法，加快出台网络内容分级制度，以来规范网络色情、网络暴力等有害内容，净化人类的第二生存空间③。

（五）文化产业预警制度建构原则

"制度塑造产业"是文化产业预警制度建构的诉求。文化产业预警制度的建构，必须与时俱进，既要考虑把握最佳时机作出预见性安排，也要实现多元制度间的互动包容。实际上，文化产业预警制度建构的诉求，主要是基于技术的快速发展和技术聚合的趋势。特别是因特网技术，虽然它本身需要的政策意义是"自由原则"和"接入原则"，但其塑造的网络文化产业新形式与新问题的同步爆发性增长却使得产业发展环境面临巨大挑战，并已经进入一个阶段，一个"呼吁对其进行规制规范声音愈发强烈"的阶段。但文化产业管理制度是要"放

① Andrew Currah. The Digital Storm：Strategic Challenge of Internet Distribution to the Hollywood Studio System. 2004：15 – 16.

② Talon AR（2006）. Developing leisure and cultural attractions in the regional city centre：a policy perspective. Environment and Planning C – Government and Policy，3：351 – 370.

③ 乌家培：《信息社会与网络经济》，长春出版社 2002 年版，第 147 页。

松"还是加强"规制",还要取决于文化产业的自身发展特点与规律。因而,要为文化产业的发展设计出具有前瞻性、预警性的制度建构,还必须对"何种方式来规制,何种程度的管制将既有利于为文化产业的发展创造一个安全、有序、公平的绿色产业发展环境,推动其健康、快速发展;又能促进文化产业更好地服务于满足人们日益攀升的文化需求和社会主义精神文明建设"的问题找到正确答案。

三、文化产业发展数字化与数据化并举战略

大数据时代的到来,使得中国文化产业发展还没有实现数字化,就又遭遇到数据化的挑战。2010 年美国总统科学技术顾问委员会给总统和国会提交了一份《规划数字化未来》的报告,提出"联邦政府的每一个机构和部门,都需要制定一个'大数据'的战略",麦肯锡公司更是把"大数据"定义为:"下一个创新、竞争和生产率的前沿"[①]。"大数据战略"正在成为争夺全世界的下一个前沿,从而开启了一个全新的战略竞争时代。面对这一全新的战略挑战与战略机遇,中国的文化产业发展在实现数字化的同时,应当制定和实施文化产业发展的数据化战略。一个数字化与数据化并举的中国文化产业发展战略;一个文化与科技相融合的国家文化产业大战略。

第一,我们生活在一个充满标准的时代。这是中国建设社会主义文化强国所处的战略机遇期的鲜明特征。马克思说,动物只知道按照它所属的那个物种的尺度来生产,而人则能够按照任何物种的尺度来生产。这是人和动物最本质的区别,标志着人的有意识性。

在这里,对于尺度的建立、掌握与运用是区别与衡量人与动物重要标准。同理,尺度也是我们用以衡量一个社会文明发展程度的标准。建立尺度就建立标准,建立尺度就是建立规范,建立尺度就是建立完善,建立尺度就是建立人类社会的可持续发展。因此,尺度具有调节社会进步与发展的杠杆作用和文明导向作用。不同的社会有不同的衡量事物的标准,同一事物在不同的发展阶段也会有不同的衡量尺度。尺度不是一成不变的,但是,没有尺度,社会发展就是无序的。

文化产业发展也是如此。在今天,追求文化产业的大发展、大繁荣正在成为我们这个社会飞速发展、创新转型的重要标志。我们正在经历着一个深刻的文明转型和文化大变动时期。追求文化产业的经济效益和财富目标不是我们的目的。我们的目标是建设社会主义文化强国。我们依赖文化资源优势,渴望把它转变成

---

① 涂子沛:《大数据》,广西师范大学出版社 2012 年版。

文化产业优势。通过文化产业发展转变资源消耗性和环境污染性的经济增长方式和发展方式，这没有错。但是文化产业发展也有一个发展方式和增长方式问题。文化产业发展不能以消耗文化资源和制造文化污染为代价，而是应该以文化资源积累和文化空气充分的含氧量为价值取向。这就需要建立标准，建立以文化资源积累而不是以文化资源消耗为尺度的文化产业发展指标体系，以表证和内涵发展相统一的指标体系，并且以这个体系建立中国文化产业发展指数。这应当是"生态文明"在文化产业发展中的中国指数。没有文化产业发展的"生态文明指数"，就无法实现"五位一体"中的文化强国目标。国际社会已经建立了许多这样的发展指数，用以调节人类社会的发展的可持续性。通过编制发展指数推进国家治理的"善治化"，正在成为当今国际社会发展的大趋势。编制中国文化产业发展指数，实现中国文化产业发展的"善治"和中国文化发展的"善治"，不仅可以为国家制订文化产业发展规划，制定文化发展战略提供决策依据，而且还可以为我国文化产业进一步参与国际文化战略竞争，抢占文化战略制高点和建立话语权奠定基础。

指数的背后是标准。谁控制了标准，谁就掌握了战略主动权。通过和借助于中国文化产业发展指数的编制和建立来引导我国文化产业发展战略目标、路径和政策选择，提高文化产业发展规划水平，已经成为中国文化产业发展最重要的战略需求、战略内容和战略形态。

第二，我们还生活在一个被数据和指标包围的时代。这是中国建设社会主义文化强国所处的关键环境特征。一切都以数据为衡量标准，一切都以指标为考核依据。数据和指标夺走了我们很多的自由，虽然，数据和指标也被用来检测人类获得的自由程度度量衡。但是，也因此成为不同国家和国家集团之间战略博弈的战场和战略工具。当今世界上绝大多数的数据和指标都是被欧美大国及其国家集团控制的，由此而发布的各种统计数据、评级指标，已经成为国家间为争夺发展空间和全球战略资源，摧毁和控制他国的最主要战略。如汇率指标、碳排放指标、信用评级指标等，甚至农产品单产数据指标，也成为美国农业部控制和左右世界粮价的重要战略工具。数据博弈和指标博弈已经不是一般的统计学意义上的工具价值，在某种程度上甚至影响和决定了一个国家和地区某个行业发展的生死存亡。

数据涉及国家安全。对事关国家安全的战略数据实施国家安全和保密制度，这是国际社会通行的惯例。数据保密事关国家安全，科学完整的数据统计与发布同样也事关国家安全。没有科学详细的统计数据，就无法影响和掌握产品的定价权。在国际农产品市场上，美国之所以拥有强大的话语权，不仅在于美国是全球最主要的农产品生产国和出口国，而且还在于它建立了一整套足以影响国际粮价的数据体系，尤其是每月的农产品供需报告，更是成为市场的风向标。我国虽然是一个农业大国，但是却在世界粮食市场上缺乏与一个农业大国的地位与身份相称的"定价权"。经济上是如此，文化上也是如此。由于迄今为止我国尚未建立起一套科学完整的文化产业统计指标体系、数据体系、指标评价体系以及发布体系，从而使得我国文化产业发展整体上处在一个"数据话语权"的缺失时期。"数据话语权"的缺失不仅反映了我国文化产业发展的盲目性，而且也使得我国文化产业发展处在一种因"数据话语权"的缺失而在文化产业结构调整和文化产业发展战略方向选择上，严重地受人误导的非安全状况之中，不利于我国文化产业发展战略的调整和完善。统计数据的缺失、统计口径的不一、统计制度的不完善以及片面的政绩考核指标，不仅严重扭曲了我国文化产业数据统计，而且还由于这种严重扭曲了的数据成为文化产业发展战略的决策依据，因而使之成为构成我国文化产业安全问题的一个重要动因。文化产业统计数据的缺失，是影响建设文化强国战略规划研究和政策制定工作中遭遇到的最大的困难。面对统计数据的缺失，我常常在想：一个没有文化产业统计数据的地方，或者文化产业统计数据不全的地方，会有文化竞争力吗？我们常常很在乎自己在全国文化产业发展序列中的排行位置，更在乎我们在世界文化竞争力中所处的位置。那么，我们为什么又不重视对自己文化产业发展数据的及时统计和公布呢！

统计数据的缺失，就是你的数据话语权的缺失。缺失的程度，决定你在全国文化产业发展排行的位置，决定了中国文化产业在世界发展中的位置。

第三，我们正在进入一个国家文化治理时代。建设文化强国伟大目标的提出，是这一伟大时代开始的标志。发展文化产业是在中国社会发展进入到一个全面变革和转型的大变革时期提出来的，是为克服和解决经济结构的战略性调整和转型过程中遭遇到的结构性矛盾和体制性障碍的过程中提出来的，是在中国加入世界贸易组织用开放促改革的过程中提出来的，是在社会主义事业遭遇到苏联和东欧阵营的集体性解体的危机中提出来的。也就是说，发展文化产业的国家战略决策是为一系列国家战略需求服务而提出来的，是为克服与解决国家危机而提出来的。从这个意义上说，发展文化产业具有治理国家危机的性质。通过发展文化产业治理国家危机，从而使得文化产业"国家文化治理"意义，建立中国文化产业发展指数也就自然地成为中国国家文化治理的题中应有之义。

20世纪80年代以来，中国经历了一个从不提文化产业到肯定文化产业，再到大力发展和加快发展文化产业的政策演变过程。这不仅是国家对文化产业态度与认识及其政策的一般性演变，而且也是国家治理观和国家文化治理观的一次深刻变革。

不提文化产业是着眼于国家意识形态安全的需求意志，提出发展文化产业还是着眼于国家意识形态安全的战略需求。但是，问题的性质已经在这个过程中发生了变化：一方面，国家意识形态安全的环境和形式已经发生了深刻变化，经济全球化造成的全球市场一体化，不仅改变了全球物质商品生产与流通生态格局，而且也改变了全球文化商品生产与流通的生态格局。尤其是现代科学技术更加深入地介入了文化生产手段和传播手段的革命化和现代化，使得原有的封闭式的文化商品生产、流通与消费日益成为不可能。当不能采用新的现代文化生产手段与传播手段便不能有效地维护国家意识形态安全的时候，文化生产与传播手段的变革便成为维护国家意识形态安全必须完成的革命。文化产业在全球迅速成长为国际文化战略和国家文化安全战略，正是在这个意义上成为正在发生深刻文化全球化和全球化的文化治理革命。另一方面，经济全球化的迅速发展在给人类社会带来巨量财富增值的时候，也造成了资源和环境持续恶化带来的全球经济危机。可持续发展战略命题的提出具有普世价值，凸显了人类社会普遍的关怀。转变经济发展方式和经济增长方式也就自然地成为经济全球化发展的另一重要命题。寻求人类社会发展的新的文明发展方式和生活方式，转变人类财富的增长方式也就成为人类社会共同追求的目标。文化产业被认为是最能体现这一价值追求的实现方式。于是，文化产业在社会发展的层面上和全球化治理的层面上便超越了法兰克福学派作为社会批判理论的"文化工业论"，转而成为用以克服和解决经济和社会发展问题的治理工具和治理手段，英国政府提出发展并实施"创意产业战略"、新加坡政府提出"文艺复兴新加坡战略"、日本和韩国提出"文化立国战略"，欧盟发布"欧盟文化战略"等，从而使得文化产业从社会批判的价值理性发展成为社会建构的工具理性。在以阶级斗争界定意识形态安全依然还存在的情况下，新的全球意识及由此而形成的意识形态不仅形成了新意识形态，而且形成了新意识形态安全。文化产业安全正是在这个意义上成为新意识形态安全最重要的形式。国家治理从狭义的意识形态安全走向广义的国家文化治理。

中国文化产业发展指数应当成为国家文化治理和文化产业发展战略的重要组成部分和内容形态。

中国文化产业发展指数是中国文化产业学术研究的一种重要领域和研究范畴。然而，研究中国文化产业发展指数是极其困难的。数据的收集，指标的建立，分析框架的选择，等等。正如《中国文化报》在《中国文化产业发展指数的上海读本》所作的深度分析时加的"编者按"所说的那样："中国文化产业发展指数的建立和发布仅是对我国文化产业发展现状深入探析的开始，无论是支撑指数的理论、指标体系的构建，还是指标体系测评方法的流程，均有许多尚待改进和进一步思考的空间。"尤其是关于"中国文化产业发展指数"这一概念和范畴的学理性研究，严格意义上说还只是完成了一个命题提出的这样一个目标，离开这个目标的完整实现，还有许多深入的研究工作需要中国文化产业学术界区共同完成。

世界正在步入"大数据"时代。建设文化强国需要"大数据"的支撑。"大数据"是影响未来战略发展的话语形式。谁掌握了"大数据"，谁就成为未来发展的规则制定者和规则改变者。我们的目标是：希望中国文化产业学术界和中国文化产业统计部门一道，为共同建立中国文化产业"数据话语权"而奋斗。

第十一章

文化体制改革与文化产业制度创新

文化体制改革是一场有别于经济体制改革的全新的国家制度改革。改革的重点是理顺文化事业与文化产业的关系，转变政府文化管理职能，建立新的国家文化管理体制，其核心是转变党管理意识形态的执政方式，从根本上提高党的文化执政能力。

改革的深度和广度决定了文化体制改革的难度。由于长期以来文化在中国的国家政治社会生活中占有特殊的地位，以及人们对文化的特殊理解。因此，文化体制改革首先遇到的障碍就是关于文化体制改革的目的性限定和改革的路径选择。也就是说为什么要改革文化体制？我国文化体制改革的性质是什么？往哪里改？改革后的中国文化体制是一个什么样的制度形态？如果说，在经济体制改革和在建立社会主义市场经济过程中，我们还曾经遭遇关于姓资和姓社的理论障碍尚且还能够跨越的话，那么，文化体制改革将涉及我国的整个上层建筑架构，事关国家文化制度的重建。因此，由此而产生的矛盾和障碍将会比经济体制改革曾经遭遇到的更加复杂和艰巨。面对如此艰巨复杂的文化体制改革，我们所面对的恰恰是关于文化体制改革的理论准备不足，难以给予文化体制改革实践提供全面的智力支持。在原有的关于经济体制改革的理论已经远远不能满足文化体制改革的需要的情况下，这就需要我们对此进行认真的研究和思考。

一、创新文化体制改革理论

文化体制是一个国家关于文化与政治、经济关系的制度性体现和反映，集中体现了一个国家执政主体关于这三者关系的理论主张，以及在这种理论主张下建立起来的国家文化体制和政策系统。因此，要寻求文化体制改革在理论上的创新，首先必须对文化、政治、经济的关系有一个新的认识，建立新的关于三者之间关系的理论系统。

文化是政治、经济的反映，同时又反作用于政治和经济。这是我们关于文化和政治经济关系的经典性理解，至今依然是我们认识三者关系的一个出发点。但是，这一经典表述是以"作为观念形态的文化"为前提的，其中没有讨论有关文化的事业和产业问题，也没有讨论关于文化的体制和机制问题。这就使得当前我国正在推进的文化体制改革所涉及的对象和范围，远远超越了"作为观念形态的文化"这一理论限定，从而使得我们关于文化与政治、经济关系的当代性把握，进入了一个缺乏足够的理论支撑和引导的文化区间。文化体制改革的理论指导问题也就变得十分紧迫。

从现阶段中国推进的文化体制改革的内容来看，它广泛涉及文化生产、文化流通、文化组织、文化结构、文化分配、文化权利等各个方面。既包括对文化事业和文化产业的区分，又包括对原有文化利益格局的调整；既包括对在计划经济体制下形成的制度性障碍的破除，又包括对原有文化经济格局的结构性调整与重组。公益性文化事业和经营性文化产业的提法，在我国文化建设与发展的整体性战略思路上，建立起了一个新的关于文化社会存在形态的政策性架构标准。这个标准不仅涉及一般的对原有的关于文化和政治经济关系的形态性解构，而且还涉及对文化广泛的社会功能的判断与调整。因为就这一划分的定位和取向来看，公益性和经营性在一定程度上与营利性和非营利性存在着对位性关系，市场取向是这一划分的价值标准。然而，由于文化体制本身又是政府关于文化管理意志的制度性体现，涉及政府对于社会文化资源的权威性分配的政治架构，因此，关于文化事业和产业的划分明显得表现出国家文化管理意志和管理政策的制度性重大转型。由于这一制度性重大转移的背后还广泛地涉及原有国家文化权力的转移和公民文化权利的实现，即各种社会力量更多地参与社会文化事务成为可能，从而使文化的多样性和文化主体的多元化共存，使得文化在很大的一个程度上、在一个更高的层面上回归了它的原生态。也就是说，文化成为一个与政治和经济具有同样地位的主体。如果说这样一个标准还是关于中国文化体制改革的第一层次划分，主要的还是属于政治层面的话，那么，如何在这样一个基础上对文化产业经营进行第二次划分，就会涉及诸如市场准入、国民待遇等有关文化经济政策与法律的层面，涉及对文化行业划分标准，以及对文化行业的市场规范。在这里，一般性地套用原有的经典性原理，已经难以解释正在发生着的文化变革的实践。

文化是综合国力的重要标志，本身就是社会构成的一个重要组成部分，是与政治文明、物质文明并列，并有着同等重要性的社会精神文明的存在方式和表现形态，因而，同样是推动社会前进的动力。文化的创造性是人类进步的源泉。而文化是由创造性来界定的。没有文化，也就没有人类社会包括政治和经济的一切发展。恰如联合国教科文组织在一份关于《文化政策促进发展行动计划》所指出的那样："发展可以最终以文化概念来定义，文化的繁荣是发展的最高目标。"因此，推进文化体制改革和最终实现文化体制改革目标，已经不仅仅是文化体制改革自身范围里的事了，而是关系整个社会的发展模式和发展形态的重大社会变革。在这样一个全新的社会与国家发展的改革背景下，中国的文化体制改革就必须建立起关于文化与政治、经济关系的全新理论，在新发展了的时代背景下，给出我们关于文化与政治和经济的全新理解，并且以这种理解和由这种理解所建立起来的理论的基础上，全面指导、规划和推进中国的文化体制的总体改革，只有这样我们才能把文化体制改革建立在一个新的合理性的基础之上，并且以此为一个新的出发点来制定和实施文化发展战略。

要寻求文化体制改革在改革理论上的重大突破，就必须建立新的社会主义文化建设与文化管理理论，为国家文化制度创新提供合法性依据。在相当长的一个时期里，关于意识形态领域里的阶级斗争理论，是我国文化管理的基本理论。国家文化管理的功能和职能设计，很大程度上就是建立在这一管理理论基础上的。用意识形态理论规定文化管理的主要任务和职能，曾经是我国文化管理的一个特点。但是，意识形态理论只能包括而不能代替文化管理理论，同样意识形态管理也不能代替文化管理。无论是文化建设形态还是文化发展道路；无论是公共文化管理还是文化产业管理，中国文化管理理论都面临着一个全面创新的任务。如果不能在关于国家文化管理目的、政府文化管理职能、公共文化管理和文化产业管理之间建立起科学边界，在文化建设与文化发展道路等根本理论问题上取得文化管理理论的突破，不能为中国全面的文化体制改革和制度创新建立全新的合法性依据，文化体制改革会因此而很难达到预期的目的。

迄今为止，中国关于改革的理论成果主要是建立在经济体制改革的经验基础上的，实践经验的有限性决定了改革理论作为普遍真理的局限性。不能把经济体制改革形成的个别经验，当作现成的普遍性真理而不加区分地套用到文化体制改革中，也不能把只是适用于国外不同社会制度和文化背景下的关于文化制度的体制和机制作为"普世性"标准，不加区分地套用到中国的文化体制改革中来。例如，投资是要讲究回报率的，这是投资理论的起码要求，从事公益性文化事业有没有投资回报率问题？如果没有，那么出资人的利益如何保障；如果有，那么公益性文化事业就有可能成为经营性文化产业，二者又和现阶段关于文化体制改革的目标以及关于文化事业和文化产业的划分相矛盾；显然关于投资主体多元化理论不能解决文化体制改革中的所有有关产权明晰的难题。同样，现代企业制度关于法人治理理论运用于文化体制改革当中是否也有一个恰当性问题。因为就现阶段来看，中国还将实行事业单位企业管理的文化体制。在这样的一个体制内，又怎样按照现代企业制度关于法人治理结构的理论要求，来实现有效的经营权和管理权相分离的产权关系管理？在文化事业那一部分，又如何按照所有制理论来确认它的所有制性质。种种问题表明已有的现成的经验和结论已经不足以为我国文化体制改革和制度创新提供所需要的反省与合理性支撑。尤其是在前期关于文化体制改革过程中失误的教训要多于成功的经验，现存的文化发展还存在着严重的区域发展不平衡的尖锐矛盾的情况下，当前的文化体制改革一定要从中国文化事业和文化产业发展的实际需要出发，在关注与世界文化发展的整体性发展趋势相协调的同时，特别要对文化体制改革可能对中国社会整体发展带来的新的体制性障碍和形成新的结构性矛盾给予充分的注意和研究，提前预案。因为，在中国文化体制问题不只是文化本身的问题，它还涉及中国的政治体制改革和经济体制改革等一系列问题，涉及原有文化权力结构的战略性调整和文化权力的再分配。国家究竟能在多大程度上还文权于民，其所引发的矛盾与冲突是相当复杂的。

改革的目的是要最大限度地解放文化生产力，缩小城乡文化差别和东西部文化发展不平衡差距。文化体制改革应当为克服和消除西部地区的文化贫困创造新的条件，而不是加剧这种文化贫困的发展，而文化体制改革综合试点的结果，由于缺乏对经济欠发达地区文化发展状况和改革承受能力的分析与评估，在此基础上推进的全面文化体制改革，则有可能进一步扩大区域文化发展不平衡的差距，甚至导致严重的文化不稳定，进而导致社会不稳定。对于有限的文化资源、特别是文化政策资源和文化市场资源的争夺，很有可能引发新一轮地方保护主义和部门利益的恶性竞争。非综合试点单位的文化体制改革方案和措施超过甚至突破了中央的一些改革思路就是一个明显的例子。这几年在文化体制改革中建立起来的国有文化产业集团，不仅仍然享有行政级别，而且在行政级别上与地方政府文化行政主管部门同级。在一个地方形成两个文化权力中心，政府文化行政主管部门实际上处于对国有文化产业集团管理无能的状况。一个重要的原因就是在中国的意识形态管理与文化管理理论上，还没有从根本上科学地解决"政府从办文化向管文化的转变"这一中国国家文化管理理论的重大命题。因此，文化体制改革不仅应超越经济体制改革理论的一般经验和路径选择，尤其重要的是积极探寻符合文化体制运动规律，同时又反映中国文化制度发展特点的改革理论和改革政策。涉及文化产业领域里的改革，要超越单纯的经济观念和经济方法，又要克服与消除意识形态管理与文化管理的二元对立，要防止把文化体制改革与转变党管意识形态的执政方式割裂开来、对立起来的倾向，建立具有中国特色社会主义市场经济条件下文化运动本身固有特点的理论。避免把文化体制改革等同于经济体制改革，用经济体制改革的理论和经验套用到文化体制改革的倾向。尤其要谨防出现这一轮改革的成果成为下一次改革对象这样循环改革的怪圈。要比较在市场经济的条件下东西南北的文化发展差异，比较历史和现实发展逻辑的规律，比较在全球化背景下中国文化的历史方位，统筹兼顾东西部文化发展，统筹兼顾农村和城市文化发展，不断缩小这两个方面存在的明显的文化发展差距，理应成为这次文化体制改革的重要任务。

中国文化体制中的深层次的问题是在长期的历史过程中积累起来的，这其中有的是由于"左"的理论和政策形成的制度性偏差，有的是制度本身发展到一定历史阶段所提出来的自我发展的必然性要求以及与这种要求不相适应的制度性力量决定的，并不是什么都是"左"的因素造成的。要看到历史本身是有局限性的。即便是我们今天认为是非常成功的改革，从历史的发展观来看也还会有它的局限性。局限性也是历史发展的规律。这种局限性又是非等到事物的矛盾性的充分展开而不会被发现。一味地把什么都归结为"左"的结果，容易使我们在选择新的制度创新和理论创新时走向新的极端。只有把问题放到制度发展运动本身的情势下来分析当前中国正在进行的文化体制改革，以及这个改革本身所遇到的难点主要是由制度本身的局限性决定的，而制度选择本身的局限性又反映出我们关于这一制度理解上的与时俱进的必要性，这样，在设计新的文化体制改革路径选择的时候，我们就可以有一个比较理性的判断，克服各种各样的路径依赖。只有首先解决创造主体在思维方式和理论模式上的路径依赖，创造出新的理论体系和制度体系才是可能的。正如只有首先解决了体制性障碍，才能实现对于结构性矛盾的有效克服一样。只有获得了新的关于文化制度的理论创新，才有可能取得实践上成功的可能，在建立新的国家文化制度的同时，构建全新的国家文化产业结构和文化力量格局。因此，文化体制改革，改什么？怎么改？政府职能转变，是哪些职能转变？政府职能转变与原有文化制度结构改革关系究竟会出现哪些新的变化？政府职能转变后的文化体制是什么样的？文化体制改革从办文化向管文化转变，那么政府管文化的体制是否也有一个体制改革的问题？市场取向是否是文化体制改革的唯一取向？文化体制改革究竟是经济制度的还是文化制度的？是经济性的还是文化性的？改革后的文化产业还能够在多大程度上体现公共性？文化体制改革后政府的文化责任是什么？目前思路下进行的文化体制改革，能否从根本上解决我国文化发展和建设中的结构性矛盾和体制性障碍？文化体制改革，不只是要实现政府从办文化向管文化的职能转变这一项任务，而且应当包括政府如何管文化的改革，如文化审查制度、市场准入制度、行业管理制度（多头管理与分割管理）等，包括怎样向公共文化管理转变？就我国当前文化管理体制和制度结构的实际效果而言，关于国家文化管理制度的改革才是最关键的改革。如果不能对那些严重妨碍我国文化生产力的最大解放的制度性障碍进行创造性改革，那么，现在所正在进行的改革都只能是一种属于表面性的改革，改革的一个结果很可能是政府所应当承担的文化公共性削弱了，把原来由政府承担的那一部分文化职能也推向市场，其结果是政府公共文化职能的丧失。另一方面由于改革并未涉及文化管理的制度层面，原有的制度功能继续运转，那么，改革的成果也可能在这样的制度下被消解。关于国家文化制度理论、文化法制理论和文化政策理论的创新具有特别重要的意义。

任何一种模式的国家文化制度都和一个国家的法律制度作用和文化管理的完备性程度相关。当前，文化法制的不健全和文化政策制定的随意性，是造成中国文化制度性缺陷的重要因素。能否在国家文化管理体制上建立起有效的文化法制制度和体系，是决定了中国改革后的文化制度能否最大限度地解放生产力的关键。能否建立起科学规范的文化司法程序，这将直接决定了中国文化立法和文化决策的科学化和民主化。文化体制改革是一次全面涉及中国政治、经济和社会各方利益关系的全面改革。它不仅对内将要改变原有的文化利益格局，调整各种文化利益关系，对外还会涉及中国加入世界贸易组织在开放文化市场方面的各项承诺的兑现，建立起一种新的涉外文化体制和机制。从这个意义上说，文化体制改革在维护国家文化主权方面，在实现国家文化制度重建的同时，需要建立新的国家文化安全体系。完备的文化法制体系和完备的文化法律机制，是国家文化安全体系科学建立必不可少的条件。转变政府文化管理职能，既是中国文化体制改革的重点，也是重建中国文化法制体系，实现文化上的依法治国和建构国家文化安全新的保障系统的重要制度性改革，在这样一个事关国家文化安全和国家文化制度重建的问题上，一刻都不能没有它在法律上的合法性。而当前急需关注的由于文化立法和文化政策的理论缺席，将直接导致文化体制改革过程中的国家立法机关的缺席。在这里，国家立法机关如何在文化体制改革中发挥国家权力机关的法律作用，完善文化体制改革过程中应有的法律程序，也就成为一个不容忽视的问题，直接关系到文化体制改革结果的合法性。国家机关的缺席，将直接威胁到改革成果的全部合法性。因此，关于文化体制改革和文化制度建设所涉及的一系列法律问题，都必须给出文化法学理论的解答。如果不能在根本的文化法制理论和文化政策理论上有一个大的建设，那么，不仅是我们关于文化建设大的宏观战略选择难以进入到实践的层面，而且有关文化体制改革的制度设计，例如跨地区、跨行业和跨媒体经营就很难真正在改革中得到有效的实现，地方保护主义和行业壁垒就很难得到真正的克服，相反，随着中国加入世界贸易组织后保护期的过去，真正跨地区、跨行业和跨媒体经营的市场主体到很可能是外资或其他社会资本，以及其他社会资本的进入又由于市场准入制度管制而难以获得平等的国民待遇。

文化产业发展所必需的司法体制建设的落后，使得中国在文化产业发展过程中不断地遭到来自美国的法律挑战。2010年谷歌公司要求中国政府取消网络审查所引发的事件，美国国会在2010年3月24日召开听证会，就"谷歌事件""检视中国互联网法规"，"以及在这些法规下，外国公司是否有表达意见的自由"。这是美国试图用美国法律干涉中国司法独立的行为。但是，我们同时也可以看到，在文化产业发展问题上的司法缺位所导致和造成的文化产业发展"困境"，是严重制约中国文化产业健康发展、依法建设的制度性障碍。建立健全我国文化产业法律体系，使之在宪政的框架下运行，应该成为我国文化产业发展战略的重要保障。中国的文化产业发展战略的科学建构和有效实施，就必须在关于文化产业的意识形态监管问题上克服传统的思维方式，通过在出版、新闻、电影、电视、互联网等一系列文化产业的核心领域制定国家法律，从过去关于上述领域里的已经明显的不适应现代中国文化产业发展和国家制度建设需求的思想观念中解放出来，超越在文化审查和意识形体监管上的自我束缚，以充分的文化自信表现执政党在文化审查和意识形态监管领域里的成熟执政。在这里，制定和颁布《新闻法》、《出版法》、《电影法》具有特别重要的意义。文化宪政，中国必须把关于国家文化管理的一切权力建立在宪法的基础上。

美国人是以与其价值观和生活方式相适应和相一致的思维来认识和发展文化产业的。文化产业在美国之所以被称之为"娱乐业"，集中体现和反映了美国人对待文化产业的态度，由此，我们也就可以看到为什么在美国对我们称之为"文化产业"的"娱乐业"的监管和我国的价值与理念存在差距是如此的大，以至不断在这一领域里发生制度性的矛盾和冲突。在我们看来是属于国家文化主权的那一部分文化审查内容和制度安排，之所以屡屡受到来自美国的冲撞和挑战，一个最主要也是最核心的问题就是两国的价值观和生活方式存在的严重差异。还有一个重要的差别，就是美国的文化产业发展看似自由的不可理解，但却是都有法可依，而在我国却无法可循。这也是我国的文化制度屡屡受到来自美国挑战的重要原因。因此，建立健全文化产业法制管理体系，把有关文化产业管理和管制的中国主张和中国态度，都能以中国法的形式宣告世人，这样既可以让全世界都知道中国在这一领域里的法律，同时更重要的是向世界告示什么是中国人的价值观和生活方式。

要使制度本身成为一种生产力，一种良性的生产力形态，从而确保文化产业发展所需要的文化生产力成长机制始终处在一种良性发展的状态，而不是总是通过或借助于临时性的非常态手段和临时性的政策措施来促进文化产业的发展。不能把改革作为一种常态机制来规定，造成整个事业的发展总是处在一种动荡不定的状态之中，使人们总是处于"下一只鞋什么时候落下"的关于不安的期待之中。这既不利于管理成本的有效控制，也不利于社会的稳定发展和可持续发展。因此，对于像中国这样一个大国来说，改革的完成也应该有一个时间表，哪怕是一个较长的时间表，但不能遥遥无期。不能陷入"不断改革"和"循环改革"的误区。要不断地把改革的成果通过法律形式固定下来成为制度形态。倘若改革的成果不能以法律的形态确定下来，那么我们就要检讨和思考这一成果本身的合理性与合法性。必须克服"半部文化法律治中国"的文化发展困境，建构中国文化法律体系。从而使得人人依法行为，政府依法管理，文化依法发展，社会依法进步。这就需要从中国长远的发展角度进行全面的基本文化产业发展战略理论研究和建构。它是我国文化产业制度建构的理论基础和指导思想。

文化体制改革的预期由于制度性障碍而无法实现。理论决定制度，制度决定体制，体制决定发展模式。先进文化需要有法制的促进与保护。只有建立在法制牢固基础上的改革，改革的全部成果才能有效地成为推动文化发展的动力。因此，能否在文化体制改革过程中为文化体制改革建立起有效的法律保障和支持系统，建立起必要的文化法制程序和机制，在某种程度上不仅决定了改革本身的全部合法性，而且也将直接决定文化体制总体改革的成败。所有这些都有待于在思想路线上、理论路线和制度建构路线上梳理清楚，建立起系统的、有说服力的理论原则和理论系统。进而在这个基础上建立一个科学完善的政策与制度系统，从而作为制定文化体制改革总体方案的依据，否则不仅改革缺乏可实现的深度目标，而且也会使改革失去它应有的解放和创新的意义。尤其涉及事关重大改革政策的变动规定，既要坚持在根本问题上的原则性，也要讲究客观实际的可实践性和与时俱进的先进性；既要有鲜明的指导性，同时也要有重要概念上的规范性，避免由于出现对于政策理解上的模糊和法制上的缺陷而导致实践上的走样。一个法制国家制度建立的合法性标志，就是在于它健全的国家法制程序。任何法制程序的缺席，都将威胁到所有制度建立的合法性。执政党应该通过司法程序把党的意志转变成国家意志，只有这样，整个社会才能建立在一个严肃的法制基础上。改革的成果也才能获得法律的有效保护。

二、转变党管意识形态的执政方式

党管意识形态是中国的根本文化制度，而且也是必须长期坚持的原则。问题是在社会主义市场经济条件下，面对发展了的形势和对象，党怎么管意识形态？管什么样的意识形态和管哪些意识形态？过去管意识形态就是抓阶级斗争，抓意识形态领域里的阶级斗争。今天抓什么？今天当然还有意识形态问题，一定程度上也还存在着意识形态领域里的阶级斗争，但是显然不是今天意识形态领域里的主要内容和主要方面。在社会主义市场经济条件下，不仅意识形态的内容发生了很大的结构上的变化，而且它的生成条件和传播环境、手段、机制、载体等都已发生了很大的变化。当文化产业已经客观地成为意识形态的重要存在形态和传播路径的时候，党管意识形态与发展文化产业和文化事业之间的关系是什么？党管意识形态与思想理论建设的关系是什么？与落实公民文化权利有什么关系？这些重大理论问题都没有弄清楚。我们当然要坚持马克思主义在意识形态领域里的指导地位不动摇。但是，当意识形态已经发生了事实上的巨大变化的时候，如果我们不能在这样带有根本性的重大理论问题上与时俱进，发展有中国特色的党管意识形态的国家文化管理理论，那么，我们就很有可能因为缺乏新的发展了的马克思主义的意识形态管理理论而使我们的文化体制改革陷入困境。也就是说，当前中国正在推进的文化体制改革的性质是什么？只有把这个问题弄清楚了，文化体制改革也才能有一个明确而清晰的目的，解决我国文化发展中的体制性障碍，克服和消除文化发展中的结构性矛盾，也才可能达到预期的目的。

党管意识形态执政方式的转变是由党的历史方位的历史性变化提出来的要求。党的十六大对中国共产党历史方位的变化有一个非常明确的概括："我们党已经从领导全国人民为夺取全国政权而奋斗的党，成为领导人民掌握全国政权并长期执政的党；已经从受到外部封锁和实行计划经济条件下领导国家建设的党，成为对外开放和发展社会主义市场经济条件下领导国家建设的党。"如果说，前一个概括表明了党的历史角色转变的话，那么，后一个概括则集中表明了在不同的历史条件下党所肩负的不同的历史任务所发生的执政内容的转变。而正是执政内容的变化，深刻地揭示了党的历史方位变化的具体性。这种具体形式是由新的发展了的时代提出来的要求所决定的，包含着深刻的历史必然性。因此，也就必然提出执政党必须按照执政的规律转变执政理念和执政方式的历史要求。转变党管意识形态的执政方式只是党的这种历史方位变化所提出来的整体性历史要求在意识形态领域里的合乎规律的一种反应，是中国共产党内在的执政规律的要求，并不是某种强加于党的某种外在于党的力量。

在中国，共产党是执政党，政府是它合法的执政机构系统和制度体现。党的意志直接地通过政府行为来实现对文化的绝对统治。无论是国家的文化制度还是政府的文化体制，无不反映了中国共产党对文化的理解、要求和理想。因此，无论是政府办文化还是管文化，都是党的执政方式的体现，或者说是党的文化执政方式具体化。文化体制改革要转变政府职能，本质上是中国共产党根据发展变化了的国内外形势转变党管意识形态的执政方式，党管文化的体制和机制，是要在新的社会主义先进文化的基础上，重建党管意识形态的制度形态和制度系统。因此，通过文化体制改革，实现党政分开、政企分开、管办分离。政府要从对文化的微观管理向宏观管理转变，并不是要把原来由政府办文化的职能转变到由党去直接办文化，并不是要把分开和分离后的那一部分办文化的职能归到党委里面去，而是要实现在社会主义市场经济条件下的社会文化资源的崭新配置方式，进而在这样一个全新的基础上，实现和体现党管意识形态的执政意志和文化宗旨，提高党管意识形态的执政能力和执政效率。要实现从党管意识形态向党重在抓主流意识形态建设的战略性转变。通过主流意识形态理论的创造性建设，来影响舆论导向，来塑造文化形象。如果不能把党关于整个的国家文化管理理论转移到重在主流意识形态的建设与创新方面来，那么，我们的意识形态管理理论和管理思维就很难摆脱在以阶级斗争为纲时期所形成的文化管理模式和工作思路及由此而出现的制度依赖，失去改革的路径选择的创新可能。因此，文化体制改革的一个重要问题，是如何理顺党、政在文化领域里的工作关系。在思想文化领域里，党的中心工作应该是抓主流意识形态的理论建设和理论创新，通过理论创新来带动文化创新，通过理论创新来主导制度创新，通过理论创新来提高执政能力和执政艺术。具体的文化事务由政府去管；通过政府依法行政建立起国家的公共文化管理制度；党管方针政策；党的文化意志应当通过法律程序贯彻到政府行为之中。在这个过程中，党应该有足够的文化理论能力为国家关于文化发展与管理的方针政策提供全部的合理性依据和合法性基础。只有这样，党管意识形态的文化原则在中国的文化制度中既可以得到有效地贯彻落实，同时又可以使政府有足量的空间依法行政。因此，能否建立起对意识形态管理理念的全新认识，将直接决定了我们在这次改革中的政策创新程度和制度创新程度。我们要防止出现这次改革的成果成为下一轮改革的对象，这样一种在文化体制改革中的"黄宗羲定律"。

执政方式的选择与形成是由一定时期的执政任务、目标、执政指导思想和执政环境决定的。当一定时期的执政任务和目标完成之后，执政环境发生了很大的变化，并且确定了新的执政目标和执政任务，那么，满足新的执政目标和执政任务的执政方式的适应性问题也就随之提出来了。因此，党管理意识形态执政方式的转变并不是外在与执政党执政目标的某种异己力量，而是执政党执政事业自身发展需求提出来的自我变革的一种能力提升的需要。当原有的执政方式已经不能适应和无法满足执政党的执政能力提高的时候，转变党的执政方式就具有决定党的新的执政目标和执政任务能否实现，党的执政地位能否在党的历史方位重新确定之后获得新的生长机制的战略意义。

意识形态和意识形态管理是一个动态的过程系统。存在决定意识，同时又反作用于存在，由此而推动着人类社会的不断进步。因此，当社会存在已经发生了根本性的变化，人们的意识形态已经发生了深刻革命的时候，意识形态管理能否适应和满足意识形态发展的需要，已经不再是意识形态本身的问题了。由于意识对于存在的反作用，意识形态的理论建设对于社会发展具有直接的指导作用，当意识形态管理不能为意识形态革命提供新的制度环境，意识形态创造不能为发展着的意识形态提供新的精神导引和理想模式的理论的时候，意识形态就成为社会发展的障碍。因此，党管意识形态执政方式的转变，在其终极意义上是关系到能否保证党的长期执政的大问题。

三、调整配置文化资源的传统机制

文化体制是文化生产关系的制度反映，反映了社会与国家、公民与政府之间在文化利益分配和文化权利上的一种关系。这种关系，在中华人民共和国成立初期中国文化生产力还较弱的时候，政府充分发挥社会主义集中力量办大事的优势，迅速地建立起了新型的文化生产关系。这种文化生产关系是同中国实行的计划经济体制相一致的，是中国经济生产关系的文化反映，同时也正是这种文化生产关系的确立，极大地解放了社会的文化生产力，从而使得中国的文化生产力在一个较短的时间里获得了较大的发展。但是，这种文化生产关系由于长期以来没有随着文化生产力发展的需要而与时俱进，特别是在党的十四大确立的建立社会主义市场经济体制的改革目标之后，文化体制的改革严重地滞后于经济体制改革。从而使得原来先进的文化生产关系发生了历史性的转变，落后的文化生产关系已经与发展着的先进的文化生产力发展要求不相适应。市场经济和计划经济反映的是两种有着很大区别的社会生产关系，两种完全不同的资源配置方式。计划经济强调政府在资源配置方面的主导性作用，市场经济突出的是市场在资源配置方面的基础性作用。资源配置的力量和主体的不同，反映了占有资源的社会生产关系的不同。因此，当中国开始进入全面建设社会主义市场经济体制发展阶段的时候，现存的文化生产关系就不能反映和满足先进的文化生产力发展所提出来的对于重建文化生产关系的要求。文化生产关系已经成为先进的文化生产力发展的体制性障碍和结构性矛盾。当不改革现存的文化生产关系，即文化体制，便不能促进先进文化生产力发展的时候，文化体制改革也就必然地成为主要矛盾的主要方面。因此，文化体制改革，就是要改革与先进的社会文化生产力不相适应的那一部分落后的文化生产关系。由于文化生产关系在现代中国主要体现在文化制度、文化体制和对文化资源再分配的权力结构上。因此，文化体制改革，也就是要改革与社会主义市场经济不相适应的文化制度、文化体制和对文化资源再分配的权力结构。一个重要的标准，就是以构建和谐社会为目标，以切实维护和保障公民文化权利为核心，重建我国文化制度，全面推进国家文化制度建设。这是党的十六大启动新一轮文化体制改革的重大国家文化战略的目标。我们应当在这样一个层面上来思考问题，来认识这次文化体制改革的制度创新价值，来建立我们的思维方式。因为这里的变动，必然要触动我们的既得利益。要让利，要还利于民。把本来就是人民的文化权利还给人民。我们长时期把办文化的权力掌握、控制和垄断在自己手里。这是历史形成的问题。也曾经发挥过积极作用。但是，与共产党的宗旨背道而驰。现在是要还历史的本来面目，历史是人民创造的。毛泽东讲从来就没有地主文化，只有农民文化。地主文化也是农民创造的。所以，在这里，所谓转变政府职能，从办文化向管文化转变。要害不在于政府还要不要办文化。政府当然还要办文化，否则公益性文化谁办？甚至一些事关国家文化安全的经营性文化产业政府也可以办。但是，政府不是像过去那样把一切都包办下来办文化。尤其是市场经营性那一部分。除了事关国家文化安全的那一部分文化政府必须牢牢控制在自己手里之外（这也是国际惯例），其他部分都应该由社会去办。还文权于社会，还文权于公民。在这里当然有一个公平与效率问题。不是兼顾公平，而是要特别坚持公平。当许多普通的公民还没有全部进入角色的时候，维护和保障公民的合法文化权利的重要一个问题就是要防止出现新的垄断，尤其是寡头垄断。要防止出现像经济体制改革领域里出现的问题那样，改革的成果变成少数人碗里的快餐。要防止在政府退出的那一部分领域里的公民文化权利真空化，从而使国家关于改革的初衷和目的付诸东流。因此在推动改革的同时，还要建立起监督改革的预警机制，确保改革的成果能够为最广大的人民所享有。因此，改革与先进的文化生产力不相适应的文化生产关系，也就是要改革与先进的文化生产力发展所提出来的社会与国家、公民与政府在文化资源配置、文化利益分配和文化权力分配的关系。进而通过这一关系的改变，最大限度地解放文化生产力，克服文化生产力的发展与人民群众日益增长的精神文化需求不相适应之间的矛盾。

党政企不分，是长期以来形成的中国文化领导体制的突出弊端。这种弊端的形成反映出我们对党的领导，尤其是党的一元化领导理解认识和执行上的重大偏差。对此，邓小平曾在中共十一届三中全会前的中央工作会议上指出："加强党的领导，变成了党去包办一切，干预一切；实行一元化领导变成了党政不分，以党代政。"这就提出了执政党的执政方式问题。执政党，并不等于党去包揽属于政府行政范围里的事。因此，要解决在文化领域里党政不分，以党代政；党企不分，政企不分的弊端就必须对中国文化体制里的党和国家领导体制进行根本性的改革。这种改革的目的，不是要否定党对文化事业的领导，而是要转变党管意识形态的执政方式。把长期以来由于对社会主义文化建设规律的把握不深而出现的在国家文化事业管理领导体制上党的文化执政权利还给政府，恢复企业作为市场主体的权力地位，把应该属于企业办文化的那一部分权力还给企业和市场，发挥市场在资源配置中的基础性作用，理顺党、政府和企业三者之间的文化权利关系。

党管方针政策，通过司法程序把党的意志变成政府行为，通过政府行为体现党的主张和文化执政宗旨；政府依法行政，依法管理一切文化事业；企业在法律和法规允许的范围里合法经营。因此，文化体制改革的目的是要从根本上使我们党对文化的领导更加符合市场经济条件下社会主义文化建设的规律，提高党的文化执政能力，而不是相反。那种以为文化体制改革可以弱化党对意识形态的领导的想法是错误的。

曾经在一个很长的时间里，我们比较突出地强调和关注文化的意识形态问题。文化当然有意识形态问题。但是，文化又不全是意识形态问题。文化还有许多并不属于我们所讲的意识形态问题，而且我们所讲的意识形态又主要强调政治方面的。其实，即便是讲意识形态也并不只有政治方面的问题。但是，恰恰就是在这个问题上，文化的意识形态问题成为束缚我国文化生产力发展的一种巨大的观念力量和思想力量。成为一种妨碍先进的文化生产力发展的一种意识形态。在我们讨论文化体制改革和大力发展文化事业和文化产业的时候，为什么大家几乎是一致性地提出要转变观念，其实就是要解放文化生产力，就是因为我们都看到了，思想观念的落后已经成为一种在社会主义市场经济条件下发展文化事业和文化产业的阻碍力，一种在我们的意识深处长期以来困扰我们文化事业发展的力量。在某种程度上，恰恰是这种力量严重地束缚了文化生产力，并且形成了长期以来一直没有解决的、落后的文化生产力与人民群众日益增长的精神文化需求之间不相适应的矛盾。因此，在这里，关于文化的意识形态问题上的观念变革和思想解放就具有文化生产力的意义。这个文化生产力不是哪个单位、哪个人的文化生产力，而是我们这个国家，是全民族的、全体人民的整体的文化生产力。只有文化生产力解放了，蕴藏在人民群众中的积极的文化创造力爆发出来了，我们的文化产业发展也才有了活水源头，我们才有可能产生所谓的创意产业，发展内容产业。文化的内容是人的文化创造的结晶和产物。文化生产力不解放，每个人的创造力不能得到最大程度的发挥，就没有内容。没有内容产品的大量提供，日益增长的人民群众的精神文化需求就无法得到满足。

培育和建构文化产业发展的体制优势，体制优势也是其最大的战略优势。不要片面地把发展文化产业看作是地区和地区之间的竞争，也不要把它看作是部门与部门之间的博弈。发展文化产业是国家战略，要从国家战略的整体性利益出发，通过制度革命和制度创新完成和实现国家发展文化产业的战略意图和战略目标。不要把实现国家战略目标作为政府部门之间相互竞争的借口，因为这种竞争，实质上成为政府通过剥夺他人的文化产业发展权利而实现自己政绩的公共平台。把是否发展文化产业以及发展得怎么样作为对地方干部政绩的一种考核指标，实际上就使得发展文化产业成为变相了的计划经济。

改革根据地方政府文化行政层级建制的文化产业企业与地方政府的隶属关系，建构由企业间根据市场化原则自主实行战略结合的机制，地方政府文化行政主管部门的主要职责和任务是如何提供和做好公共文化服务，其中包括对文化企业的公共文化政策服务，政府通过政策和法律来实施对文化产业发展的有效监管，而不直接主导和经营文化产业。"经营性文化产业"的市场性质界定本身就已经规定了政府的行为方式和职能。最大限度地消除在中国文化产业发展过程中的地方垄断和行政壁垒。明确地方文化行政主管部门的职责是服务于地方公共文化建设与服务，不再参与和干涉属于文化企业发展的内部事务；改革隶属于各地政府和党委的文化产业集团，组建中国文化产业发展的国家集团军，负责组织国家的重大文化产业项目的实施和国家重要文化产业重要发展战略目标之间的协同，在此基础上，根据未来国家发展的战略需求和未来文化发展的样式，将现有中国文化产业战略力量统一组建为对内和对外两个战略体系。

四、全面落实和实现公民文化权利

在社会主义市场经济的条件下，党怎样领导文化建设，怎样管理意识形态，这就对党的执政能力提出了新的要求。党的十六大提出我们党的宗旨是执政为民。胡锦涛同志在 2003 年的"七一"讲话中进一步提出权为民所用、情为民所系、心为民所想的要求。执政为民不仅是对党的建设的要求，而且也是对在社会主义市场经济条件下党的文化执政宗旨的要求。在一个很长的时间里，中国共产党一直是在计划经济条件下的文化执政。无论是党的文化执政理论还是党的文化执政能力都是与计划经济的体制相适应的。特别是由于中国的社会主义计划经济体制的建立和形成又是与中国所处的世界形势和国际地位有着直接的因果关系，战后"冷战"格局的形成直接影响和决定了中国在社会主义建立之初的文化建设路线的选择与文化制度的选择。因此，对于在意识形态领域里的阶级斗争的强调，文化方针政策的选择，有它无法回避的历史的必然要求，由此而造成的党的文化执政能力比较局限于意识形态领域里的阶级斗争，也就自然成为党的文化执政能力结构的主要方面，同时也正是由于对于意识形态领域里的阶级斗争的过分强调，形成了中国的国家办文化的单一的文化建设体制。这种单一性的国家办文化体制，实际上反映了作为执政党的中国共产党在社会主义文化建设领域里的文化执政能力的单一性。如果说，这种文化执政能力的单一性的形成有它的历史合理性的话，那么，随着社会主义市场经济体制的建立，这种历史合理性已经失去了它的全部合法性基础。社会主义市场经济体制的建立，改变了原有的文化体制的经济基础。经济基础与上层建筑之间的基础性关系，必然的要求文化体制朝着与市场经济体制相适应的方向改革。以国有经济为主体多种所有制并存不仅是我国现在和将来的主要经济制度形态，而且也将是我国文化建设制度的主要特征。如何适应和满足社会主义市场经济条件下多种力量共同办文化的要求，自然的对党的文化执政能力提出了全新的历史性战略要求。也就是说，党的文化执政能力建设要从过去单一的文化执政能力，向多元的综合性的文化执政能力转变，并且通过这种能力的战略性转变全面提高党的文化执政能力，以适应与先进的政党性质相符合。"三个代表"是对党的先进性的一个创造性概括，集中体现了中国共产党的政党性质。因此，当先进文化生产力的发展要求和前进方向都集中反映在最广大人民的最根本的文化利益上这一巨大的历史的必然要求的时候，把党的执政为民全面地落实到切实保障公民的文化权益和文化权利上来，也就成为全面提高党的文化执政能力的核心。这应当是中国文化体制改革的一个本质目的之所在。

真正的挑战不在于为社会力量提供多少进入文化产业的空间，而是以新思维思索未来中国发展的新文化体制和文化产业发展的新制度形态。

市场准入是一个国家开放度的一个标志，同时也可看作是一个国家公民文化权利实现的程度性指标。在我国现在的条件下，在文化领域里实行市场准入，就意味着政府要把自己长期拥有的那一部分文化权利和文化利益让出来，还给社会，还给公民。让公民真正享有办文化的权利，真正成为国家文化的主人。建设有中国特色的社会主义文化，实现中华文化的伟大复兴的文化责任，不只是政府有责任，国有文化企业有责任，党的宣传文化部门有责任，每个公民都有这样一种文化责任。要让这种文化责任成为每个公民的意识，是公民意识的一个重要组成部分。负责任不只是国家要负责任，公民都有这样一份责任。天下兴亡，匹夫有责。在今天，中国的文化兴亡，公民有责。只有把这种责任成为每个公民的自觉的文化责任，使每个公民都承担着这样一份使命，激发他的全部文化冲动，这才可能使他把自己的文化利益和国家的文化利益紧紧地联系在一起，把国家的文化利益看作是自己的文化利益，一旦当他看到国家文化利益的损失将直接威胁他个人的文化利益的全部存在的时候，捍卫国家文化利益就成为他全部文化行为的巨大动力。从某种程度上看，公民的文化权利越大，他的文化责任就越大；公民的文化权利越小，他的文化责任就越小，而国家的文化责任越大。因此，文化体制改革，必须让每一个公民看到他的文化利益之所在。不能把文化体制改革看作仅仅是党和政府的事，是宣传文化部门的事情。这次文化体制改革是中华人民共和国成立以来最大的一次文化权利的变动和文化利益的调整和重新分配。文化体制改革的路径选择和制度创新在任何时候都不能忽视公民文化权利和公民文化利益的存在。在新的历史条件下，建构全新的以"国民文化经济共同体"为特征的中国新的文化经济格局和文化建设制度，也许正是这次文化体制改革的一个战略目标。这个目标是和中国共产党的先进性和党的宗旨是一致的，是与和谐社会建设目标相一致的。

改革开放以来，中国实行的基本上是非均衡文化产业市场准入政策。非均衡文化产业市场准入政策集中表现在两个方面：一个方面是对非公有制资本准入的限制，集中表现在新闻出版和广播电视领域；另一方面是对图书出版和期刊出版产业的准入限制，集中表现在对设置出版社和创办期刊的行政层级的限制和期刊审批权的中央管制。文化体制改革以来，虽然已经对许多严重妨碍文化生产力发展的旧体制进行了不同程度的改革，尤其是"转企改制"，对于最大限度地解放和发展原有体制内的文化生产力，发挥和产生了积极的制度革命作用。但是，也同样是在制度层面上，严重制约中国文化产业发展的出版业市场准入政策，并没有真正在制度层面上得到制度性改革，关于设置出版社的制度性壁垒，至今仍然成为发展中国文化生产力的严重障碍。甚至难以想象诸如像郑州这样一个省会城市居然至今没有一家属于自己的出版社，像河南省南阳市这样一个拥有 1 200 万人口的中原大市也无权成立出版社。中国当然需要像企鹅集团那样的跨国大型出版社。但是，面对整个世界的竞争，一场全球范围内的文化产业发展的攻防战争仅仅有几个战略集团军是不够的。已有的世界战列已经证明，地方部队和小股游击队的存在依然是影响现代高科技条件下战争进程和战争方式的重要力量。文化产业发展又何尝不是如此！我们既然在文化体制的转企改制的问题上采取一刀切的政策，以体现出公平，那么为什么在出版社设置权力的问题上不能体现文化产业的市场准入的公平呢？如果说，出版社设置的制度安排是计划经济时代留下来的不合理，那么，正在进行的文化体制改革不就是要发挥市场在资源配置中的基础性作用吗？为什么在像出版社设置这样的资源配置问题上，市场配置资源的基础性作用这样的政策就不起作用了呢？相反，正是由于制度性障碍使得市场的作用在这一问题上完全失灵。因此，我们必须建立起非均衡文化产业市场准入政策与实现文化产业公平之间的一致性和可协调性。建立起与中国文化产业发展所应当遵循的公平与正义相适应的文化产业市场准入制度。这是中国文化产业发展战略构成中的重要组成内容。

因此，提高党的文化执政能力，并不是某种外在与党的执政能力建设和发展的需求之外的一种力量作用的结果，而是党的文化思想、文化执政能力发展与时俱进的必然结果。在当代中国，国家的开放性程度和党的执政能力之间存在着力的同构关系。因为，越是开放意味着可能面对的环境和形势越是复杂多样，环境和形势越是复杂多样，越是要求执政党驾驭全局能力和处理复杂问题能力结构的丰富多样性。因此，改革不合理的文化体制，实行政府的文化职能的历史性转变，建构全新的国家文化制度，对党的文化执政能力的要求不是低了，而是更高了。如何才能完成这次提高，将是对我们党的执政能力的一次重大考验。

扩大公民有序政治参与是社会各阶层通过这一平台将本阶层的意志充分表达和相互交流的现实要求，它有利于形成社会各阶层相互合作的政治理念并促进政治活动的健康有序发展。要普遍地建立起公民对宪法的信仰，建立起宪法和法律在公民中的权威，就必须首先实现主权在民的思想，切实维护和保障公民的文化权利和文化权益。享有宪法所规定的各项文化权利和文化自由。

界定新的国家利益。追求与国际社会在文化制度上的共同点，也是国家利益。实现最大限度的国家文化安全，国家文化创新能力的极大提高、国家文化影响的不断扩大和满足人民群众日益增长的精神文化消费需求是最大的国家文化利益。一切国家文化制度的设计与安排都应当围绕这样的目的来进行。正如中央政府在对台政策问题上所制定的方针那样："在一个中国的前提下，什么问题都可以谈。"在文化制度设计与改革问题上，同样可以确立：凡是有利于和有助于国家和民族文化强盛的，都是被允许的原则。一个国家和民族的强盛，最终体现在它的文化被世界接受。如果若干年后，中国的文化制度成为世界各国效仿的典范，就像当年的日本对中国唐朝文化的态度那样，那么，国家文化制度博弈的结果就是一个双赢的局面。

文化体制改革最关键的是改革整个文化制度。要推进国家文化制度改革，使之能够适应社会主义市场经济体制的建立所需要和相适应的文化体制。这里既有形而上的基础和上层建筑之间的关系，更为重要的是在实践层面上以文化产业为核心的相当大的一部分文化是与经济发生着直接联系的，或者说是经济形态的存在方式。由于这一部分的绝大多数已经是以市场的方式获取自己的生存方式和价值体现，是现代财富的增长的重要来源。因此，不同的经济成分以及由此而带来的不同所有制成分进入文化产业，共同参与文化市场竞争，自然地成为与社会主义市场经济相适应的文化发展的客观要求。在计划经济时代，与此相适应的是我国在经济领域实行的，也是国家办文化的一元化体制。文化体制改革要实现政府文化职能转变，实现从办文化向管文化转变，把原来由政府办文化的那一部分

345

职能和权利转给社会来办，那就必然导致多种所有制办文化的社会需求的出现和增长。这是一个符合逻辑发展的结果。我们不能规定哪些社会资本可以进入文化领域，哪些不能进入文化领域，因为这不符合国民待遇原则。只有那些涉及国家文化安全的关键文化领域，才被禁止任何社会资本的进入，因为这也是国际惯例。

第十二章

中国文化产业政策与管理评估及其重要启示

中国文化产业在世纪之交的兴起，是中国确立社会主义市场经济体制这一国家发展道路的结果。在长期的以计划经济为主导的国家发展道路和发展模式中，中国的文化建设及其产业形态的发展走的是一条福利性的国家文化事业发展道路。这条道路对于在一个不长的时间里迅速地建立起社会主义文化制度发挥了积极作用并且产生了深远的影响。改革开放后，随着中国重新融入现代世界体系，加入世界贸易组织，主动和积极地参与世界经济全球化进程，中国和国际社会之间的相互依存度不断加大，中国对文化的理解和认识也发生了很大的变化。文化无论是在其存在方式、存在形态，还是文化的传播手段，都发生了前所未有的革命性变化。文化的力量以经济的方式所表现出来的人类财富创造和财富增长方式的转移，以及它在世界政治和经济力量关系格局的演变中所发挥出来的惊人的作用，使得文化产业日益成为一种重要的国家战略力量而被迅速发展，被推到了世界文化发展的前沿。文化成为一种与军事和经济这些硬力量相对应的"软力量"而被提了出来。中国深刻地感受到了世界文化发展进程中这种深刻的文化变革，感受到了这种新文化变革力量的存在和对现存文化观念、文化制度和文化秩序的冲击与威胁，提出文化是综合国力的重要组成部分和重要标志的政策主张。国家文化安全也随着文化产业的发展而作为一项重要的国家文化政策和管理内容被提了出来。因此，适时地提出大力发展文化产业，并把它确立为国家发展战略重要的主导性政策之一，也就历史地成为中国国家发展道路在重大转型过程中的必然选择。

一、改革开放30多年中国文化产业政策与管理绩效评估

中国文化产业政策的发展与管理制度的建立是随着中国改革开放的深入和进一步融入现代世界体系的过程中发展起来的。经历了酝酿起步、探索改革与战略发展三个阶段。

20世纪80、90年代中国文化市场的初步开放为文化产业的发展与文化产业政策的创新创造了生存空间；

1998年文化部成立文化产业司和编制全国文化产业发展"十五"规划，标志着通过国家规划发展文化产业被正式提上了国家文化政策与管理议事日程；

2001年10月，中共中央在《关于"十五"规划的建议》中第一次从国家发展的层面上提出了要"推动有关文化产业发展"的国家发展目标，这一建议为九届人大四次会议所采纳，并被正式写入国家"十五"规划纲要，从而使文化产业发展在我国具有法律地位。2002年朱镕基总理在《政府工作报告》中在阐述如何进一步解决经济发展中的结构性矛盾和体制性障碍的相关政策时，提出要"大力发展旅游业和文化产业"，把"大力发展文化产业"确定为解决我国经济发展中的结构性矛盾和体制性障碍的重要战略措施，第一次明确指出文化产业发展在国家战略目标中的具体定位，在政府行政的层面上赋予文化产业在国民经济和社会发展中的使命和作用，实现了文化产业行为的公共政策转型。2002年11月，中国共产党召开第十六次全国代表大会，"积极发展文化事业和文化产业"被写进了中国共产党第十六次全国代表大会的决议，发展文化产业被正式确立为国家战略，成为执政党的行动纲领。中国文化产业发展完成了从前期的在实践中摸着石头过河向在明确的战略思想和科学理论指导下发展的战略转变和政策转变。这是我国文化产业发展在国家政策层面上比较突出的三个变化。

2007年党的十七大在党的十六届四中全会关于要"加快发展文化产业"要求的基础上，进一步从"提高国家文化软实力"的战略高度，明确提出要"大力发展文化产业，实施重大文化产业项目带动战略，加快文化产业基地和区域性特色文化产业群建设，培育文化产业骨干企业和战略投资者，繁荣文化市场，增强国际竞争力。运用高新技术创新文化生产方式，培育新的文化业态，加快构建传输快捷、覆盖广发的文化传播体系"、"确保到2020年，覆盖全社会的公共文化服务体系基本建立，文化产业占国民经济比重明显提高、国际竞争力显著增强，适应人民需要的文化产品更加丰富"，"更加自觉更加主动地推进文化的大发展大繁荣"成为我国文化产业发展的新的要求。中国文化产业及其政策与管理进入到了一个更加自觉更加主动发展的新阶段。

（1）文化产业发展目标的提出和文化产业政策的形成与确立已经成为中国国家发展道路的重要领域和国家战略目标的重要实现方式，将长期影响中国文化产业的发展。

"十五"计划首次提出文化产业的概念，这是一个历史性创新。从"七五"计划到"十五"计划的不同提法，反映这个创新的历程。"七五"计划提出"进一步发展新闻出版、广播电视、文学艺术等各项文化事业"，"八五"计划提出"新闻出版、广播电视、文学艺术等各项文化事业在社会主义现代化建设中具有重要作用"、"进一步繁荣文化事业"，"九五"计划提出"大力发展各项文化教育和社会福利事业，加强公共文化和福利建设"、"加强新闻、出版、广播电视等方面的工作"；"十五"计划明确提出了完善文化产业政策，加强文化市场建设和管理，推动有关文化产业发展的任务和要求。这一创新是建立社会主义市场经济体制对文化发展的必然要求，是有中国特色社会主义文化发展的必然选择，是文化产业自身实践和理论研究的必然结果①。十六大报告第一次在党的报告里使用文化产业的概念，详尽论述了发展文化产业的意义、作用、发展要求和目的，报告明确了文化产业和文化事业的区分，并把文化产业与深化文化体制改革紧密结合在一起。报告把积极发展文化产业，放到了增强我国文化产业整体实力和竞争力的战略层面。十六届四中全会把提高建设社会主义先进文化的能力作为加强党的执政能力建设的一项主要任务。2005年中共中央、国务院制定《关于深化文化体制改革的若干意见》，从战略高度明确了"加快文化事业和文化产业发展，是加快社会主义现代化建设的内在要求，是提升我国综合国力的迫切需要，是实现经济、政治、文化和社会协调发展，构建社会主义和谐社会的重要内容。"2006年国家出台《"十一五"时期文化发展规划纲要》，认为当今世界，文化与经济、政治相互交融，与科技的结合日益紧密，在综合国力竞争中的地位和作用日益突出，越来越成为衡量一个国家综合实力强弱的重要尺度之一。在复杂的国际环境中，要赢得国际竞争，不仅需要强大的经济实力、科技实力和国防实力，同样需要强大的文化实力。明确要求，加快发展文化产业，激发民族生命力，增强民族凝聚力，提高民族创造力，在国际竞争中占据制高点，掌握主动权。从十五届五中全会到《"十一五"时期文化发展规划纲要》出台，体现了我国发展文化产业战略地位的确立过程。

（2）文化产业政策、文化经济政策和文化法制建设的不断推进，初步建构了中国特色文化产业发展保障体系和制度支撑体系。

文化产业的发展和文化体制改革的深入必然提出法律和制度保障体系建设的

---

① 韩永进：《新的文化发展观》，文化艺术出版社2006年版，第111页。

要求。30 多年来，国家出台了一系列文件和政策。例如：关于深化经济体制改革的决定、关于加快投融资体制改革的决定、关于文化体制改革试点单位的若干经济政策、关于非公有资本进入文化产业的若干决定以及关于文化领域引进外资的若干意见和关于文化产品进出口的政策等。如此集中地出台了这么多文化产业政策，这在中国文化产业政策发展史上是不多的。它一方面说明了中国文化产业发展和文化市场开放正在不断走向成熟，另一方面也体现了国家致力于依法管理文化市场推进文化产业发展的决心。规范和有序是一个市场成熟程度的标志，也是一个国家和政府驾驭市场经济和文化发展规律成熟性程度的一个标志。中国的文化产业发展不能走西方发展文化产业的道路。建设有中国特色的文化产业发展体系，只有在建构中国特色的文化产业发展保障体系和制度支撑体系的过程中才能实现。

（3）文化产业分类及其统计指标体系的发布，初步形成和建立了中国按照现代管理原则实行文化产业科学管理和政策引导的绩效机制，对于推进中国经济结构的战略性调整和经济增长与经济发展方式的转变，以及国家宏观产业政策的调整发挥了积极的政策导向作用。

2004 年 4 月和 2005 年 1 月，国家统计局先后发布了《文化及相关产业分类》和《文化及相关产业分类统计指标体系》。这两个文件，一方面给文化产业下了一个定义，另一方面对我国现行文化产业进行了行业划分。国家关于文化产业分类指标体系的提出，实际上对我国产业结构体系根据已经发生了的条件和情况进行了中华人民共和国成立以来最重要的一次战略性的调整。如果说，1985年国家统计局第一次把文化艺术纳入第三产业范畴只是完成了对文化艺术形态在国民经济和社会发展体系中的属性定位的话，那么，2004 年国家统计局关于文化产业分类指标体系的提出，则是完成了对文化产业形态的统计学划分，为国家制定新一轮国民经济和社会发展计划提出了新的国家产业发展标准及其合法性依据。国家统计局的这个划分是对已经发生了的文化产业发展对国民经济和社会发展的作用的肯定和确认。这是一项重要的国家产业政策，同时也是一次重要的价值观革命。它第一次使得文化的生产及其所形成的产业体系成为重建国家产业政策的标准，从而为从根本上转变传统的文化观念奠定了制度性基础。人们将由此出发重新安排自己的生存方式和生存结构，这将深刻地影响国家和地区经济结构与产业结构的调整和空间布局。文化及其产业形态以前所未有的方式改变中国经济和社会发展的动力结构。

（4）非公资本进入文化产业政策的制定、实施和相应的市场准入制度的放开，极大地解放了社会文化生产力，在全面体现和落实公民文化权利的同时，有效地丰富和发展了由中国特色的文化产业政策体系和制度体系，有效地补充了国有文化生产单位文化产品有效供给不足的矛盾，在提高我国文化产业发展体系有效承接国际文化产业资本进入我国文化市场所带来的产业发展压力的同时，满足了人民群众日益增长的精神文化消费多样化的需求，丰富和繁荣了文化市场。

进一步放开文化产业的市场准入，积极推进多种所有制成分参与文化产业的市场竞争，成为中国发展文化产业坚定不移的国家政策；凡是允许外资进入的领域，都允许内资进入。在这样的政策指导下，国家不仅在图书分销发行等领域里放松了对其他国有资本准入的限制，而且还放松了对民营资本准入的限制，包括参与电影院线制的建立和新闻出版产业经营性领域的投资，鼓励多种所有制成分参与除国家明令禁止外的文化产业的市场竞争。2004 年文化部出台的《关于鼓励、支持和引导非公有制经济发展文化产业的意见》，不仅是中国内地首次允许境外机构进入中国的电影的制作和发行领域，而且也是中国文化产业在中国加入世界贸易组织承诺的基础上的一个新发展，表明了中国的文化产业将进一步扩大开放。2007 年，中央政府关于内地和香港、澳门在贸易领域的特殊安排中有关港澳演出业和会展业进入内地的内容，标志着我国文化产业及不扩大开放格局的形成。

（5）以深圳国际文化产业博览会为核心的我国文化产业发展几大标志性博览会的形成，建构我国文化产业"走出去"和"引进来"互动发展平台，创新文化产业"走出去"政策，成为有效组织和推动我国文化产业发展国际化和不同区域文化产业发展优势互补、协调发展的重要激励机制。

文化产业是文化发展的市场经济形态。在文化市场尚未充分发展的时候，以政府为第一推动力，积极搭建文化产业发展所需要的文化产品交易机制和交易平台，"政府搭台，企业唱戏"便成为我国文化产业发展中最具有鲜明中国特色的政策创新与管理的重大举措。2002 年深圳文博会的成功举办是中国文化产业发展的一个创举，在此之后，中国又先后形成了"中国西部地区文化产业博览会"、"中国中部地区文化产业博览会"、"中国东北地区文化产业博览会"以及"中国义乌文化产品交易会"等，形成了一个以深圳文博会为核心，以大区域文博会为骨架的中国文化产业交易平台，积极推进了我国文化产业"走出去"战略，极大地推进了中国区域文化产业快速发展和协调发展。仅以 2012 年深圳文博会为例，第八届深圳文博会总成交额 1 435.51 亿元，其中合同成交额 877.13 亿元，同比增长 46.07%（数据来源：深圳文博会官方网站），从而有效地推进了中国经济增长和经济发展方式的战略性转变，成为有效组织和推动中国文化产业发展国际化和不同区域文化产业发展优势互补、协调发展的重要激励机制。

（6）组建大型国有文化企业，培育国家文化产业战略投资主体，大胆探索国家文化产业示范基地和示范园区建设，积极推进中国文化产业基地和产业集群建设，建构以文化企业为市场主体的我国文化产业创新体系。

2001年文化部下发《文化产业发展第十个五年计划纲要》，提出"对规模经济效益显著的行业，形成以若干大型企业（集团）为主体的市场结构"，明确要求："打破地区、部门分割，通过兼并、联合、重组等形式，形成一批跨地区、跨部门、跨所有制乃至跨国经营的大型文化企业集团。国家集中培育几个具有导向性、规模化、拥有自主知识产权、主业突出、核心能力强的文化企业集团，如演出集团、音像集团、影视集团、文化旅游集团、艺术品经营集团等。"在政府推动下，文化产业集团如雨后春笋。2004年国务院对文化部关于组建对外文化集团公司等有关问题作出批复。到2003年年初，我国已经批准成立了69个传媒集团，其中包括38个报业集团、13个广电集团、1家期刊集团、9个出版集团、5个发行集团和3个电影集团。2001年，内地报业广告营业额超过1亿元的报社（集团）已经达到50家以上，占内地报业广告营业额的80%[①]。十六届三中全会通过的《完善社会主义市场经济体制的若干问题的决定》提出要形成一批大型文化企业。《关于深化文化体制改革的若干意见》明确提出大力提高文化产业规模化、集约化、专业化水平，"支持和鼓励大型国有文化企业和企业集团实行跨地区、跨行业兼并重组。有条件的可组建多媒体文化企业集团。"文化产业集团化获得了国家政策的强有力支持。

我们不仅需要有文化产业发展的国家战略部队，同时我们还需要文化产业发展的中小企业，从而形成以大型国有文化战略投资主体为核心，以多种形式的中小文化企业为网络的良性发展的文化生态环境。从2004年起，文化部开始积极实施国家文化产业示范基地创新计划，即评选国家文化产业示范基地的新型管理模式，积极引导和规范我国文化产业的科学发展。截至2012年，中国已建成国家文化产业示范基地266家，批准建立了沈阳棋盘山、山东曲阜、深圳华侨城、西安曲江、上海张江、长沙天心、开封宋都古城，以及四川青羊绿舟8个文化产业示范园区。为党的十七大提出的建设文化产业园区和基地积累了新鲜经验，同时也为各地集约化发展文化产业提供了典型案例。

（7）积极鼓励、倡导和大力推进先进科学技术与文化产业的结合，培植开发和发展以互联网为主要载体、以网络文化产业为主要内容的新兴文化业态。发展高科技文化产业是世界文化产业发展的趋势。鼓励高科技文化产业发展既是中国文化产业的一项重要政策，也是中国发展文化产业的一个重要战略。

2006年国务院办公厅转发财政部等部门《关于推动我国动漫产业发展的若

---

① 新华社新闻研究所中外媒体发展战略研究中心："中国传媒结构与市场份额分析"，《2004年文化产业蓝皮书》，第123～124页。

干意见》，提出了推动中国动漫产业发展的一系列政策措施，建立了由文化部牵头，相关 9 个部门参加的扶持动漫产业发展的部际联系会议制度。这份文件第一次系统、全面地提出了中国动漫产业的发展政策，第一次在政府主导下主张通过财政等政策推动我国文化产业某一门类的发展①。在《国家"十一五"时期文化发展规划纲要》明确提出了加快发展民族动漫产业，大幅度提高国产动漫产品的数量和质量。广电总局还下发了《关于进一步规范电视动画片播出管理的通知》，保障国产动画片的播出，鼓励动画原创。2005 年文化部和信息产业部联合下发《关于网络游戏发展和管理的若干意见》，首次公布中国政府的网络游戏政策。《国家"十一五"时期文化发展规划纲要》明确要求"开拓动漫游戏、移动电视等新兴市场"，"积极发展网络文化产业，鼓励扶持民族原创的、健康向上的网络文化产品的创作和研发"。

（8）积极发展外向型文化产业，鼓励和促进文化产品出口，大力实施"文化走出去战略"。2001 年文化部《文化产业发展第十个五年计划纲要》提出要鼓励文化产业单位面向国际市场，充分利用两个市场、两种资源发展外向型文化产业，出口优秀的、具有民族特色的文化艺术产品。

2003 年在《文化部关于支持和促进文化产业发展的若干意见》中，明确提出了实施"走出去"的发展战略。2005 年文化部制定了《国家文化产品出口示范基地认定管理办法（暂行）》，并全面开展了国家文化产品出口示范基地认定工作。《国家"十一五"时期文化发展规划纲要》具体规定了培育外向型骨干文化企业和实施"走出去"重大工程项目的具体政策，做大做强对外文化贸易品牌，重点扶持具有中国民族特色的文化艺术、演出展览、电影、电视剧、动画片、出版物、民族音乐舞蹈和杂技等产品和服务的出口，支持动漫游戏、电子出版物等新兴文化产品进入国际市场；加快"走出去"步伐，扩大我国文化的覆盖面和国际影响力。

（9）文化产业政策和文化法制建设的不断推进，正在建构中国特色的新文化变革保障体系和制度支撑体系。

文化产业的发展和文化体制改革的深入必然提出法律和制度保障体系建设的要求。改革开放 30 多年来，国家出台了一系列文件和政策。例如：关于深化经济体制改革的决定、关于加快投融资体制改革的决定、关于文化体制改革试点单位的若干经济政策、关于非公资本进入文化产业的若干决定，以及关于文化领域引进外资的若干意见和关于文化产品进出口的政策等。如此集中地出台了这么多

---

① 宋奇惠：《2006 年中国动漫游戏产业现状与对策》，《2007 年文化产业蓝皮书》，社会科学文献出版社 2007 年版。

文化产业政策，这在中国文化产业政策发展史上是不多的。它一方面说明了中国文化产业发展和文化市场开放政策不断走向成熟，另一方面也体现了国家致力于依法管理文化市场推进文化产业发展的决心。规范和有序是一个市场成熟程度的标志，也是一个国家和政府驾驭市场经济和文化发展规律成熟性程度的一个标志。中国的文化产业发展不能走西方发展文化产业的道路。建设有中国特色的文化产业发展体系，只有在建构中国特色文化产业发展政策保障体系和制度支撑体系的过程中才能实现。文化产业政策发展和管理机制的形成只有上升到制度的层面和法的形态才能真正成为一种推动社会进步的文化力量。

二、改革开放30多年中国文化产业发展的重要启示

改革开放的30多年，是中国文化产业不断探索走中国特色发展道路的30多年，是努力建设中国文化产业创新体系的30多年。30多年来，中国文化产业发展不仅对改革开放进程中的中国政治、经济、社会发展发挥了不可替代的作用，而且在改变中国社会面貌的同时，也改变和促进了中国文化和文化产业的发展。中国30多年文化产业发展经验留给我们的启示是多方面的。最重要的有以下几点：

（1）坚持马克思主义在文化产业发展领域里的指导地位不动摇，始终不渝地以中国特色社会主义理论引领和指导中国文化产业的发展道路和发展方向，以科学的改革开放观，在探索中国特色的文化产业发展道路的过程中，缔造中国文化产业创新体系。

马克思主义是当代社会主义中国的国家意识形态。中国特色社会主义理论是当代中国的马克思主义思想理论形态。这是指导中国一切事业发展的宪法原则。文化产业的中国发展既具有时代性——全球化；又具有历史性——本土化。在全球化的背景下重建中国精神文化秩序，在本土化的基础上重建中国文化的世界精神，这是当代中国文化产业建设与发展的双重使命。文化产业是一个开放的精神世界体系，同时文化产业又是一个有着自身特殊规律的有机生命整体。尊重规律，探索发展，在发展中缔造中国文化产业创新体系，构成了30多年中国文化产业发展的基本道路。

（2）坚持文化产业首先是文化，其次才属于经济发展范畴的科学的文化产业发展观，把提升国家文化软实力，建设中华民族共有精神家园作为中国文化产业发展始终不渝的历史使命。

文化产业首先是文化，其次才属于经济范畴。坚持在文化的范畴里发展文化产业，制定文化产业，把发展文化产业作为满足人们日益增长的精神文化消费需求，提高国家文化软实力，建设社会主义核心价值观，构成了30多年来中国文

化产业发展的主题。在这个过程中，充分发挥文化产业的经济价值和经济功能，通过大力发展文化产业实现经济结构的战略性调整和经济增长方式、经济发展方式的转变，从而使得文化产业具有国家经济治理的战略价值。

（3）以构建和谐社会的崇高目标定位中国文化产业发展战略，把增强社会主义意识形态的吸引力和凝聚力，培育社会主义核心价值观体系，作为中国文化产业发展坚定不移的公共责任。

和谐社会是对理想目标的一种表述，同时也是对未来中国社会存在于社会运动形态的一种生态描述，是全面实现小康社会的一个重要标志。它是我们党在战略机遇期和矛盾凸显期同时并存而提出来的一项既要抓住战略机遇，又要克服各种矛盾冲突的国家发展战略。落后的文化生产关系和先进的文化生产力之间不相适应的矛盾，人民群众日益增长的精神文化需求和落后的文化生产力之间不相适应的矛盾，是当前和今后一段时间内我国文化产业发展的主要矛盾，也是构成当前我国文化危机的主要因素。克服文化矛盾、消除文化危机、实现公民文化权利的充分实现、公民文化利益的充分享有和公民文化民主的充分建立，是构建和谐社会过程中文化建设的重要内容。这一内容的实现程度，将影响和决定了中国新文化变革的民主化走向和新文化价值观的缔造。文化产业发展要为社会提供新的文化权利和文化利益实现方式和实现途径，为文化事业发展提供资本支持和产品支持。能否把发展文化产业的积极成果转化成可供公共文化消费的公共文化产品和公共文化服务，把切实的经济效益转化成可行的社会效益，为社会公平和公民精神健康提供价值体系和价值观支持，将成为我国文化产业发展战略的新的价值取向和衡量标准。文化产业应当成为新的文化积累的重要途径和方式。

（4）坚持以人为本，尊重差异、包容多样的文化产业发展方针，大力发展多种所有制成分的文化产业，在认真落实公民文化权益的同时，实现以市场经济的方式不断满足人民群众尊重日益增长的精神文化消费需求。

人是一切事物发展的出发点和归宿。人同时兼具社会性和生物性双重特性。以人为本，就是以人的社会性和生物性为本。以人的社会性为本，就是要尊重差异，包容多样，满足人们精神文化消费需求多样性；以人的生物性为本，就是要尊重人和自然的关系，不能因为人的社会性需求，破坏人与自然的和谐。尊重人的文化权益和文化权利就是同时在人的社会性和人的生物性两个方面，实现文化产业发展的文化本位性。

（5）建设文化生态文明，促进文化循环经济科学发展，在积极推进经济发展方式的战略性转变的同时，实现文化产业发展方式的战略性转变，大力推进以文化资本形态为核心的文化产业发展。

文化产业属于集约型文化经济形态。这是由于文化产业在本质上是智力创造所决定的。在经济结构的战略性调整中和经济增长方式的战略性转型过程中，人们之所以选择文化产业作为战略对象，其中一个重要的原因就在这里。这就给文化产业的发展提出了一个命题，那就是文化产业自身增长方式的战略性转型问题。美国等国际文化贸易大国则是通过转让版权来实现自己的增长目标和文化市场扩张。这就是文化产业的增长方式问题。我国对外文化贸易与西方发达国家相比的一个最大的战略性差异就是：我们输出产品，他们输出版权，成本与效益呈现出截然的反差。版权贸易的顺差和逆差，实际上反映了一个国家和地区文化产业竞争能力的强弱，是一个国家和地区以文化为核心的国家"软实力"的集中体现。因此，以版权产业为核心的文化产业将成为文化产业发展的主流和文化产业综合竞争力强弱的战略性标志。中国文化产业发展的国际化战略不能走低端产品发展的粗放式老路。只有实现文化产业增长方式的战略性转型，中国文化产业发展才能够在文化和经济两个方面在国民经济和社会发展过程中，在中国构建和谐社会的进程中发挥战略作用。中国的文化新变革也才能在市场经济的条件下，以市场经济的方式锻造成它内在的成长性能力。

（6）坚持推进信息产业和文化产业有机结合、互动发展的方针，大力推进高新技术和文化产业的结合，发展新兴文化产业，大力发展网络文化产业，在时代的高起点上推动文化传播手段的创新。

文化产业数字化在深刻改变传统文化产业增长方式的同时，构成了对传统文化产业生存与发展的巨大挑战。传统与现代的冲突，必然引发传统文化产业与新兴文化产业之间的激烈竞争。传统文化产业在通过数字化革命提升自身的优势竞争力的同时，也向新兴文化产业提出内容革命的要求。文化产业数字化发展是未来中国新文化变革的总趋势，必将带来中国文化建设形态更为深刻的革命。当科学技术成为观念生产和传播力量的时候，数字技术就同时成为一种文化的存在和文化力量的存在。实现数字技术从手段和工具向力量和内容的战略转移，是数字技术意识形态化的大趋势。数字技术如果不能完成向内容的战略转移，将会造成中国文化产业发展和新文化变革的深刻的战略性危机。因此，如何和能够在多大程度上与在多宽的领域里占领文化数字技术的高端市场，就不仅是技术革命问题，而且也是新文化变革问题。欧洲历史上的文艺复兴运动，同时也是一场影响世纪的科学技术革命。

（7）不断深化文化体制改革，推进文化体制、机制创新，解放文化生产力，建立有助于文化生产力充分解放、每个人的文化自由得到充分享有的新文化生产关系，创新国家文化产业制度，构建国家文化产业创新体系。

正在深入发展的文化体制改革是一次由执政党推动的在文化领域里进行的自我革命和自我完善的制度选择，是一次深刻的文化变革。文化生产力的全面解放有赖于文化生产关系的全面转变；新文化变革的伟大实现有赖于国家文化制度的全面创新。先进的文化生产力与落后的文化生产关系之间的矛盾；落后的文化生产力和人民群众日益增长的精神文化消费需求不能得到满足之间的矛盾；历史的必然要求和这种要求不能实现之间的矛盾。新文化变革就是要为解决和克服这些矛盾提供全新的智慧。提高党的文化执政能力，解放和发展文化生产力，每个人的文化自由得到充分享有的新文化生产关系。

（8）坚持文化产业与政治、经济、社会和文化协调发展的原则，在服务于国家总体战略的同时，制定和实施坚定不移的国家中长期文化产业发展战略，大力推进农村文化产业、传统文化产业和新兴文化产业协调发展、特色发展、差别发展和梯度发展的方针。

文化产业发展深刻地改变了中国的政治、经济、社会、文化生态结构，同时也给中国的政治、经济、社会与文化发展带来和提出了一系列调整。如何正确地处理文化产业发展带来的问题，创造性建构中国新的政治文明架构、战略性调整中国的经济结构实现增长和发展方式转型、构建新型的社会文化关系和社会精神文化秩序，战略性提高中国文化产业的整体性创造能力，是中国文化产业必须面对和解决的重大战略问题。着眼于国家战略目标和战略需求，立足于中国将长期处在社会主义初级阶段和初级阶段在文化产业发展上的多梯级和多阶层性的实际，中国文化产业发展既要有全国一盘棋的战略全局观，同时又要有差异化发展分步走、分阶段实施的战略层次观，把文化产业发展和中国发展基地基本国情有机地结合起来，在大力发展现代文化产业和加快发展新型文化产业的同时，战略性发展一种国传统文化资源为基础的传统文化产业，统筹文化产业发展与政治、经济、社会和文化发展改革的关系，推行和实施传统文化产业、现代文化产业与新型文化产业协调发展、差异化发展、梯度发展和可持续发展方针，并以此来设计和制定我国文化产业发展的中长期发展战略。

（9）以构建和谐世界为目标，积极参与新一轮的国际文化产业分工，坚持文化产业发展国际化战略，提高中国文化产业的国际竞争力，在积极参与全球文化产业的战略竞争中维护国家的文化安全。

开放的文化市场并不是一个无政府主义的市场。文化市场开放的程度是衡量一个国家文化民主的一个标志，同样，文化市场规范化的现代程度也是衡量一个国家文化民主的一个标志，而且是一个更重要的标志。这一标志是以文化法制建设的现代化程度表现出来的。宪政精神是最终反映一个国家文化民主进程的。中国的文化法律建设还很不完备，离开完善的文化法制体制的建立还有很多路要走。但是，国家法制化进程的巨大努力和政治民主进程的加快发展，已经为我国文化法制建设提供和创造了条件，中国加入世界贸易组织后所大力推进的国家文化市场法制建设所营造的环境，已经为中国文化法制体系建设创造了前所未有的良好条件。加强立法建设，通过法律程序将党的文化政策逐步上升为国家法律，将成为中国文化发展的重要制度性力量。因此，随着中国文化市场的更加开放，各项文化产业法的建设将进一步到位，会使中国文化民主建设进入一个依法管理的历史新时期。在这个过程中，中国的新文化变革在经受更加严峻的挑战的同时，也将获得新的生长机制。

中国文化的对外开放不是无原则的，也不是不要制度保障的。我们的文化开放是在法律框架下的开放，是按照中国加入世界贸易组织议定书所作出的承诺开放的。建立在市场经济条件下的国家文化安全保障体系，这是中国在发展文化产业和推进文化民主化过程中必须同步推进的。因此，建立科学、规范的国家文化安全管理和国家文化安全预警系统，将成为中国文化产业发展、中国文化民主建设和中国新文化变革顺利进行的重要保障。

参 考 文 献

［1］党的十五大以来中央有关文化和文化产业发展的一系列文件。

［2］党和国家领导人的讲话等。

［3］《国家"十一五"时期文化发展纲要》。

［4］《文化产业振兴规划》。

［5］全国各主要省市"十一五"时期文化产业发展规划纲要。

［6］江蓝生、谢绳武：《文化蓝皮书：中国文化产业发展报告》，社会科学文献出版社 2003 年版。

［7］张晓明、胡惠林：《文化蓝皮书：中国文化产业发展报告》，社会科学文献出版社 2007 年版。

［8］张晓明：《国际文化产业发展报告》，社会科学文献出版社 2007 年版。

［9］祁述裕：《中国文化产业竞争力报告》，社会科学文献出版社 2004 年版。

［10］祁述裕：《中国文化产业发展战略》，社会科学文献出版社 2008 年版。

［11］叶朗：《中国文化产业年度发展报告（2004）》，湖南人民出版社 2004 年版。

［12］北京大学文化产业研究、国家文化创新与发展研究基地：《中国文化产业年度发展报告（2005）》，湖南人民出版社 2005 年版。

［13］北京大学文化产业研究、国家文化创新与发展研究基地：《中国文化产业年度发展报告（2006）》，湖南人民出版社 2006 年版。

［14］北京大学文化产业研究、国家文化创新与发展研究基地：《中国文化产业年度发展报告（2007）》，湖南人民出版社 2007 年版。

［15］北京大学文化产业研究、国家文化创新与发展研究基地：《中国文化产业年度发展报告（2008）》，湖南人民出版社 2008 年版。

［16］刘玉珠：《2004 中国文化市场发展报告》，民族出版社 2005 年版。

［17］刘玉珠：《2006 中国文化市场发展报告》，中央民族大学出版社 2007 年版。

［18］刘玉珠：《2007 中国文化市场发展报告》，南方日报出版社 2008 年版。

［19］刘玉珠：《2008 中国文化市场发展报告》，文化艺术出版社 2009 年版。

［20］韩永进：《中国文化创新发展报告》，湖北人民出版社 2006 年版。

［21］中宣部：《国际文化发展报告》，商务印书馆 2006 年版。

［22］胡惠林、王婧：《中国文化产业发展指数报告》（CCIDI），上海人民出版社 2012 年版。

［23］胡惠林：《中国经济区文化产业发展报告》，上海人民出版社 2012 年版。

［24］各文化产业专题发展蓝皮书：《中国传媒产业发展报告》、《中国出版业发展报告》等。

［25］人大复印资料中心编印：《文化研究》、《文化创意产业研究》。

［26］《中国文化产业评论》（CSSCI）（第 1～16 卷），上海人民出版社。

［27］胡惠林：《文化产业发展的中国道路》，上海人民出版社 2003 年版。

［28］胡惠林、李康化：《文化经济学》，上海文艺出版社 2003 年版。

［29］胡惠林：《文化政策学》，上海文艺出版社 2003 年版。

［30］胡惠林：《文化产业发展与国家文化安全》，广东人民出版社 2005 年版。

［31］胡惠林：《中国国家文化安全论》，上海人民出版社 2005 年版。

［32］胡惠林：《文化产业学》，高等教育出版社 2006 年版。

［33］胡惠林：《文化产业发展与中国新文化变革》，上海人民出版社 2009 年版。

［34］胡惠林：《我国文化产业发展战略理论文献研究综述》，上海人民出版社 2009 年版。

［35］胡惠林：《我国文化产业政策文献研究综述》，上海人民出版社 2011 年版。

［36］胡惠林：《国家文化治理：中国文化产业发展战略论》，上海人民出版社 2012 年版。

［37］韩永进：《新的文化发展观》，文化艺术出版社 2006 年版。

［38］韩永进：《新的文化自觉》，文化艺术出版社 2008 年版。

［39］熊澄宇：《世界文化产业研究》，清华大学出版社 2012 年版。

［40］陈昕：《中国图书出版产业增长方式转变研究》，广西师范大学出版社 2008 年版。

［41］陆祖鹤：《文化产业发展方略》，社会科学文献出版社 2006 年版。

［42］王仲尧：《中国文化产业与管理》，中国书店 2006 年版。

［43］潘嘉玮：《加入世界贸易组织后中国文化产业政策与立法研究》，人民出版社 2006 年版。

［44］陈忱：《文化产业的思考与对话》，国际文化出版公司 2006 年版。

［45］李怀亮：《当代国际文化贸易与文化竞争》，广东人民出版社 2005 年版。

［46］张玉国：《国家利益与文化政策》，广东人民出版社 2005 年版。

［47］陈少锋：《文化产业战略与商业模式》，湖南文艺出版社 2006 年版。

［48］皇甫晓涛：《文化产业新论》，湖南人民出版社 2007 年版。

［49］朱建纲：《文化产业发展战略研究》，湖南人民出版社 2006 年版。

［50］丹增：《文化产业发展论》，人民出版社 2005 年版。

［51］孙安民：《文化产业理论与实践》，北京出版社 2005 年版。

［52］李向民：《文化产业：变革中的文化》，经济科学出版社 2005 年版。

［53］林拓：《世界文化产业发展前沿报告》，社会科学文献出版社 2004 年版。

［54］陆地：《世界文化产业丛书》，外语教学与研究出版社 2007 年版。

［55］向勇：《区域文化产业研究》，海天出版社 2007 年版。

［56］荣跃明：《区域整合与经济增长：经济区域化趋势研究》，上海人民出版社 2005 年版。

［57］张国良：《社会转型与媒介生态实证研究》上海交通大学出版社 2007 年版。

［58］门洪华：《构建中国大战略的框架》，北京大学出版社 2005 年版。

［59］赵英：《大国天命——大国利益与大国战略》，经济管理出版社 2001 年版。

［60］胡鞍钢：《大国战略——中国利益与命运》，浙江人民出版社 2001 年版。

［61］李少军：《国际战略报告》，中国社会科学出版社 2005 年版。

［62］刘金质：《美国国家战略》，辽宁人民出版社 1997 年版。

［63］朱威列：《国际文化战略研究》，上海外语教育出版社 2002 年版。

［64］胡鞍钢：《中国大战略》，浙江人民出版社 2003 年版。

［65］周建明、张曙光：《解读美国安全战略》，新华出版社 2003 年版。

［66］［美］理查德·洛斯克兰斯：《大战略的国内基础》，北京大学出版社 2005 年版。

［67］［美］约瑟夫·奈：《硬权力与软权力》，北京大学出版社 2005 年版。

［68］［美］伊曼纽尔·沃勒斯坦：《现代世界体系》（1～3 卷），高等教育出版社 1998 年版。

［69］［美］塞缪尔·亨廷顿：《文明的冲突与世界秩序重建》，新华出版社 1998 年版。

［70］［英］戴维·赫尔德等著：《全球大变革——全球化时代的政治、经济与文化》，社会科学文献出版社 2001 年版。

［71］［美］曼纽尔·卡斯特：《信息时代三部曲：经济、社会与文化》，社会科学出版社 2001 年版。

［72］联合国教科文组织：《世界文化报告——文化、创新与市场》（1998），北京大学出版社 2002 年版。

［73］联合国教科文组织：《世界文化报告——文化的多样性、冲突与多元共存》（2000），北京大学出版社 2002 年版。

［74］胡惠林："世纪之交的中国文化发展战略"，《新华文摘》1998 年第 10 期。

［75］胡惠林："论文化产业结构的战略性调整与制度创新"，《新华文摘》2003 年第 8 期。

［76］胡惠林："构建和谐世界与中国文化产业发展战略"，《社会科学》（上海）2008 年第 6 期。

［77］胡惠林："区域文化产业战略与空间布局原则"，《云南大学学报》2005 年第 5 期。

［78］荣跃明："马克思哲学视域中的文化生产"，《毛泽东邓小平理论研究》2007 年第 1 期。

［79］荣跃明："文化产业：形态演变、产业基础和时代特征"，《社会科学》（上海）2005 年第 9 期。

［80］荣跃明："超越文化产业：创意产业的本质和特征"，《毛泽东邓小平理论研究》2007 年第 1 期。

［81］金元浦："文化生产力与文化经济"，《上海社会科学院学术季刊》2000 年第 1 期。

［82］李康化："社会转型背景下政府文化管理创新"，《河北学刊》2006 年第 1 期。

［83］李康化："文化产业与城市再造——基于产业创新与城市更新的考量"，《江西社会科学》2007 年第 1 期。

［84］苑婕："当代西方文化产业理论研究概述"，《马克思主义与现实》2004 年第 1 期。

［85］单世联："全球化时代的文化多样性"，《天津社会科学》2005 年第 5 期。

［86］高颖："疏通中国文化产业投融渠道"，《中外文化交流》2005 年第 6 期，第 16 ~ 17 页。

［87］赵学琳："全球视野下构建城市文化产业发展战略的探讨"，《济南大学学报》（社会科学版）2008 年第 18 卷第 2 期，第 11 ~ 15 页。

［88］车毅："论我国文化产业发展的战略选择"，《现代商业》2008 年第 9 期，第 84～85 页。

［89］朱长春："基于 SWOT 分析的我国网络文化产业战略研究"，北京邮电大学学报（社会科学版）2008 年第 10 卷第 2 期，第 32～34 页。

［90］齐勇峰："论两岸文化交流与文化产业合作的途径和机制"，《中国文化产业评论》（第 5 卷），上海人民出版社 2007 年版。

［91］祁述裕："中国和欧盟国家文化体制、文化政策比较研究"，《中国特色社会主义研究》2005 年第 2 期。

［92］郭晋："转型期中国文化产业的发展与对策研究"，《山西大学》（硕士论文）2007 年。

［93］曹军："我国文化产业发展战略研究"，《安徽大学》（硕士论文）2007 年。

［94］董树生："论我国文化产业的战略地位、发展现状及其发展战略"，《世纪桥》2005 年第 3 期，第 52～53 页。

［95］刘莉："关于中国文化产业及其发展战略的思考"，《吉林大学》（硕士论文）2005 年。

［96］林娜、从建阁："中国文化产业发展缓慢的原因及改革的战略对策"，《山东经济》2005 年第 3 期，第 15～20 页。

［97］范玉刚："我国文化产业发展思路探析"，《陕西师范大学继续教育学报》（西安），2005 年第 22 卷第 2 期，第 28～32 页。

［98］赵继伦、毕秀梅："中国文化产业发展的困境与对策"，《社会科学战线》2003 年第 6 期，第 52～55 页。

［99］刘小蓓、石应平："世界文化强国文化产业发展的经验与借鉴"，《中华文化论坛》2003 年第 2 期，第 11～14 页。

［100］孙是炎："文化与文化产业的社会化"，《马克思主义与现实》2001 年第 5 期，第 64～70 页。

［101］孙明哲、张森林："全球化对我国文化产业发展的影响及对策研究"，《中国流通经济》2007 年第 10 期，第 26～29 页。

［102］祁述裕、殷国俊："中国文化产业国际竞争力评价和若干建议"，《国家行政学院学报》（政府管理）2005 年第 2 期，第 50～53 页。

［103］王庚年："中国文化产业发展的障碍及对策"，《中国广播电视学刊》2006 年第 3 期，第 18～21 页。

［104］王晓英："我国文化产业及其发展对策初探"，《学习月刊》2006 年第 5 期，第 40～41 页。

［105］吴安安："我国现行文化产业政策析论"，《吉林大学》（硕士论文）2007 年。

［106］马彪、卢华、王芸："我国文化产业发展问题研究"，《宏观经济研究》2007 年第 8 期，第 38 ~ 44 页、55 页。

［107］蓝甲云、王铁军、陈冠梅："文化产业市场化的价值导向"，《经理论与实践》（双月刊）2007 年第 28 卷第 147 期，第 111 ~ 114 页。

［108］陈敦亮："推进文化产业跨越式发展"，《新闻界》2007 年第 5 期，第 33 ~ 34 页。

［109］刘海丽、尹建中："文化产业的战略地位与发展途径"，《经济与管理》2005 年第 19 卷第 2 期，第 17 ~ 20 页。

［110］雷光华："西方国家文化产业发展模式与发展趋向探析"，《湘潭大学学报》（哲社版）2004 年第 2 期，第 130 ~ 133 页。

［111］李江帆："我国文化产业的定位与发展"，《学术研究》2001 年第 9 期，第 64 ~ 68 页。

［112］祁述裕、韩骏伟："新兴文化产业的地位和文化产业发展趋势"，《马克思主义与现实》2006 年第 5 期，第 97 ~ 101 页。

［113］孟晓驷："发展中国文化产业的三大战略举措"，《北京大学学报》（哲社版）2005 年第 2 期，第 5 ~ 7 页。

［114］任彦申："文化体制改革与我国文化产业竞争力"，《北京大学学报》（哲社版）2005 年第 2 期，第 7 ~ 9 页。

［115］陈泰锋："后 WTO 过渡期我国文化产业化的内涵及其战略选择"，《世界贸易组织动态与研究》（上海对外贸易学院学报）2005 年第 2 期，第 32 ~ 37 页。

［116］王国荣："信息化与文化产业：互动、问题与对策"，《社会科学》2003 年第 12 期，第 105 ~ 118 页。

后　记

　　历时整四年，总算完成了这一艰巨的研究工作，并且通过了成果鉴定，被列入教育部重大课题攻关项目出版文库。

　　这是一个系列研究成果，包括已经出版的《我国文化产业发展战略理论研究文献综述》、《我国文化产业政策文献研究综述》、《中国经济区文化产业发展报告》、《国家文化治理：中国文化产业发展战略论》以及《中国文化产业发展指数报告》（CCIDI)[①]。发表研究论文近50篇。参加课题研究的人员均已分别在各项出版成果中予以注明。仅就本最终结项成果做一说明和交代。

　　最终成果有不少均以单篇文章发表于《学术月刊》、《社会科学》、《艺术百家》、《东岳论丛》、《探索与争鸣》和《上海交通大学学报》，有2篇被《新华文摘》全文转载，10多篇被人大复印资料全文转载。

　　国家行政学院祁述裕教授、中国艺术研究院贾磊磊教授、上海交通大学李康化副教授等课题组成员分别发表了诸多研究成果，对本课题的最终完成做出了卓有成效的贡献，我的博士和硕士研究生们也参与了本课题研究，他们的研究成果主要反映在《我国文化产业发展战略理论文献研究综述》、《我国文化产业政策文献研究综述》、《中国经济区文化产业发展报告》中，均由上海人民出版社出版；在这里，我必须特别提及我的助手，也是本重大项目子课题负责人王婧博士共同参与完成的《中国文化产业发展指数报告》（CCIDI)，该报告作为本课题最重要的研究成果之一，被教育部鉴定为"具有开创性"。

　　本课题在研究过程中还得到了以下学者的支持，他们是：中国社会科学院张晓明、章建刚、中国传媒大学齐勇锋、云南大学施惟达、李炎、林艺、上海交通大学蒋宏、张国良、单世联、中共上海市委宣传部荣跃明、中共北京市委宣传部孔建华、中国民间文学研究中心李松、国家统计局殷国俊、上海大学郑涵等。

　　本课题研究结束了，但中国文化产业研究依旧任重道远。留有很多遗憾和不

[①]　均由上海人民出版社出版。

足乃至错误，期待大家的批评指正。

在此，谨向所有为本课题研究贡献了智慧和成果的人们表示衷心的感谢！特别向在我研究过程中作出巨大奉献的家人表示衷心的感谢！

我把我的成果献给他们。

胡惠林

2013 年 6 月 8 日于上海

366

教育部哲学社會科学研究重大課題攻関項目
成果出版列表

书　名	首席专家
《马克思主义基础理论若干重大问题研究》	陈先达
《马克思主义理论学科体系建构与建设研究》	张雷声
《马克思主义整体性研究》	逄锦聚
《改革开放以来马克思主义在中国的发展》	顾钰民
《新时期　新探索　新征程 ——当代资本主义国家共产党的理论与实践研究》	聂运麟
《当代中国人精神生活研究》	童世骏
《弘扬与培育民族精神研究》	杨叔子
《当代科学哲学的发展趋势》	郭贵春
《服务型政府建设规律研究》	朱光磊
《地方政府改革与深化行政管理体制改革研究》	沈荣华
《面向知识表示与推理的自然语言逻辑》	鞠实儿
《当代宗教冲突与对话研究》	张志刚
《马克思主义文艺理论中国化研究》	朱立元
《历史题材文学创作重大问题研究》	童庆炳
《现代中西高校公共艺术教育比较研究》	曾繁仁
《西方文论中国化与中国文论建设》	王一川
《楚地出土戰國簡册［十四種］》	陳偉
《近代中国的知识与制度转型》	桑兵
《中国抗战在世界反法西斯战争中的历史地位》	胡德坤
《京津冀都市圈的崛起与中国经济发展》	周立群
《金融市场全球化下的中国监管体系研究》	曹凤岐
《中国市场经济发展研究》	刘伟
《全球经济调整中的中国经济增长与宏观调控体系研究》	黄达
《中国特大都市圈与世界制造业中心研究》	李廉水
《中国产业竞争力研究》	赵彦云
《东北老工业基地资源型城市发展可持续产业问题研究》	宋冬林
《转型时期消费需求升级与产业发展研究》	臧旭恒
《中国金融国际化中的风险防范与金融安全研究》	刘锡良
《中国民营经济制度创新与发展》	李维安
《中国现代服务经济理论与发展战略研究》	陈宪

书　名	首席专家
《西部开发中的人口流动与族际交往研究》	马　戎
《现代农业发展战略研究》	周应恒
《综合交通运输体系研究——认知与建构》	荣朝和
《中国独生子女问题研究》	风笑天
《我国粮食安全保障体系研究》	胡小平
《城市新移民问题及其对策研究》	周大鸣
《新农村建设与城镇化推进中农村教育布局调整研究》	史宁中
《农村公共产品供给与农村和谐社会建设》	王国华
《中国边疆治理研究》	周　平
《边疆多民族地区构建社会主义和谐社会研究》	张先亮
《中国大众媒介的传播效果与公信力研究》	喻国明
《媒介素养：理念、认知、参与》	陆　晔
《创新型国家的知识信息服务体系研究》	胡昌平
《数字信息资源规划、管理与利用研究》	马费成
《新闻传媒发展与建构和谐社会关系研究》	罗以澄
《数字传播技术与媒体产业发展研究》	黄升民
《互联网等新媒体对社会舆论影响与利用研究》	谢新洲
《网络舆论监测与安全研究》	黄永林
《中国文化产业发展战略论》	胡惠林
《教育投入、资源配置与人力资本收益》	闵维方
《创新人才与教育创新研究》	林崇德
《中国农村教育发展指标体系研究》	袁桂林
《高校思想政治理论课程建设研究》	顾海良
《网络思想政治教育研究》	张再兴
《高校招生考试制度改革研究》	刘海峰
《基础教育改革与中国教育学理论重建研究》	叶　澜
《公共财政框架下公共教育财政制度研究》	王善迈
《农民工子女问题研究》	袁振国
《当代大学生诚信制度建设及加强大学生思想政治工作研究》	黄蓉生
《从失衡走向平衡：素质教育课程评价体系研究》	钟启泉　崔允漷
《处境不利儿童的心理发展现状与教育对策研究》	申继亮
《学习过程与机制研究》	莫　雷
《青少年心理健康素质调查研究》	沈德立
《WTO主要成员贸易政策体系与对策研究》	张汉林
《中国和平发展的国际环境分析》	叶自成
《冷战时期美国重大外交政策案例研究》	沈志华
＊《中国政治文明与宪法建设》	谢庆奎
＊《非传统安全合作与中俄关系》	冯绍雷
＊《中国的中亚区域经济与能源合作战略研究》	安尼瓦尔·阿木提

······

＊为即将出版图书